16	3	2	13
5	10	11	8
9	6	7	12
4	15	14	1

Cet ouvrage, publié dans le cadre du Programme d'Aide à la Publication 2013 Carlos Drummond de Andrade de la Médiathèque de la Maison de France, bénéficie du soutien du Ministère français des Affaires Etrangères et Européennes.

Este livro, publicado no âmbito do Programa de Apoio à Publicações 2013 Carlos Drummond de Andrade da Mediateca da Maison de France, contou com o apoio do Ministério francês das Relações Exteriores e Europeias.

coleção TRANS

Gilles Deleuze

DOIS REGIMES
DE LOUCOS
Textos e entrevistas (1975-1995)

Edição preparada por David Lapoujade
Tradução de Guilherme Ivo
Revisão técnica de Luiz B. L. Orlandi

editora■34

EDITORA 34

Editora 34 Ltda.

Rua Hungria, 592 Jardim Europa CEP 01455-000
São Paulo - SP Brasil Tel/Fax (11) 3811-6777 www.editora34.com.br

Copyright © Editora 34 Ltda. (edição brasileira), 2016
Deux régimes de fous © Les Éditions de Minuit, Paris, 2003

A FOTOCÓPIA DE QUALQUER FOLHA DESTE LIVRO É ILEGAL E CONFIGURA UMA
APROPRIAÇÃO INDEVIDA DOS DIREITOS INTELECTUAIS E PATRIMONIAIS DO AUTOR.

Título original:
Deux régimes de fous: textes et entretiens (1975-1995)

Capa, projeto gráfico e editoração eletrônica:
Bracher & Malta Produção Gráfica

Revisão técnica:
Luiz B. L. Orlandi

Revisão:
Alberto Martins, Camila Boldrini, Beatriz de Freitas Moreira

1ª Edição - 2016

CIP - Brasil. Catalogação-na-Fonte
(Sindicato Nacional dos Editores de Livros, RJ, Brasil)

Deleuze, Gilles, 1925-1995

D390d   Dois regimes de loucos: textos e entrevistas
(1975-1995) / Gilles Deleuze; edição preparada por
David Lapoujade; tradução de Guilherme Ivo;
revisão técnica de Luiz B. L. Orlandi. — São Paulo:
Editora 34, 2016 (1ª Edição).
448 p. (Coleção TRANS)

ISBN 978-85-7326-635-1

Tradução de: Deux régimes de fous

     1. Filosofia. I. Lapoujade, David. II. Ivo,
Guilherme. III. Orlandi, Luiz B. L. IV. Série.

CDD - 190

DOIS REGIMES DE LOUCOS
Textos e entrevistas (1975-1995)

Nota do tradutor 9

Apresentação, *David Lapoujade* 11

1. Dois regimes de loucos 15
2. Esquizofrenia e sociedade 22
3. Mesa-redonda sobre Proust 35
4. A propósito do departamento de psicanálise
   em Vincennes (com Jean-François Lyotard) 63
5. Nota para a edição italiana de *Lógica do sentido* 66
6. Porvir de linguística 70
7. Sobre *O misógino* 75
8. Quatro proposições sobre a psicanálise 82
9. A interpretação dos enunciados
   (com Félix Guattari, Claire Parnet e André Scala) 91
10. A ascensão do social 118
11. Desejo e prazer 127
12. O judeu rico 139
13. A propósito dos novos filósofos
    e de um problema mais geral 143
14. O pior meio de se fazer a Europa
    (com Félix Guattari) 154
15. Duas questões sobre a droga 158
16. Tornar audíveis forças não-audíveis por si mesmas 163
17. Os que estorvam 169
18. O lamento e o corpo 172
19. Em quê a filosofia pode servir a matemáticos
    ou mesmo a músicos — mesmo e sobretudo quando
    ela não fala de música ou de matemática 174
20. Carta aberta aos juízes de Negri 177
21. Esse livro é literalmente uma prova de inocência 182
22. Oito anos depois: entrevista de 80 184
23. A pintura inflama a escrita 189
24. *Manfred*: uma extraordinária renovação 195

25. Prefácio a *A anomalia selvagem* 198
26. Os índios da Palestina 202
27. Carta a Uno sobre a linguagem 209
28. Prefácio à edição americana
    de *Nietzsche e a filosofia* 212
29. *Cinema 1*, estreia 219
30. Retrato do filósofo enquanto espectador 223
31. O pacifismo hoje em dia
    (com Jean-Pierre Bamberger) 232
32. Maio de 68 não ocorreu (com Félix Guattari) 245
33. Carta a Uno: como trabalhamos a dois 249
34. Grandeza de Yasser Arafat 252
35. Sobre os principais conceitos de Michel Foucault 257
36. Os rincões de imanência 277
37. Ele era uma estrela de grupo 281
38. Prefácio à edição americana
    de *A imagem-movimento* 286
39. Foucault e as prisões 289
40. O cérebro é a tela 299
41. Ocupar sem contar: Boulez, Proust e o tempo 311
42. Prefácio à edição americana
    de *Diferença e repetição* 320
43. Prefácio à edição americana de *Diálogos* 324
44. Prefácio à edição italiana de *Mil platôs* 328
45. O que é o ato de criação? 332
46. O que a voz traz ao texto... 344
47. Correspondência com Dionys Mascolo 346
48. As pedras 352
49. Posfácio à edição americana:
    "Um retorno a Bergson" 355
50. O que é um dispositivo? 359
51. Resposta a uma questão sobre o sujeito 370
52. Prefácio à edição americana
    de *A imagem-tempo* 373
53. Os três círculos de Rivette 377
54. A engrenagem 381
55. Carta-prefácio a Jean-Clet Martin 383

56. Prefácio à edição americana
de *Empirismo e subjetividade* 386
57. Prefácio: Uma nova estilística 388
58. Prefácio: As andaduras do tempo 395
59. A guerra imunda (com René Schérer) 398
60. Inventamos o ritornelo (com Félix Guattari) 401
61. Para Félix 405
62. A imanência: uma vida... 407

Bibliografia geral dos artigos (1975-1998) 415
Índice onomástico 425

Anexo: Apelos e petições
assinados por Deleuze (1971-1989) 433
Sobre esta tradução 437
Bibliografia de Gilles Deleuze 439
Sobre o autor 443
Sobre o tradutor 445

NOTA DO TRADUTOR

O leitor poderá acompanhar no corpo do texto a paginação da edição original, em itálico, entre colchetes.

As notas do autor são assinaladas com algarismos arábicos, e as notas do organizador, com as letras do alfabeto. Ocasionalmente haverá, nessas notas de rodapé, intromissões do tradutor com o intuito ora de esclarecer uma informação, ora de inserir uma data etc. Essas inserções são sinalizadas por colchetes. As inserções do organizador no texto de Gilles Deleuze são indicadas por setas <...>.

Quase todos os textos contam com notas do tradutor, que vêm indicadas por números romanos minúsculos. Para não sobrecarregar a leitura, preferiu-se não dispô-las no rodapé, mas sim ao final de cada texto. Muitas das notas têm valor elucidativo, mormente nos textos em que acontecimentos passados são mobilizados, e quando pessoas cuja importância se deve a determinado momento histórico são mencionadas, enquanto outras notas pretendem apontar ao leitor conexões que possam lançá-lo a outras obras de Deleuze.

APRESENTAÇÃO
[7]

Este livro dá sequência a *A ilha deserta e outros textos*.[i] Ele agrupa o conjunto dos textos redigidos por Deleuze entre 1975 e 1995. Grande parte deles segue um duplo ritmo: o da atualidade (os terrorismos italiano e alemão, a questão palestina, o pacifismo etc.) e o do lançamento das obras (*Mil platôs*, *Cinema 1: A imagem-movimento*, *Cinema 2: A imagem-tempo*, *O que é a filosofia?* etc.). Esta coletânea compreende conferências, prefácios, artigos, entrevistas, publicados tanto na França quanto no exterior.

Assim como no livro anterior, não quisemos impor uma tomada de partido quanto ao sentido ou à orientação dos textos, de modo que adotamos uma ordem de apresentação estritamente cronológica. Não se trata de reconstituir um livro qualquer "de" Deleuze ou cujo projeto Deleuze teria concebido. Esta coletânea visa tornar disponível textos em geral pouco acessíveis, dispersos em revistas, diários, obras coletivas, publicações estrangeiras etc.

Conforme às exigências formuladas por Deleuze, aqui não será encontrada nenhuma publicação póstuma nem textos inéditos. Todavia, esta coletânea comporta um número importante de textos conhecidos dos leitores anglo-saxões, italianos ou japoneses, mas desconhecidos do leitor francês. Com exceção dos textos de nº 5 ("Nota para a edição italiana de *Lógica do sentido*") e nº 20 ("Carta aberta aos juízes de Negri"), dispúnhamos sempre dos textos originais franceses que Deleuze havia conservado em cópia datilografada ou manuscrita. Evidentemente, *[8]* é essa a versão apresentada. Entretanto, indicamos em nota a data de lançamento das edições americana, japonesa, inglesa e italiana.

Para o essencial, adotamos os mesmos princípios do volume anterior. Que nos seja permitido lembrar de alguns. Na presente coletânea não figuram:

— os textos para os quais Deleuze não tenha dado seu assentimento;

— os cursos sob qualquer forma que seja (tenham eles sido publicados a partir de retranscrições de materiais sonoros ou audiovisuais, ou compendiados pelo próprio Deleuze);

— os artigos que Deleuze retomou em seus outros livros (grande parte foi retomada em *Conversações* e *Crítica e clínica*): as modificações não justificavam a reedição do artigo sob sua forma original;

— os excertos de textos (passagens de cartas, retranscrições de falas, palavras de agradecimento etc.);

— os textos coletivos (petições, questionários, comunicados etc.);

— as correspondências — com exceção notável de algumas cartas cuja publicação teve o consentimento de Deleuze: o texto de nº 55 ("Carta-prefácio a Jean-Clet Martin"), ou as cartas do texto de nº 47 ("Correspondência com Dionys Mascolo"), cuja publicação foi aceita por Fanny Deleuze.

Diferentemente do que ocorreu em *A ilha deserta*, nem sempre seguimos as datas de publicação, pois elas às vezes apresentavam uma variação importante demais com relação às datas de redação. Assim, um texto podia anunciar o projeto de *O que é a filosofia?* bem depois de que a obra tivesse sido publicada. Da mesma maneira, para evitar essas confusões, todas as vezes em que era possível nós optamos por seguir a ordem de redação, e nisso fomos enormemente ajudados pelo fato de que a maioria dos textos manuscritos ou datilografados de Deleuze estavam datados com precisão. Caso se queira seguir a ordem de publicação, pode-se consultar a bibliografia completa dos artigos do período, no fim do volume.

Reproduzimos os textos sempre em sua versão inicial, com as correções usuais. Na medida em que Deleuze redigia a maioria de suas entrevistas, *[9]* conservamos certas características próprias à sua escrita (pontuação, uso das maiúsculas etc.).

Para não sobrecarregar os textos com notas, limitamo-nos a dar, antes de cada um deles, algumas indicações que esclarecem as circunstâncias de sua redação ou de uma colaboração. Por falta de precisão maior, demos às vezes títulos a artigos que não o tinham, especificando cada caso. Completamos igualmente algumas referências, às vezes imprecisas, fornecidas por Deleuze. As notas do organizador correspondem às letras do alfabeto. No final do volume encontra-se uma bibliografia completa dos artigos do período de 1975-1998, assim como um índice onomástico.

Antes de tudo, devo agradecer profundamente a Fanny Deleuze, pela ajuda e a confiança testemunhada a mim ao longo desse trabalho. Sem ela, é evidente que esta coletânea não poderia ter vindo à tona. Quero também agradecer a Émilie e Julien Deleuze por me encorajarem e me apoiarem.

Em seguida, devo agradecer a Jean-Paul Manganaro, Giorgio Passerone, Jean-Pierre Bamberger e Elias Sanbar por sua preciosa ajuda e seu amigável apoio; Daniel Defert pelos conselhos, assim como Toni Negri e Claire Parnet pelos esclarecimentos. Que sejam igualmente agradecidos Paul Rabinow, Raymond Bellour, François Aubral, Kuniichi Uno, Jun Fujita e Philippe Artières, responsável pelo Centro Michel Foucault, por suas contribuições.

Enfim, esta coletânea deve muito ao indispensável trabalho bibliográfico conduzido por Timothy S. Murphy. Gostaria de agradecê-lo por sua importante ajuda.

David Lapoujade

RODAPÉ DA TRADUÇÃO

[i] Gilles Deleuze, *L'Île déserte et autres textes: textes et entretiens (1953-1974)*, organização de David Lapoujade (Paris, Éditions de Minuit, 2002). Edição brasileira: *A ilha deserta e outros textos*, tradução de Luiz. B. L. Orlandi *et al.* (São Paulo, Iluminuras, 2004).

1
DOIS REGIMES DE LOUCOS*
[1975] *[11]*

1. Indagamos hoje não qual a natureza do poder, mas antes, assim como Foucault, como ele se exerce, em que lugar se forma e por que ele está em toda parte. Comecemos por um pequeníssimo exemplo, o titeriteiro. Ele tem um certo poder de agir sobre as marionetes e que se exerce sobre as crianças. Acerca disso, Kleist escreveu um texto admirável.[a] Poderíamos dizer que existem três linhas. O titeriteiro não age segundo movimentos que já representariam as figuras a serem obtidas. Ele faz com que sua marionete se mova segundo uma linha vertical onde se desloca o centro de gravidade, ou, antes, de leveza da marionete. É uma linha perfeitamente *abstrata, não figurativa*, e não mais simbólica que figurativa. Ela é mutante, porque comporta tantas *singularidades* quanto posições de parada, que, no entanto, não recortam a linha. Nunca há entrelaçamento[i] binário, nem relações biunívocas entre essa linha vertical abstrata, porém tanto mais real, e os movimentos concretos da marionete.

Em segundo lugar, existem movimentos, de um tipo totalmente outro: curvos, sensíveis, representativos, um braço que se arredonda, uma cabeça que pende. Essa linha não é mais marcada por

---

* In Armando Verdiglione (org.), *Psychanalyse et sémiotique*, Paris, 10-18, 1975, pp. 165-70. Conferência pronunciada em maio de 1974, num colóquio ocorrido em Milão, sob a direção de Armando Verdiglione. A intervenção de Deleuze sucede diretamente à de Guattari, que tinha por título "Semiologias significantes e semiologias assignificantes". As discussões subsequentes, nas quais Deleuze mal intervém, não foram conservadas.

[a] "Sur le théâtre de marionnettes", in *Anecdotes et petits écrits*, Paris, Payot, 1981, pp. 101-9.

singularidades, mas antes por segmentos muito suaves — um gesto, depois outro gesto. Enfim, terceira linha, de uma segmentaridade muito *[12]* mais dura, que corresponde aos momentos da história, representados pelo jogo das marionetes. Os entrelaçamentos binários e as relações biunívocas, de que nos falam os estruturalistas, formam-se talvez nas linhas segmentarizáveis, e entre elas duas. Porém, o poder do titeriteiro se constitui antes no ponto de conversão entre a linha abstrata não figurativa, de um lado, e as duas linhas de segmentaridade, de outro. Um banqueiro, o poder bancário no capitalismo, é um pouco a mesma coisa. É bem conhecido que existem duas formas do dinheiro, mas elas às vezes são mal situadas. Existe o dinheiro como estrutura de financiamento, ou até mesmo criação e destruição monetárias: quantidade não realizável, linha abstrata ou mutante, com suas singularidades. E depois, uma segunda linha completamente diferente, concreta, feita de curvas sensíveis: o dinheiro como meio de pagamento, segmentarizável, afetado pelos salários, pelo lucro, pelos juros etc. E esse dinheiro como meio de pagamento vai implicar, por sua vez, uma terceira linha segmentarizada, o conjunto dos bens produzidos numa dada época, de equipamento e de consumo (estudos de Bernard Schmitt, Suzanne de Brunhoff[b] etc.). O poder bancário está no nível de conversão entre a linha abstrata, estrutura de financiamento, e as linhas concretas, meios de pagamento-bens produzidos. A conversão se opera no nível dos bancos centrais, do estalão-ouro,[ii] do papel atual do dólar etc.

Mais um exemplo. Clausewitz fala de uma espécie de fluxo que ele chama de guerra absoluta, que nunca teria existido no estado puro, mas que ainda assim atravessaria a história, indecomponível, singular, mutante, abstrato.[c] Talvez esse fluxo de guerra tenha de fato existido, como a invenção própria dos nômades, máquina guerreira independente dos Estados. Com efeito, é espanto-

---

[b] Bernard Schmitt, *Monnaie, salaires et profits*, Paris, PUF, 1966. Suzanne de Brunhoff, *L'Offre de monnaie (critique d'un concept)*, Paris, Maspero, 1971, e *La Monnaie chez Marx*, Paris, Éd. Sociales, 1973.

[c] *De la guerre*, livro VIII, capítulo II, Paris, Éditions de Minuit, 1955.

so que os grandes Estados, os grandes aparelhos despóticos pareçam não ter instaurado seu poder sobre uma máquina de guerra, mas antes sobre a burocracia e a polícia. A máquina de guerra é sempre algo que vem de fora e de origem nômade: grande linha abstrata de *[13]* mutações. Porém, por razões fáceis de compreender, os Estados deverão se apropriar dessa máquina. Farão exércitos, empreenderão guerras, guerras submetidas à sua política. A guerra deixa de ser absoluta (linha abstrata), para devir algo que não é mais divertido, seja guerra limitada, seja guerra total etc. (segunda linha, dessa vez segmentarizável). E essas guerras tomam tal ou qual forma segundo as exigências políticas e a natureza dos Estados que as empreendem e impõem a elas seus objetivos e seus limites (terceira linha segmentarizada). Ainda aí, o que se chama poder da guerra está na conversão dessas linhas.

Seria preciso multiplicar os exemplos. As três linhas não têm a mesma marcha, nem as mesmas velocidades, nem as mesmas territorialidades, nem as mesmas *desterritorializações*. Um dos principais objetivos da esquizoanálise seria buscar em cada um de nós quais linhas nos atravessam, que são as do próprio desejo: linhas não figurativas abstratas, de fuga, ou de desterritorialização; linhas de segmentaridades, brandas ou duras, nas quais cada um se atravanca ou se move sob o horizonte de sua linha abstrata; e como são feitas as conversões de uma linha às outras.

2. Guattari está em via de traçar um quadro de regimes semióticos; eu gostaria de dar um exemplo que pode ser qualificado tanto como patológico quanto histórico. Um caso importante de dois regimes de signos apresentou-se na psiquiatria no fim do século XIX, mas que também transborda a psiquiatria para concernir a toda semiótica. Concebe-se um primeiro regime de signos, que funciona de maneira muito complexa, porém fácil de compreender: um signo remete a outros signos, estes a outros, ao infinito (irradiação, circularidade sempre em extensão). Alguém sai na rua, descobre que o porteiro olha para ele com um olhar maldoso, escorrega, uma criancinha lhe mostra a língua etc. Finalmente, é a mesma coisa dizer que cada signo é duplamente articulado, que um signo remete sempre a um outro signo, indefinidamente, e

que o próprio conjunto supostamente infinito dos signos remete a um significante maior. Este é o regime *paranoico* do signo, mas também se poderia chamá-lo despótico ou imperial.

E então há um regime completamente diferente. Dessa vez, um signo ou um pequeno grupo, um pequeno pacote de signos, põe-se em *[14]* fila, começa a seguir uma linha. Não há mais, de modo algum, formação de uma vasta formação circular em extensão perpétua, mas de uma rede linear. Em vez de signos que se remetem uns aos outros, há um signo que remete a um sujeito: o delírio se constrói de um jeito localizado, é mais um delírio de ação do que de ideia, uma linha deve ser levada até o fim antes que uma outra linha seja encetada (o delírio processualista, aquilo que os alemães chamavam de delírio de querulência).[iii] Um psiquiatra como Clérambault distinguia, nesse sentido, dois grandes grupos de delírio: paranoico e passional.[d]

Pode ser que uma das grandes razões da crise da psiquiatria tenha sido tal cruzamento entre este regime de signos completamente diferentes. É sempre possível confinar o homem do delírio paranoico, ele apresenta todos os signos da loucura, mas, por outro lado, ele não é de modo algum louco, seu raciocínio é impecável. O homem do desejo passional não apresenta signo algum de loucura, exceto sobre este ou aquele ponto dificilmente detectável, e, contudo, ele é louco, sua loucura se manifesta em bruscas passagens ao ato (por exemplo, o assassinato). Ainda nisto, Foucault definiu profundamente essa diferença e essa complementaridade entre os dois casos. Eu os cito para dar uma ideia da pluralidade das semióticas, ou seja, dos conjuntos onde os signos não têm nem o mesmo regime, nem o mesmo funcionamento.

3. Pouco importa que um regime de signos receba um nome clínico ou histórico. Não que seja a mesma coisa, mas os regimes de signos atravessam "estratificações" muito diferentes. Eu falava há pouco do regime paranoico e do regime passional em termos

---

[d] In *Oeuvres psychiatriques*, reed., Paris, PUF, 1942 <reed., Paris, Frénésie, 1987>, 2 vols.

clínicos. Falemos agora das formações sociais. Não se trata de dizer que os imperadores são paranoicos, tampouco o inverso. Porém, nas grandes formações imperiais, arcaicas, ou mesmo antigas, há o grande significante como significante do déspota; e abaixo, a infinita rede dos signos que se remetem uns aos outros. Mas é preciso também toda sorte de categorias de gente especializada que tem por tarefa propagar esses signos, dizer o que eles querem dizer, interpretá-los, fixar o seu *[15]* significado: padres, burocratas, mensageiros etc. É o par da significância e da interpretação. Enfim, há ainda outra coisa: é preciso ainda que haja sujeitos que recebam a mensagem, escutem a interpretação, obedeçam à corveia — como diz Kafka em *A Muralha da China* e *Uma mensagem imperial*.[e] E a cada vez seria dito que, tendo chegado ao seu limite, o significado novamente dá a significância, sempre permitindo que o círculo se amplie.

Uma formação social qualquer tem sempre o ar de estar dando certo. Não há razão para que não dê certo, para que isso não funcione. E, no entanto, há sempre um lado pelo qual isso foge e se desfaz. Nunca se sabe se o mensageiro vai chegar. E, quanto mais se aproxima da periferia do sistema, mais os sujeitos se encontram tomados numa espécie de tentação: ou submeter-se aos significantes, obedecer às ordens do burocrata e seguir a interpretação do grande padre — ou então ser arrastado alhures, para além, vetor louco, tangente de desterritorialização —, seguir uma linha de fuga, pôr-se a nomadizar, emitir o que Guattari há pouco chamava de partículas a-significantes. Eis um exemplo tardio como o do Império Romano: os germânicos foram certamente tomados na dupla tentação de afundar-se no império, integrar-se nele — mas foram também pressionados pelos hunos, que formavam uma linha de fuga nômade, um novo gênero de máquina de guerra, marginal e não integrável.

Estamos considerando um regime de signos totalmente outro, o capitalismo. Ele também parece funcionar muito bem, não

---

[e] In *La Muraille de Chine*, Paris, Gallimard, 1950, col. "Du monde entier", pp. 110-5.

há razão para que não dê certo. Ele corresponderia antes àquilo que há pouco chamávamos de delírio passional. Contrariamente ao que se passa nas formações imperiais paranoicas, pequenos pacotes de signos, grandes pacotes de signos começam a seguir linhas, e, sobre tais linhas, acontecem coisas de toda sorte: movimento do capital-dinheiro; elevação dos sujeitos em agentes do capital e do trabalho; distribuição desigual de bens e meios de pagamento a esses agentes. Explica-se para o sujeito que quanto mais ele obedecer, mais irá comandar, pois é somente a si próprio que ele obedece. Perpetuamente haverá assentamento do sujeito *[16]* de comando sobre o sujeito de obediência, em nome da lei do capital. E esse sistema de signos é, sem dúvida, muito diferente do sistema imperial: ele até mesmo tem a vantagem de tapar suas brechas, sempre reconduzindo para o centro o sujeito periférico e bloqueando o nomadismo. Por exemplo, na história da filosofia, é conhecida a célebre revolução que fez com que o discurso do estágio imperial, onde o signo remetia perpetuamente ao signo, passasse ao estágio da subjetividade como delírio propriamente passional, que sempre assentava o sujeito sobre o sujeito. E, no entanto, aí também, quanto melhor isso funciona, mais foge por todo canto. As linhas de subjetivação do capital-dinheiro não param de emitir ramificações, oblíquas, transversais, subjetividades marginais, linhas de territorialização que ameaçam os seus planos. Um nomadismo interno, um novo tipo de fluxos desterritorializados, de partículas a-significantes vêm comprometer tal detalhe, e o próprio conjunto. Caso Watergate, inflação mundial.

Rodapé da tradução

[i] No original, *rapport*; habitualmente traduzido por "relação", foi vertido neste livro como "entrelaçamento", "entrelace" e, ainda, "entrelaço". Nesta tradução, "relação" traduz *relation*.

[ii] Também dito "padrão-ouro".

[iii] No alemão, *Querulantenwahn*, formado a partir do termo latino *querulus a um*, ou seja, alguém que reclama, um reclamão. Na psiquiatria, o termo foi primeiramente usado por Eduard Hitzig (1838-1907), no livro *Über*

den Quärulantenwahnsinn, seine nosologische Stellung und seine forensische Bedeutung: Eine Abhandlung für Ärzte und Juristen ["Sobre a demência da querulência, sua posição nosológica e seu significado forênsico: um tratado para médicos e juristas"] (Vogel, Leipzig, 1895). Manteve-se na tradução esse étimo, de acordo com Deleuze (que escreveu *quérulance*), mas a noção é também traduzida como "delírio da querelância".

2
ESQUIZOFRENIA E SOCIEDADE*
[1975] *[17]*

Os dois polos da esquizofrenia

As *máquinas-órgãos*

O tema da máquina não é que o esquizofrênico se vivencie como uma máquina, globalmente. Mas ele se vivencia sendo atravessado por máquinas, dentro de máquinas e máquinas nele, ou então adjacente a máquinas. Não são os seus órgãos que são máquinas qualificadas. Mas os seus órgãos funcionam apenas a título de elementos quaisquer de máquinas, de peças em conexão com outras peças exteriores (uma árvore, uma estrela, uma ampola, um motor). Os órgãos conectados a fontes, ramificados sobre fluxos, eles próprios entram em máquinas complexas. Não se trata de mecanismo, mas de toda uma maquinaria muito díspar. Com o esquizofrênico, o inconsciente aparece como aquilo que ele é: uma fábrica. Bruno Bettelheim faz o quadro do pequeno Joey, a criança-máquina que não vive, não come, não defeca, não respira e nem dorme a não ser ramificando-se em motores, carburadores, volantes, lâmpadas e circuitos reais, factícios ou mesmo imaginários: "Ele devia estabelecer essas junturas elétricas imaginárias antes de poder comer, pois apenas a corrente fazia com que seu aparelho digestivo funcionasse. Ele executava esse ritual com tamanha destreza que era preciso olhar duas vezes para se certificar de que não

---

* *Encyclopaedia Universalis*, vol. 14, Paris, Encyclopaedia Universalis, 1975, pp. 692-4. As referências foram remetidas em nota e completadas.

havia *[18]* nem fio nem tomada...".[1] Até mesmo o passeio ou a viagem esquizofrênica forma um circuito ao longo do qual o esquizofrênico não para de fugir, seguindo linhas maquínicas. Até mesmo os enunciados do esquizofrênico aparecem, não mais como combinações de signos, mas como o produto de agenciamentos de máquinas. *Connect-I-Cut!*, grita o pequeno Joey. Louis Wolfson explica a máquina de linguagem que ele inventou (um dedo num ouvido, um fone-rádio no outro, um livro estrangeiro na mão, grunhidos na garganta etc.) para fugir e fazer com que a língua materna inglesa fuja, e poder traduzir cada frase numa mistura de sons e de palavras que a ela se assemelham, porém emprestadas de toda sorte de línguas estrangeiras de uma vez só.

O caráter especial das máquinas esquizofrênicas vem do fato de elas colocarem em jogo elementos completamente díspares, estranhos uns aos outros. São máquinas-agregados. E, no entanto, elas funcionam. Justamente, porém, sua função é fazer com que algo ou alguém fuja. Nem mesmo se pode dizer que a máquina esquizofrênica é feita de peças e de elementos vindos de diferentes máquinas preexistentes. No limite, o esquizofrênico faz uma máquina funcional com elementos últimos, que nada mais têm a ver com o seu contexto e que vão entrar em entrelace uns com os outros *por força de não terem entrelace*: como se a distinção real, a disparidade entre as diferentes peças deviesse uma razão para colocá-las juntas, fazê-las funcionar juntas, conforme aquilo que os químicos chamam de ligações não localizáveis. O psicanalista Serge Leclaire diz que não se alcançarão os elementos derradeiros do inconsciente enquanto não forem encontradas puras singularidades, soldadas ou coladas em conjunto "precisamente pela ausência de liame", termos díspares irredutíveis que estão juntados apenas por uma ligação não localizável como "força mesma do desejo"[2].[i] O que implica recolocar em questão todos os pressupos-

---

[1] *La Forteresse vide*, Paris, Gallimard, 1969, col. "Connaissance de l'inconscient", p. 304.

[2] Serge Leclaire, "La Réalité du désir", in *Sexualité humaine*, Paris, Aubier, 1970.

Esquizofrenia e sociedade

tos psicanalíticos sobre a associação das ideias, as relações e as estruturas. Este é o inconsciente esquizofrênico: aquele dos últimos elementos que *[19]* fazem máquina por força de serem derradeiros e realmente distintos. Tais como as sequências das personagens de Beckett: seixo-bolso-boca; um sapato-um fornilho de cachimbo-um pacotinho mole não determinado-uma tampa de buzina de bicicleta-uma metade de muleta.[ii] Uma máquina infernal se prepara. Um filme de W. C. Fields[iii] apresenta o herói executando uma receita de cozinha de acordo com um programa de ginástica: curto-circuito entre duas máquinas, estabelecimento de uma ligação não localizável entre elementos que vão animar uma máquina explosiva, uma fuga generalizada, não-sentido propriamente esquizofrênico.

O corpo sem órgãos

Porém, na descrição necessária da esquizofrenia, há outra coisa além das máquinas-órgãos com suas fontes e seus fluxos, seus zumbidos, seus desarranjos. Há o outro tema, aquele de um corpo sem órgãos, que seria privado de órgãos, olhos tapados, narinas apertadas, ânus fechado, estômago ulcerado, laringe comida, "nada de boca, nada de língua, nada de dentes, nada de laringe, nada de esôfago, nada de estômago, nada de barriga, nada de ânus":[3] nada além de um corpo pleno como uma molécula gigante ou um ovo indiferenciado. Muitas vezes se descreveu esse estupor catatônico em que todas as máquinas parecem interrompidas e onde o esquizofrênico se congela em longas atitudes rígidas, que ele pode conservar por dias ou anos. E não são somente os períodos de tempo que distinguem os acessos ditos processuais e os momentos de catatonia, mas é a cada instante que uma luta parece produzir-se entre o funcionamento exacerbado das máquinas e a estase catatônica do corpo sem órgãos, como entre dois polos da esquizofrenia: a angústia especificamente esquizofrênica traduz todos os aspectos dessa luta. Sempre uma excitação, um impulso que se insinuam no seio do estupor catatônico; sempre também o es-

---

[3] Antonin Artaud, in *84*, n° 5-6, 1948.[iv]

tupor e estases rígidas no formigamento das máquinas, como se o corpo sem órgãos nunca tivesse terminado de se assentar sobre as conexões maquínicas, como se *[20]* as explosões de órgãos-máquinas nunca tivessem terminado de se produzir sobre o corpo sem órgãos.

Contudo, não se acreditará que o verdadeiro inimigo do corpo sem órgãos sejam os próprios órgãos. O inimigo é o organismo, ou seja, a organização que impõe aos órgãos um regime de totalização, de colaboração, de sinergia, de integração, de inibição e de disjunção. Nesse sentido, sim, os órgãos são certamente o inimigo do corpo sem órgãos, que exerce sobre eles uma ação repulsiva e denuncia neles aparelhos de perseguição. Mas, do mesmo modo, o corpo sem órgãos atrai os órgãos, apropria-se deles e faz com que funcionem *num outro regime* que não aquele do organismo, em condições em que tanto mais cada órgão é todo o corpo, quanto mais ele se exerce por si próprio e inclui as funções dos outros. Os órgãos, então, são como que "miraculados" pelo corpo sem órgãos, segundo esse regime maquínico que não se confunde nem com mecanismos orgânicos, nem com a organização do organismo. Exemplo: a boca-ânus-pulmão do anoréxico. Ou certos estados esquizoides provocados pela droga, como os que William Burroughs descreve em função de um corpo sem órgãos: "O organismo humano é de uma ineficácia escandalosa. Em vez de uma boca e de um ânus que perigam, ambos, a degringolar, por que não haveria um único orifício polivalente para a alimentação e a defecação? Poder-se-ia amuralhar a boca e o nariz, encher o estômago e fazer um furo de aeração diretamente nos pulmões — o que deveria ter sido feito desde a origem".[4] Artaud descreve a luta viva do corpo sem órgãos contra o organismo e contra Deus, senhor dos organismos e da organização. O presidente Schreber[vi] descreve as alternâncias de repulsão e de atração, conforme o corpo sem órgãos repudia a organização dos órgãos, ou, pelo contrário, apropria-se dos órgãos sob um regime anorgânico.

---

[4] William S. Burroughs, *Le Festin nu*, Paris, Gallimard, 1964, p. 146.[v]

Um entrelace em intensidade

É o mesmo que dizer que os dois polos da esquizofrenia (catatonia do corpo sem órgãos, exercício anorgânico das máquinas-órgãos) *[21]* jamais estão separados, mas engendram em ambos formas onde ora a repulsão prevalece, ora a atração: forma paranoide e forma miraculante ou fantástica da esquizofrenia. Caso se considere o corpo sem órgãos como um ovo pleno, é preciso dizer que, *sob* a organização que ele tomará, que ele desenvolverá, o ovo não se apresenta como um meio [*milieu*][vii] indiferenciado: ele é atravessado por eixos e gradientes, polos e potenciais, limiares e zonas destinadas a produzir mais tarde esta ou aquela parte orgânica, mas cujo único agenciamento é, no momento, intensivo. Como se o ovo fosse percorrido por um fluxo de intensidade variável. É certamente nesse sentido que o corpo sem órgãos ignora e repudia o organismo, ou seja, a organização dos órgãos em extensão, mas forma uma matriz intensiva que se apropria de todos os órgãos em intensidade. Diríamos que as proporções esquizofrênicas de atração e de repulsão sobre o corpo sem órgãos produzem outros tantos estados intensivos pelos quais passa o esquizofrênico. A viagem esquizofrênica pode ser imóvel; e, mesmo em movimento, ela se faz sobre o corpo sem órgãos, em intensidade. O corpo sem órgãos é a intensidade igual a zero, envolvida em toda produção de quantidades intensivas, e a partir da qual essas intensidades são efetivamente produzidas como aquilo que vai preencher o espaço neste ou naquele grau. As máquinas-órgãos são, portanto, como que as potências diretas do corpo sem órgãos. O corpo sem órgãos é a pura matéria intensiva, ou o motor imóvel, cujas máquinas-órgãos vão constituir as peças trabalhadoras e as potências próprias. E é isso mesmo o que mostra o delírio esquizofrênico: sob as alucinações dos sentidos, sob o próprio delírio do pensamento, há algo de mais profundo, um sentimento de intensidade, ou seja, um devir ou uma passagem. Um gradiente é transposto, um limiar ultrapassado ou retrogradado, uma migração se opera: *eu sinto* que devenho mulher, *sinto* que devenho deus, que devenho vidente, que devenho pura matéria... O delírio esquizofrênico só pode ser atingido no nível desse "eu sinto", o qual registra a cada instante o entrelace em intensidade do corpo sem órgãos e dos órgãos-máquinas.

Eis por que acreditamos que a farmacologia, no sentido mais geral, tem uma importância extrema nas pesquisas teóricas e práticas sobre a esquizofrenia. O estudo do [22] metabolismo dos esquizofrênicos abre um vasto campo de pesquisa, do qual participa a biologia molecular. Toda uma química intensiva e vivida parece capaz de ultrapassar as dualidades tradicionais entre o orgânico e o psíquico, em pelo menos duas direções: a experimentação dos estados esquizoides induzidos pela mescalina, a bulbocapnina, o LSD etc.; a tentativa terapêutica de acalmar a angústia do esquizofrênico e, no entanto, romper a couraça catatônica para fazer com que as máquinas esquizofrênicas reiniciem, retomem o movimento (emprego de "neurolépticos incisivos", ou até mesmo de LSD).

A ESQUIZOFRENIA COMO PROCESSO

A psicanálise e a família "esquizogênea"

O problema é, a uma só vez, o da extensão indeterminada da esquizofrenia e o da natureza dos sintomas que constituem o seu conjunto. Pois é em virtude de sua própria natureza que esses sintomas aparecem em migalhas, difíceis de totalizar, de unificar numa entidade coerente e bem localizável: por toda parte uma síndrome discordante, sempre em fuga sobre si própria. Emil Kraepelin formara seu conceito de demência precoce em função de dois polos principais: a hebefrenia como psicose pós-pubertária com seus fenômenos de desagregação, e a catatonia como forma de estupor com seus distúrbios da atividade muscular. Quando Eugen Bleuler inventa, em 1911, o termo "esquizofrenia", ele insiste numa fragmentação ou deslocamento funcional das associações, que faz da ausência de liame o distúrbio essencial. Porém, essas associações fragmentadas são também o inverso de uma dissociação da pessoa e de uma cisão com a realidade que dão uma espécie de preponderância ou de autonomia a uma vida interior rígida e fe-

Esquizofrenia e sociedade

chada sobre si mesma (o "autismo", que Bleuler sublinha cada vez mais: "Eu quase diria que o distúrbio primitivo se estende sobretudo à vida dos instintos").[viii] Parece que, em função do estado atual da psiquiatria, a determinação de uma unidade compreensiva da esquizofrenia não pôde ter sido buscada na ordem das causas nem dos sintomas, mas apenas no [23] todo de uma personalidade perturbada que cada sintoma exprime à sua maneira. Ou, melhor ainda, segundo Eugène Minkowski e, principalmente, Ludwig Binswanger, nas formas psicóticas do "ser-no-mundo", de sua espacialização e de sua temporalização ("salto", "turbilhão", "enrugamento", "pantanização"). Ou então na imagem do corpo, segundo as concepções de Gisela Pankow, que utiliza um método prático de reestruturação espacial e temporal para conjurar os fenômenos de dissociação esquizofrênicos e torná-los acessíveis à psicanálise ("reparar as zonas de destruição na imagem do corpo e encontrar um acesso à estrutura familiar").[a]

Entretanto, a dificuldade é dar conta da esquizofrenia em sua própria positividade, e como positividade, sem reduzi-la aos caráteres de déficit ou de destruição que ela engendra na pessoa, nem às lacunas e dissociações que ela faz aparecer numa suposta estrutura. Não se pode dizer que a psicanálise nos tira de um ponto de vista negativo. É que ela tem com a psicose um entrelace essencialmente ambíguo. Por um lado, certamente sente que todo o seu material clínico lhe chega da psicose (isso já é verdadeiro da escola de Zurique para Freud, é também verdadeiro para Melanie Klein e para Jacques Lacan: todavia, a psicanálise é solicitada mais pela paranoia do que pela esquizofrenia). Por outro, o método psicanalítico, inteiramente talhado sobre os fenômenos de neurose, experimenta as maiores dificuldades para encontrar, por conta própria, um acesso às psicoses (quanto mais não seja em virtude do deslocamento das associações). Freud propunha entre neurose e psicose uma distinção simples, de acordo com a qual o princípio de realidade fica a salvo, na neurose, ao preço de um recalque do "complexo", enquanto, na psicose, o complexo aparece na cons-

---

[a] Gisela Pankow, *L'Homme et sa psychose*, Paris, Aubier-Montaigne, 1969, col. "La chair et l'esprit", IV, A., p. 240.

ciência ao preço de uma destruição de realidade, que se dá porque a libido vira as costas para o mundo exterior. As pesquisas de Lacan fundam a distinção entre o recalque neurótico, que incide sobre o "significado", e a forclusão psicótica, que se exerce na própria ordem simbólica, no nível original do *[24]* "significante", espécie de buraco na estrutura, local vazio que faz com que aquilo que está forcluído no simbólico reapareça no real sob forma alucinatória. O esquizofrênico aparece, então, como aquele que não pode mais *reconhecer* ou *pôr* seu próprio desejo. O ponto de vista negativo se encontra reforçado na medida em que a psicanálise pergunta: o que falta ao esquizofrênico para que o mecanismo psicanalítico o "tome" para si?

Será possível que aquilo que falta ao esquizofrênico seja alguma coisa em Édipo? Uma desfiguração do papel materno junto a uma aniquilação do pai, desde a mais tenra idade, ambos explicando a existência de uma lacuna na estrutura edipiana? Maud Mannoni segue Lacan e invoca "uma forclusão inicial do significante do pai", de modo que "as personagens edipianas estão postas, mas, no jogo das permutações que se efetua, há como que um local vazio. Esse local permanece enigmático, aberto à angústia que suscita o desejo".[5] Todavia, não é certo que uma estrutura apesar de tudo familiar seja uma boa unidade de medida da esquizofrenia, mesmo que se estenda essa estrutura a três gerações, nela envolvendo os avós. A tentativa de estudar famílias "esquizogêneas", ou mecanismos esquizogêneos na família, parece ser um liame comum entre a psiquiatria tradicional, a psicologia, a psicanálise e até mesmo a antipsiquiatria. O caráter decepcionante dessas tentativas decorre do fato de que os mecanismos invocados (por exemplo, o *double bind*, de Gregory Bateson,[ix] ou seja, a emissão simultânea de duas ordens de mensagens, uma contradizendo a outra: "Faça isso, mas principalmente não o faça...") pertencem efetivamente à banalidade cotidiana de cada família e não nos fazem em absoluto penetrar no modo de produção de um esquizofrênico. Mesmo que as coordenadas familiares sejam alçadas a

[5] Maud Mannoni, *Le Psychiatre, son fou et la psychanalyse*, Paris, Éditions du Seuil, 1970, p. 104.

Esquizofrenia e sociedade

uma potência propriamente simbólica, fazendo do pai uma metáfora, ou do nome-do-pai um significante coextensivo à linguagem, não parece que com isso se possa sair de um discurso estreitamente familiar, em *[25]* função do qual o esquizofrênico se define negativamente, pela suposta forclusão do significante.

Uma brecha para "mais de realidade"

É curioso como conduzem os esquizofrênicos a problemas que, com toda evidência, não são seus: pai, mãe, lei, significante; o esquizofrênico está alhures, e essa não é decerto uma razão para concluir que lhe falta aquilo que não lhe concerne. Sobre esse ponto, Beckett e Artaud disseram tudo: resignemo-nos com a ideia de que certos artistas ou escritores tiveram, quanto à esquizofrenia, mais revelações que os psiquiatras e os psicanalistas. Finalmente, é o mesmo erro que faz com que a esquizofrenia seja definida em termos negativos ou de falta (dissociação, perda de realidade, autismo, forclusão) e que estima a esquizofrenia por uma estrutura familiar na qual essa falta é salientada. De fato, o fenômeno do delírio nunca é a própria reprodução imaginária de uma história familiar em torno de uma falta. Ao contrário, ele é um excedente da história, uma vasta deriva da história universal. O que o delírio urde são as raças, as civilizações, as culturas, os continentes, os reinos, os poderes, as guerras, as classes e as revoluções. Não há necessidade alguma de ser erudito para delirar nesse sentido. Há sempre um Negro, um Judeu, um Chinês, um Grão-Mogol, um Ariano no delírio; todo delírio é da política e da economia. E não se acreditará que se trata somente da expressão manifesta do delírio: na verdade, é mais o próprio delírio que exprime a maneira pela qual a libido investe todo um campo social histórico, e pela qual o desejo inconsciente esposa seus objetos derradeiros. Mesmo quando o delírio parece manobrar os temas familiares, os buracos, os cortes, os fluxos que atravessam a família e a constituem como esquizogênea são de natureza extrafamiliar e fazem o conjunto do campo social intervir em suas determinações inconscientes. Como diz muito bem Marcel Jaeger, "contrariando os grandes papas da psiquiatria, o falatório mantido pelos loucos não tem somente a espessura de suas desordens psíquicas individuais: o discurso da loucura se articula sobre outro discurso, o da história, política, social, *[26]* religiosa, que fala em cada um deles"[6]. O delírio não se constrói em torno do nome-do-pai, mas sobre os nomes da história. Nomes próprios: diríamos que as zonas, os limiares ou os gradientes de intensidade que o esquizofrênico atravessa sobre o corpo sem órgãos (sinto que devenho...) são designados por tais nomes de raças, de continentes, de classes ou de pessoas. O esquizofrênico não se identifica a pessoas, ele identifica sobre o corpo sem órgãos domínios e regiões designados por nomes próprios.

Eis por que tentamos descrever a esquizofrenia em termos positivos. Dissociação, autismo, perda de realidade são, antes de tudo, termos cômodos para que os esquizofrênicos não sejam escutados. Dissociação é uma palavra ruim para designar o estado dos elementos que entram nessas máquinas especiais, as máquinas esquizofrênicas positivamente determináveis — vimos, a esse respeito, o papel maquínico da ausência de liame. "Autismo" é uma palavra muito ruim para designar o corpo sem órgãos e tudo aquilo que se passa sobre ele, que nada tem a ver com uma vida interior apartada da realidade. Perda de realidade, como dizer isso de alguém que vive próximo do real a um ponto insuportável ("essa emoção que dá ao espírito o som reviravolteante da matéria", escreve Artaud no *Le Pèse-Nerfs*)?[7] Em vez de compreender a esquizofrenia em função das destruições que ela introduz na pessoa, ou dos buracos e lacunas que ela faz aparecer na estrutura, é preciso apreendê-la como *processo*. Enquanto Kraepelin tentava fundar seu conceito de demência precoce, ele não o definia por causas nem por sintomas, mas por um processo, por uma evolução e um estado terminal. Acontece que Kraepelin concebia esse estado terminal como uma desagregação completa e definitiva, justificando o encarceramento do doente, à espera da morte. É de todo um ou-

---

[6] Marcel Jaeger, "*L'Underground* de la folie", in *Partisans*, fevereiro de 1972.

[7] Antonin Artaud, *Le Pèse-Nerfs*, in *Oeuvres complètes*, I, Paris, Gallimard, 1956; reed. 1970, p. 112.

tro jeito que Karl Jaspers e, hoje em dia, Ronald D. Laing compreendem a rica noção de processo: uma ruptura, uma irrupção, uma brecha que quebra a continuidade de uma personalidade, arrastando-a numa espécie de viagem através de um "mais de realidade" intenso e assustador, seguindo linhas de fuga onde natureza e história, organismo e espírito [27] se devoram. É isso que está em jogo entre os órgãos-máquinas esquizofrênicos, o corpo sem órgãos e os fluxos de intensidade sobre esse corpo, operando todo um ramal de máquinas e toda uma deriva da história.

É fácil, a esse respeito, distinguir a paranoia e a esquizofrenia (até mesmo as formas ditas paranoides da esquizofrenia): o "deixe-me em paz" do esquizofrênico e o "não vou deixar você em paz" do paranoico; a combinatória dos signos na paranoia, os agenciamentos maquínicos da esquizofrenia; os grandes conjuntos paranoicos e as pequenas multiplicidades esquizofrênicas; os grandes planos de integração reacional na paranoia e as linhas de fuga ativas na esquizofrenia. Se a esquizofrenia aparece como a doença da época atual, não é em função de generalidades concernentes ao nosso modo de vida, mas relativamente a mecanismos muito precisos de natureza econômica, social e política. Nossas sociedades não mais funcionam à base de códigos e de territorialidades, mas, ao contrário, sobre o fundo de uma decodificação e de uma desterritorialização massiva. Contrariamente ao paranoico, cujo delírio consiste em restaurar códigos, reinventar territorialidades, o esquizofrênico não para de ir mais longe no movimento de decodificar a si próprio, de se desterritorializar (a brecha, a viagem ou o processo esquizofrênico). O esquizofrênico é como o limite da nossa sociedade, mas o limite sempre conjurado, reprimido, execrado. O problema da esquizofrenia foi bem colocado por Laing: como fazer para que a brecha (*breakthrough*) não devenha colapso (*breakdown*)[x]?[b] Como fazer para que o corpo sem órgãos não se encarcere, imbecil e catatônico? Para que o estado agudo triunfe sobre sua angústia, mas sem dar lugar a um estado crônico embrutecido e mesmo a um estado final de colapso generali-

[b] Ronald D. Laing, *La Politique de l'expérience*, Paris, Stock, 1969, p. 93.

zado, como se vê no hospital? É preciso certamente dizer que as condições do hospital, não menos do que as condições familiares, são pouco satisfatórias a esse respeito; e os grandes sintomas negativos de autismo, de perda de realidade, são com frequência produtos da familiarização assim como da hospitalização. Será possível conjugar a potência de uma *[28]* química vivida e de uma análise esquizológica para fazer com que o processo esquizofrênico não vire o seu contrário, ou seja, a produção de um esquizofrênico bom para o asilo? E em que tipo de grupo, em que espécie de coletividade?

RODAPÉ DA TRADUÇÃO

[i] Cf. o livro *Le Schizo et les langues*, de Louis Wolfson (Paris, Gallimard, 1970), para o qual Deleuze escreveu um prefácio intitulado "Schizologie". Uma versão desse prefácio, apresentando diferenças relativamente ao texto de 1970, foi publicada na coletânea *Critique et clinique* (Paris, Éditions de Minuit, 1993), com o título "Louis Wolfson ou le procédé". Edição brasileira, *Crítica e clínica*, tradução de Peter Pál Pelbart, São Paulo, Editora 34, 1997, cap. 2.

[ii] Referências, respectivamente, ao romance *Molloy* (Paris, Éditions de Minuit, 1951), edição brasileira, *Molloy*, tradução de Ana Helena Souza, Rio de Janeiro, Globo, 2008; e ao romance *Malone meurt* (Paris, Éditions de Minuit, 1951), edição brasileira, *Malone morre*, tradução de Paulo Leminski, São Paulo, Brasiliense, 1986.

[iii] Trata-se do filme *Tillie and Gus* (1933), dirigido por Francis Martin e estrelado por W. C. Fields, cuja cena é um pouco diferente dessa descrição que Deleuze apresenta. O dito herói segue instruções de um programa de rádio para misturar tinta em um grande balde; uma criança mexe no sintonizador e muda para um programa de aeróbica, cujas instruções o herói passa a acompanhar, ao fim exclamando um queixume: "Deve existir uma maneira mais fácil de misturar tinta!".

[iv] Poema "J'étais vivant" ("Eu estava vivo"), publicado nessa edição especial da revista *84*, toda em homenagem a Artaud, que morrera no mesmo ano: "Então, nada de boca!/ Nada de língua/ Nada de dentes/ Nada de laringe/ Nada de esôfago/ Nada de estômago/ Nada de barriga/ Nada de ânus/ Reconstruirei o homem que sou". O mesmo poema foi aludido por Deleuze em *Lógica do sentido* (edição francesa, Paris, Éditions de Minuit, 1969, p. 108).

[v] Tradução francesa (de Éric Kahane) do livro *The Naked Lunch*, originalmente publicado em Paris, Olympia Press, 1959. Há tradução para o português: *Almoço nu*, tradução de Mauro Sá Rêgo Costa e Flávio Moreira da Costa (São Paulo, Brasiliense, 1992). A fim de apresentar entradas diferentes para esse romance, traduziu-se aqui o mesmo trecho, porém a partir do original em inglês, usando algumas soluções da tradução brasileira mencionada: "O corpo humano é escandalosamente ineficiente. Em vez de ter uma boca e um ânus que ficam entrando em desarranjo, por que não um buraco multitarefa para comer e eliminar? Poderíamos lacrar nariz e boca, encher o estômago, fazer um buraco de ar direto nos pulmões onde já deveria estar para início de conversa...".

[vi] Daniel Paul Schreber (1842-1911), juiz alemão que narrou, em livro, sua experiência enquanto esquizofrênico paranoico: *Memórias de um doente dos nervos* (1903). Ficou famosa a interpretação que Freud faz dessa narrativa.

[vii] Essa é a primeira ocorrência de *milieu* em nosso livro. É um termo espaço-temporal, podendo tanto referir-se a um lugar específico, a uma região na qual ocorrem processos determinados, ou ainda a uma posição no tempo ou no espaço que se encontra no meio. Durante toda a tradução, *milieu* foi traduzido por "meio", sempre anteposto ao termo francês entre colchetes, para que se possa distingui-lo de *moyen*, termo bem distinto de *milieu*, que não poderia não ser traduzido também por "meio" e, quando cabível, pela conjunção "mediante". *Moyen* é um recurso, um procedimento que permite a realização de algo.

[viii] Parece que a citação se refere ao texto "La Schizophrénie", de Bleuler, publicado em *Congrès des Médecins Aliénistes et Neurologistes de France et des Pays de langue Française. XXXe session. Genève-Lausanne*. Paris, Masson, 1926, pp. 1-24.

[ix] A teoria do *double bind* foi pela primeira vez apresentada em 1956, no texto "Toward a Theory of Schizophrenia" (*Behavioral Science*, 1(4), pp. 251-64), de autoria de Gregory Bateson, Don D. Jackson, Jay Haley e John Weakland (Veterans Administration Hospital, Palo Alto, California; and Stanford University).

[x] Os termos em francês, antepostos aos dois termos em inglês, traduzidos por "brecha" e "colapso", são, respectivamente, *percée* e *effondrement*. Na tradução brasileira de *O anti-Édipo* feita por Luiz B. L. Orlandi (São Paulo, Editora 34, 2010), eles vão traduzidos como *transpassagem* e *desmoronamento*.

3

MESA-REDONDA SOBRE PROUST*
[1975] *[29]*

Roland Barthes — Já que sou o primeiro a falar, vou me contentar em ressaltar aquilo que, na minha opinião, deveria constituir o caráter paradoxal de todo colóquio sobre Proust. Proust só pode ser objeto de um colóquio infinito: colóquio infinito porque, mais do que qualquer outro autor, ele é aquele do qual se terá infinitamente algo a dizer. Não é um autor eterno, mas sim, penso eu, um autor perpétuo, como se diz de um calendário que ele é perpétuo. E não creio que isso se deva, digamos, à riqueza de Proust, que é talvez uma noção ainda qualitativa demais, mas antes a uma certa desestruturação do seu discurso. É um discurso não apenas *digredido*, como foi dito, mas sim, ademais, um discurso esburacado e desconstruído: uma espécie de galáxia que é infinitamente explorável, pois suas partículas mudam de lugar e permutam entre si. Isso faz com que eu leia Proust, um dos raríssimos autores que releio, como um tipo de paisagem ilusória, aclarada sucessivamente por luzes que obedeceriam a um tipo de reostato variável e que fariam com que o cenário passasse gradualmente, e também infatigavelmente, por diferentes volumes, por diferentes níveis de percepção, por diferentes inteligibilidades. É um material inesgotável, não por ser sempre novo, o que não quer dizer grande coisa, mas porque retorna sempre deslocado. Por isso mesmo, é uma obra que constitui um verdadeiro "móvel", talvez a verdadeira en-

---

* Conduzida por Serge Doubrovsky. Dela fizeram parte Roland Barthes, Gilles Deleuze, Gérard Genette, Jean Ricardou e Jean-Pierre Richard. *Cahiers Marcel Proust*, nova série, nº 7, Paris, Gallimard, 1975, pp. 87-116. O texto foi revisto e preparado por Jacques Bersani, com o consentimento dos participantes.

carnação do Livro sonhado por Mallarmé. A meu ver, a *Busca do tempo perdido* (e tudo o que nela é possível aglomerar de outros textos), *[30]* pode provocar apenas ideias de busca e não de pesquisas. Nesse sentido, o texto proustiano é uma excelente substância para o desejo crítico. É um verdadeiro objeto de desejo para o crítico, pois tudo se esgota na fantasia da busca, na ideia de buscar alguma coisa em Proust e, por isso mesmo, também, tudo torna ilusória a ideia de um resultado dessa busca. A singularidade de Proust é ele não nos deixar nada mais a fazer exceto isto: *reescrevê-lo*, que é o contrário mesmo de esgotá-lo.

Gilles Deleuze — Limitar-me-ei, naquilo que me concerne, a colocar um problema que para mim é relativamente recente. Tenho a impressão de uma espécie de presença muito importante, muito inquietante; uma presença, nessa obra, da loucura. O que não quer de modo algum dizer, não é mesmo, que Proust é louco, mas que na própria *Busca* há uma presença muito viva, muito grande da loucura. A começar por duas das personagens-chave. Essa presença da loucura, como sempre em Proust, é distribuída com muita habilidade. Fica claro, desde o início, que Charlus é louco. Mal percebemos Charlus, e já dizemos: olha só, é louco. E é o narrador quem nos diz. Com Albertine é o inverso, isso se passa no fim; já não é uma convicção imediata, é uma dúvida, uma possibilidade. Talvez ela estivesse louca, talvez sempre tenha sido. E é o que sugere Andrée ao final. Portanto, quem é louco? Charlus, seguramente. Albertine, talvez. Mas não teria alguém ainda mais louco? Alguém que estaria escondido por toda parte e manejaria a certeza de que Charlus é louco e a possibilidade de Albertine ter sido? Não haveria um condutor do jogo? Todo mundo conhece esse condutor do jogo, é o narrador. Em que sentido o narrador é louco? Ele é bem bizarro, esse narrador. Totalmente bizarro. Como ele se apresenta? Não tem órgãos, não vê nada, nada compreende, nada observa, não sabe nada; mostram alguma coisa a ele, ele olha: ele não vê; fazem com que ele sinta algo, dizem para ele: veja como é belo, ele olha e depois, no momento em que dizem: mas veja, olhe um pouco — algo ressoa em sua cabeça, ele pensa em outra coisa, em alguma coisa que lhe interesse, e que não é da ordem da percepção, que não é da ordem da intelecção. Ele

36   Gilles Deleuze

não tem órgãos, nem sensações, nem percepções, *[31]* nada. É uma espécie de corpo nu, de grande corpo não diferenciado. Alguém que nada vê, que nada sente, que nada compreende, qual pode ser sua atividade? Acredito que alguém que esteja nesse estado só possa responder a signos, a sinais. Em outras palavras, o narrador é uma aranha. Uma aranha não é boa para nada, não compreende nada, podemos colocar uma mosca sob seus olhos, ela nem reage. Mas tão logo um cantinho de sua teia se põe a vibrar, lá está ela a mexer-se, com seu grande corpo. Ela não tem percepções, nem sensações. Ela responde a sinais, um ponto é tudo. O mesmo com o narrador. Ele também tece uma teia, que é a sua obra, e às vibrações dela ele responde, ao mesmo tempo em que a tece. Aranha--loucura, narrador-loucura que nada compreende, que não quer compreender nada, que não se interessa por nada, a não ser esse pequeno signo, ali no fundo. A loucura, certa, de Charlus, assim como a loucura, possível, de Albertine, é dele próprio que elas emanam. Ele projeta por toda parte sua espécie de presença opaca, cega; por toda parte, ou seja, aos quatro cantos dessa teia, sua teia, que ele faz, desfaz, refaz sem parar. Metamorfose ainda mais radical do que em Kafka, pois o narrador já está metamorfoseado antes de que a história comece.

Mas o que é visto quando não se vê nada? O que me parece surpreendente, na *Busca*, é que é sempre a mesma coisa, é sempre a mesma coisa mas é ao mesmo tempo extraordinariamente variado. Se tentássemos transcrever a visão do narrador à maneira dos biólogos que transcrevem a visão da mosca, isso daria uma nebulosa com pontinhos brilhantes aqui e ali. Exemplo, a nebulosa Charlus: o que o narrador vê, esse narrador que, não é mesmo, não é Proust? Ele vê dois olhos, pestanejantes, desiguais, e vagamente ouve uma voz. Duas singularidades nessa espécie de nebulosa de barriga grande que é Charlus. No caso de Albertine, não se trata de uma nebulosa individual, mas de uma nebulosa coletiva, distinção que, de resto, não tem importância alguma. É a nebulosa das "moças" com singularidades, e uma dessas singularidades é Albertine. É sempre assim em Proust. A primeira visão global é uma espécie de nuvem com pontinhos. Há um segundo momento que não é, porém, de modo algum tranquilizador. Em função *[32]* das singularidades que a nebulosa contém, organiza-se uma espécie de série, a série, por exemplo, dos discursos de Charlus, três grandes discursos construídos sobre o mesmo tipo e que têm de tal forma o mesmo ritmo que, nos três casos, Charlus começa por uma operação que hoje chamaríamos de denegação: "Não, você não me interessa", ele diz ao narrador. Segundo tempo, a oposição: entre mim e você há tanta diferença que ela é intransponível, e você é um completo nada relativamente a mim. E, terceiro tempo, a loucura: no discurso de Charlus, até então perfeitamente dominado, eis que alguma coisa descarrilha. Fenômeno impressionante e que se produz nos três discursos. Da mesma maneira, seria preciso mostrar como há uma série e até mesmo múltiplas séries Albertine, que se desprendem da nebulosa das moças. Essas séries são marcadas por erupções sadomasoquistas; são séries abomináveis, balizadas por profanações, sequestrações; nascidas da visão míope, são as grandes séries cruéis. E isso não termina aí. Há um momento em que, ao termo dessas séries e como que num derradeiro terceiro tempo, tudo se dissolve, tudo se dispersa, tudo explode — e se fecha — em um amontoado de pequenas caixas. Não há mais Albertine. São cem pequenas caixas Albertine, ali, espalhadas, que não conseguem mais se comunicar umas com as outras, segundo uma dimensão muito curiosa que é uma dimensão transversal. E eu acredito que seja aí, nesse último momento, que verdadeiramente aparece o tema da loucura. Com uma espécie de inocência vegetal, no seio de uma compartimentação que é aquela mesma dos vegetais. O texto mais típico, a esse respeito, o que melhor mostra a tripla organização da visão do narrador-aranha, é o primeiro beijo em Albertine (Pléiade, II, pp. 363-5). Aí se distinguem muito bem os três momentos essenciais (mas poderíamos encontrar muitos outros). Logo de início, a nebulosa do rosto, com um pontinho brilhante, passeador. Depois o narrador se aproxima: "Naquele curto trajeto de meus lábios até sua bochecha foram dez Albertines que eu vi". Chega enfim o grande último momento, quando sua boca alcança a bochecha e que ele não passa de um corpo cego, enfrentando a explosão, a dispersão de Albertine: "[...] eis que de súbito os meus olhos cessaram de ver, e o meu nariz, por sua vez, esmagando-se, não sentiu mais

[33] nenhum odor, e, sem conhecer mais, por isso, o gosto do rosa desejado, eu soube, por esses detestáveis signos, que estava enfim beijando a bochecha de Albertine".[i]

Eis o que me interessa agora na *Busca*: a presença, a imanência da loucura numa obra que não é um vestido, que não é uma catedral, mas uma teia de aranha que vai sendo tecida sob os nossos olhos.

Gérard Genette — O que irei dizer me foi inspirado ao mesmo tempo pelos trabalhos deste colóquio e por um olhar retrospectivo sobre o meu próprio trabalho, antigo ou recente, a respeito de Proust. Parece-me que a obra de Proust, por sua amplitude e complexidade, e também por seu caráter evolutivo, por essa sucessão ininterrompida de *estados* diversos de um mesmo texto, desde *Os prazeres e os dias*[ii] até *Tempo reencontrado*, apresenta à crítica uma dificuldade que é também, aos meus olhos, uma oportunidade: a de impor a passagem da hermenêutica clássica, que era uma hermenêutica paradigmática (ou metafórica), a uma hermenêutica nova, que seria sintagmática ou, caso se queira, metonímica. Quero dizer que não basta mais, com Proust, anotar recorrências de motivos e estabelecer a partir dessas repetições, por empilhamento e homologação, objetos temáticos cuja rede ideal será em seguida alçada, segundo um método do qual Charles Mauron ofereceu a versão mais explícita,[iii] mas que está no fundo de toda crítica temática. É preciso também levar em conta efeitos de distância ou de proximidade, em suma, de *lugar* no texto, entre os diversos elementos do conteúdo.

Que fique bem entendido, esses fatos de disposição sempre retiveram a atenção dos analistas da técnica narrativa ou estilística; Jean Rousset, por exemplo, nos falou[iv] do caráter *esporádico* da apresentação do personagem na *Busca*, e, quanto ao estilo, Leo Bersani[v] falou daquilo que ele chama de "força centrífuga" ou "transcendência horizontal", e que o distingue do estilo de *Jean Santeuil*.[vi] Porém, o que é pertinente para a análise formal o é também, acredito, especialmente, e sobretudo mais manifestamente em Proust, para a análise temática e para a interpretação. Para tomar apenas dois ou três exemplos encontrados em meu trabalho, não é desimportante observar que, desde as primeiras páginas de

Mesa-redonda sobre Proust

Combray, o tema do álcool e o da sexualidade aparecem contiguamente, *[34]* o que favorece (ao menos) sua relação posterior de equivalência metafórica. Inversamente, acho significativo o efeito de deslocamento, ou de retardamento, aplicado aos amores entre Marcel e sua misteriosa priminha, que tiveram lugar em Combray mas que só serão invocados, retrospectivamente, bem mais tarde, no momento da venda do canapé da tia Léonie, no bordel de Rachel. Ou ainda, um objeto temático como o torreão de Roussainville, que aparece (duas vezes) em *Combray* como testemunha e confidente das exaltações eróticas solitárias do herói, e retorna em *O tempo reencontrado* com uma nova significação erótica, que retine sobre a primeira e a modifica mais tarde, quando se descobre que esse torreão tinha sido o lugar de libertinagens de Gilberte com os rapazotes da vila. Existe aí um efeito de variação, uma diferença na identidade que é tão importante quanto a própria identidade; não basta à interpretação sobrepor as duas ocorrências, é preciso evidentemente interpretar também aquilo que resiste à sobreposição. Ainda mais porque bem sabemos que a *Busca* foi engendrada, em grande parte, por explosão e dissociação de células iniciais sincréticas: é um universo em expansão, onde elementos, de saída muito próximos, não param de se distanciar. Sabe-se, por exemplo, que Marcel e Swann, Charlus e Norpois estavam inicialmente confundidos; observa-se que o dito "Prefácio ao *Contre Sainte-Beuve*" justapunha as experiências da madalena e da calçada de Guermantes; vê-se em um borrão publicado por Philip Kolb[vii] que a revelação desenganosa sobre as fontes da Vivonne havia sido primitivamente adquirida desde a infância, e toda a arquitetura temática da *Busca* repousa agora sobre o prodigioso afastamento dessas bases de arcos, sobre a enorme espera da revelação final.

Tudo isso exige, portanto, uma extrema atenção à disposição cronotopológica dos significantes temáticos e, portanto, à potência semiótica do *contexto*. Roland Barthes insistiu várias vezes no papel antissimbólico do contexto, que é sempre tratado como um instrumento de redução do sentido. Parece-me que uma prática inversa pode ser imaginada, a partir de observações dessa ordem. O contexto, ou seja, o *espaço do texto*, e os *efeitos de lugar* que ele determina, é também gerador de sentido. Se não me engano, Hugo dizia: "Em *concierge* [porteiro] *[35]* há *cierge* [vela]"; eu diria sutilmente: em *contexto* há *texto*, e não se pode evacuar o primeiro sem levar o segundo junto, o que cria problemas em literatura. Seria preciso, antes, restituir ao contexto sua capacidade simbólica, orientando-se para uma hermenêutica, ou uma semiótica, fundada menos na invariância paradigmática do que nas variâncias sintagmáticas e, portanto, textuais. O que significa — disso sabemos, pelo menos, desde Saussure — não é a repetição, mas a diferença, a modulação, a alteração, o que Doubrovsky chamava ontem à tarde de *falsa nota*: ou seja, a variação, mesmo sob sua forma mais elementar. Seria bastante agradável pensar que o papel do crítico, assim como o do músico, é *interpretar variações*.

Serge Doubrovsky — Acredito que esses três discursos que acabamos de escutar e que parecem, à primeira vista, não ter nada em comum, estejam, no entanto, tomados em uma única e mesma teia de aranha, exatamente aquela que descrevia Deleuze. Não é isso precisamente o que é próprio de Proust, ao mesmo tempo essa fragmentação, esse isolamento completo e depois, no fim das contas, essa comunicação, essa reunião?

Roland Barthes — Eu queria simplesmente dizer a Genette que, se ao analisarmos as variações, buscamos um tema, ficamos então completamente situados numa hermenêutica, pois seguimos uma via de subida vertical para um objeto central. Porém (e acredito que nisso Genette tenha razão), caso postulemos uma descrição ou simplesmente uma escrita da variação, uma variação das variações, então nesse momento não mais se trata de uma hermenêutica, mas simplesmente de uma semiologia. Pelo menos é assim que eu definiria a palavra "semiologia", aliás retomando uma oposição que tinha sido colocada por Foucault entre "hermenêutica" e "semiologia".

Jean-Pierre Richard — Eu gostaria de acrescentar algumas palavras àquilo que Gérard Genette disse há pouco. Estou certamente de acordo com a concepção que ele desenvolveu do *tema* como soma, ou como série de suas modulações; de acordo também por desejar a abertura de uma temática contextual. Mas é quanto à própria definição do tema, dada ou sugerida, que eu gos-

Mesa-redonda sobre Proust

taria de marcar uma ligeira diferença. Parece-me, por exemplo, que o torreão de Roussainville, *[36]* através da análise que ele faz, não pode verdadeiramente aparecer como um tema...

Gérard Genette — Eu o nomeei "objeto temático".

Jean-Pierre Richard — ... eu o veria mais, digamos, como um *motivo*, ou seja, um objeto cuja recorrência textual Proust utiliza de maneira bastante consciente para criar certos efeitos, importantes, nisso estou de acordo com Genette, de sentido retardado ou deslocado.

Mas o que me pareceu como propriamente *temático*, no torreão de Roussainville, é outra coisa: é a possibilidade que ele nos oferece de abri-lo, quase de explodi-lo, em todo caso de operar uma mobilização e como que uma liberação disseminante dos seus diferentes traços constitutivos (qualidades ou funções), em suma, de dissociá-lo, para o religar a outros objetos presentes e ativos na extensão da ficção proustiana. Dentre esses traços definitivos — estou querendo dizer que eles definem o objeto, mas sem jamais colocarem um *fim* nele, certamente sem fechá-lo, pelo contrário, abrindo-o por todas as partes para o seu fora —, dentre esses traços específicos, portanto, haveria por exemplo a *ruividão* (sugerida pelo significante *Roussainville*):[viii] essa ruividão que remete o torreão à libido de todas as garotas ruivas. Ou ainda a *verticalidade* (sobre a qual agora há pouco, muito justamente, você dizia ser fálica), que aparenta o torreão a todos os objetos erguidos; e também, poderíamos dizer, a *inferioridade*: pois tudo o que advém de erótico nesse torreão se passa sempre em seu estágio subterrâneo. Graças a essa característica, o torreão vai poder se modular subterraneamente em direção a todos os outros lugares profundos e clandestinos da *Busca*, em particular para a cripta da igreja de Combray, para o pequeno pavilhão anal dos Champs-Elysées, do qual Doubrovsky nos falava outro dia, para os metrôs de Paris durante a guerra, onde Charlus faz estranhas caminhadas. A modulação do tema pode até mesmo aparecer aqui como sendo muito autenticamente freudiana, pois junto de um estado infantil e autoerótico do subterrâneo (Roussainville), encontramos um subterrâneo anal, que é o dos Champs-Elysées, depois um subterrâneo homossexual, que é o do metrô parisiense. É nisso que consiste, a meu ver, a modulação de um tema. Com efeito, o que há de temático num objeto é, ao que me parece, menos sua capacidade de se repetir, de se reproduzir em *[37]* sua integridade, idêntica ou variada, em diversos locais do texto, aproximados ou distanciados, do que sua aptidão para se dividir espontaneamente, distribuir-se abstratamente, categoricamente na direção de todos os outros objetos da ficção, de maneira a estabelecer com eles uma rede de solidariedades implícitas: ou, caso se prefira, e para retomar uma metáfora decididamente obcecante nessa tarde, para tecer com eles, no espaço antecipativo e memorial da leitura, um tipo de vasta teia de aranha significante. Os temas são lidos, então, como as linhas diretrizes dessa redistribuição infinita: séries, sim, mas séries sempre explodidas, cunhadas em outras séries, continuamente recruzadas ou atravessadas.

E essa noção de *travessa* me leva a desejar interrogar agora Gilles Deleuze, que tão bem evocou, no fim de seu livro sobre Proust, a importância nessa obra das *transversais*. É possível, aliás, que o torreão de Roussainville nos forneça ainda um exemplo excelente disso: penso no personagem Théodore. Vocês se lembram que esse jovem rapaz faz uma visita à cripta de Combray, onde se encontra a garota assassinada de que nos falava ontem Doubrovsky, mas também que ele é um dos atores dos jogos eróticos praticados no torreão, jogos de que participa Gilberte. Eis aí, confirmada pelo revezamento de uma personagem-chave, uma ligação nitidamente estabelecida entre duas modalidades do subterrâneo proustiano, duas de nossas séries espaço-libidinais. A esse respeito, portanto, eu pergunto a Deleuze como ele concebe exatamente o sentido dessa noção de *transversalidade* em Proust. Por que ela é privilegiada por ele diante de todas as outras relações estruturantes do espaço proustiano, tais como focalidade, simetria, lateralidade? E como ela se liga especificamente a uma experiência da *loucura*?

Gilles Deleuze — Acho que se pode chamar transversal uma dimensão que não é nem horizontal nem vertical, supondo, naturalmente, tratar-se de um plano. Eu não me pergunto se uma tal dimensão aparece na obra de Proust. Pergunto-me para que ela serve. E, se Proust tem necessidade dela, por que tem necessidade dela. Parece-me que ele não tem escolha, afinal. Uma coisa de que ele gosta muito é a ideia de que as coisas, as pessoas ou os grupos, de que isso não se comunica. Charlus é uma caixa; as moças são uma caixa que contém *[38]* caixas menores. E eu não acredito que isso seja uma metáfora, pelo menos não no sentido corrente do termo. Caixas fechadas, ou então vasos não comunicantes: temos aí, ao que me parece, duas posses de Proust, no sentido em que dizemos que um homem tem propriedades, posses. Muito bem, essas propriedades, essas posses que Proust manipula ao longo da *Busca* — através dele, bizarramente, isso se comunica. Ora, uma comunicação que não é feita de acordo com uma dimensão compreendida nas dimensões daquilo que comunica, podemos chamá-la de uma comunicação aberrante. Exemplo famoso desse tipo de comunicação: o zangão e a orquídea. Tudo está compartimentado. E é nisso, não de modo algum que Proust seja louco, mas que se trata de uma visão louca, sendo que a visão louca é bem mais uma visão à base de vegetal do que de animal. O que faz com que para Proust a sexualidade humana seja um assunto de flores é que cada um é bissexuado. Cada um é hermafrodita porém incapaz de fecundar a si próprio, porque seus dois sexos estão separados. A série amorosa, ou sexual, será portanto uma série particularmente rica. Se falamos de um homem, há a parte macho e a parte fêmea desse homem. Para essa parte macho, dois ou então quatro casos: ela pode entrar em conexão com a parte macho de uma mulher ou com a parte mulher de uma mulher, mas também com a parte fêmea de um outro homem ou com a parte homem de um outro homem. Há comunicação, mas ela é feita sempre entre vasos não comunicantes; há abertura, mas ela se opera sempre entre caixas fechadas. Sabe-se que a orquídea apresenta, desenhada sobre sua flor, a imagem do inseto, com suas antenas, e é essa imagem que o inseto vai fecundar, assegurando assim a fecundação da flor fêmea pela flor macho: para indicar essa espécie de cruzamento, de convergência entre a evolução da orquídea e a do inseto, um biólogo[a] contemporâneo pôde falar de uma evolução *aparalela*, que é exatamente o que entendo por comunicação aberrante.

[a] Sobre essa questão, Deleuze cita com mais frequência o trabalho de

A cena do trem, em que o narrador corre de uma janela à outra, passando da paisagem da esquerda para a paisagem da direita e inversamente, oferece um outro exemplo do mesmo fenômeno.[x] *[39]* Nada se comunica: é uma espécie de grande mundo explodido. A unidade não está naquilo que é visto. A única unidade possível deve ser buscada no narrador, em seu comportamento de aranha que tece sua teia, de uma janela à outra. Creio que todos os críticos disseram a mesma coisa: a *Busca*, enquanto obra, é inteira feita nessa dimensão, assombrada pelo único narrador. As outras personagens, todas as outras personagens, são apenas caixas, medíocres ou esplêndidas.

Serge Doubrovsky — Posso então fazer uma pergunta: o que é *O tempo reencontrado* nessa perspectiva?

Gilles Deleuze — Creio que *O tempo reencontrado* seja, não o momento em que o narrador compreendeu, não o momento em que ele sabe (emprego palavras muito ruins, mas é para ser mais rápido), mas o momento em que ele sabe aquilo que fazia desde o início. Ele não o sabia. É o momento em que ele sabe que é uma aranha, é o momento em que sabe que a loucura estava presente desde o início, é o momento em que sabe que sua obra é uma teia e, nesse momento, ele se afirma plenamente. *O tempo reencontrado* é por excelência a dimensão transversal. Nessa espécie de explosão, de triunfo do fim, diríamos que essa aranha compreendeu tudo. Que ela compreendeu que fazia uma teia e compreendeu que era prodigioso compreender isso.

Serge Doubrovsky — O que você faz com as grandes leis psicológicas que o narrador faz intervir ao longo de sua narrativa e com as quais ele enfeita seu texto? Você as veria antes como sintomas de sua loucura ou como análises do comportamento humano?

Gilles Deleuze — Seguramente não. De resto, acredito que elas estejam bem localizadas: como dizia Genette, há problemas de topologia muito importantes. As leis psicológicas são sempre leis de séries. E as séries, na obra de Proust, nunca são a última pa-

---

Rémy Chauvin, in *Entretien sur la sexualité (Actes du Colloque de Cerisy, juillet, 1965)*, Paris, Plon, 1969, p. 205.[ix]

Mesa-redonda sobre Proust   45

lavra. Há sempre algo de mais profundo do que essas séries organizadas segundo a vertical, ou em profundeza cada vez maior. A série dos planos que vemos atravessados pelo rosto de Albertine desemboca em outra coisa, muito mais importante e que é a última palavra. O mesmo ocorre para as séries marcadas pelas leis da mentira ou as leis do ciúme. Eis por que, *[40]* quando Proust maneja as leis, intervém uma dimensão de humor que me parece essencial e que coloca um problema de interpretação, um verdadeiro problema. Interpretar um texto, isso equivale sempre, ao que me parece, a avaliar seu humor. Um grande autor é alguém que ri bastante. Em uma de suas primeiras aparições, Charlus diz ao narrador algo assim: você tira mesmo sarro da sua vó, seu canalhinha. Pode-se pensar que Charlus faz uma gracinha vulgar. Mas, na realidade, talvez Charlus lance com isso uma predição, a saber, que o amor pela vó, o amor pela mãe, toda a série, não é de modo algum a última palavra, mas sim: você tira mesmo sarro etc. Nesse sentido, com efeito, acredito que todos os métodos que foram anteriormente invocados se encontrem diante dessa necessidade de levar em conta não somente uma retórica, mas também uma humorística.

Pergunta na sala — Senhor Barthes, você sugeriu um nexo entre a *Busca* e o Livro mallarmiano. Será que você poderia explicitar esse nexo, ou seria apenas uma ideia?

Roland Barthes — É um projeto de aproximação, uma metáfora, se você preferir. O Livro mallarmiano é um espaço de permutação entre um texto que é lido e os espectadores que mudam de lugar a cada instante. Eu simplesmente sugeria que o livro proustiano, o espaço de leitura desse livro proustiano, ao longo da história, seria talvez esse Livro mallarmiano, esse livro que só existe em um tipo de teatralidade não histérica, puramente permutativa, fundada sobre permutações de lugares; é tudo o que eu quis dizer.

Serge Doubrovsky — Eu gostaria de aproveitar o breve silêncio que se fez para responder a Genette. Concordo inteiramente com o que ele disse há pouco. Todas as cenas da *Busca* são revividas, mas cada vez com uma diferença qualitativa que se estreita com a evolução do livro, do texto como tal. E é por isso que, para evitar qualquer mal-entendido, não apresentei meu próprio comentário como o estado final de uma pesquisa, mas como um esforço para determinar na obra pontos de demarcação que permitam, em seguida, estabelecer a rede das diferenças. Quanto ao que disse agora há pouco Deleuze, eu talvez não o dissesse com as mesmas palavras. Porém, quanto mais releio Proust mais estou certo, não de que ele seja *[41]* louco, mas — com o perdão da expressão — de que seja um pouco "doido". Para ater-me apenas nesse nível, há frases que aparentemente são de uma lógica perfeita, mas que, caso se olhe um pouco mais de perto, não se sustentam. Se ontem eu empregava a linguagem da psicanálise para descrever esse tipo de fenômeno, é porque a psicanálise é a linguagem ideal do louco, é a loucura codificada. Servi-me, portanto, de um sistema cômodo, mas talvez tenha sido apenas para me tranquilizar.

Jean Ricardou — As diversas falas trocadas aqui se articulam com uma certa facilidade. Por exemplo, o que eu gostaria de formular vai se articular com mais naturalidade com aquilo que Gérard Genette expôs. Perguntarei, portanto, a Genette, se ele considera como específico de Proust esse afastamento, essa dispersão que atualmente excitam seu desejo crítico. Tenho a impressão de que esse fenômeno (vou nomeá-lo de bom grado "dispositivo osiríaco") é característico de todo o texto. Penso particularmente num contemporâneo de Proust (do qual lamentavelmente fala-se menos): Roussel. Ele o pratica de uma maneira talvez comparável, no sentido de que alguns dos seus textos, como *Nouvelles impressions d'Afrique*, são compostos mediante uma proliferação legível de parênteses, uns dentro de outros, afastando os temas, dispersando-os sempre mais. Mas isso é sensível na composição dos outros textos de Roussel. Além do mais, o que me inquieta um pouco é que o fenômeno de dispersão poderia deixar entender, talvez, que há primeiramente a presença de uma unidade e que essa unidade em seguida é dispersada. Em outras palavras: o dispositivo osiríaco supõe a presença, prévia ao deslocamento, de um corpo primeiro, o de Osíris. Eu considero oportuno corrigir esse dispositivo por uma outra noção: a do "quebra-cabeça impossível". Assim, há certamente um conjunto de peças separadas umas das outras por uma atividade sempre renovada de pôr entre parênteses, mas, ao mesmo tempo, caso se tente, a partir dos pedaços assim espalhados, compor uma unidade supostamente cindida, dar-se-á conta, por esse efeito de quebra-cabeça impossível, que os pedaços não se imbricam bem uns nos outros, que não teriam geometria compatível. O que me interessa, em suma, é agravar o caso da unidade: não apenas (como você o *[42]* mostra) espaçamento e dispersão, mas ainda reunião impossível: nada de unidade original.

Gérard Genette — A relação entre Proust e Roussel é evidentemente muito difícil para tratá-la desse jeito, em todo caso, há um elemento bastante considerável que podemos mencionar. Até onde eu saiba, Roussel tem uma certa maneira de dominar seu dispositivo, e a característica do dispositivo proustiano é que seu autor jamais o dominou totalmente; pode-se dizer que ele não o dominou porque morreu cedo demais, mas isso é naturalmente uma pilhéria. Mesmo que ainda estivesse vivo, estou certo de que continuaria sem dominá-lo, pois este é infinito. A outra pergunta é: será que se trata de um fenômeno específico da obra de Proust ou de um fenômeno geral? Na realidade, acredito que este seja um falso problema, porque eu, em todo caso, sou sensível a um fenômeno que é característico de Proust e, a partir desse fenômeno, tendo a reler todos os outros textos sob essa luz. Porém, de um outro ponto de vista, pode-se dizer que esses fenômenos de distância, afastamento etc., são a própria definição de qualquer texto.

Roland Barthes — Vejo que giramos sempre em torno dessa forma, do tema e da variação. Na música, há uma forma acadêmica e canônica do tema e da variação, por exemplo, as variações de Brahms sobre um tema de Haydn. Um tema é dado primeiro e, em seguida, há dez, doze ou quinze variações. Mas é preciso não esquecer que, na história da música, há uma grande obra que finge usar a estrutura "tema e variações", mas que na realidade a desfaz — são as variações de Beethoven sobre uma valsa de Diabelli, pelo menos do modo como são admiravelmente explicadas e descritas por Stockhausen no pequeno livro de Boucourechliev sobre Beethoven.[xi] Percebe-se que se trata de trinta e três variações sem tema. E há um tema que é dado no início, um tema bem tonto, mas que é dado justamente, um pouco, a título derrisório. Eu diria que essas variações de Beethoven funcionam um pouco como a obra

48   Gilles Deleuze

de Proust. O tema se difrata inteiramente nas variações e não há mais tratamento variado de um tema. O que quer dizer que, num sentido, a metáfora (pois a ideia de variação é paradigmática) é destruída. Ou, em todo caso, a origem *[43]* da metáfora é destruída; é uma metáfora, mas sem origem. Acredito que é isso o que é preciso dizer.

Outra pergunta na sala — Eu queria fazer uma pergunta que será um pouco como uma tempestade em copo d'água. O que significa que eu espero respostas diversas, que me darão uma ideia melhor daquilo que vocês buscam, uns como os outros, em Proust. A pergunta é a seguinte: o narrador tem um método?

Gilles Deleuze — A meu ver, o narrador tem um método, que no início ele desconhece, e depois aprende seguindo ritmos diferentes, em ocasiões muito diferentes, e esse método, literalmente, é a estratégia da aranha.

Serge Doubrovsky — O método do narrador? Bem, há vários. O narrador é, ao mesmo tempo, alguém que pretende viver e alguém que escreve. O que coloca problemas de toda sorte. E o que me faz voltar à origem da metáfora: vínculo original, vínculo com a mãe, vínculo com o corpo, vínculo com esse "eu" que é um outro e que se busca eternamente reconstituir — mas será realmente possível fazê-lo? — graças a diversos métodos de escrita.

Gérard Genette — Quando nos referimos ao narrador da *Busca*, é necessário indicar se empregamos esse termo no sentido estrito ou no sentido amplo, que é ambíguo, ou seja, se designamos aquele que conta ou se designamos o herói. No que concerne ao método do herói, posso apenas repetir aquilo que Deleuze escreveu: ele faz o aprendizado de um método de decifração etc. Isso é o método do herói, do qual se pode dizer que se constitui pouco a pouco. Quanto ao método do narrador, ele está evidentemente fora do campo da pergunta formulada.

Mesmo interlocutor — Se você diz que o método do herói, ou seja, do narrador em sentido amplo, se constitui pouco a pouco, será que você não estaria aí em desacordo com Gilles Deleuze? Porque, se eu lhe compreendi bem, senhor Deleuze, a sua ideia é a de que esse método só seria descoberto ao final. Teria havido, de algum modo, um proceder instintivo, um proceder que não se com-

Mesa-redonda sobre Proust

preende, que não se verifica, que não se analisa a não ser no *Tempo reencontrado*.

Gérard Genette — Eu acabo de dizer em que eu concordava com Deleuze. *[44]*

Gilles Deleuze — É, eu não vejo a oposição que você está vendo naquilo que nós dissemos.

Mesmo interlocutor — Vejo uma oposição entre a ideia de que o método se constituiria de pouquinho em pouquinho e, por outro lado, a ideia de que ele se revelaria somente no fim.

Gilles Deleuze — Queira me perdoar, mas isso me parece ser a mesma coisa. Dizer que esse método se constitui localmente é sublinhar que existe, primeiro, daqui e dali, certo fragmento de conteúdo, o qual é tomado em certo fragmento de método. Que o narrador diga no fim "mas é isso!", não significa que, bruscamente, tudo se reúne; os farrapos continuam sendo farrapos, as caixas continuam sendo caixas. Mas o que se apreende no fim é precisamente que esses farrapos, sem referência alguma a uma unidade superior, constituíam a obra enquanto tal. Logo, não vejo nenhuma oposição entre essa constituição local dos fragmentos de método e a revelação final.

Mesmo interlocutor — Eu gostaria de voltar a algo que você disse em sua primeira fala: mas o narrador, o que ele faz? Ele não vê nada, nada compreende; e você acrescentou: ele não quer compreender nada.

Gilles Deleuze — Isso não interessa a ele, eis o que eu deveria ter dito. Pronto.

Mesmo interlocutor — Bem, pergunto-me se a vontade de não compreender não faz parte do método. A ideia de rejeitar: rejeito tal ou qual coisa porque não me interessa. Por instinto, sei que isso não me interessa. Portanto, existe certamente desde o início um método, que seria apegar-se a um certo instinto. O que se descobre no fim é que esse era o bom método.

Gilles Deleuze — Não é que esse era o bom método, e sim que esse método funcionou bem. Mas ele não é universal. Portanto, não se deve dizer: era o bom método; é preciso dizer: era o único método capaz de funcionar de tal jeito que essa obra fosse produzida.

Mesmo interlocutor — Mas a ambiguidade não vem do fato de que, precisamente, se o narrador tem um método de saída, é um método que não postula o objetivo para o qual se tende? O objetivo não está posto, é apenas no fim que ele se desenha. *[45]* *Gilles Deleuze* — Mas nada está posto. Tampouco o método. Não apenas o objetivo do método não está posto, mas o próprio método não está posto.

Mesmo interlocutor — Se não está posto, ao menos ele é evocado.

Gilles Deleuze — Será que é evocado? Pego um exemplo preciso: a madalena. Ela dá margem, da parte do narrador, a um esforço que é explicitamente apresentado como um esforço metódico. É verdadeiramente um pequeno farrapo de método em exercício. Ora, nós ficamos sabendo, centenas de páginas adiante, que aquilo que havia sido descoberto naquele momento era radicalmente insuficiente e que seria preciso encontrar outra coisa, buscar mais adiante. Então, não acredito de forma alguma — e me parece que você está, por sua vez, em via de se contradizer — que o método seja posto primeiro. Ele não é posto, ele funciona aqui e ali, com falhas que fazem parte integrante da obra, e, mesmo quando deu certo, é preciso retomá-lo de um outro modo. E isso até o fim, onde intervém uma..., uma espécie... como dizer?... Uma espécie de revelação. É no final que o narrador deixa entrever o que é o seu método: abrir-se àquilo que o constrange, abrir-se àquilo que o violenta. É um método. Em todo caso, pode-se chamá-lo assim.

Outra pergunta na sala — Gilles Deleuze, eu gostaria de voltar à sua imagem da aranha, que é bastante impressionante, para lhe fazer uma pergunta: o que você faz, então, com a noção de crença, que se encontra com tanta frequência em Proust? Você disse que a aranha não vê nada; ora, Proust diz com muita frequência que este ou aquele espetáculo está impregnado de crença, ou seja, de uma certa impressão anterior a esse próprio espetáculo, por exemplo, em relação aos pilriteiros ou à impressão experimentada de manhã na missa.

Gilles Deleuze — Mais uma vez, isso não se opõe. O que se opõe, se quiser, é o mundo da percepção ou da intelecção, de um lado, e, de outro, o mundo dos sinais. Toda vez que existe crença, isso quer dizer que há recepção de um sinal e reação a esse sinal. Nesse sentido, a aranha crê, mas ela crê apenas nas vibrações de sua teia. O sinal é o que faz a teia vibrar. Enquanto a mosca não estiver na teia, a aranha não crê de modo algum na [46] existência de uma mosca. Ela não acredita. Ela não crê nas moscas. Em contrapartida, ela acredita em qualquer movimento da teia, por minúsculo que seja, e acredita nele como em uma mosca. Mesmo que seja outra coisa.

Mesmo interlocutor — Dito de outro modo, um objeto só existe se for pego na teia...

Gilles Deleuze — ... se emitir um sinal que faça a teia se mexer, que faça com que ela se mexa no estado em que se encontra naquele momento. Porque é uma teia que se faz, que se constrói, como no caso das aranhas, e que não espera estar pronta para que haja presas. A única crença de Proust é a crença em uma presa, ou seja, naquilo que faz a teia mexer.

Mesmo interlocutor — Mas é ele que a secreta, essa presa, que a faz devir presa.

Gilles Deleuze — Não, ele secreta a teia. Há certamente um objeto exterior, mas que não intervém como objeto, e sim como emissor de sinais.

Mesmo interlocutor — Pego na teia que ele está em via de secretar.

Gilles Deleuze — É isso.

Mesmo interlocutor — E ele só passa a existir naquele momento.

Gilles Deleuze — É isso.

Outra pergunta na sala — Eu gostaria de fazer uma pergunta aos senhores Deleuze e Doubrovsky. Senhor Deleuze, você empregou várias vezes a palavra "loucura": será que poderia precisá-la? Por outro lado, senhor Doubrovsky, você declarou que o narrador não é louco, mas que é "doido": isso pede uma explicação.

Gilles Deleuze — Eu parto do emprego que o próprio Proust faz da palavra "loucura". Há uma página admirável na *Prisioneira* sobre o tema: o que inquieta as pessoas não é o crime, não é a falta, é algo pior, é a loucura. E isso é dito como por acaso, a respeito de Charlus e de uma mãe de família que descobriu, ou pressentiu — descobre-se, aliás, que ela é bem tonta — que Charlus era louco; e que, quando ele acariciava a bochecha dos seus rapagões e puxava a orelha deles, havia nisso bem mais do que homossexualidade: algo de inacreditável, que era da ordem da loucura. E Proust nos diz: é isso que inquieta. *[47]*

Quanto a saber o que é essa loucura e em quê ela consiste, acredito que se poderia falar de esquizofrenia. Esse universo de caixas fechadas que eu tentei descrever, com suas comunicações aberrantes, é um universo fundamentalmente esquizoide.

Serge Doubrovsky — Se empreguei a palavra "doido", é que, na minha opinião, não se trata exatamente de loucura. Não acredito que o narrador seja totalmente louco, ainda que se possa acrescentar aos textos citados por Deleuze aquele no qual é dito que Vinteuil morreu louco. O narrador tenta lutar contra sua loucura, caso contrário, estejamos certos disso, não escreveria o seu livro. Eu quis, portanto, introduzir, pelo emprego de um termo da gíria, esse elemento de humor que Deleuze pedia.

Não repetirei o que eu disse ontem, sobre a neurose. O que me espanta, mantendo-me unicamente no plano da escrita, é que são sempre as mesmas histórias, as mesmas personagens, as mesmas situações que reaparecem sem parar, cada vez com uma leve variação. Esse fenômeno, ao qual Genette se referia há pouco, foi muito bem analisado por Leo Bersani em seu livro sobre Proust. As coisas se repetem obsessivamente, as coincidências são grandes demais; tudo se passa como se o relato se tornasse cada vez mais fantasioso. Não estamos de modo algum num realismo narrativo qualquer, mas num delírio que se dá como uma narração. Seria preciso mostrar isso mediante uma série de exemplos, mas, ficando só nas grandes máximas proustianas, das quais se pôde fazer uma compilação, o efeito, quando as lemos sequencialmente, é propriamente extraordinário: o narrador ostenta tesouros de engenhosidade para justificar condutas que são fundamentalmente aberrantes.

Outra pergunta na sala — Roland Barthes, eu gostaria de fazer uma pergunta que terei dificuldade para formular, pois ela evoca um texto que tive dificuldade para compreender, que é o prefácio do seu *Sade, Fourier, Loyola*. Trata-se ali do "prazer do texto", em termos que evocam Proust de maneira bastante clara, e, por outro lado, de uma espécie de atividade crítica concebida como uma subversão ou um desvio, e que não deixa de lembrar a interpretação das variações de que Genette falava. Isso me parece bastante ambíguo, na medida em que, na interpretação das variações, não se está tão *[48]* longe de uma certa forma de pastiche que pode conduzir aos piores erros críticos.

Roland Barthes — Não vejo muito bem qual é a ambiguidade do pastiche.

Mesmo interlocutor — Quero falar da interpretação das variações às quais me parece que você subscreveu como atividade crítica e que vinculo com esse prazer do texto que você descreve. Eu gostaria de saber como isso se situa.

Roland Barthes — O prazer do texto não tem vínculo direto com o objeto desse colóquio, ainda que pessoalmente Proust seja para mim um objeto de enorme prazer; inclusive, eu falei agora há pouco de um desejo crítico. O prazer do texto é um tipo de reivindicação que lancei, mas agora ela deve ser honrada sobre um plano mais teórico. Em poucas palavras, eu diria simplesmente que talvez agora seja o momento, visto a evolução da teoria do texto, de se interrogar sobre a economia ou as economias de prazer do texto. Em quê um texto dá prazer? Qual é o "mais-gozar" de um texto, onde ele se situa, será ele o mesmo para todo mundo? Certamente não; aonde então isso nos conduz metodologicamente? Poderíamos, por exemplo, partir dessa constatação de que houve incontestavelmente, durante milênios, um prazer da narração, da anedota, da história, do relato. Se agora produzimos textos que não são mais narrativos, em qual economia de substituição o prazer é apreendido? É preciso que haja um deslocamento do prazer, um deslocamento do "mais-gozar" e, assim sendo, o que deve ser buscado é uma espécie de prolongamento da teoria do texto. É uma questão; eu não tenho elementos suplementares para dar no momento; é uma coisa sobre a qual se poderia imaginar um trabalho coletivo, em um seminário de pesquisa, por exemplo.

Quanto à segunda pergunta, da interpretação das variações, esclarecerei o seguinte: o crítico não tem nada a ver com um pianista que vai simplesmente interpretar, executar variações que estão escritas. Na realidade, o crítico logra, pelo menos provisoriamente, uma desestruturação do texto proustiano, ele reage contra a estruturação retórica (o "plano") que prevaleceu nos estudos sobre Proust realizados até aqui. Então, o crítico nada tem a ver com um pianista tradicional, *[49]* que vai executar variações que estão efetivamente no texto; antes ele é o operador de uma partitura, como encontramos na música pós-serial. É a mesma diferença que haveria entre o intérprete de um concerto romântico e o músico, o operador de uma formação (nem se diz mais orquestra) apta a tocar música totalmente contemporânea, segundo um rascunho de escrita que não tem mais nada a ver com a antiga notação. Assim sendo, o texto proustiano se tornaria pouco a pouco, pela espécie de heraclitismo que invade a crítica, uma espécie de partitura cheia de buracos, sobre a qual se poderá definitivamente, não executar, mas operar variações. Voltaríamos, então, ao problema que foi colocado em um debate muito mais concreto e, em certo sentido, mais sério, que ocorreu nessa tarde, por aqueles dentre nós que evocaram os problemas do texto proustiano, na acepção material da palavra "texto": talvez então tenhamos necessidade daqueles papéis proustianos, não apenas pela literalidade das frases que eles nos revelarão, mas pelo tipo, eu diria, de configuração gráfica, de explosão gráfica que representam. É mais ou menos assim que vejo um certo tipo de futuro, não da crítica proustiana (isso não tem interesse algum: a crítica continuará sempre uma instituição, da qual se pode sempre ficar de fora ou além), mas da leitura e, portanto, do prazer.

Jean-Pierre Richard — Na sequência dessa intervenção de Roland Barthes, eu gostaria de dizer que me parece existir entre todos os integrantes dessa mesa um acordo bastante fundamental ou, pelo menos, uma convergência: a prática da escrita de Proust nos é descrita, por todos eles, em uma perspectiva de explosão, de fragmentação e de descontinuidade. Parece-me, no entanto, evidente, lendo o texto de Proust, que há uma ideologia proustiana da obra que vai de encontro a todas essas descrições; ideologia muito explícita, muito insistente, até mesmo um pouco pesada, que, ao contrário, valoriza os ecos, as linhas de semelhança, as recordações, as repercussões, a divisão em *lados*, as simetrias, os

Mesa-redonda sobre Proust

pontos de vista, as "estrelas", e que termina, nas passagens bem conhecidas do *Tempo reencontrado*, com o aparecimento de uma personagem que reata todos os fios até então esparsos. Logo, parece que existe aqui uma disparidade entre a ideologia proustiana explícita do texto e a descrição que vocês *[50]* fazem dele. Pergunto a todos, então, simplesmente isso: se essa disparidade existe, que lugar vocês dedicam à ideologia proustiana na prática do seu texto? Como explicam essa contradição entre o dito de Proust e seu dizer?

Roland Barthes — Pessoalmente, eu vejo a ideologia que você descreve, e que aliás se enuncia, na verdade, ao final...

Jean-Pierre Richard — E não ao longo do texto?

Roland Barthes — ... antes como um *imaginário* proustiano, um pouco no sentido lacaniano; esse imaginário está *no* texto, nele se coloca como numa caixa, mas, eu acrescentaria, uma caixa japonesa: uma caixa na qual jamais há algo que não uma outra caixa, e assim por diante; desta forma, o desconhecimento que o texto tem de si mesmo acaba por ser figurado no próprio texto. Eis como eu veria, aproximadamente, essa teoria da escrita, e não essa ideologia, que está no texto proustiano.

Jean-Pierre Richard — Essa teoria é também, e todavia, estruturante do texto; às vezes, assemelha-se bem com uma prática. Deleuze citava, por exemplo, agora há pouco, e bem apropriadamente, o exemplo da madalena, dizendo que o herói só compreenderia o seu sentido muito mais tarde. Mas durante a primeira experiência, Proust já diz: eu devia deixar para mais tarde a compreensão do sentido daquilo que me aconteceu naquele dia. Aqui, portanto, há certamente pressuposição teórica e certeza daquilo que é o valor, o valor da experiência mais tarde interpretada. Parece-me difícil dizer aqui que é somente no fim, por um efeito retardado, que a teia se tece, ou se destece.

Jean Ricardou — Eu não compartilharia totalmente da fórmula da ideologia proustiana da obra, mas antes diria: a ideologia da obra de Proust. Essa ideologia, afinal interior, tem duas funções, segundo esteja ou não em conformidade com o funcionamento do texto. No primeiro caso, teríamos um dos efeitos dessa autorrepresentação de que falei em minha exposição e sobre a qual não insistirei. Mas isso não é o mesmo que dizer (e é uma maneira de nuançar algumas de minhas falas anteriores) que toda ideologia interior ao texto esteja forçosamente em acordo com o funcionamento do texto. Pode muito bem acontecer que ela se oponha a ele. Com essa autorrepresentação inversa, o nexo da ficção com a narração não seria mais uma similitude, como na autorrepresentação correta, mas [51] uma oposição. Não uma metáfora, mas uma antítese. Nesse caso, poderia tratar-se de uma estratégia da isca. A ideologia da obra atrairia tanto mais atenção sobre a unificação, o ajuntamento, pois a melhor maneira de apreender uma dispersão é o próprio desejo do ajuntamento. Poderia tratar-se também do indício de um funcionamento duplo. Eu ressaltei em minha exposição a aproximação por analogia, mas ela só é possível quando se separa, se afasta, se distingue: é nesse funcionamento complementar que Deleuze e Genette insistiram. A partir dessa insistência, poderíamos talvez encontrar uma ideologia contraditória na *Busca*: não o outro que vira o mesmo (o caminho de Swann que se funde com o caminho de Guermantes), mas o mesmo que vira outro: os mortos, as separações, as exclusões, as transformações (tudo tendendo a virar seu contrário). Haveria, então, autorrepresentação do funcionamento conflitual do texto por um conflito das ideologias do texto.

Gérard Genette — Uma palavra a respeito daquilo que Jean-Pierre Richard dizia há pouco: acredito que haja em Proust, como em muitos outros escritores, um certo atraso da teoria diante da prática. De maneira bem grosseira, pode-se dizer que ele é um autor do século XX com uma ideologia estética e literária do XIX. Nós, porém, somos e devemos ser críticos do século XX, e temos de lê-lo enquanto tais, e não como ele próprio se lia. Mas, por outro lado, sua teoria literária é, ainda assim, um pouco mais sutil do que a grande síntese arrematante e encerradora do *Tempo reencontrado*. Em sua teoria da leitura, e da leitura do seu próprio livro, quando, por exemplo, ele diz que o seu leitor deverá ser o próprio leitor de si mesmo, há algo que subverte em parte a ideia do encerramento final da obra e, por conseguinte, a própria ideia (clássico-romântica) de *obra*. E há ainda um terceiro elemento, que é o fato de o texto de Proust não ser mais, hoje em dia, o que ele

Mesa-redonda sobre Proust

era, digamos, em 1939, quando se conhecia essencialmente a *Busca* e mais duas ou três obras consideradas menores. A meu ver, o acontecimento capital na crítica proustiana desses últimos anos não é aquilo que podemos escrever ou ter escrito sobre Proust, mas o que ele próprio, se ouso dizer, continuou escrevendo: é *[52]* o vir à tona dessa massa de antetextos e paratextos que fazem da *Busca* algo mais aberto hoje do que outrora, quando era lida como uma obra isolada. Quero dizer não somente que ela se abre, como sempre se soube, pelo fim, no sentido de que sua circularidade a impede de fechar-se parando; ela se abre também pelo início, não apenas no sentido de que ela não termina, mas que de uma certa maneira ela jamais começou, pois Proust sempre já trabalhou nessa obra. E num sentido continua trabalhando: ainda não temos todo o texto proustiano; tudo que dele dizemos hoje se tornará, em parte, caduco, quando a tivermos por inteiro; felizmente, porém, para ele e para nós, jamais a teremos por inteiro.

Outra pergunta na sala — Acho que, dentre as coisas que foram ditas, houve duas que foram bem inquietantes. Uma por Deleuze, e a outra por Doubrovsky, e ambas dizem respeito à loucura. Uma coisa é dizer, como Deleuze, que o tema da loucura está por toda parte na obra de Proust; outra coisa é apontar o dedo e dizer: veja, Charlus é louco, Albertine é louca. Nesse sentido, é possível dizer que qualquer um é louco: Sade, Lautréamont ou Maldoror. Por que Charlus é louco?

Gilles Deleuze — Escute, não sou eu quem diz, é Proust. É Proust quem diz desde o início: Charlus é louco. É Proust quem faz com que Andrée escreva: talvez Albertine fosse mesmo louca. Está no texto. Quanto à questão de saber se Proust é louco ou não, você há de concordar que eu não a levantei. Sou como você, isso não me interessa. Eu simplesmente me perguntei se havia uma presença da loucura nessa obra e qual era a função dessa presença.

Mesmo interlocutor — Certo. Mas então Doubrovsky dá continuidade ao dizer que a loucura, que dessa vez é a do próprio escritor, transparece no relato a partir do momento em que, chegando ao fim, as coincidências se acumulam. Será que isso é compatível com uma visão não psicológica da obra de Proust? O que acontece naquele momento não é simplesmente uma aceleração na recorrência dos temas? Essas coincidências seriam uma prova de loucura, isso que você chama de coincidências? *[53]*

Serge Doubrovsky — Pessoalmente, acredito que haja uma estratégia do narrador — entendido aqui como o escritor que escreve o livro —, que consiste em atribuir a homossexualidade aos outros, em atribuir a loucura precisamente a Charlus ou a Albertine. Aquilo que ele reserva para si é o "nervosismo", no qual é fácil reconhecer todos os traços de uma doença psicossomática.

O que quero dizer é que a obra inteira parece um tipo de jogo por meio do qual um escritor tenta construir um universo, contar uma história que possa ser lida, que pôde ser lida como uma história. Jean-Pierre Richard tinha razão, agora há pouco, em sublinhar a presença de uma ideologia estruturante na obra. Proust, homem do século XIX. Porém, quanto mais lemos a *Busca*, mais nos damos conta de que estamos em um universo mental, psíquico, ou, se preferirmos, inconsciente, eu não sei, mas em todo caso textual, e isso joga com dois quadros totalmente opostos: uma história é contada, mas, ao mesmo tempo em que é contada, é destruída.

Mesmo interlocutor — Você quer dizer que, a partir do momento em que o relato não é mais "realista", estamos na loucura?

Serge Doubrovsky — Creio que um certo sentimento de desrealização do texto conduz a uma interrogação sobre a loucura. Porém, uma vez mais, não gosto dessa palavra. Eu simplesmente acrescentaria que a perda do princípio de realidade me parece uma das grandes descobertas da escrita moderna.

Outra pergunta na sala — Eu gostaria de fazer duas perguntas, uma a Barthes, e outra a Deleuze.

Quando você diz, Roland Barthes, que é preciso reintroduzir na teoria do texto, tal como foi feita até hoje, uma economia, você escolhe como pivô dessa nova dimensão o prazer. Mas o prazer de quem? Você diz: o prazer do leitor, o prazer do crítico. Mas será possível ter prazer com alguém como Proust, que escreve para além do princípio de prazer? E, de uma maneira mais geral, não estaria na hora, enfim — o que nenhum crítico ainda soube fazer —, de situar os investimentos econômicos no lado daquele que escreve, e não daquele que lê?

Roland Barthes — Pode ser que, fazendo minhas buscas em torno desse tema do prazer, eu o coloque de maneira um tanto ingênua, já de saída alienada. Um dia, talvez, efetivamente, isso me conduzirá à asserção que você faz. Você faz uma *[54]* pergunta, mas, na realidade, dá uma resposta que eu, talvez, só encontraria daqui a meses; ou seja, que essa noção de prazer do texto talvez não se sustente. Eu gostaria, porém, ao menos uma vez, de colocá-la de saída, simples e ingenuamente, mesmo que o trajeto que eu faça me destrua, dissolva-me enquanto sujeito do prazer, e dissolva em mim o prazer; talvez não mais houvesse prazer, talvez só pudesse haver o desejo, que é o prazer da fantasia.

Mesmo interlocutor — Sim, é claro, isso é chamado de fantasia, mas há também outra coisa: um tipo de gozo que estaria preso a um desejo de morte. E talvez esteja aí, justamente, aquilo que definiria o olhar do crítico.

Roland Barthes — Em todo caso, você não demorou para culpabilizar o prazer que tive com Proust. Eu não o teria tido por muito tempo, é o que sinto.

Mesmo interlocutor — Agora eu passo à pergunta que gostaria de fazer a Deleuze. Você disse que Proust se abria àquilo que o violenta. Mas o que violenta Proust, o que ele descobre, no final, que o violenta?

Gilles Deleuze — Ao que me parece, Proust sempre define o mundo da violência como sendo o mesmo que o mundo dos sinais e dos signos. O que violenta é todo sinal, seja qual for.

Mesmo interlocutor — Mas não haveria outra leitura possível de Proust? Penso num texto de Blanchot, onde não se trata de signos mas de inscrições. A aranha tece sua teia sem método e sem objetivo. Certo. Mas, apesar de tudo, existem certos textos que estão inscritos em alguma parte: me refiro à célebre frase que diz que os dois sexos morrerão cada um no seu lado.[xii] Há aqui algo que não se refere unicamente ao mundo dos signos, mas a uma série bem mais secreta e bem menos tranquilizadora, uma série que se vincularia, entre outras coisas, com a sexualidade.

Gilles Deleuze — Talvez para você o mundo dos signos seja tranquilizador. Para Proust, ele não é. E não vejo por que fazer uma distinção entre esse mundo e o da sexualidade, ao passo que a sexualidade, em Proust, é tomada inteiramente no mundo dos signos. *[55]*

Mesmo interlocutor — Sim, mas num primeiro nível. Ela também está inscrita em outra parte.

Gilles Deleuze — Mas de que tipo de inscrição se trata? A frase que você cita sobre os dois sexos é uma predição, é a linguagem dos profetas, não é o "logos". Os profetas emitem signos, ou sinais. E, além disso, precisam de um signo que assegure sua palavra. Nisso não existe retórica alguma, nenhuma lógica. O mundo dos sinais, portanto, não é de modo algum um mundo tranquilizador, tampouco um mundo assexuado. Pelo contrário, é um mundo do hermafrodita, de um hermafrodita que não se comunica consigo próprio: é o mundo da violência.

RODAPÉ DA TRADUÇÃO

[i] Usou-se aqui, para esses dois trechos do beijo em Albertine, a tradução de Mário Quintana (*O caminho de Guermantes*, 2ª ed. revista, 1988, 12ª reimpressão, São Paulo, Globo, 2000, pp. 328-30), com duas pequenas modificações: "face", traduzindo *joue*, virou "bochecha", e, em atenção ao conceito deleuziano, "*ces détestables signes*" virou "esses detestáveis signos", em vez de "sinais".

[ii] Primeira obra publicada por Proust, em 1896, pelo editor Calmann-Lévy. Trata-se de uma coleção de poemas em prosa e de novelas.

[iii] Gérard Genette faz referência à obra *Des Métaphores Obsédantes au Mythe Personnel* desse autor (Paris, José Corti, 1963).

[iv] Trata-se do capítulo dedicado a Proust na obra *Forme et signification: essais sur les structures littéraires de Corneille à Claudel* (Paris, José Corti, 1962).

[v] *Marcel Proust: The Fictions of Life and of Art* (Oxford, Oxford UP, 1965).

[vi] Livro de juventude de Proust, começado em 1895 mas nunca terminado, e que teve uma edição tardia (Paris, Gallimard, 1952).

[vii] Philip Kolb (1907-1992), norte-americano nascido em Chicago, foi responsável pela edição da correspondência completa de Proust. O primeiro volume foi publicado em 1949, pela editora da Universidade de Illinois. Kolb

faleceu quando ainda estava terminando a prova do último volume da coleção, o vigésimo primeiro.

[viii] *Rousseur* significa "ruividão".

[ix] Veja-se, por exemplo, a Introdução de *Mil platôs* (Paris, Éditions de Minuit, 1980, p. 17 — e p. 27 da tradução brasileira, vol. 1, 2ª ed., São Paulo, Editora 34, 2011).

[x] Ao fim do texto de nº 41 ("Ocupar sem contar: Boulez, Proust e o tempo"), encontra-se transcrito o momento dessa cena em Proust.

[xi] André Boucourechliev, *Beethoven*, Paris, Seuil, 1963, col. "Solfèges".

[xii] A célebre frase, "Les deux sexes mourront chacun de son côté", é um verso do poema "La colère de Samson" ("A cólera de Sansão"), do poeta francês Alfred de Vigny. Aparece no livro *Les Destinées: poèmes philosophiques*, publicado em 1864, em Paris. Outro verso do mesmo poema, "A mulher terá Gomorra e o homem terá Sodoma", é usado por Proust como epígrafe do tomo *Sodoma e Gomorra*, na *Busca do tempo perdido*.

4
A PROPÓSITO DO DEPARTAMENTO
DE PSICANÁLISE EM VINCENNES*
[1975] *[56]*

Aquilo que aconteceu recentemente na faculdade de Vincennes, no departamento de psicanálise, em aparência é bem simples: exclusão de um certo número de encarregados de cursos,[ii] por razões de reorganização administrativa e pedagógica. Num artigo do *Monde*,[iii] Roger-Pol Droit pergunta, no entanto, se não se trata de uma depuração estilo Vichy. O procedimento de exclusão, a escolha dos excluídos, o tratamento dos opositores, a imediata nomeação de substitutos também fariam pensar, guardadas todas as proporções, numa operação stalinista. O stalinismo não é somente coisa dos partidos comunistas, ele passa também em grupos esquerdistas, ele não deixou de formar o seu enxame nas associações psicanalíticas. Que os próprios excluídos ou os seus aliados não tenham todos manifestado uma grande resistência confirmaria isso. Eles não colaboraram ativamente com a sua própria acusação, mas pode-se pensar que uma segunda onda de expurgos acarretaria esse progresso.

A questão não é de doutrina, mas de organização de poder. Os responsáveis pelo departamento de psicanálise, que levaram a cabo essas exclusões, declaram em textos oficiais que agiam com base nas instruções do doutor Lacan. É ele quem inspira os novos estatutos, é até mesmo a ele que se submeterão, quando for o caso, os projetos de candidatura. É ele quem reclama por uma *restauração da ordem*, em nome de um misterioso "matema" da psicanálise. É a primeira vez que uma pessoa privada, qualquer que seja sua competência, arroga-se o direito de intervir numa Univer-

---

* Com Jean-François Lyotard. In *Les Temps Modernes*, n° 342, janeiro [1975], pp. 862-3.[i]

sidade para então proceder ou *[57]* fazer com que se proceda soberanamente a uma reorganização que comporta destituições e nomeações de corpo docente. Mesmo que todo o departamento de psicanálise tivesse consentido, isso em nada mudaria o caso e as ameaças que ele encobre. A Escola freudiana de Paris não é apenas um grupo que tem um chefe, mas uma associação bastante centralizada que tem uma clientela, em todos os sentidos do termo. É difícil conceber que um departamento universitário se subordine a uma organização desse gênero.

O que a psicanálise presencia como sendo o seu saber é acompanhado de uma espécie de terrorismo, intelectual e sentimental, próprio para quebrar resistências ditas doentias. Já é inquietante na medida em que essa operação é exercida entre psicanalistas, ou entre psicanalistas e pacientes, num objetivo certificado como terapêutico. Mas é muito mais inquietante quando a mesma operação visa quebrar resistências de uma natureza completamente distinta, numa seção de ensino que declara ela própria não ter intenção alguma de "curar" nem de "formar" psicanalistas. Uma verdadeira chantagem no inconsciente é exercida sobre os opositores, sob o prestígio e na presença do doutor Lacan, para impôr suas decisões sem discussão possível (é pegar ou largar, e, caso se largasse, "o desaparecimento do departamento se imporia, tanto do ponto de vista da teoria analítica como do ponto de vista universitário...", *desaparecimento decidido por quem? Em nome de quem?*). Todo terrorismo é acompanhado da lavagem: a lavagem de inconsciente não parece ser menos terrível e autoritária que a lavagem cerebral.[iv]

Rodapé da tradução

[i] Este texto fora difundido em forma de circular pela Universidade no mês de dezembro de 1974.

[ii] Na França, o *chargé de cours* é alguém encarregado de ministrar uma disciplina numa universidade, geralmente doutorandos, mas que não recebe salário como um docente contratado, nem faz parte do corpo departamental.

[iii] Publicado na edição de 15 de novembro de 1974 do *Le Monde*.

64   Gilles Deleuze e Jean-François Lyotard

[iv] Estes três parágrafos de Gilles Deleuze e de seu amigo Jean-François Lyotard (este que era mestre de conferências na Universidade Paris 8, Vincennes) se inserem numa grande polêmica que tomou o referido departamento de psicanálise daquela Universidade, bem como toda comunidade psicanalítica francesa, vazando para a mídia pública. Não haveria como relatar ao leitor os pormenores dessa polêmica, seja porque não convém aqui prolongar-se em demasia, seja porque esses eventos se imiscuíram na memória daqueles que participaram, foram embora com eles e fazem parte, se tiveram sorte, da história do movimento psicanalítico na França. Em todo caso, podem ser indicadas fontes de pesquisa que fornecem algum entendimento disso que resultou na expulsão de sete integrantes do corpo docente do departamento, na renomeação deste para "Le Champ freudien" ("O Campo freudiano"), e na subsequente admissão de Jacques Lacan como seu Diretor e de Jacques-Alain Miller no cargo de Presidente: 1) no mesmo número da revista *Les Temps Modernes*, de onde foi extraído nosso texto de Deleuze e Lyotard, uma das cinco docentes excluídas, Monique Nguyen, redige um libelo ("Les exclues du département de psychanalyse de Vincennes", pp. 858-61) contra o que ela chama de "abuso de poder"; 2) a entrevista com Luce Irigaray, outra dos excluídos, no volume *Women Writers Talking*, editado por Janet Todd (Nova York, Holmes and Meier, 1983, pp. 230-45), em que ela descreve o que aconteceu como tendo sido "posta em quarentena" pela instituição psicanalítica então estabelecida; 3) o primeiro número (janeiro de 1975) do "Boletim periódico do Campo freudiano", de nome "Ornicar?", dirigido por J.-A. Miller, em que Lacan explica as diretrizes do novo departamento ("Peut-être à Vincennes...", pp. 3-5), e onde é exposta a "nova orientação do departamento"; 4) em *A Batalha dos Cem Anos: História da Psicanálise na França, vol. 2: 1925-1985*, de Elisabeth Roudinesco, as páginas referentes à polêmica, onde cartas, circulares e relatos de encontros pessoais são levantados a propósito de recuperar essa história (cap. 3 da parte III e, mais especificamente, pp. 618-26 da tradução brasileira de Vera Ribeiro, Rio de Janeiro, Jorge Zahar, 1988); 5) no capítulo intitulado "Deleuze em Vincennes" de sua "biografia cruzada", François Dosse (*Gilles Deleuze et Félix Guattari: biographie croisée*, Paris, La Découverte, 2007, pp. 408-27) comenta o episódio direcionando-se às suas consequências para o departamento de filosofia de que Deleuze fazia parte e para a participação de Deleuze no andar desses eventos.

A propósito do departamento de psicanálise em Vincennes   65

5
NOTA PARA A EDIÇÃO ITALIANA
DE *LÓGICA DO SENTIDO**
[1976] *[58]*

É difícil para o autor refletir sobre um livro escrito alguns anos antes. Existe uma tendência de bancar o astuto ou de fazer papel de indiferente, ou, pior ainda, de devir seu próprio comentador. Não que um livro esteja necessariamente ultrapassado; porém, mesmo que ele continue presente, é um presente "deslocado". Um leitor benévolo é necessário para lhe conceder sua atualidade e lhe dar um prolongamento. Eu gosto dessa *Lógica do sentido* porque para mim ela ainda marca uma ruptura: era a primeira vez que eu buscava um pouco uma forma que não fosse a da filosofia tradicional; e também era um livro jovial, em vários momentos; além disso, eu o escrevia num período de doença. Nada tenho a mudar.

Seria melhor perguntar-se por que tive tanta necessidade de Lewis Carroll e dos seus três grandes livros, *Alice, O Espelho, Sylvie e Bruno.*[i] O fato é que Lewis Carroll tem o dom de se renovar segundo dimensões espaciais, eixos topológicos. É um explorador, um experimentador. Em *Alice*, as coisas se passam em profundeza e em altura: os subterrâneos, as tocas, as galerias, as explosões, as quedas, os monstros, as comidas, mas também aquilo que vem do alto ou é aspirado para o alto, como o gato Cheshire. Em *O Espelho*, ao contrário, há uma impressionante conquista das superfícies (sem dúvida preparada pelo papel das cartas sem espessura, no fim de *Alice*): não mais se afunda, desliza-se, superfície plana do espelho ou do jogo de xadrez, até mesmo os monstros de-

---

* "Nota dell'autore per l'edizione italiana", in Gilles Deleuze, *Logica del senso*, Milão, Feltrinelli, 1976, pp. 293-5. Tradução do italiano para o francês de Armando Verdiglione.

66   Gilles Deleuze

vêm laterais. Pela primeira vez, a literatura se declara *[59]* assim como arte das superfícies, agrimensura de planos. Com *Sylvie e Bruno*, é ainda outra coisa (talvez prefigurada por Humpty Dumpty no *Espelho*): duas superfícies coexistem com duas histórias contíguas — e dir-se-ia que estas duas superfícies se enrolam de tal sorte que, passando-se de uma história à outra, desaparecem de um lado para reaparecer do outro, como se o jogo de xadrez tivesse devindo esférico. É nesses termos que Eisenstein fala das pinturas cilíndricas japonesas, nas quais ele via a primeira aparição da montagem cinematográfica: "A fita do rolo se enrola em retângulo! *Contudo, ela mesma não se enrola* (como a fita se enrola no rolo), mas *sobre sua superfície* (no plano do quadro) se enrola a representação da imagem".[a]

Em *Lógica do sentido*, tento dizer como o pensamento se organiza segundo eixos e direções semelhantes: por exemplo, o platonismo e a altura, que orientarão a imagem tradicional da filosofia; os pré-socráticos e a profundeza (o retorno aos pré-socráticos como retorno ao subterrâneo, às cavernas pré-históricas); os estoicos e sua nova arte das superfícies... Haveria outras direções para o porvir? Todos avançamos ou recuamos, hesitamos dentre todas essas direções, construímos nossa topologia, carta celeste, toca subterrânea, agrimensuras de planos e de superfícies, outras coisas mais. De acordo com as direções, não se fala da mesma maneira, não se encontram as mesmas matérias: com efeito, é também um caso de linguagem ou de estilo.

Mesmo que eu não estivesse mais satisfeito com a história da filosofia, meu livro *Diferença e repetição*, entretanto, ainda aspirava a uma espécie de altura clássica e até mesmo a uma profundeza arcaica. O esboço que eu fazia de uma teoria da intensidade era marcado por uma profundeza, verdadeira ou falsa: a intensidade era apresentada como que surgindo das profundezas (e não é por conta disso que não vou gostar de algumas páginas desse livro, particularmente aquelas sobre o cansaço e sobre a contempla-

---

[a] Cf. Eisenstein, *La non-indifférente Nature*, Paris, UGE, 10/18, 1978, p. 98.

Nota para a edição italiana de *Lógica do sentido*

ção). Em *Lógica do sentido*, a novidade consistia, para mim, em aprender algo das superfícies. As noções continuavam as mesmas: "multiplicidade", "singularidade", "intensidade", "acontecimento", "infinito", "problemas", "paradoxos" *[60]* e "proporções" — porém, reorganizadas segundo essa dimensão. As noções mudavam, portanto, assim como o método, um tipo de método serial próprio às superfícies; e a linguagem mudava também, uma linguagem que eu teria desejado cada vez mais *intensiva*, que procedesse por pequenas rajadas.

O que não dava pé nessa *Lógica do sentido*? Evidentemente, ela ainda dava testemunho de uma complacência ingênua e culpável para com a psicanálise. Minha única desculpa seria a seguinte: é que, apesar de tudo, eu tentava, bastante timidamente, tornar a psicanálise *inofensiva*, apresentando-a como uma arte das superfícies, que se ocupa dos acontecimentos como se fossem entidades superficiais (Édipo não é maldoso, Édipo só tem boas intenções...).

Mas de qualquer maneira, os conceitos psicanalíticos continuam intactos e respeitados, Melanie Klein e Freud. E agora, então? Felizmente, doravante me é quase impossível falar em meu nome, pois o que se passou comigo, depois de *Lógica do sentido*, depende do meu encontro com Félix Guattari, do meu trabalho com ele, daquilo que fazemos juntos. Creio que buscamos outras direções pois tínhamos o desejo de fazer isso. *O anti-Édipo* não tem mais nem altura nem profundeza, tampouco superfície. Lá, tudo acontece, se faz, as intensidades, as multiplicidades, os acontecimentos, sobre uma espécie de corpo esférico, ou de quadro cilíndrico: *corpo sem órgãos*. A dois, queríamos ser o Humpty Dumpty ou os Laurel e Hardy[ii] da filosofia. Uma filosofia-cinema. Acredito também que essa mudança de modo implica uma mudança de matérias ou, inversamente, que uma certa política toma o lugar da psicanálise. Um método que seria também uma política (uma micropolítica) e uma análise (uma esquizoanálise) que se proporia ao estudo das multiplicidades nos diferentes tipos de corpo sem órgãos. Um *rizoma*, no lugar de séries, diz Guattari. *O anti-Édipo* é um bom início à condição de romper com as séries. Ao leitor que pensasse "essa nota é idiota e sem modéstia", eu responderia: "Você não sabe o quanto ela realmente é modesta e até mesmo humilde. A palavra de ordem é: devir imperceptível, fazer rizoma e não fincar raiz".

RODAPÉ DA TRADUÇÃO

[i] Referência a *Alice's Adventures in Wonderland* (Londres, Macmillan, 1865), *Through the Looking-Glass, and What Alice Found There* (Londres, Macmillan, 1871) e *Sylvie and Bruno* (Londres, Macmillan, 1889), cujo segundo volume se chama *Sylvie and Bruno Concluded* (Londres, Macmillan, 1893).

[ii] Laurel and Hardy, no Brasil, são conhecidos como o Gordo e o Magro e, em Portugal, como Bucha e Estica.

Nota para a edição italiana de *Lógica do sentido*

6
PORVIR DE LINGUÍSTICA*
[1976] *[61]*

1) Henri Gobard distingue aqui quatro tipos de línguas: *vernacular*, materna ou territorial, de origem rural; *veicular*, de troca, de comércio e de circulação, por excelência urbana; *referenciária*, nacional e cultural, que opera uma recolecção ou uma reconstrução do passado; *mítica*, que remete a uma terra espiritual, religiosa ou mágica. É possível que algumas dessas línguas sejam simplesmente linguajares,[i] dialetos ou até mesmo jargões. É que Gobard não procede de modo algum como um comparativista. Procede como um polemista ou, de certa forma, como um estratego, ele mesmo tomado numa situação. Ele se instala numa situação real onde as línguas se afrontam efetivamente. Não considera estruturas, mas funções de linguagem, que concorrem através das diversas línguas, ou numa mesma língua, ou em derivadas ou resíduos de línguas. É óbvio que o mapa das quatro línguas se modifica na história e de acordo com os meios [*milieux*]. É óbvio que ele se modifica também num momento e num mesmo meio [*milieu*], de acordo com a escala ou o ponto de vista considerados. Várias línguas podem igualmente entrar em concorrência por uma mesma função, num mesmo recinto etc.

2) Gobard reconhece de bom grado tudo o que ele deve àqueles que centralizaram seus estudos nos fenômenos de bilinguismo. Mas por que Gobard se fixa em 4, e não em 2 (e, ainda assim, 4

---

* Prefácio a Henri Gobard, *L'Aliénation linguistique* (analyse tétraglossique), Paris, Flammarion, 1976, pp. 9-14.

O linguista Gobard era na época docente na Universidade Paris-VIII (Vincennes), nos departamentos de psicologia e de inglês.

70   Gilles Deleuze

não se apresenta de modo algum como exaustivo)? É que com o dualismo, ou o binarismo, corremos o risco de cair na simples *[62]* oposição de uma língua alta e uma língua baixa, de uma língua maior e uma língua menor, ou então de uma língua de poder e uma língua do povo. Enquanto que os quatro fatores de Gobard não se contentam em completar os precedentes, mas a eles propõem uma *gênese* complexa. Como uma língua toma o poder, num país, ou mesmo em escala mundial? Por quais meios conjurar o poder linguístico? Questão do imperialismo do inglês, ou antes do americano, hoje em dia. Não bastou que ele fosse a maior língua veicular, consoante aos circuitos econômicos e financeiros; foi preciso que assumisse também as funções referenciária, mítica e até mesmo vernacular. O faroeste pode desempenhar hoje, para um francês, o mesmo papel que o "nossos ancestrais os gauleses"[ii] desempenham para um negro; a canção americana ou o americanismo na publicidade, um papel mítico; gírias do inglês podem ganhar uma função vernacular. Não se trata de dizer que vencedores impõem uma língua aos vencidos (ainda que amiúde seja assim). Mas os mecanismos de poder são mais sutis e difusos, passando por funções extensíveis, reversíveis, que são objeto de lutas políticas ativas e até mesmo de microlutas.

3) Citemos ao acaso exercícios práticos para "a análise tetraglóssica". — Ao que os negros americanos fizeram com que a língua americana se submetesse: como eles a fazem percutir através de outros dialetos e línguas, mas também como talham nela, para seu próprio uso, novas línguas vernaculares, como recriam o mítico e o referenciário (cf. o belo livro de J. L. Dillard, *Black English*).[a] — Um outro caso célebre, tornado célebre por Kafka: como os judeus tchecos, no fim do Império Austríaco, ao terem medo do iídiche como língua vernacular, tendo esquecido o tcheco como outra língua vernacular dos meios *[milieux]* rurais de que eram oriundos, encontram-se tomados num alemão dessecado, cortado do povo, como língua veicular, e sonham com o hebraico como língua mítica com os inícios do sionismo. — Hoje, na Fran-

---

[a] J. L. Dillard, *Black English*, Nova York, Random House, 1972.

Porvir de linguística

ça e em outros países, o problema dos imigrantes, ou dos filhos de imigrantes, que perderam a língua materna e se encontram *[63]* em entrelaces difíceis e políticos com uma língua veicular imposta. Ou então as chances, hoje em dia, de uma renovação das línguas regionais: não apenas uma ressurgência de linguajares, mas a possibilidade de novos referenciários, de novas funções míticas. E a ambiguidade desses movimentos que já têm todo um passado, em que se misturam tendências fascistizantes assim como movimentos revolucionários. — Exemplo de uma microluta ou de uma micropolítica, que Gobard desenvolve detalhadamente em páginas bastante joviais: a natureza e a função do ensino do inglês na França (os diferentes tipos de professores, a tentativa de um unilinguismo inglês, "o francês facultativo", e as contrapropostas de Gobard para que o inglês, mesmo que reconhecido como língua veicular mundial, não cristalize as outras funções, que devem, pelo contrário, reagir sobre ele pelo "direito ao sotaque", por referentes próprios, por desejos polívocos). Acerca das lutas internas na faculdade de Vincennes, Gobard esboça uma peça de teatro melhor do que Ionesco.

4) A distinção das quatro línguas ou das quatro funções de linguagem poderia lembrar certas distinções clássicas, entre os linguistas, na medida em que mostram que uma mensagem implica um destinador e um destinatário (função emotiva e conativa), uma comunicação de informação (função veicular), um contexto verbalizável (função referencial), uma escolha dos melhores elementos e combinações (função poética), um código sobre o qual o destinador e o destinatário devem se entender (função metalinguística). Gobard invoca a linguagem da criança sob o aspecto de uma tetragênese alegre, em que distingue um vernacular emotivo ("mamãe"), um veicular informativo ("mamá"), um referenciário poético ("gugu") e um mítico inventivo (códigos de infância, linguagens mágicas, "uni-duni-tê").[iii] Justamente, porém, o que distinguiria as categorias de Gobard daquelas que se encontram nos linguistas, especialmente os partidários de uma sociolinguística? É que, para estes, a linguagem ainda está pressuposta e, mesmo que pretendam nada pressupôr da linguagem, eles continuam no inte-

rior de universais do tipo sujeito, objeto, mensagem e código, competência etc., que remetem a um gênero de línguas e, sobretudo, a uma forma de poder nessas línguas *[64]* (há um capitalismo propriamente linguístico). Ao contrário, a originalidade de Gobard está em considerar agenciamentos coletivos ou sociais, que se combinam com movimentos da "terra" e formam tipos de poder heterogêneos. Não no sentido habitual, quando se diz que uma língua tem territórios. Mas no sentido de que as funções de linguagem são inseparáveis de movimentos de desterritorialização e de reterritorialização, materiais e espirituais, que constituem uma nova geolinguística. Em suma, agenciamentos coletivos de enunciação, e não sujeitos; coeficientes de territorialização, e não códigos. (Para retomar os exemplos precedentes: como o inglês veicular desterritorializa os negros, que se reterritorializam no *black english*; como o alemão de Praga era já um alemão desterritorializado; como os judeus, que se separaram do tcheco rural, tentam se reterritorializar nesse alemão, com artifícios linguísticos, poéticos e culturais de toda sorte (cf. a escola literária de Praga); e, no limite, o hebraico como reterritorialização espiritual, religiosa ou mágica.)

5) Delineia-se, hoje em dia, entres certos linguistas (por exemplo, Ducrot), uma tentativa de levantar dúvidas quanto ao caráter informativo da linguagem e a assimilação da língua a um código; de subordinar os problemas semânticos e até mesmo sintáticos a uma verdadeira pragmática ou política, que resgata os agenciamentos de poder postos em jogo numa língua, como as possibilidades linguísticas de luta contra esses poderes; de colocar em questão as ideias de homogeneidade estrutural de uma língua ou de universais de linguagem (inclusive a "competência"...). Em todas essas direções, a análise de Gobard abre caminhos novos, onde ele inventa seu próprio humor e suas próprias cóleras. Pois as línguas são mingaus, *quarks à la* Joyce,[iv] que não são sustentados por estruturas, mas onde, sozinhos, funções e movimentos vêm colocar um pouco de ordem polêmica. Gobard tem razão porque, desde que se tenha algo a dizer, fica-se como um estrangeiro em sua própria língua. Até agora, os linguistas souberam línguas demais, o que lhes permitia compará-las e fazer da ciência nada além do que

Porvir de linguística 73

a ciência pura. Gobard sabe muitas línguas, o mais inventivo *[65]* professor de inglês que se reconhece francês e se pretende siciliano. Para ele, o problema é outro, à maneira dos grandes médicos--doentes da linguagem. Como ser gago, não gago de palavra, na palavra, numa língua, mas ser gago da linguagem? (O maior poeta francês, mas ele é justamente de origem romena, é Gherasim Luca: ele inventou essa gagueira que não é a da palavra, mas a da própria linguagem.) Gobard tem um novo jeito de avaliar as conexões da linguagem com a Terra. Há nele um Court de Gébelin, um Fabre d'Olivet, um Brisset e um Wolfson que ainda se mantêm: para qual porvir de linguística?

RODAPÉ DA TRADUÇÃO

[i] Em francês, *patois*, termo que remete à Idade Média, significando um "falar local", um falar local àquela região ou àquela outra. Temos *patoá*, mas temos também falares locais que dificilmente se ouviria relacionados a "patoá": um mineiro, um capixaba, um carioca etc. Traduziu-se por *linguajar* conforme indicação do dicionário Caldas Aulete para *patoá*.

[ii] Expressão que pode ser remontada ao famoso historiador francês de tendências nacionalistas Ernest Lavisse (1842-1922), que a inseriu em seu *Dictionnaire de pédagogie et d'instruction primaire* (1887), voltado ao ensino primário. Os livros de Lavisse para ensino primário e secundário, escrito sob tais tendências nacionalistas, eram usados para o ensino de crianças negras e árabes nas colônias francesas, que então "descobriam" que seus ancestrais não eram as sociedades autóctones de sua terra, mas os distantes e extintos gauleses.

[iii] *Mamá* traduz *lolo*, um hipocorístico que faz referência ao leite que o bebê deseja mamar. — *Gugu*, de *gugu-dadá*, traduz *arreu*, que, entre os franceses, designa o que seriam os primeiros sons de um bebê. — *Uni-duni-tê* traduz *amstramgram*, primeiro verso da canção *"am stram gram/ pic et pic et colégram/ bour et bour et ratatam/ am stram gram"*, deformação fonética de uma antiga canção alemã, cujo verso de abertura também é a enumeração primeira.

[iv] Os gritos da gaivota, em *Finnegans Wake*, "Three Quarks for Muster Mark!", que repercutem nos *quarks* de Murray Gell-Mann.

7
SOBRE *O MISÓGINO**
[1976] *[66]*

"Sou sujo e vulgar, e pobre, ouça-me, pobre, se você sabe o que isso quer dizer... Sim, mesmo *normalien*,[i] eu chegava pobremente com o metrô da tarde, tocava a campainha pobremente, enchia a cara pobremente, fornicava pobremente, sim, *more pauperum*, nem precisa traduzir..." Será o narrador Alain que fala de si próprio? Será o autor Alain Roger que fala do seu romance? Quatro pobres assassinatos de mulheres, precedidos ou misturados com estupros repugnantes. Pobres também os motivos: o Misógino tem ódio das mulheres e as mata — mas ele traz uma mulher em si —, a famosa bissexualidade — e é inspirado por uma moça igualmente bissexuada, seu duplo invertido, que ele leva a cabo seus crimes... O assassínio como reconstituição da cena primitiva, ou de uma androginia original ("saber, saber como eu havia sido concebido, eis o que meu corpo queria, vê-la, vê-la, a cena monstruosa. Louco de repugnância, eu imaginava minha mãe...").

Era preciso essa pobreza sofrida, desejada, essa variação psicanalítica uma vez mais, para que dali saísse algo, um esplendor. Um primeiro signo alerta o leitor. Discretamente, o romance parece escrito em hexâmetros, eles afloram sob o texto, ou de um só golpe explodem no texto ("era no mês de junho, e eu tinha vinte

---

* Título do editor francês para o original "G. Deleuze fasciné par *Le Misogyne*", *La Quinzaine Littéraire*, n° 229, 16-31 de março de 1976, pp. 8-9. Sobre o livro de Alain Roger, *Le Misogyne*, Paris, Denoël, 1976. Alain Roger, romancista e filósofo, nascido em 1936, foi aluno de Deleuze quando este ensinava em Orléans nos anos 1950. Sempre mantiveram laços de amizade. Esse texto deveria inicialmente prefaciar o romance de Alain Roger. Por razões técnicas, o editor Maurice Nadeau o publicou em sua revista.

e quatro anos", "eu tinha volúpias de mulher invadida, experimentava em meus flancos...").[ii] Será que é para acusar o arcaísmo do *Misógino*, o [67] conformismo do seu tema, psicanálise em alexandrinos? Será apenas o humor, a potência cômica presente em toda parte? Ou então alguma outra coisa, como se os hexâmetros flutuantes nos levassem a um novo elemento, riqueza suntuosa desse romance.

Já num romance anterior, *Jerusalém Jerusalém*,[1] uma moça de nome antiquado, após uma pobre vida, uma pobre aventura e um pobre suicídio, devém objeto de um culto, de uma santificação de grupo, recitações, confissões, pregações, evangelho, "é assim com Cécile". Páginas extraordinárias; é como se o tema constante de Alain Roger fosse o nascimento de uma religião no mais cotidiano, no mais miserável. O *Misógino* se reata com *Jerusalém*: uma *eleição* que pode ser aplicada a qualquer coisa, um povo, mas também uma espécie, uma pessoa, um nome desusado que designa um acontecimento. Para que haja eleição, santificação, basta que haja uma intensidade que, mesmo imperceptível, mesmo inconsciente, fulgura no mais cotidiano; um nome próprio numa palavra que funciona como nome próprio, enquanto marcador dessa intensidade; um aparelho adverso, inimigo, que ameaça *esmagar* as intensidades, assentá-las no cotidiano pobre.

Em Alain Roger, é toda a linguagem que funciona assim, como um nome próprio antiquado, modesto, fulgurante, mas ameaçado pelo aparelho das palavras cotidianas que se volta contra ele, e que é preciso incessantemente destruir para reencontrar o esplendor do Nome. Há nisso um estilo próprio a Alain Roger, de uma beleza e uma perfeição fascinantes. Exemplo livre no *Misógino*, com o texto paranoico do homem dos gatos: 1) o conjunto dos *Gatos* (nome próprio) forma o povo eleito; 2) o automóvel é o aparelho inimigo que esmaga os *Gatos*; 3) para todo *Gato* esmagado, [o homem dos gatos] procederá à incineração de um automóvel.

Acontece que o "procedimento" (não é de modo algum um artifício, é antes a escrita como processo) funciona no outro sentido, no sentido de uma profanação, de uma vulgarização. Assim

[1] Gallimard, 1969.[iii]

é no fim do *Misógino*, a moça de nome antiquado, dessa vez Solange, também se mata; mas o narrador se entrega à busca de uma outra Solange, de uma moça que tenha o *[68]* mesmo nome, à qual ele irá propor curtas frases da "verdadeira" Solange para fazer associações de ideias. E, a cada vez, contrariamente a *Jerusalém*, a pequena frase fulgurante da verdadeira Solange recai na trivialidade e na pobreza das palavras cotidianas da outra, a frase — nome próprio se profana em enunciado — palavra comum: morte do estilo, assim como existem suicidas, felinicidas etc. Mas essa reversão importa pouco; vale apenas como o inverso ou o dublê do único movimento que conta, santificação, sacralização, eleição imanente ateia.

Esse movimento, esse processo tem um nome bem conhecido. É a *epifania*. Uma epifania particularmente bem-sucedida, no sentido mais "joyciano", aparece no início do *Misógino*, quando o narrador, tendo cometido seu primeiro crime através de um intermediário, vai ver Paul, aquele que matou com um carro a própria mulher e se encontra ferido, no hospital: "Então, feito uma mola, Paul irrompe de seus trapos! Eu me sobressaltei. Era alucinante, esse sorriso no meio *[milieu]* das ataduras. Era como se estivesse lá, a nogueira solitária...". Fulguração de uma intensidade. Justamente, porém, como se poderia falar da novidade de Alain Roger, caso ele se contentasse, ainda que perfeitamente, em retomar o procedimento-processo que Joyce inventou, ou do qual encontramos precursores ou correspondentes em célebres autores, Proust e outros?

Parece-nos que Alain Roger dá às epifanias dimensões totalmente novas. Até então, a epifania oscilava entre a paixão ou a revelação súbita de uma contemplação objetiva, e a ação, a elaborada formalização de uma experimentação subjetiva. Mas, de todo jeito, ela acontecia a uma personagem ou a personagem fazia com que ela acontecesse. Não é a própria personagem que era a epifania, ao menos não principalmente. Quando uma pessoa devém ela própria epifania, na mesma hora deixa de ser uma pessoa, não para devir uma entidade transcendente, um deus ou uma deusa, mas para devir Acontecimento, multiplicidade de acontecimentos envolvidos uns nos outros e da ordem do amor. É essa extensão da

Sobre O misógino

epifania, sua coincidência com todo um personagem e, por isso mesmo, a despersonalização do personagem, a pessoa-acontecimento devindo um acontecimento não pessoal, é isso que sentimos como a força de Alain Roger. Não que pretendêssemos fazer uma análise, mas sim [69] indicar uma perturbação, uma impressão de leitor — em quê esse livro é um livro de amor.

A personagem-epifania é Solange, a moça. O narrador é um professor, um professorzinho; Solange, uma aluna de sua classe. O professor Alain deseja matar mulheres e não ousa, começa por fazer com que Paul mate uma. Solange estabelece um estranho pacto, um contrato com o professor, ao qual ela entrega a sala inteira, o "polipeiro", o elemento coletivo. Cenas vis, pobres, vulgares. Em seguida, ela vai inspirar os outros crimes, deles participará, a eles se anteciparâ, chegando inclusive a cometer o último. Re- -cenas vis e pobres. Ela não dormirá com Alain porque ele a ama e porque ela o ama *demais* ("é pouco demais dizer que amo você, ela diz: nem como filho, nem como irmão, nem como esposo, mas os três de uma só vez e, principalmente, essa mulher enterrada no fundo de você, mas que reconheço em cada um de seus gestos e em cada um de seus crimes..."). Portanto, Alain tem uma mulher em si, que ele quer matar; Solange tem nela um rapaz, o qual ela quer que ele mate. Cada um bissexuado: Alain misógino, Solange "rapaz feminino". Ambos em busca da cena primitiva, a união do pai e da mãe, esse pai que Solange odeia, essa mãe pela qual Alain sofre.

É sempre possível contar a história assim. Essa é a sujeira, a pobreza, a vulgaridade que o narrador reivindica como sendo do sistema das palavras comuns, mesmo que a psicanálise, o estruturalismo, a significância e a subjetividade modernas façam parte disso bastante explicitamente (mesma coisa em *Jerusalém Jerusalém*). Porém, basta repetir o nome próprio, Solange Solange, assim como Cécile Cécile, para que uma coisa completamente distinta apareça, as intensidades encerradas no nome, toda uma outra história, toda uma outra versão da história.

Há um autor pouco conhecido, que Alain Roger parece não conhecer — um encontro fictício é ainda mais belo —, que fez, através de vários livros, uma estranha epifania da mocinha. Chama-se Trost e descreve uma moça moderna, ou do porvir, como "livremente mecânica", maquínica.[2] Ela não se define como virgem, nem como bissexuada, mas como tendo um corpo-máquina flexível, com graus de liberdade *[70]* múltiplos: um estado livremente mecânico, autônomo e movente, deformável, transformável. Trost ansiava do fundo do coração, ou via chegar o acontecimento dessa "Mulher-Acaso", da "moça-mulher, réplica *ready--made* e inovadora do mundo exterior, verdadeiro produto simples da extrema complexidade moderna que ela reflete, aliás, como uma brilhante máquina erótica".

Trost pensava que a moça-mulher, em sua realidade sensível e visível, envolvia uma linha abstrata, que era como que o traçado de um grupo humano a ser descoberto, por vir: grupo revolucionário, cujos militantes teriam sabido combater o inimigo de dentro, o velho inimigo falo da diferença dos sexos, ou, o que dá no mesmo, da bissexualidade partilhada, oposta, distribuída de um lado e de outro. Não que a moça figure ou prefigure esse grupo. Ela era não-figurativa e foi reencontrada pelo "não-figurativo do nosso desejo". Era "intensidade completamente laica do desejo", com seu vestido ou suas calças laicas. Ela mesma puro desejo, opunha-se àquilo que há de biográfico ou de memorial no desejo: nenhum passado, nenhum reconhecimento, nenhuma lembrança reavivada, seu mistério não era aquele de uma origem ou de um objeto perdido, mas o de um funcionamento.

Inconsciente e desejante, ela se opõe com toda sua estranheza ao inconsciente da psicanálise, a todo esse aparelho eu-oico,[iv] personológico e familialista "que nos faz desejar os objetos de nossa perda, os prazeres do entorno, que nos guia para as neuroses e nos retém presos às reminiscências". Infantil, esquecida, ela se opõe a toda lembrança de infância, graças aos *blocos* de infância que a atravessam em intensidade e fazem com que ela passe por cima de várias idades. Incestuosa, essencialmente incestuosa, opõe-se cada vez mais ao incesto edipiano regressivo e biológico. Au-

---

[2] Especialmente *Visible et invisible*, Arcanes, 1953; e *Librement mécanique*, Minotaure, 1955.

Sobre *O misógino*

todestrutiva, opõe-se tanto às pulsões de morte como ao narcisismo, pois nela a autodestruição ainda era vida, linha de fuga e viagem. Em suma, era a moça-máquina dos *n-sexos*, senhorita Arkadin, Ulrike von Kleist...[v]

Eis, portanto, o que se passa na outra versão coexistente do romance de Alain Roger, Solange. Solange designa essa fulguração da moça, aquela que tem "todos os sexos", "o adulto impúbere", o "rapaz feminino", "encarnando todos os abraços, dos mais ingênuos aos mais incestuosos", todas as sexualidades, *[71]* mesmo não humanas, mesmo vegetais. De modo algum a diferença dos sexos, ainda menos a bissexualidade onde cada um dos dois possui também o outro. A epifania, a eleição, é antes como que o surgimento de uma multiplicidade intensa que se encontrará reduzida, esmagada pela repartição dos sexos e pelo assinalamento de um ou de outro. Tudo começa pela mocinha: "Lembro-me de uma idade em que eu tinha todos os sexos, o meu, o seu e ainda outros. Foi somente com treze anos que isso quase terminara. Era inútil que eu me obstinasse contra a puberdade, todos eles se evaporavam, eu ia ficando tão pesada...". É primeiramente a moça que se encontra às voltas com um aparelho que não é apenas biológico pubertário, mas sim todo um aparelho social destinado a reduzi-la às exigências da conjugalidade e da reprodução.

O rapaz virá em seguida: a menina lhe servirá de exemplo e de modelo, ela é a primeira vítima que, por sua vez, o arrasta; a primeira a ser pega na armadilha, aquela que servirá de armadilha, e que vai impôr ao rapaz que ele passe por ela para sofrer a redução inversa e simétrica. De modo que, no limite, não há mais do que um único sexo, o das mulheres, mas uma única sexualidade, a dos homens que toma as mulheres por objeto. A falocracia sempre teve por meio a sexualidade dita feminina. Então, a diferença não é de modo algum entre os dois sexos, mas entre de um lado o estado dos *n-sexos*, e, de outro, a redução a um ou a outro desses dois sexos. Opõem-se à fulgurante Solange todas as falsas Solanges que aceitaram, desejaram essa pesada redução (cf. o fim do *Misógino*) — assim como se opõe à epifania da moça múltipla o cotidiano do homem e da mulher — assim como se opõe ao estado livremente maquínico — o aparelho redutor — assim como se opõe ao nome próprio intenso, que abarca uma multiplicidade, o sistema das palavras comuns que distribuem a dualidade...

Leiam o romance: é certamente a história vulgar do misógino que mata mulheres por ter uma nele, mas é também a epifania da moça que mata e se mata por toda uma outra história. É preciso imaginar Solange eterna e viva, e renascendo de si mesma, sem necessidade de se matar, a Leve. Esse romance de Alain Roger trama com o anterior uma corrente de vida e de renovação.

RODAPÉ DA TRADUÇÃO

[i] Ou seja, aluno da *École Normale Supérieur*.

[ii] Não se traduziu em hexâmetros, mas aqui estão os dois trechos em francês (são cinco os hexâmetros em questão, e para torná-los mais evidentes acrescentou-se o sinal / após cada um deles): *"C'était au mois de juin,/ et j'avais vingt-quatre ans"*, *"j'avais de voluptés/ de femelle envahie/, j'éprouvais dans mes flancs..."*.

[iii] Deixou-se como está no original (porém grafado de acordo com o português), por parecer importante, ainda que o título correto contenha exclamações: *Jérusalem! Jérusalem!*

[iv] Trata-se, no original, do termo *moïïque*, criado por Lacan, cuja solução aqui adotada é a de Betty Milan, em sua versão do *Seminário 1 (Os escritos técnicos de Freud, 1953-1954)*, Rio de Janeiro, Jorge Zahar, 1986. Cf. as notas de número 2 e 7 dessa tradutora (pp. 333 e 335).

[v] Alusões a Raina Arkadin, do filme de Orson Welles *Mr. Arkadin*, de 1955; e à irmã de Heinrich von Kleist, que manteve com o irmão uma longa correspondência, cujo teor é de forte amizade e companheirismo, a ponto do escritor considerar Ulrike não apenas como irmã, mas como alguém capaz de exceder o próprio vigor para ajudar aquele que ama. Ele diz, numa carta datada "na manhã de minha morte": "Realmente, você tem feito para mim, não digo aquilo que está na força de uma irmã fazê-lo, mas o que está na força de um homem, para me salvar: a verdade é que, na terra, eu não era alguém para ser ajudado" (Heinrich von Kleist, *Sämtliche Werke und Briefe*, Band 2, Munique, Deutscher Taschenbuch Verlag, 1987, p. 887).

Sobre *O misógino*

8
QUATRO PROPOSIÇÕES SOBRE A PSICANÁLISE*
[1977] *[72]*

Permitam-me apresentar apenas quatro proposições concernentes à psicanálise. A primeira é a seguinte: como *a psicanálise impede toda produção de desejo*. A psicanálise é inseparável de um perigo político que lhe é próprio e que se distingue dos riscos implicados no velho hospital psiquiátrico. Este último consiste num local de confinamento localizado. A psicanálise, ao contrário, funciona ao ar livre. De certa forma, a psicanálise tem a posição do mercador na sociedade feudal, segundo Marx: funcionando nos poros livres da sociedade, não apenas no nível do gabinete privado, mas no nível das escolas, das instituições, da setorização etc. Esse funcionamento nos coloca numa situação singular relativamente à empreitada psicanalítica. O fato é que a psicanálise nos fala bastante do inconsciente; porém, de uma certa maneira, é sempre para reduzi-lo, destruí-lo, conjurá-lo. O inconsciente é concebido como uma contraconsciência, um negativo, um parasitismo da consciência. É o inimigo. *"Wo es war, soll ich werden."*[i] Pouco importa como traduzam: lá onde isso estava, lá como sujeito devo advir — não muda nada, tampouco o *"soll"*, esse estranho "dever no sentido mo-

---

* In Gilles Deleuze e Félix Guattari, *Psychanalyse et politique*, Alençon, Bibliothèque des Mots Perdus, 1977, pp. 12-7. Este texto e o próximo foram publicados juntos numa brochura datilografada, em parte para se opor a uma publicação pirata da conferência de Deleuze pronunciada em Milão, em 1973 (aqui resumida e modificada), e lançada in Armando Verdiglione (org.), *Psicanalisi e politica: Atti del convegno di studi tenuto a Milano l'8-9 maggio 1973*, Milão, Feltrinelli, 1973, pp. 7-11. Pode-se comparar com o texto nº 36 ["Cinco proposições sobre a psicanálise"] em *A ilha deserta e outros textos*, que inclui a tradução.

ral". O que a psicanálise chama de produção ou formação do inconsciente *[73]* são sempre fracassos, conflitos imbecis, compromissos débeis ou toscos jogos de palavras. Tão logo isso seja bem-sucedido, é a sublimação, a dessexualização, o pensamento, mas nunca o desejo — o inimigo faz ninho no coração do inconsciente. Sempre há desejos demais: perverso polimorfo. Vão ensinar a vocês a Falta, a Cultura e a Lei, ou seja, a redução e a abolição do desejo. Não se trata de teoria, mas da famosa arte prática da psicanálise, a arte de interpretar. Interpretar, fazer com que se regrida, regredir. Entre as mais grotescas páginas de Freud, há aquelas sobre a *fellatio*: como o pênis, aqui, vale por uma teta de vaca e a teta de vaca por um seio materno. Em outros termos, a *fellatio* é quando não se tem uma vaca na mão ou quando não mais se tem uma mãe ou quando esta não tem mais leite. Um jeito de mostrar que a *fellatio* não é um "desejo verdadeiro", mas que quer dizer outra coisa, que esconde outra coisa, esconde um outro desejo. É que a psicanálise dispõe de uma grade perfeita a este respeito: os verdadeiros conteúdos de desejo seriam as pulsões parciais infantis; a verdadeira expressão de desejo seria Édipo (para estruturar "o todo"). É só o desejo *agenciar* algo, em entrelace com um Fora, com um Devir, que desfazem o agenciamento, despedaçam-no, mostram que ele remete, por um lado, a um mecanismo parcial de criança e, por outro, a uma estrutura global de Édipo. Assim é com a *fellatio*: pulsão oral de chupadela do seio mais acidente estrutural edipiano. Da mesma maneira para a homossexualidade, a bestialidade, o masoquismo, o voyeurismo, até mesmo a masturbação: vocês não têm vergonha de fazer a criança desse jeito? E de fazer um uso tal de Édipo? Antes da psicanálise, falava-se de mania repugnante de velho, depois dela se fala de atividade perversa infantil. Dá no mesmo. Trata-se sempre de distinguir os verdadeiros e falsos desejos, trata-se sempre de despedaçar os agenciamentos maquínicos do desejo.

Dizemos, pelo contrário: vocês não têm o inconsciente, vocês nunca o têm; não é um "isso estava" no lugar do qual o "Eu" deve advir. É preciso reverter a fórmula de Freud. São vocês que *devem* produzir o inconsciente, produzam-no ou continuem com seus sintomas, seu eu e seu psicanalista. Cada um trabalha e fabrica com o pedaço de placenta que furtou e que não deixa de lhe ser contemporâneo como [74] meio [milieu] de experimentação, mas não em função do ovo, dos genitores, das interpretações e regressões que nos ligam novamente a ele. Produzam o inconsciente, e não é fácil. Ele não está em qualquer lugar, não é um lapso ou uma palavra espirituosa, nem mesmo um sonho. O inconsciente é uma substância a ser fabricada, a ser colocada, posta para escorrer, um espaço social e político a ser conquistado. Uma revolução é uma formidável produção de inconsciente, e não há muitas outras, e isso não tem nada a ver com um lapso ou um ato falho. O inconsciente não é um sujeito que produziria rebentos na consciência, é um objeto de produção, é ele que deve ser produzido, com a condição de que não haja impedimento. Ou melhor, não há sujeito do desejo, tampouco objeto. Somente os fluxos são a objetividade do próprio desejo. Nunca há desejo o suficiente. O desejo é o sistema dos signos a-significantes a partir dos quais fluxos de inconsciente são produzidos num campo social histórico. Não há eclosão de desejo, seja lá qual for o local, família pequena ou escola de bairro, que não abale o aparelho ou não ponha em questão o campo social. O desejo é revolucionário porque sempre quer mais conexões. A psicanálise golpeia e assenta todas as conexões, todos os agenciamentos, é sua vocação, ela odeia o desejo, odeia a política. Produção de inconsciente = expressão de desejos = formação de enunciados = substância ou matéria de intensidades.

A segunda proposição diz respeito, portanto, à maneira pela qual a psicanálise impede a formação de enunciados. Na produção de inconsciente, agenciamento maquínico de desejo é a mesma coisa que agenciamento coletivo de enunciação. É no seu conteúdo que os agenciamentos são povoados de devires e de intensidades, de circulações intensivas, de multiplicidades de natureza qualquer (matilhas, massas, espécies, raças, populações). E é na expressão deles que manejam indefinidos, os quais, no entanto, não são indeterminados (*umas* barrigas, *um* olho, *uma* criança...); infinitivos que certamente não são infinitos nem indiferenciados, mas processos (andar, transar, cagar, matar, gostar...); nomes próprios que sobretudo não são pessoas (podem ser grupos, animais,

84   Gilles Deleuze

entidades, singularidades, tudo o que se escreve com maiúscula). UM HANS DEVIR — CAVALO. Por toda parte, o signo (enunciado) conota multiplicidades (desejo) ou pilota fluxos. O agenciamento *[75]* maquínico coletivo é tanto produção material de desejos, quanto causa expressiva de enunciados. Aquilo que tem o desejo por conteúdo se exprime como um ELE, o "ele" do acontecimento, o indefinido do infinitivo nome próprio. O "ele" constitui a articulação semiótica das cadeias de expressão cujos conteúdos intensivos são, relativamente, os menos formalizados: Guattari mostra, neste sentido, que *ele* não representa um sujeito, mas diagramatiza um agenciamento; não sobrecodifica os enunciados, mas os retém, pelo contrário, para que não vacilem sob a tirania de constelações semiológicas ditas significantes.

Ora, não é difícil impedir a formação de enunciados, tampouco a produção de desejo. Basta cortar o ELE em dois, para dali extrair um *sujeito de enunciação*, que vai sobrecodificar e transcender os enunciados, e, por outro lado, apaziguar um *sujeito de enunciado*, que toma a forma de um pronome pessoal qualquer permutável. Os fluxos de desejo passam sob a dominação de um sistema imperialista significante; são assentados sobre um mundo de representação mental, onde as intensidades se prostram e as conexões se desfazem. Fez-se de um sujeito de enunciação fictício, EU absoluto, a causa dos enunciados cujo sujeito relativo pode ser também um eu, um tu, um ele como pronomes pessoais assinaláveis numa hierarquia e numa estratificação da realidade dominante. Longe de estarem em entrelace com o nome próprio, os pronomes pessoais são a anulação dele numa função de troca capitalista. Vocês sabem o que é preciso fazer para impedir alguém de falar em seu próprio nome? Fazer com que ele diga "eu". Quanto mais a enunciação tem por causa aparente um sujeito, cujos próprios enunciados remetem a sujeitos tributários do primeiro, mais o agenciamento do desejo se quebra, mais a condição de formação dos enunciados tende a colapsar — mais o sujeito de enunciação serve para ser assentado sobre sujeitos de enunciados que devieram dóceis e mornos. Não estamos dizendo que um procedimento deste seja próprio à psicanálise: ele pertence fundamentalmente ao aparelho de Estado dito democrático (a identidade do le-

Quatro proposições sobre a psicanálise

gislador e do sujeito). Teoricamente, confunde-se com a longa história do *Cogito*. Porém, "terapeuticamente", a psicanálise soube empregá-lo de uma maneira particular: não estamos pensando na "tópica", mas antes na operação pela qual o paciente é considerado como sujeito de enunciação relativamente ao psicanalista e à *[76]* interpretação psicanalítica — "é você, Paciente, que é o verdadeiro *psicanalisante!*" —, ao passo que é tratado como sujeito de enunciado em seus desejos e em suas atividades a serem interpretadas, até que o sujeito de enunciação se assente sobre um sujeito de enunciado que renunciou a tudo, tudo o que ele tinha a dizer, tudo o que tinha a desejar. Essa situação é vista, entre outros, nos IMP,[a] onde a criança se encontra clivada, por um lado, em todas as suas atividades concretas, nas quais ela é sujeito de enunciado, e, por outro, na psicoterapia, onde é elevada ao estado de sujeito de enunciação simbólico apenas para ser mais bem assentada sobre os enunciados conformes já prontos, que lhe são impostos e que são esperados dela. Santa castração, que é tão somente esse corte do "ele" prolongado na famosa clivagem do sujeito.

Fazem-se psicanalisar, creem estar falando e aceitam pagar por essa crença. De fato, não se tem a menor chance de falar. *A psicanálise é inteiramente feita para impedir as pessoas de falar e para lhes retirar todas as condições de enunciação verdadeira.* É isso que gostaríamos de mostrar nos textos seguintes: a partir de três casos tomados como exemplo, a maneira pela qual se impede que as crianças falem, como elas não têm chance alguma de escaparem disso. Foi o caso do Homem dos Lobos, mas é o caso do pequeno Hans e das crianças de Melanie Klein, talvez ainda pior do que Freud. É mais espantoso com as crianças, como elas são impedidas de produzir os seus enunciados. A psicanálise procede assim: ela parte de enunciados coletivos já prontos, do tipo Édipo, e pretende descobrir a causa desses enunciados num sujeito pessoal de enunciação que deve tudo à psicanálise. Caímos na armadilha logo de cara. Seria preciso fazer o inverso e é a tarefa da esquizoanálise: partir dos enunciados pessoais de alguém e descobrir sua verdadeira produção, que nunca é um sujeito, mas sempre

---

[a] IMP: Instituto Médico-Pedagógico.[ii]

agenciamentos maquínicos de desejo, agenciamentos coletivos de enunciação que o atravessam e circulam nele, furando aqui, bloqueados ali, sempre sob forma de multiplicidades, de matilhas, de massas de unidades de ordem diferentes, que o assombram e o povoam (nada a ver com uma tese tecnológica, nem com uma tese sociológica). Não há sujeito de enunciação, há apenas agenciamentos produtores de enunciados. Ah, quando *[77]* Guattari e eu tentamos a crítica de Édipo, fizeram com que tivéssemos dito um monte de besteiras e nos responderam com outras tantas: "Mas, calma lá, Édipo não é papai-mamãe, é o simbólico, ou o significante; é a marca da nossa finitude, essa falta de ser que é a vida...". Porém, tirando o fato de que tudo isso é ainda pior e de que não se trata de saber aquilo que os psicanalistas dizem teoricamente, vemos muito bem o que fazem na prática, que uso baixo de Édipo, pois não há outro. Ainda mais, e sobretudo, entre os defensores do significante, para os quais não se pode dizer "Bocas do Ródano" [*Bouches du Rhône*] sem que nos lembrem da boca da mãe [*bouche de la mére*], nem "grupo hippie" [*groupe hippy*] sem que retifiquem: "pinto grande" [*gros pipi*]. Estrutural ou não, a personologia substitui todos os agenciamentos de desejo. Até que ponto o desejo de uma criança, a sexualidade de uma criança estão longe de Édipo, não se atrevem a saber, *vide* o pequeno Hans. A psicanálise é um assassinato de almas. Fazem análise por dez anos, cem anos, e quanto mais isso vai indo, menos terá havido ocasião para falar. Ela foi feita para isso.

Quanto ao que nos concerne, é preciso ir mais rápido. A terceira proposição deveria mostrar como a psicanálise procede para obter esse efeito, o esmagamento de enunciado, a destruição de desejo. É que ela dispõe de uma dupla máquina: primeiro, *uma máquina de interpretação*, fazendo com que tudo o que o paciente possa dizer seja já traduzido numa outra linguagem, tudo o que ele diz é forçado a querer dizer outra coisa. É, de certa forma, um regime paranoico onde cada signo remete ao signo numa rede ilimitada, numa irradiação circular em perpétua expansão: o signo constituído como significante remete ao significado, que restitui, ele próprio, o significante (o histérico é feito para assegurar esse retorno ou esse eco que alimenta ao infinito o discurso da psica-

Quatro proposições sobre a psicanálise

nálise). E, além disso, ao mesmo tempo, *uma máquina de subjetivação*, que representa um outro regime do signo: dessa vez, o significante não é mais considerado relativamente a um significado qualquer, mas relativamente a um sujeito. O ponto de significância deveio ponto de subjetivação: o próprio psicanalista. E a partir deste ponto, em vez de uma irradiação dos signos a remeterem uns aos outros, um signo ou um bloco de signos se põem a correr sobre sua própria linha, constituindo um sujeito de enunciação e, em seguida, um sujeito de enunciado sobre o qual o primeiro se assenta — e a neurose obsessiva seria o processo pelo qual, desta vez, o sujeito de enunciado sempre restituiria *[78]* o sujeito de enunciação. Não há apenas coexistência dessas duas máquinas ou desses dois regimes, de interpretação e de subjetivação.

Dos regimes de interpretação, conhecemos todos os sistemas despóticos com a complementaridade do imperador paranoico e do grande intérprete. Regimes de subjetivação animam todo o capitalismo tanto no nível da economia quanto no da política. A originalidade da psicanálise está na penetração original dos dois sistemas ou, como pôde ser dito, na "objetivação do isso" e na "autonomia de uma experiência irredutivelmente subjetiva".[iii] São essas duas máquinas, uma na outra, que interrompem toda possibilidade de experimentação real, assim como impedem toda produção de desejo e toda formação de enunciados. Interpretar e subjetivar são as duas doenças do mundo moderno que a psicanálise não inventou, mas para as quais ela encontrou a técnica de manutenção e de propagação perfeitamente adequadas. Todo o código da psicanálise, as pulsões parciais, Édipo, a castração etc., foram feitos para tanto.

Finalmente, quarta proposição — que gostaríamos que fosse ainda mais rápida —, a respeito do poder na psicanálise. Pois a psicanálise implica um entrelaço de forças muito particular, como mostra admiravelmente o recente livro de Robert Castel, *Le Psychanalysme*.[b] Responder, como fazem inúmeros psicanalistas, que a fonte do poder na psicanálise é a transferência, é uma resposta eminentemente cômica, do mesmo gênero daquela que diria que o

[b] Paris, Maspero, 1973.

dinheiro é a fonte do poder bancário (aliás, ambas se implicam, visto os entrelaces entre a transferência e o dinheiro). Toda a psicanálise está construída sobre a forma liberal-burguesa do contrato; até mesmo o *silêncio* do psicanalista representa o máximo de interpretação que passa pelo contrato e onde ele culmina. Mas no interior do contrato externo entre o psicanalista e o paciente desenrola-se em segredo, num silêncio ainda maior, um contrato de outra natureza: aquele que vai *trocar* o fluxo de libido do paciente, cunhá-lo em sonhos, em fantasias, em palavras etc. É no cruzamento de um fluxo libidinal, indecomponível e mutante, e de um fluxo segmentarizável que se *[79]* troca em seu lugar, que vai se instalar o poder do psicanalista; e, como todo poder, ele tem por objeto tornar a produção de desejo e a formação de enunciados impotentes, em suma, neutralizar a libido.

Gostaríamos de terminar com uma última observação: por que, ao que nos concerne, não desejamos participar de nenhuma tentativa que se inscreva numa perspectiva freudo-marxista? São duas as razões. A primeira é que uma tentativa freudo-marxista geralmente procede mediante um retorno às origens, ou seja, aos textos sagrados, textos sagrados de Freud, textos sagrados de Marx. Nosso ponto de partida deve ser inteiramente diferente. Não se dirigir aos textos sagrados mais ou menos interpretados, mas dirigir-se à situação tal como ela é: situação do aparelho burocrático na psicanálise, no PC,[iv] tentativa para subverter tais aparelhos. O marxismo e a psicanálise, de duas maneiras diferentes, mas pouco importa, falam em nome de uma espécie de *memória*, de uma cultura da memória, e se exprimem também de duas maneiras diferentes, mas também pouco importa, em nome de uma exigência de *desenvolvimento*. Acreditamos, ao contrário, que seja preciso falar em nome de uma força positiva do esquecimento, em nome daquilo que é, para cada um de nós, seu próprio subdesenvolvimento; aquilo que David Cooper chama tão bem de o terceiro mundo íntimo de cada um,[c] e que é o mesmo que a experimentação. A segunda razão que nos distingue de toda tentativa

---

[c] David Cooper, *Mort de la famille*, Paris, Seuil, col. "Combats", 1972, p. 25.[v]

freudo-marxista é que tais tentativas se propõem a reconciliar duas economias: economia política e economia libidinal. Mesmo em Reich há a manutenção dessa dualidade e dessa combinação. Nosso ponto de vista, ao contrário, é de que existe uma única economia, e que o problema de uma verdadeira análise antipsicanalista é mostrar como o desejo inconsciente investe sexualmente as formas dessa economia por inteiro.

RODAPÉ DA TRADUÇÃO

[i] Esta célebre frase de Freud encerra uma das *Novas conferências introdutórias à psicanálise* ("A dissecção da personalidade psíquica"), proferidas por Freud entre 1915 e 1917. Na edição alemã, as palavras *es* e *ich* são iniciadas com maiúsculas — "Wo Es war, soll Ich werden" (*Gesammelte Werke, Fünfzehnter Band: Neue Folge der Vorlesungen zur Einführung in die Psychoanalyse*, 8ª ed., Frankfurt-am-Main, S. Fischer, 1990, p. 86), e as traduções para o português entendem-nas cada uma à sua maneira: "Onde estava o id, lá estará o ego", "Onde era Id, há de ser Eu" etc.

[ii] Hoje em dia, na França, os IMP são chamados de SEES (traduzido: Seção de Educação e de Ensino Especializado) e consistem num programa do Ministério de Saúde Pública e de Segurança Social e do Secretariado do Estado francês, dito "Programa de organização e de equipamento dos departamentos em matéria de luta contra as doenças e deficiências mentais das crianças e dos adolescentes", conforme uma circular de 16 de março de 1972 (nº 72-443).

[iii] Ambas as fórmulas foram extraídas do texto de Jacques Lacan "Introduction théorique aux fonctions de la psychanalyse en criminologie — Communication pour la XIIIᵉ Conférence des Psychanalystes de Langue Française (29 mai 1950), en collaboration avec Michel Cénac" (J. Lacan, *Écrits*, Paris, Seuil, 1966, p. 146).

[iv] Partido Comunista.

[v] O original foi publicado em Londres (*The Death of the Family*, Allen Lane, 1971).

9
A INTERPRETAÇÃO DOS ENUNCIADOS*
[1977] *[80]*

Na psicanálise de crianças, vê-se ainda melhor do que em qualquer outra psicanálise como os *enunciados* são esmagados, sufocados. Impossível produzir um enunciado sem que ele seja rebatido[i] sobre uma grade de interpretação todinha pronta e já codificada. A criança não pode escapar: ela é "batida" de antemão. A psicanálise é uma empreitada formidável para impedir toda produção de enunciados, assim como de desejos reais. Tomamos três exemplos de crianças, pois é quando o problema fica mais evidente: o famoso pequeno Hans de Freud, Richard de Melanie Klein e Agnès, como exemplo de setorização atual. Vai de mal a pior. Colocamos na coluna da esquerda *aquilo que é dito* pela criança; na coluna da direita, o que o psicanalista ou o psicoterapeuta *entendem*, ou então o que eles retêm, ou traduzem, ou fabricam. Cabe ao leitor julgar a enorme distância que, sob as aparências da significância e da interpretação, marca um máximo de repressão, de traição.

Esse trabalho de comparação sobre três casos de crianças foi feito em grupo (Gilles Deleuze, Félix Guattari, Claire Parnet, André Scala), na esperança de que grupos semelhantes sejam constituídos, colocando em causa a letra da psicanálise. *[81]*

---

* Com Félix Guattari, Claire Parnet e André Scala. In Gilles Deleuze e Félix Guattari, *Psychanalyse et politique*, Alençon, Bibliothèque des Mots Perdus, 1977, pp. 18-33. Esse texto foi publicado em sequência ao anterior. É oriundo de um seminário realizado na Universidade de Vincennes. Claire Parnet e André Scala eram então alunos e amigos de Deleuze. Algumas das referências em notas foram completadas.

O PEQUENO HANS,
5 ANOS — FREUD[ii]

A — O primeiro movimento de Hans não é complicado: ele quer descer a escada para se juntar à sua amiguinha Mariedl e dormir com ela. Movimento de desterritorialização pelo qual uma máquina-garoto se esforça para entrar em um novo agenciamento (*para Hans*, seus pais já formavam com ele um agenciamento maquínico, mas que não devia ser exclusivo: "Amanhã de manhã eu subo de novo para tomar meu café da manhã e ir ao banheiro"). Os pais o entendem mal: "Então adeus...". Hans se vai. "E é claro que o trouxeram de volta". Logo, essa primeira tentativa de desterritorialização no edifício fracassa. Hans compreende que as garotinhas do edifício não são como deveriam: ele decifra a economia política local e descobre no restaurante uma parceira mais adaptada, "uma dama do mundo". Segunda tentativa de desterritorialização, por conquista e travessia da rua. Mas, ainda assim, apuros... O compromisso imaginado pelos pais: de tempos em tempos

Freud não consegue acreditar que Hans deseje uma garota. É *preciso* que esse desejo esconda outra coisa. Freud não compreende nada dos agenciamentos nem dos movimentos de desterritorialização que os acompanham. Ele só conhece uma coisa, o território-família, a família pessoa lógica: qualquer outro agenciamento deve ser *representativo* da família. É preciso que o desejo por Mariedl seja um avatar de um desejo pela mãe que se supõe primeira. O desejo por Mariedl deve ser um desejo de que Mariedl faça parte da família: "Por trás do anseio 'quero que Mariedl durma comigo' *existe certamente outro*: 'quero que Mariedl faça parte da nossa família'"!!!

Hans virá para a cama deles. Nunca se poderá *[82]* reterritorializar muito bem na cama da mamãe. Isso é um Édipo artificial. Forçado, Hans espera ao menos aquilo que esperava do agenciamento-edifício com a pequena Mariedl, ou do agenciamento-rua com a outra pequena: "Por que você não coloca o dedo, mamãe?". — "Porque é porcaria!" — "O que é uma porcaria? Por quê?" Hans, encurralado por todos os lados, cercado por todos os lados: num mesmo gesto, forçam-no e lhe proíbem de tomar sua mãe por objeto de desejo. Inoculam-no o vírus Édipo.

B — Nunca o pequeno Hans manifestou o medo de que lhe cortassem o pênis. À ameaça de castração ele responde com uma grande indiferença. Nunca falou de um órgão, mas de um funcionamento e de um agente coletivo de funcionamento: *o faz-pipi*. A criança não se interessa pelos órgãos e funções orgânicas, pelas coisas do sexo; ela se interessa pelo funcionamento maquínico, ou seja, pelos estados de coisas do desejo.

Reencontramos, com a psicanálise, modos de pensamento teológicos. Ora se acredita haver tão somente um único sexo, o macho, o órgão-pênis (Freud); mas essa ideia é acompanhada de um *método de analogia*, no sentido vulgar: o clitóris seria o análogo do pênis, um pequenino pênis, meio tosco, que jamais poderá crescer. Ora se acredita que, sim, existem dois sexos, restaura-se uma sexualidade feminina específica, vaginocêntrica (Melanie Klein). Desta vez, o

A interpretação dos enunciados   93

Evidentemente, as garotas têm um faz-pipi e as mamães também, pois elas fazem pipi: são sempre os mesmos materiais, porém simplesmente em posições *[83]* e conexões variáveis. A identidade dos materiais é a unidade do plano de consistência ou de composição, é a *univocidade* do ser e do desejo. As variações de posições e conexões, as multiplicidades, são agenciamentos maquínicos que realizam o plano com tal grau de potência ou de perfeição. Não há 2 sexos, mas *n* sexos, tantos sexos quanto agenciamentos. E como cada um de nós entra em muitos agenciamentos, cada um de nós tem *n* sexos. Quando a criança descobre que é reduzida a um sexo, macho ou fêmea, é então que descobre sua impotência: ela perdeu o sentido maquínico e tem apenas uma significação de ferramenta. Então, com efeito, a criança entra na depressão. Ela foi aniquilada, roubaram-lhe os inumeráveis sexos! Tentamos mostrar como essa aventura ocorria *primeiro* com a garota; é ela que se encontra primeiramente reduzida a *um* sexo, e o garotinho virá em seguida.

método muda, passa-se a um método de analogia no sentido erudito ou de *homologia*, fundado sobre o significante-falo e não mais *[83]* sobre o órgão--pênis.[1] A profissão de fé do estruturalismo, tal como a exprime Lévi-Strauss, encontra aqui uma aplicação privilegiada: ultrapassar as analogias imaginárias rumo às homologias estruturais e simbólicas. Mas, de qualquer maneira, nada mudou: importa muito pouco que se reconheça 1 ou 2 sexos, mesmo situando os dois sexos no interior de cada um de nós (bissexualidade; desejo da vagina no homem, que seria o homólogo da vontade de pênis na mulher).[2] Importa muito pouco que se pense em termos de analogia vulgar, de órgão e de funções orgânicas, ou de homologia erudita, de significante e de funções estruturais. Essas diferenças são todas

[1] Cf., por exemplo, Michèle Montrelay, "Recherches sur la féminité", in *Critiques*.[iii]

[2] Bruno Bettelheim, *Les Blessures symboliques*, Paris, Gallimard, 1971, col. "Connaissance de l'inconscient".

Não se trata, de maneira alguma, de castração, ou seja, para o garotinho, o medo de perder o sexo que tem, e, para a garotinha, a angústia de não ter mais ou *[84]* de ainda não ter o sexo que ela não tem. Trata-se totalmente de outra coisa: problema do roubo dos sexos que a criança-máquina tinha. (É assim com a fantasia de bombeiro, no pequeno Hans, que o pai e Freud compreendiam tão mal: é uma fantasia de deterioração, um pesadelo de ser aniquilado, reduzido a um único sexo.)

teóricas e estão apenas na cabeça do psicanalista. De toda maneira, solda-se o desejo à castração, quer esta seja interpretada como imaginária ou como simbólica (a única questão é, dos dois métodos, qual aquele que melhor opera essa deplorável solda). De toda maneira, assenta-se a sexualidade, ou seja, o desejo como libido, sobre a diferença dos sexos: erro fatal, quer se interprete essa *[84]* diferença orgânica ou estruturalmente, relativamente ao órgão-pênis ou relativamente ao significante-falo. Não é assim que a criança pensa e vive:
1) nada de analogia de órgão nem homologia de estrutura, mas *univocidade do material*, com conexões e posições variáveis (agenciamentos). Nem função orgânica nem função estrutural, mas funcionamento maquínico. A univocidade, o único pensamento ateu, o da criança;
2) a univocidade é também o pensamento do múltiplo *n* agenciamentos, onde entra o material, *n* sexos; a locomotiva, o cavalo, o sol são sexos tanto quanto a garota e o garoto; a questão-máquina da sexualidade transborda para toda parte o

A interpretação dos enunciados

problema da diferença dos dois sexos; *assentar tudo sobre a diferença dos sexos* é a melhor maneira de desconhecer a sexualidade; 3) quando a criança se vê reduzida a um dos dois sexos, masculino ou feminino, é porque ela já perdeu tudo; homem *ou* mulher já designa seres aos quais se roubou *n* sexos; não há entrelace de cada um dos dois sexos com a castração, mas primeiro um entrelace do omnissexual, do multissexuado (*n*) com o roubo; *[85]* 4) Há certamente uma dissimetria entre a garota e o garoto, mas ela consiste no seguinte: a garota é a primeira de quem *se* roubam *n* sexos, de quem se rouba seu corpo-máquina para dele fazer um corpo-ferramenta. Os movimentos revolucionários femininos se enganam radicalmente quando reivindicam os direitos de uma sexualidade especificamente feminina (MLF[iv] lacanizado!). Eles deveriam reivindicar por todos os sexos, tanto femininos quanto masculinos, dos quais a garota, primeiramente, é privada, para então se reencontrar como garota. Freud nunca cessou de menosprezar a sexualidade infantil. Ele interpreta, logo, menospreza. Ele vê muito bem que, em si mesma, a diferença dos sexos deixa a criança perfeitamente indiferente; mas, ao manter sua crença na existência de um pequeno pênis na garota, ele interpreta como se a criança reagisse à angústia da castração. Não é verdade, a criança não tem nenhuma angústia da castração antes de ser reduzida a um único sexo. Ela se vivencia como tendo *n* sexos, os quais correspondem a todos os agenciamentos possíveis onde entram os materiais comuns às garotas e aos garotos, mas também aos animais, às coisas... Freud vê muito bem que há uma dissimetria garota-garoto; mas ele a interpreta como variação *[86]* do Édipo-garota e do Édipo-garoto, e como diferença da castração-garota e da castração-garoto. Tampouco isso é verdade: nada a ver com o Édipo ou o tema familista, mas com a transformação do corpo, de máquina em ferramenta. Nada a ver com a castração ligada ao sexo que se tem, mas com o roubo de todos os sexos que se tinha. Freud solda a sexualidade na família, na castração: três erros enormes, superstições piores do que as da Idade Média, modo de

A interpretação dos enunciados

pensamento teológico.[3] Nem mesmo se pode dizer que Freud interpreta mal; porém, interpretando, ele perde a chance de entender o que diz uma criança. Há muito cinismo na seguinte declaração de Freud: "Utilizamos as indicações que o paciente nos fornece a fim de apresentar à *sua* consciência, graças à nossa *arte de interpretação*, seu complexo inconsciente *em nossas próprias palavras*".

C — Hans fracassou, portanto, em seu mais profundo desejo: tentativas de agenciamentos maquínicos por desterritorialização (exploração da rua, cada vez com [87] uma garotinha em conexão). Ele se deixa reterritorializar pela família. Contudo, ele está pronto para tomar até mesmo a família como agenciamento, funcionamento maquínico. Mas o pai, a mãe, "o Professor" estão lá, em graus diversos, para lhe lembrar que a família não é aquilo que ele acredita ser, um agenciamento, um funcionamento. Não são agentes de desejo, mas pessoas ou representantes da lei; nada de funcionamento maquínico, mas funções estruturais, função-Pai, função-Mãe. E eis

Aqui, o pai e o professor não deixam barato. Nenhum escrúpulo. Aqui também o cavalo deve representar outra coisa. E essa outra coisa é limitada: primeiro a [87] mãe, depois o pai e, em seguida, o falo. (Não há o que fazer, seja qual for o animal considerado, essa será sempre a resposta dos freudianos: cavalo ou girafa, galo ou elefante, dá no mesmo, é sempre papai.) Freud diz altivo: o cavalo não tem importância alguma por si próprio, ele é puramente ocasional...[4] Que uma criança

[3] São os três erros que atravessam os artigos de Freud reunidos sob o título *La Vie sexuelle*, Paris, PUF, 1969.

[4] *Cinq psychanalyses*, Paris, PUF, 1954, p. 190.

que Hans agora tem medo de sair à rua. E ele tem medo de ir até lá porque um cavalo poderia mordê-lo. Como seria de outro jeito, já que a rua lhe foi obstruída, proibida, do ponto de vista do mais profundo desejo? E um cavalo, não se trata de maneira alguma do cavalo como forma sensível imaginável (por analogia), nem como estrutura inteligível concebível (por homologia). Um cavalo é um elemento, um material determinado num agenciamento de rua-cavalo--ônibus-carga. Um cavalo, nós vimos, é definido por uma lista de afetos em função do agenciamento de que ele faz parte, *[88]* afetos que nada representam além deles próprios: estar cego, ter um freio, ter brio, ter um grande faz-pipi, uma grande bunda para fazer esterco, morder, puxar cargas muito pesadas, ser espancado, cair, fazer uma barulheira com as próprias pernas... O verdadeiro problema, pelo qual um cavalo é "afetivo" e não representativo, é: como os afetos circulam no cavalo, como eles passam, como se transformam uns nos outros? *O devir do cavalo e o devir-cavalo do pequeno*

veja um cavalo cair sob chicoteadas e tentar levantar-se fazendo um grande barulho com as pernas, chispeando, nenhuma importância afetiva! Ao invés de ver nas determinações do cavalo afetos intensivos e um agenciamento maquínico tais que o cavalo de rua se distinga de qualquer outro animal e até mesmo dos outros tipos de cavalos, Freud entoa sua ladainha: mas calma lá, aquilo que o cavalo tem ao longo dos olhos são os óculos do papai, o que ele tem em torno da boca é o bigode do papai![5] É assustador. O que pode uma criança contra tanta má-fé? Em vez de ver nas determinações do cavalo uma circulação de intensidades num agenciamento maquínico, Freud procede por analogia estática de representações e *[88]* identificação dos análogos: não é mais o cavalo que faz um esterco perfeito com seu enorme traseiro (grau de potência), mas o próprio cavalo é um esterco e o portão pelo qual ele sai, um traseiro! Em vez de fazer-pipi e morder estarem num certo entrelace intensivo no cavalo, eis que é o

[5] *Ibid.*, p. 181.

A interpretação dos enunciados

Hans, um no outro. O problema de Hans é o seguinte: em qual entrelace dinâmico estão todos esses afetos. Por exemplo, para conseguir "morder" é preciso passar pelo "cair", que então se transforma em "fazer uma barulheira com os próprios pés"?[6] O que *pode* um cavalo? Longe de ser uma fantasia edipiana, trata-se de uma programação anti-edipiana; devir cavalo para escapar da morsa que lhe querem impor. Todas as saídas humanas foram obstruídas para Hans. Somente um devir-animal, um devir-inumano lhe permitiria a conquista da rua. Mas a psicanálise está aí para lhe fechar essa última saída.

faz-pipi que morde! Aqui, Hans tem um sobressalto, maneira de dizer que seu pai, verdadeiramente, não compreendeu nada: "Mas um faz-pipi não morde". (As crianças são sensatas: elas sabem que os fazem-pipi não mordem, assim como os dedinhos não falam). E o pai responde, depois de engolir toda a vergonha: "Talvez ele o faça, no entanto...". Quem é doente? O pequeno Hans? Ou será seu pai e "o professor" reunidos? Prejuízos da *interpretose* e da significância. Imundície. Tenham piedade das criancinhas.

O que quer Freud, com uma vontade dissimulada e deliberada (ele próprio se gaba por não dizer tudo ao pai, para melhor chegar aos seus fins e poder triturar as interpretações)? O que ele quer é o seguinte:

1) quebrar todos os agenciamentos maquínicos do garotinho *[89]* para assentá-los sobre a família, que será então considerada como outra coisa que não um agenciamento, e será imposta à criança como representante da lógica.

2) Impedir todos os movimentos de desterritorialização da criança, que no entanto constituem a essência da libido, da se-

[6] *Ibid.*, p. 126.

100   Gilles Deleuze, Félix Guattari, Claire Parnet e André Scala

xualidade; obstruir-lhe todas as saídas, todas as passagens e os devires, inclusive, e sobretudo, o devir-animal, o devir-inumano; reterritorializá-la na cama dos pais.[7]

3) O angustiar, o culpabilizar, o deprimir, o imobilizar, o fixar, o preencher com afetos tristes... à força de interpretação. Antropomorfismo e territorialidade, Freud só conhece isso, ao passo que a libido não para de ir alhures. Freud não compreende nada dos animais, do devir do animal e do devir-animal: e isso tanto para os lobos do Homem dos Lobos e para os ratos do

---

[7] Freud evidentemente tem o pressentimento daquilo que combate: ele reconhece que o cavalo "representa o prazer de se mover" (p. 192) e que "a imaginação de Hans trabalha sob o signo dos meios de transporte" (p. 152). Freud faz planos, reproduz a topografia, ou seja, ele próprio marca os movimentos de desterritorialização e as linhas de fuga libidinais (assim é com o plano casa-rua-entreposto para Hans, pp. 123-4; e o plano para o Homem dos Ratos, p. 237). Porém, o desenho-programa é logo em seguida recoberto pelo sistema fantasia-interpretação-reterritorialização.

A interpretação dos enunciados

[90] D — Como Hans poderia não ter medo ao mesmo tempo (e por razões totalmente outras do que aquelas inventadas por Freud)? Devir animal, lançar-se num agenciamento como esse, é algo de grave. Bem mais do que isso, aqui o desejo afronta diretamente sua própria repressão. No agenciamento cavalo, o poder de ser afetado se encontra preenchido por afetos de domesticação, de impotenciação, de brutalidade sofrida, não menos que de potência e de brio, de força ativa. O caminho não é de forma alguma desejo-angústia-medo; mas o desejo encontra primeiramente o medo, que só vira angústia em seguida, e sob a operação familiar ou psicanalítica. Por exemplo, morder: ação de animal malvado que triunfa ou reação de animal vencido? É o pequeno Hans que morde ou é ele que é mordido? O devir-animal vai entregar a Hans o segredo da rua como linha de fuga, ou dar-lhe a verdadeira razão do bloqueio e do impasse assegurados preventivamente pela

Homem dos Ratos, quanto para os cavalos do pequeno Hans.

[90] Como Freud faz para realizar seu objetivo? Ele quebra o agenciamento maquínico de Hans em três pedaços: o cavalo será, cada vez e cada vez mais profundamente, mãe, pai, depois falo. Ou, mais precisamente: 1) a angústia é ligada primeiro à rua e à mãe ("falta sua mamãe na rua"!), 2) a angústia vira medo de ser mordido por um cavalo, ela se fixa, se aprofunda em fobia do cavalo ligada ao pai ("o cavalo devia ser seu pai"), 3) o cavalo é um grande faz-pipi que morde. Assim, o derradeiro agenciamento de Hans, sua última tentativa de desterritorialização como devir-animal, são quebrados para serem retraduzidos em territorialidade de família, em triangulação familiar. Por que é tão importante, desse ponto de vista, que a mãe se desloque para o pai, e o pai para o falo? É que a mãe não deve dispor de um poder autônomo, que deixaria subsistir uma dispersão territorial; vimos que, mesmo se a mãe domina, o poder da família é falocêntrico. É preciso, pois, que o pai, por sua vez, tenha seu poder do falo

família? O devir-animal como desterritorialização superior empurra o desejo até o seu limite: que o desejo chegue a desejar sua própria repressão — tema *[91]* absolutamente diferente do tema freudiano, em que o próprio desejo se reprimiria.

eminente, para que a triangulação se faça como operação estrutural ou estruturante. *[91]* É somente com esta condição que o desejo castrado poderá se socializar e se sublimar. O essencial, para Freud, é afirmar que o próprio desejo se reprime. Para isso, é preciso mostrar que o desejo não suporta as "intensidades".[8] Freud tem sempre em mente o modelo histérico, no qual, como bem notou a psiquiatria do século XIX, as intensidades são fracas. É preciso, pois, prosternar as intensidades para impedir sua livre circulação, sua transformação real; é preciso imobilizá-las, cada uma em uma espécie de redundância significante ou simbólica (= desejo pela mãe, desejo contra o pai, satisfação masturbatória); é preciso recompor um sistema artificial onde elas giram no mesmo lugar. É preciso mostrar que o desejo não é reprimido, mas que ele próprio se reprime ao tomar por objeto aquilo que, em sua essência mesma, é Perda, Castração, Falta (o falo relativamente à mãe, ao pai, a si próprio). Assim, a operação

[8] *Ibid.*, pp. 107, 178, 182 e 189.

A interpretação dos enunciados · 103

psicanalítica está feita: Freud pode, com cinismo, declarar que está esperando pacientemente e deixando Hans falar. Hans jamais teve a mínima chance de falar, de *[92]* fazer com que um único de seus "enunciados" passasse. E o que é fascinante, numa psicanálise assim, são as reações da criança: seus momentos de ironia, quando ela sente que os adultos exageram.[9] E, pelo contrário, a ausência total de humor, o tédio pesado da psicanálise, a interpretação monomaníaca, a autossatisfação dos pais e do Professor. Mas não dá para viver de ironia: o pequeno Hans a terá cada vez menos, ou então a esconderá cada vez mais, ele vai convir com tudo, reconhecerá tudo, vai se resignar, sim, sim, eu queria ser a mamãe, eu quero ser o papai, eu quero um grande faz-pipi como o do papai... para que o deixem em paz, para que ele possa enfim esquecer,

---

[9] Cf., dentre outros tantos exemplos, o diálogo de Hans com seu pai: "Um garotinho pode pensar nisso. — Não é bom, responde o pai. — Se ele pensar nisso, é bom mesmo assim, para que se possa escrevê-lo ao Professor".

esquecer tudo, até mesmo
essas horas chatas de
psicanálise.

RICHARD, 10 ANOS —
MELANIE KLEIN

Esse livro de Melanie Klein é
uma vergonha da psicanálise.[10]
Poder-se-ia acreditar que os
temas kleinianos dos objetos
parciais e das posições paranoide e depressiva permitem [93]
sair um pouco do lamaçal
familista e edipiano, assim como
da teoria dos estágios. Fato é
que é ainda pior. Os dois
adversários frente a frente: um
jovem judeu inglês cheio de
humor contra a velha austríaca
do ressentimento que prosterna
a criança. Combate em 93
sessões. O humor de Richard o
protege no início: ele sorri
polidamente às interpretações
da sra. K. (p. 26), ele observa
que é "difícil ter tantos tipos de
pais na cabeça" (p. 30), ele pede
para ver o bonito relógio da sra.
K., para saber se a sessão já
terminou (p. 31), ele parece
muito preocupado com sua
gripe (p. 35), ele responde que

[10] Melanie Klein, *Psychanaly-se d'un enfant*, Paris, Tchou, 1973.

A interpretação dos enunciados

"depois de ter contado tudo isso à sra. K., esperava ouvir exatamente as explicações que ela acabara de lhe dar" (p. 166). A sra. K., porém, imperturbável e sem humor, continua o seu trabalho de pilão: ele tem *medo* das minhas interpretações... *Leitmotiv* do livro: "A sra. K. interpretou, *A sra. K. interpretou*, A sra. K. INTERPRETOU". Richard será vencido e dirá obrigado, senhora. Os objetivos da sra. K.: imediatamente traduzir os afetos de Richard em fantasia; com o tempo, conduzi-lo da posição paranoide-esquizoide à [94] posição depressiva, da posição maquínica (funcionamento) à posição de pequena ferramenta ("reparação"); do ponto de vista da finalidade, impedi-lo de formar seus enunciados, prosternar também aí o agenciamento coletivo que seria gerador de enunciados na criança.

É a guerra, Richard lê três jornais por dia, escuta o rádio. Ele aprende o que querem dizer "aliado", "inimigo", "tirano", "mentiroso", "traidor", "neutro". E aprende isso politicamente, em entrelace com os nomes próprios da História presente

(Churchill, Hitler, Ribbentrop, Darlan), com os países, os territórios e o policentrismo aparente do Socius (o mapa, as fronteiras, os limiares, as transposições de limiares), com as máquinas de guerra (bombas, aviões, navios etc.). Ele constrói os seus agenciamentos maquínicos: primeiro, agenciamentos dos países sobre o corpo pleno da Terra; segundo tipo, agenciamentos de navios sobre o corpo pleno do mar; terceiro tipo, agenciamentos de todos os meios de transporte, avião, ônibus, estrada de ferro, caminhão, paraquedas, sobre o corpo pleno do Mundo. E trata-se certamente de agenciamentos libidinais: [95] não, como acredita a sra. K., porque representariam a eterna família, mas porque são afetos, devires, passagens, transposições, campos de territorialização e linhas de desterritorialização. Assim, "visto ao contrário", o mapa tem uma forma bizarra, emaranhado e misturado, desterritorializado. Richard faz desenhos de cada tipo de agenciamento em entrelace com os outros: o corpo pleno da Terra como "enorme

A interpretação dos enunciados

estrela-do-mar" é o "império" colorido de acordo com os países, as cores como afetos. Se os países são atribuídos aos membros da família, não é de modo algum, como crê a sra. K., porque "o império representa a família" (p. 105), mas porque a própria família vale apenas como um agenciamento que deve se abrir e se desterritorializar segundo as linhas de ataque e de fuga do Socius. O que se passará na família dependerá daquilo que vai se passar no império. É verdade que Richard tem ereções, mas ele tem e deixa de ter politicamente: é um Eros político que, longe de assentar o Socius sobre a família, abre os nomes da família sobre os nomes da geografia e da história, os redistribui [96] de acordo com todo um policentrismo político. Os países são afetos, são o equivalente de um devir-animal de Richard (daí o porquê de Richard entregar-se bastante a eles). A libido de Richard banha a terra, ele se masturba sobre os Países. Sex-Pol em ato.[v]

Logo, para a sra. K., o império é a família. A sra. K. não espera, ela já nem mesmo simula, como

Freud, o ar hipócrita de esperar. Desde as primeiras sessões: mas veja bem, Hitler é aquele que faz mal à mamãe, é o papai mau, o pênis mau. O mapa ao contrário é "os pais combinados durante as relações sexuais". "A sra. K. interpretou: o porto inglês no qual o *Prinz Eugen*[vi] entrava representava os órgãos genitais de sua mamãe." "Churchill e a Grã-Bretanha representavam um outro aspecto dos seus pais." As cores são os membros da família. Etc. etc. Tudo isso durante 435 páginas. Richard é sufocado, o leitor fica com enjoo. Richard vai ser quebrado, pego num inacreditável *forcing*,[vii] encurralado *artificialmente* no consultório da sra. K.: pior que na família, pior que na escola ou através dos jornais. Nunca se mostrou tão bem que a criança *[97]* não tinha o direito de fazer política: entende-se que a guerra nada é para uma criança, para a libido da criança, são apenas as "suas pulsões destrutivas" que contam para ela. Portanto, é preciso constatar o fato de que a concepção kleiniana dos objetos parciais e das posições, longe de afrouxar a morsa freudiana, pelo contrário reforça todo o familismo, o edipianismo, o falocentrismo próprios à psica-

A interpretação dos enunciados

nálise. A sra. K. encontrou meios ainda mais diretos de cunhar os afetos em fantasias e de interromper a criança para impedi-la de produzir os seus enunciados. E as razões para isso são simples: 1) A teoria das posições é feita para conduzir a criança de sua posição paranoide-maquinista a uma posição depressiva em que a família encontra um papel de unificação, de integração personológica e estruturante que vale para todos os outros agenciamentos; 2) a sra. K. empresta os seus conceitos bipolares da escola: *o bom e o mau*, todos os dualismos do bom e do mau. Seu consultório é tanto uma sala de aula quanto um quarto de família. A sra. K. dá a lição. É essa a novidade de Melanie: não é sobre um divã, *[98]* como equivalente do leito familiar, que ela pode dar um trato nas crianças, é preciso um equivalente da escola. A psicanálise de crianças só é possível a esse preço (aquilo que Anna, filha de Freud, não havia compreendido).[11] A sra. K., portanto, reinterpreta a família a

---

[11] Cf. todas as passagens sobre a escola, in Melanie Klein,

partir da escola, ela engravida a família com a escola. Mas ela também dota a família de forças artificiais que a tornam capaz de contornar e de recuperar todos os investimentos libidinais do Socius; 3) quanto à concepção dos objetos parciais explodidos, primeiramente se poderia acreditar que é um jeito de reconhecer as multiplicidades, as segmentaridades, os agenciamentos e o policentrismo social; mas, de fato, é o contrário. Os objetos aparecem como parciais, no sentido da sra. K., ao passo que são abstraídos dos agenciamentos maquínicos onde entram, onde se dispersam e se distribuem, ao passo que são arrancados das multiplicidades às quais pertencem, para serem assentados sobre "o ideal" de uma totalidade orgânica, de uma estrutura significante, de uma integridade personológica ou subjetiva que ainda não estão lá, segundo a opinião da sra. K., *[99]* mas que devem vir com os progressos da "posição", da idade e da cura (assentamento sobre os

Essais de psychanalyse, Paris, Payot, 1967.

estratos)... [12] "No fim da análise, a criança não estava desesperada, apesar dos sentimentos penosos que experimentava pelo fato de que considerava a cura como essencial para ela." Em que estado, meu Deus!

AGNÈS, 9 ANOS, SETORIZAÇÃO — J. HOCHMANN
(*Esprit*, dezembro de 1972)[viii]

A setorização tem vários focos, hospital de dia, hospital de noite, dispensário, escola especial, equipe a domicílio. Policentrada, ela toma por modelo o Socius, em vez da escola ou da família. O que não a impede de assentar ainda mais a criança sobre a família, tomada como unidade de tratamento. Dotada de um passado epiléptico, Agnès é retirada da escola municipal, colocada em escola especializada, enviada ao dispensário; depois a equipe vem a domicílio. Os psicoterapeutas começam por traduzir tudo em linguagem orgânica: assenta-se tudo sobre

A grande crise de Agnès coincide com as regras. Ela exprime essa crise "maquinalmente": defecção maquínica, estado de menor perfeição, funcionamento *[100]* que ela não tem mais, falência ou alteração de um material (e não falta de um órgão); seu pedido à psicoterapeuta é: "Por favor, me ponha em forma, meu umbigo dói"

[12] Ignorância do Corpo sem Órgãos em Melanie Klein, que o substitui por órgãos sem corpo.

(p. 888); "me tiraram tudo, fui roubada, quebraram minha máquina" (p. 903)... Ela recusa um corpo-ferramenta, um corpo orgânico e exige a restituição do corpo-máquina: ela "marionetiza" a psicoterapeuta (p. 901). Marionete de Kleist vivendo sem fio, Agnès se vê puxando fios: ela recusa seus seios, seu sexo, seus olhos para ver, suas mãos para tocar. Não se trata de modo algum da diferença dos sexos, trata-se das diferenças maquínicas, dos estados de potência e de perfeição, das diferenças entre "funcionar" e "não funcionar mais" (isso é o sexual: maçãs fazem crianças, carros fazem amor, sua irmã lhe faz um bebê). Trata-se tão pouco da diferença dos sexos que ela pede ajuda à *sua irmã Michèle, ainda não púbere*, portanto ainda não aniquilada, deteriorada, roubada (p. 892).

Agnès vive a família como um agenciamento maquínico (um conjunto de conexões, de entrecruzamentos múltiplos) que deve *[101]* servir de base ou de ponto de partida para outros agenciamentos: assim, Agnès poderia se desterritorializar nesses outros conjuntos,

o estrato de organismo, tudo é reduzido a "um combate em torno de um órgão", *[100]* fala-se em termos de órgão e de função, em vez de funcionamento. E, no entanto, os psicoterapeutas devem reconhecer que é um órgão um tanto bizarro e incerto: na realidade, um material alterável, variável de acordo com suas posições e conexões ("mal localizável, mal identificável, é ora um osso, um artefato, um excremento, o bebê, uma mão, o coração do papai ou as joias da mamãe...", p. 905). O que não os impede de sustentar que o problema é, antes de tudo, o da diferença dos sexos, da castração e do objeto perdido (p. 891, p. 905).

A família, por sua vez, será traduzida em termos orgânicos: fusão, simbiose, dependência (e não ramificação). Agnès será completamente reconduzida *[101]* ao Édipo familiar, como ponto de retorno ou de chegada. Fazem com que os agenciamentos de Agnès desempenhem

A interpretação dos enunciados

que modificariam em reação o da família — daí o anseio de Agnès por "voltar à escola municipal frequentada pelo seu irmão e pela sua irmã". Os elementos e materiais de que dispõe, Agnès os distribui na família enquanto agenciamento, para experimentar todas as ramificações possíveis, todas as posições e conexões. O artigo indefinido dá testemunho dessas variações, assim como da circulação dos afetos através do agenciamento: *uma* barriga, *umas* bocas, *um* artefato, *um* troço, *um* bebê (p. 890, p. 908).

papéis familiares, ao invés de fazerem com que a família desempenhe o papel de um agenciamento ("gostaríamos de oferecer à criança um personagem materno substitutivo, com o qual ela pudesse estabelecer a relação simbiótica que, como postulávamos, lhe fizera falta e que ela buscava desesperadamente reconstruir, na negação de uma identidade pessoal", p. 894). Agnès, portanto, não é apenas assentada sobre o estrato de organismo, mas sobre os da significância familiar e da identidade subjetiva pessoal. Porém, como ela recusa tanto a identidade subjetiva e a família significante quanto o organismo, todos os elementos e materiais de Agnès serão interpretados em termos negativos e de objetos parciais, na medida em que terão sido abstraídos das combinações onde Agnès tentava fazer com que entrassem (p. 900). Esquecem, assim, que o protesto de Agnès não tem, de modo algum, uma origem negativa do tipo parcialidade, castração, Édipo explodido, mas uma fonte perfeitamente positiva: o corpo-máquina que lhe foi roubado, os estados de funcionamento de que ela foi privada.

114   Gilles Deleuze, Félix Guattari, Claire Parnet e André Scala

[102] "Agnès tornara-se violenta. Ela explodia como uma bomba à menor frustração..." Como poderia ser de outro modo? Como é que ela não voltaria ao seu "autismo desesperado"? Responderam a ela todas as vezes: não é você quem está falando, são outros em você, não tenha medo, você é Agnès, nós entendemos os seus desejos de jovem, estamos aqui para explicá-los a você. Como é que Agnès não iria urrar: "Eu não sou Agnès!"? Ela passou tanto tempo dizendo coisas, formando enunciados que a psicoterapeuta não entende. Agnès se vinga ao "marionetizá-la". Quando declara, sobre a psicoterapeuta, "ela diz tudo o que eu faço, ela sabe tudo o que eu penso", não é um elogio à perspicácia desta, mas antes uma acusação de policiamento e deformação sistemática (como ela não saberia tudo, deformando dessa forma?). Agnès é encurralada por todos os lados — família, escola, Socius. A psicoterapia, que alinhou e retomou, ao seu modo, todos os focos de poder, é um fator essencial nesse encurralamento generalizado. Agnès tinha n sexos,

A interpretação dos enunciados

deram um a ela, *[103]* assentaram-na violentamente sobre a diferença dos sexos. Agnès tinha *n* mães, como materiais transformáveis, deixaram-lhe uma. Agnès tinha *n* parcelas de território, ocuparam todo o seu domínio. "Sua reclamação monótona" não é "a de Édipo atormentado entre duas exigências contraditórias" (p. 908), mas antes o grito "Pega ladrão, pega ladrão!".

RODAPÉ DA TRADUÇÃO

[i] "Rebatido" traduz *rabattu*. Esse verbo, *rabattre*, vem sendo traduzido por "assentar", e continuará sendo, apenas que neste caso *rabattu* é solicitado, na frase seguinte, por *battue*, do infinitivo *battre*, que tem em francês um sentido de *ruiner*, "arruinar", e *détruire*, "destruir".

[ii] Trata-se do texto "Análise da fobia de um garoto de cinco anos (Pequeno Hans)", publicado por Freud em 1909. Ao longo do texto serão mencionados dois outros casos, que correspondem aos seguintes textos: "Notas sobre um caso de neurose obsessiva (Homem dos Ratos)", também de 1909, e "Da história de uma neurose infantil", publicado em 1918.

[iii] É o n° 270 dessa revista, de 1970.

[iv] *Mouvement de Libération des Femmes*, ou Movimento de Libertação das Mulheres.

[v] O termo Sex-Pol remete à *Associação Federal Alemã pela Política Sexual Proletária*, fundada em 1931 pelo psicanalista Wilhelm Reich, como subseção do Partido Comunista da Alemanha, na cidade de Berlim. Propunha-se a fazer da sexualidade um tópico de ação política (dentre outras pautas, a abolição das leis contra o aborto e a homossexualidade, a instrução livre sobre controle de nascimentos e anticoncepcionais, abolição das leis que proibiam a educação sexual, criação de creches nas fábricas e outros grandes centros de trabalho, modificação das leis de matrimônio e divórcio). Mas o

sentido político de uma revolução sexual já existia muito antes, em Reich, por exemplo na brochura *O combate sexual da juventude*, de 1913 (cf. a introdução e a tradução de Jorge Silvano, Lisboa, Editora Porto, 1975).

[vi] *Prinz Eugen* é o nome de um cruzador alemão durante a Segunda Guerra Mundial.

[vii] O *forcing* é um esforço imenso, ou melhor, uma investida contra algo, investida que exige um esforço imenso. O substantivo *forcing* deriva do verbo inglês *to force* (forçar, fazer pressão sobre), mas não existe, no sentido acima, como substantivo na língua inglesa, sendo usado entre os franceses primordialmente como termo esportivo e, ao que parece, tendo origem no boxe: fazer o *forcing* é ir com todas as forças contra o adversário, reduzindo-o à defensiva.

[viii] Trata-se do artigo "La Comtesse du Regard: essai de 'familialisme' appliqué", de Jacques Hochmann e A. André, publicado na revista *Esprit*, nº 418, dezembro de 1972, pp. 886-909.

A interpretação dos enunciados

10
A ASCENSÃO DO SOCIAL *
[1977] *[104]*

Certamente não se trata do adjetivo que qualifica o conjunto dos fenômenos de que se ocupa a sociologia: pois O social remete a um *setor particular* no qual são arranjados problemas de necessidade bastante diversa, casos especiais, instituições específicas, todo um pessoal qualificado (assistentes "sociais", trabalhadores "sociais").

Fala-se de flagelos sociais — do alcoolismo à droga; de programas sociais — da repovoação ao controle de natalidade; de inadaptações ou de adaptações sociais — do pré-delinquente, dos distúrbios de caráter ou do deficiente, até os diversos tipos de promoção social. O livro de Jacques Donzelot tem uma grande força, pois propõe uma gênese desse setor bizarro, de formação recente, de importância crescente, o social: uma nova paisagem foi plantada. Como os contornos desse domínio são tênues, deve-se primeiramente reconhecê-lo na maneira pela qual ele se forma, a partir dos séculos XVIII-XIX, pela qual esboça sua própria originalidade, relativamente a setores mais antigos, mesmo que acabe reagindo e operando sobre estes uma nova distribuição. Dentre as mais surpreendentes páginas de Donzelot, mencionaremos aquelas que descrevem a instância do "tribunal para crianças": é o social por excelência. Ora, à primeira vista, poderíamos encarar isso apenas como uma jurisdição miniaturizada. Porém, como uma gravura estudada a lupa, Donzelot descobre ali uma outra organização do espaço, outras finalidades, outros personagens, ainda que disfarçados ou assimilados num aparelho jurídico: uns notáveis como

---

* Posfácio a Jacques Donzelot, *La Police des familles*, Paris, Éditions de Minuit, 1977, pp. 213-20.[i]

assessores, uns educadores como testemunhas, todo um *[105]* círculo de tutores e de técnicos que esmiuçam a família explodida ou "liberalizada".

O setor social não se confunde com o setor judiciário, mesmo que lhe sejam dadas novas extensões. Donzelot mostrará que o social também não se confunde com o setor econômico, pois inventa precisamente toda uma economia social, e contrapõe sobre novas bases a distinção do rico e do pobre; nem com o setor público, ou o setor privado, pois induz, ao contrário, uma nova figura híbrida do público e do privado, e produz por si próprio uma repartição, um entrelaçamento original das intervenções do Estado e das suas retrações, suas cargas e suas descargas. A questão não é, de modo algum, saber se há uma mistificação do social nem qual ideologia ele exprime. Donzelot pergunta como o social se formou, reagindo sobre os outros setores, acarretando novos entrelaces entre o público e o privado; o judiciário, o administrativo e o consuetudinário; a riqueza e a pobreza; a cidade e o campo; a medicina, a escola e a família etc. E assim contrapondo e remanejando os recortes anteriores ou independentes; ele dá um novo campo às forças contendoras. Então, é com muito mais força que Donzelot pode deixar ao leitor o cuidado de concluir por si mesmo pelas armadilhas e maquinações do social.

Como o social é um domínio híbrido, especialmente nos entrelaces entre o público e o privado, o método de Donzelot vai consistir em resgatar *pequenas linhagens puras*, sucessivas ou simultâneas, sendo que cada uma agirá para formar um contorno ou uma aba, um caráter do novo domínio. O social se encontrará no entrecruzamento de todas essas pequenas linhagens. Ainda é preciso distinguir o meio [*milieu*] sobre o qual essas linhas agem, de maneira a investi-lo e a fazê-lo mudar: a família — não que a família seja incapaz dela própria ser motor de evolução, mas ela só pode sê-lo, e necessariamente, por acoplamento com outros vetores, assim como os outros vetores entram em entrelaces de acoplamento ou de cruzamento para agir sobre ela. Donzelot, portanto, não faz de modo algum mais um livro sobre a crise da família: a crise é apenas o efeito negativo do aumento das pequenas linhas; ou, antes, *a ascensão do social e a crise da família são o duplo efei-*

A ascensão do social   119

to político das mesmas causas elementares. Por isso o título "A polícia das famílias", que exprime, antes de *[106]* tudo, essa correlação e escapa ao duplo perigo de uma análise sociológica global demais e de uma análise moral sumária demais.

Em seguida, é preciso mostrar como, em cada cruzamento dessas causas, montam-se dispositivos que vão funcionar deste ou daquele jeito, insinuando-se nos interstícios de aparelhos mais vastos ou mais antigos que, por sua vez, recebem um efeito de mutação: é então que o método de Donzelot devém quase um método de gravura, desenhando a montagem de uma nova cena em um quadro dado (assim é com a cena do tribunal para crianças no quadro judiciário; ou então, também dentre as mais belas páginas de Donzelot, a "visita filantrópica" que se insinua no quadro das instituições de "caridade"). Enfim, é preciso determinar as consequências das linhas de mutação e dos novos funcionamentos sobre o campo das forças, as alianças, as hostilidades, as resistências e, sobretudo, os devires coletivos que mudam o valor de um termo ou o sentido de um enunciado. Em suma, o método de Donzelot é genealógico, funcional e estratégico. Isso é o mesmo que dizer o quanto ele é devedor de Foucault e também de Castel. Porém, a maneira pela qual Donzelot estabelece suas linhagens, pela qual ele as faz funcionar numa cena ou num retrato, e pela qual desenha todo um mapa estratégico do "social", dão ao seu livro uma profunda originalidade.

Desde o início de seu livro, Donzelot dá provas de que uma linhagem, ou pequena linha de mutação da família, possa começar por um meandro, um viés. Tudo começa sobre uma linha *baixa*: uma linha de crítica ou de ataque contra as amas e a domesticidade. E já nesse nível há entrecruzamento, pois a crítica não é conduzida do mesmo ponto de vista relativamente aos ricos e relativamente aos pobres. Relativamente aos pobres, denuncia-se uma economia pública ruim, que os força a abandonar suas próprias crianças, a deixar os campos e a onerar o Estado de cargas indevidas; relativamente aos ricos, denuncia-se uma economia ou higiene privada ruins que os incitam a confiar aos domésticos a educação da criança, confinada em aposentos estreitos. Portanto, já existe uma espécie de hibridação do público e do privado, que

120   Gilles Deleuze

vai jogar com a diferença ricos-pobres e, também, com a diferença cidade-campo, para esboçar a primeira linha. *[107]*

Porém, logo há uma segunda linha. Não apenas a família tende a se destacar de seu enquadramento doméstico, mas os valores conjugais tendem a se desprender dos valores propriamente familiares e a ganhar uma certa autonomia. Certamente, as alianças continuam regradas pelas hierarquias de famílias. Mas não se trata tanto de preservar a ordem das famílias e, sim, de se preparar para a vida conjugal, de maneira a dar um novo código a essa ordem. Preparação para o casamento enquanto fim, e não preservação da família mediante o casamento. Preocupação com a descendência antes de haver orgulho da ascendência. Tudo se passa como se a mulher e a criança, arrastadas numa falência do velho código familiar, encontrassem do lado da conjugalidade os elementos de uma nova codificação propriamente "social". Nasce o tema da "irmã mais velha-mãe pequena". O social será centrado sobre a conjugalidade, seu aprendizado, seu exercício e seus deveres, mais do que sobre a família, sua inatidade e seus direitos. Porém, aqui também essa mutação vai ressoar diferentemente entre os ricos e entre os pobres: pois o dever conjugal da mulher pobre assenta-na sobre seu marido e suas crianças (impedir o marido de ir ao bar etc.), ao passo que o da mulher rica lhe dá funções expansivas de controle e um papel de "missionária" no domínio das boas obras.

Uma terceira linha é traçada, na medida em que a própria família conjugal tende a se desprender parcialmente da autoridade paternal ou marital do chefe de família. O divórcio, o crescimento do aborto em mulheres casadas, a possibilidade de perda da guarda paterna são os pontos mais notáveis dessa linha. Porém, mais profundamente, o que está comprometido é tanto a subjetividade que a família encontrava em seu "chefe" responsável, capaz de governá-la, quanto a objetividade, que ela retinha de toda uma rede de dependências e de complementaridades que a tornavam governável. Será preciso, por um lado, encontrar novas incitações subjetivas; e é então que Donzelot mostra o papel do *chamado à poupança*, que devém peça mestra do novo dispositivo de assistência (daí a diferença entre a antiga caridade e a nova filantropia, em que a ajuda deve ser concebida como investimento). Será preciso, por outro lado, que a rede das antigas dependências seja substituída por intervenções diretas em que o próprio *sistema [108] industrial* venha remediar as taras de que ele faz a família responsável (assim, a legislação sobre o trabalho das crianças, em que o sistema é obrigado a defender a criança contra a sua própria família: segundo aspecto da filantropia). Ora, no primeiro caso, o Estado tende a se liberar das cargas pesadas demais, recorrendo à incitação à poupança e ao investimento privado; ao passo que, no segundo caso, o Estado é levado a intervir diretamente, fazendo da esfera industrial uma "civilização dos costumes". De modo que a família pode ser simultaneamente o objeto de um louvor liberal, enquanto lugar da poupança, e o objeto de uma crítica social e até mesmo socialista, enquanto agente de exploração (proteger a mulher e a criança). Simultaneamente, a ocasião de uma descarga do Estado liberal e o alvo ou a carga do Estado intervencionista: não é querela ideológica, mas dois polos de uma estratégia sobre a mesma linha. É então que a hibridação dos dois setores, público e privado, ganha um valor positivo para formar o social.

E depois, uma quarta linha, que opera uma nova aliança da medicina do Estado. Sob a ação de fatores bem diversos (desenvolvimento da escola obrigatória, regime do soldado, destacamento dos valores conjugais, o qual acentua a descendência, controle das populações etc.), "a higiene" vai devir pública ao mesmo tempo em que a psiquiatria vai sair do setor privado. Contudo, sempre há hibridação, na medida em que a medicina guarda um caráter liberal privado (*contrato*), ao passo que o Estado intervém necessariamente por ações públicas e estatutárias (*tutela*).[1] Mas a proporção desses elementos é variável; as oposições e as tensões subsistem (por exemplo, entre o poder judiciário e a "competência" psiquiátrica). Mais do que isso, essas núpcias da medicina e do Estado ganham uma feição diferente, não apenas de acordo

---

[1] Sobre a formação de uma "biopolítica", ou de um poder que se propõe a gerir a vida, cf. Foucault, *La Volonté de savoir*, Gallimard, 1976, pp. 183 ss. E a respeito dos vínculos contrato-tutela, Robert Castel, *L'Ordre psychiatrique*, Éditions de Minuit, 1977.

com a política comum perseguida (eugenismo, malthusianismo, planejamento etc.), mas de acordo com a natureza do Estado que supostamente tocará essa política. Donzelot escreve belas páginas sobre a aventura de Paul Robin e de grupos anarquistas, que dão testemunho de um "esquerdismo" daquela época, com intervenção nas fábricas, *[109]* apoio às greves, propaganda por um neomalthusianismo, e no qual o anarquismo passa até mesmo pela promoção de um Estado forte. Como nos casos anteriores, é certamente sobre a mesma linha que se enfrentam os pontos de autoritarismo, os pontos de reforma, os pontos de resistência e de revolução, em torno desse novo risco, "o social", onde a medicina e o Estado conjugados devêm higienistas, de vários jeitos e até opostos, os quais investem ou re-modelam a família. Ao lermos Donzelot, aprendemos muitas coisas inquietantes sobre a Escola dos pais, sobre os inícios do planejamento familiar: é uma surpresa que as repartições políticas não sejam exatamente aquilo que acreditávamos ser. Para servir a um problema mais geral: a análise política dos enunciados — como um enunciado remete a uma política e muda singularmente de sentido, de uma política à outra.

Há ainda uma outra linha, a da psicanálise. Donzelot concede bastante importância a ela, em função de uma hipótese original. Manifesta-se hoje em dia a preocupação em se chegar a uma verdadeira história da psicanálise, que rompe com as anedotas intimistas sobre Freud, seus discípulos e seus dissidentes, ou com as questões ideológicas, para melhor definir os problemas de organização. Ora, se a história da psicanálise em geral ficou até agora marcada por um intimismo, mesmo no nível da formação das associações psicanalíticas, é porque nos mantivemos prisioneiros de um esquema já pronto: a psicanálise teria nascido em relações privadas (contratuais), teria formado consultórios privados, e só teria saído disso tardiamente, para se arremeter sobre um setor público (IMP,[a] dispensários, setorização, ensino). Donzelot, ao contrário, pensa que, de certa maneira, a psicanálise se estabeleceu muito rápido num meio *[milieu]* híbrido de público e de privado,

[a] IMP: Instituto Médico-Pedagógico.[ii]

e que essa foi uma razão fundamental para o seu sucesso. Sem dúvida, a psicanálise se introduz tardiamente na França; mas é justamente sobre setores semipúblicos, tais como o Planejamento, que ela vai se apoiar, em entrelace com problemas do tipo "Como evitar as crianças não desejadas?". Seria preciso verificar essa hipótese em outros países. Ela permite, ao menos, romper com o dualismo sumário *[110]* ("Freud liberal-Reich dissidente marxista"), para marcar um campo político e social da psicanálise, no seio do qual se fazem as rupturas e os enfrentamentos.

Porém, na hipótese de Donzelot, de onde vem esse poder da psicanálise de investir imediatamente um setor misto, "o" social, para nele traçar uma nova linha? Não é que o próprio psicanalista seja um trabalhador social, tal como as outras linhas produziam. Pelo contrário, muitas coisas o distinguem do trabalhador social: ele não vai até sua casa, não verifica o que você diz, não invoca nenhuma coerção. Mas é preciso novamente partir da situação anterior: ainda havia muitas tensões entre a ordem judiciária e a ordem psiquiátrica (insuficiência da grade psiquiátrica, noção crassa demais de degenerescência etc.), muitas oposições entre as exigências do Estado e os critérios da psiquiatria.[2] Em suma, faltavam regras de equivalência e de tradutibilidade entre os dois sistemas. Tudo se passa, então, como se a psicanálise registrasse essa ausência de equivalência e propusesse substituí-la por um novo sistema de *flutuação*, criando os conceitos teóricos e práticos necessários a esse novo estado de coisas. Exatamente como na economia, uma moeda será dita flutuante quando seu valor não mais for determinado relativamente a um estalão fixo, mas relativamente aos preços de um mercado híbrido variável. O que evidentemente não exclui mecanismos de regulação de um tipo novo (por exemplo, "a serpente", que marca o máximo e o mínimo da flutuação de moeda). Daí a importância da comparação que Donzelot faz

---

[2] Por exemplo, no caso dos delírios, as instâncias civis ou penais acusam a psiquiatria, a uma só vez, de considerar como loucas pessoas que não o são "verdadeiramente" (caso do Presidente Schreber), e de não detectar a tempo pessoas que são loucas sem que pareçam ser (caso das monomanias ou dos delírios passionais).

entre Freud e Keynes — é muito mais do que uma metáfora. Notadamente, o papel bastante particular do dinheiro na psicanálise, que já não precisa ser interpretado sob formas liberais antigas, ou formas simbólicas inaptas, mas ganha o verdadeiro valor de uma "serpente" psicanalítica. Ora, *em quê a psicanálise assegura essa flutuação totalmente especial, ao passo que a psiquiatria não conseguia fazê-lo?* Segundo Donzelot, seu papel fundamental foi fazer com que flutuassem as normas públicas e os princípios privados, *[111]* as vistorias e as confissões, os testes e as lembranças, graças a todo um jogo de deslocamentos, condensações, simbolizações, ligado às imagens parentais e às instâncias psíquicas que a psicanálise emprega. Tudo se passa como se os entrelaces Público-Privado, Estado-Família, Direito-Medicina etc. tivessem ficado por muito tempo sob um regime de estalão, ou seja, de lei, fixando entrelaces e paridades, até mesmo com grandes margens de flexibilidade e de variação. Porém, "o" social nasce com um regime de flutuação, onde as normas substituem a lei, os mecanismos reguladores e corretivos substituem o estalão.[3] Freud com Keynes. É inútil que a psicanálise fique falando tanto da Lei, já que ela faz parte de um outro regime. Não que ela seja a última palavra no social: se o social é constituído por esse sistema de flutuação regrada, a psicanálise é tão somente um mecanismo dentre tantos outros, e nem é o mais poderoso; mas ela impregnou todos, mesmo que deva desaparecer ou fundir-se neles.

Da linha "baixa" à linha de flutuação, passando por todas as outras linhas (conjugal, filantrópica, higienista, industrial), Donzelot fez o mapa do social, de sua aparição e de sua expansão. Ele nos faz ver o nascimento do Híbrido moderno: como os desejos e os poderes, as novas exigências de controle, mas também as novas capacidades de resistência e de liberação vão se organizar, se enfrentar sobre essas linhas. "Ter um quarto só seu" é um desejo, mas também um controle. Inversamente, um mecanismo regulador é assombrado por tudo aquilo que o transborda e que o

---

[3] Sobre essa diferença entre a norma e a lei, Foucault, *La Volonté de savoir*, pp. 189 ss.

A ascensão do social

faz trincar de dentro. Que Donzelot deixe ao leitor o cuidado de concluir provisoriamente não é sinal de indiferença, mas antes anuncia a direção de seus próximos trabalhos no terreno que ele demarcou.

RODAPÉ DA TRADUÇÃO

[i] O livro, tendo esse mesmo texto por prefácio, foi traduzido para o português: *A polícia das famílias*, tradução de Maria Thereza da Costa Albuquerque (tradução do prefácio de J. A. Guilhon Albuquerque, pp. 1-8), Rio de Janeiro, Graal, 1980.

[ii] Para essa sigla, cf. a nota ii da tradução, no texto n° 8.

11
DESEJO E PRAZER*
[1977] *[112]*

[A] Uma das teses essenciais de *S et P*[a] concernia aos dispositivos de poder. Sob três aspectos ela me parecia essencial:

1) Em si mesma e relativamente ao "esquerdismo": profunda novidade política dessa concepção do poder, por oposição a toda teoria do Estado.

2) Relativamente a Michel, pois ela lhe permitia ultrapassar a dualidade das formações discursivas e das formações não-discursivas, que subsistia em *AS*,[b] e explicar como os dois tipos de formações se distribuíam ou se articulavam segmento por segmento (sem se reduzir um ao outro nem se assemelharem etc.). Não se tratava de suprimir a distinção, mas de achar uma razão de seus entrelaces.

3) Por uma consequência precisa: os dispositivos de poder não procediam nem por repressão nem por ideologia. Logo, ruptura com uma alternativa que todo mundo havia mais ou menos

---

* *Magazine Littéraire*, n° 325, outubro de 1994, pp. 59-65. Trata-se de uma carta enviada a Michel Foucault em 1977, após a publicação de *La Volonté de savoir*, Paris, Gallimard, 1976. São notas, classificadas de A a H, que Gilles Deleuze havia confiado a Foucault por intermédio de François Ewald. Segundo o testemunho de Ewald, que acompanha a publicação dessas notas, Deleuze queria exprimir apoio à sua amizade com Foucault, que atravessava uma crise no momento da publicação de *La Volonté de savoir* [*A vontade de saber*]. As notas recuperam as do *Magazine Littéraire*, ligeiramente modificadas.[i]

[a] *S et P*: *Surveiller et punir* [*Vigiar e punir*], Paris, Gallimard, 1975.

[b] *AS*: *L'Archéologie du savoir* [*A arqueologia do saber*], Paris, Gallimard, 1969.

Desejo e prazer

aceitado. Ao invés de repressão ou ideologia, *S et P* formava um conceito de normalização e de disciplinas.

[B] Parecia-me que essa tese sobre os dispositivos de poder tinha duas direções, nem um pouco contraditórias, porém distintas. De qualquer maneira, esses dispositivos eram irredutíveis a um aparelho de Estado. Porém, de acordo com uma direção, eles consistiam *[113]* numa multiplicidade difusa, heterogênea, microdispositivos. De acordo com outra direção, remetiam a um diagrama, a um tipo de máquina abstrata imanente a todo o campo social (assim é com o panoptismo, definido pela função geral de ver sem ser visto, aplicável a uma multiplicidade qualquer). Eram como duas direções de microanálise, igualmente importantes, pois a segunda mostrava que Michel não se contentava com uma "disseminação".

[C] *VS*[c] dá um novo passo, relativamente a *S et P*. O ponto de vista permanece exatamente este: nem repressão nem ideologia. Porém, para ir depressa, os dispositivos de poder não mais se contentam em ser normalizantes, eles tendem a ser constituintes (da sexualidade). Não mais se contentam em formar saberes, são constitutivos de verdade (verdade do poder). Não mais se referem a "categorias", apesar de tudo negativas (loucura, delinquência como objeto de confinamento), mas a uma categoria dita positiva (sexualidade). Esse último ponto é confirmado pela entrevista da *Quinzaine*[d] (início, p. 5). A esse respeito, portanto, acredito em um novo avanço da análise em *VS*. O perigo é: será que Michel retorna a um análogo de "sujeito constituinte", e por que ele sente a necessidade de ressuscitar a verdade, mesmo que faça um novo conceito dela? Tais questões não são minhas, mas penso que essas duas falsas questões serão colocadas enquanto Michel não tiver explicado mais.

---

[c] *VS: La Volonté de savoir*, Paris, Gallimard, 1976.

[d] "Les rapports de pouvoir passent à l'intérieur des corps" [As relações de poder passam pelo interior dos corpos] (entrevista com Lucette Finas, *La Quinzaine Littéraire*, 1-15 de janeiro de 1977), retomado em *Dits et écrits*, III, n° 197, p. 230.

[D] Para mim, uma primeira questão era a natureza da microanálise que Michel estabelecia desde *S et P*. Entre "micro" e "macro", a diferença não era evidentemente de tamanho, no sentido em que os microdispositivos seriam concernentes a pequenos grupos (a família não é menos extensa do que qualquer outra formação). Tampouco se trata de um dualismo extrínseco, pois há microdispositivos imanentes ao aparelho de Estado e segmentos de aparelho de Estado penetram também os microdispositivos — imanência completa das duas dimensões. Será preciso compreender, então, que a diferença é de escala? Uma página de *VS* (p. 132) recusa explicitamente essa interpretação. Porém, essa página parece remeter o macro ao *[114]* modelo estratégico, e o micro, ao modelo tático. Isso me incomoda, pois os microdispositivos muito me parecem, em Michel, ter toda uma dimensão estratégica (sobretudo ao se ter em conta esse diagrama de que são inseparáveis).

— Uma outra direção seria a dos "entrelaços de força" [*rapports de force*] como que determinando o micro: cf. especialmente a entrevista na *Quinzaine*. Mas Michel, acredito, ainda não desenvolveu este ponto: sua concepção original dos entrelaços de força, o que ele chama de entrelaço de força, e que deve ser um conceito tão novo quanto todo o resto.

Em todo caso, há diferença de natureza, heterogeneidade entre micro e macro. O que não exclui de maneira alguma a imanência dos dois. Minha questão, porém, seria no limite esta: essa diferença de natureza ainda permite que se fale de dispositivos de poder? A noção de Estado não é aplicável ao nível de uma microanálise, porque, como disse Michel, não se trata de miniaturizar o Estado. Mas a noção de poder seria mais aplicável? Não seria ela também a miniaturização de um conceito global?

Chego, assim, à minha primeira diferença com Michel atualmente. Se, com Félix Guattari, eu falo de agenciamento de desejo, é porque não estou certo de que os micro-dispositivos possam ser descritos em termos de poder. Para mim, agenciamento de desejo marca que o desejo nunca é uma determinação "natural", nem "espontânea". Por exemplo, feudalidade é um agenciamento que põe em jogo novos entrelaces com o animal (o cavalo), com a terra, com a desterritorialização (a corrida do cavaleiro, a Cruzada), com

Desejo e prazer

as mulheres (o amor cavalheiresco) etc. Agenciamentos totalmente loucos, mas sempre historicamente assinaláveis. Eu diria que o desejo circula nesse agenciamento de heterogêneos, nessa espécie de "simbiose": o desejo é o mesmo que um agenciamento determinado, um co-funcionamento. Seguramente, um agenciamento de desejo comportará dispositivos de poder (por exemplo, os poderes feudais), mas será preciso situá-los dentre os diferentes componentes do agenciamento. Seguindo um primeiro eixo, pode-se distinguir nos agenciamentos de desejo os estados de coisas e as enunciações (o que estaria conforme à distinção dos dois tipos de formações ou de multiplicidades, segundo Michel). Seguindo outro eixo, distinguir-se-iam as [115] territorialidades ou reterritorializações, e os movimentos de desterritorialização que desencadeiam um agenciamento (por exemplo, todos os movimentos de desterritorialização que desencadeiam a Igreja, a cavalaria, os camponeses). Os dispositivos de poder surgiriam por toda parte em que se operam reterritorializações, mesmo abstratas. Logo, os dispositivos de poder seriam um componente dos agenciamentos. Mas os agenciamentos também comportariam pontas de desterritorialização. Em suma, não seriam os dispositivos de poder que agenciariam, nem que seriam constituintes, mas os agenciamentos de desejo é que disseminariam formações de poder segundo uma de suas dimensões. Isso me permitiria responder à seguinte questão, necessária para mim, mas não para Michel: como o poder pode ser desejado? A primeira diferença, portanto, seria esta: para mim, o poder é uma afecção do desejo (estando dito que o desejo nunca é "realidade natural"). Tudo isso é muito aproximativo: são mais complicados os entrelaces entre os dois movimentos, de desterritorialização e de reterritorialização, do que estou dizendo. Mas é nesse sentido que o desejo me pareceria vir primeiro, sendo também o elemento de uma microanálise.

[E] Não deixo de seguir Michel num ponto que me parece fundamental: nem ideologia, nem repressão — por exemplo, os enunciados ou, melhor dizendo, as enunciações nada têm a ver com a ideologia. Os agenciamentos de desejo nada têm a ver com a repressão. Porém, evidentemente, para os dispositivos de poder, não tenho a firmeza de Michel, caio em vaguidões, uma vez que para mim eles têm um sentido ambíguo: em *S et P*, Michel diz que eles normalizam e disciplinam; eu diria que codificam e reterritorializam (suponho que, também nisso, há outra coisa além de uma distinção de palavras). Porém, tendo em vista meu primado do desejo sobre o poder, ou o caráter secundário que adquirem para mim os dispositivos de poder, suas operações guardam um efeito repressivo, pois esmagam, não o desejo como dado natural, mas as pontas dos agenciamentos de desejo. Tomo uma das mais belas teses de *VS*: o dispositivo de sexualidade assenta a sexualidade sobre o sexo (sobre a diferença dos sexos etc.; e a psicanálise vai em cheio no golpe desse assentamento). Vejo nisso um efeito de repressão, precisamente na fronteira do micro e do macro: a sexualidade, como agenciamento de desejo historicamente variável e determinável, com suas pontas de *[116]* desterritorialização, de fluxos e de combinações, será assentada sobre uma instância molar, "o sexo", e, mesmo que os procedimentos desse assentamento não sejam repressivos, o efeito (não-ideológico) é repressivo, porquanto os agenciamentos são quebrados, não somente em suas potencialidades, mas em sua micro-realidade. Assim sendo, não podem mais existir senão como fantasias, que os mudam e os desviam completamente, ou como coisas vergonhosas etc. Pequeno problema que me interessa bastante: por que alguns "perturbados" são mais acessíveis à vergonha, e até mesmo dependentes da vergonha, do que outros (por exemplo, o enurético, o anoréxico são pouco acessíveis à vergonha). Logo, tenho necessidade de um certo conceito de repressão, não no sentido em que a repressão incidiria sobre uma espontaneidade, mas no sentido em que os agenciamentos coletivos teriam muitas dimensões e os dispositivos de poder seriam apenas uma dessas dimensões.

[F] Outro ponto fundamental: acredito que a tese "nem repressão — nem ideologia" tenha um correlato, e talvez ela própria dependa desse correlato. Um campo social não se define por suas contradições. A noção de contradição é uma noção global, inadequada, e que já implica uma forte cumplicidade dos "contraditórios" nos dispositivos de poder (por exemplo, as duas classes, a burguesia e o proletariado). E, com efeito, parece-me que outra grande novidade da teoria do poder, em Michel, seria a seguinte:

Desejo e prazer   131

uma sociedade não se contradiz, ou nem tanto. Sua resposta, porém, é esta: ela se estrategia, ela estrategia. E acho isso muito belo, eu decerto vejo a imensa diferença (estratégia-contradição), seria preciso que eu relesse Clausewitz a esse respeito. Mas não me sinto confortável nessa ideia.

Eu diria o seguinte: uma sociedade, um campo social não se contradiz, mas ele foge, e isso é primeiro; ele foge de antemão para toda parte; as linhas de fuga é que são primeiras (mesmo que "primeiro" não seja cronológico). Longe de estar fora do campo social ou de sair dele, as linhas de fuga constituem o seu rizoma ou a sua mapografia.[ii] As linhas de fuga são quase o mesmo que os movimentos de desterritorialização: não implicam retorno algum à natureza, são as pontas de desterritorialização nos agenciamentos de desejo. O que é primeiro na feudalidade são *[117]* as linhas de fuga que ela supõe; o mesmo ocorre para os séculos X--XII; o mesmo para a formação do capitalismo. As linhas de fuga não são forçosamente "revolucionárias", pelo contrário, mas são elas que os dispositivos de poder vão vedar, ligadurar. Por volta do século XI, todas as linhas de desterritorialização que se precipitam: as últimas invasões, os bandos de pilhagem, a desterritorialização da Igreja, as emigrações camponesas, a transformação da cavalaria, a transformação das cidades, que abandonam cada vez mais modelos territoriais, a transformação da moeda, que se injeta em novos circuitos, a mudança da condição feminina com temas de amor cortês, que desterritorializam até mesmo o amor cavalheiresco etc. A estratégia poderá ser tão somente segunda relativamente às linhas de fuga, às suas conjugações, às suas orientações, às suas convergências ou divergências. Ainda aqui, encontro o primado do desejo, pois o desejo está precisamente nas linhas de fuga, conjugação e dissociação de fluxos. Ele se confunde com elas. Parece-me, então, que Michel encontra um problema que não tem, de modo algum, o mesmo estatuto para mim. Pois se os dispositivos de poder são, de alguma maneira, constituintes, contra eles só podem haver fenômenos de "resistência", e a questão incide sobre o estatuto desses fenômenos. Com efeito, eles também não serão nem ideológicos nem antirrepressivos. Donde a importância das duas páginas de *VS* em que Michel diz: que não me façam dizer que esses fenômenos sejam um ardil... Mas qual estatuto lhes dará ele? Aqui, várias direções: 1) A de *VS* (pp. 126-7), onde os fenômenos de resistência seriam como que uma imagem invertida dos dispositivos, teriam os mesmos caráteres, difusão, heterogeneidade etc., estariam "cara a cara"; mas essa direção me parece tapar as saídas na medida em que encontra uma. 2) A direção da entrevista na *Politique Hebdo*:[e] se os dispositivos de poder são constitutivos de verdade, se há uma verdade do poder, deve haver, como contraestratégia, um tipo de poder da verdade contra os poderes. Donde, em Michel, o problema do papel do intelectual e sua maneira de reintroduzir a categoria de verdade; *[118]* pois, renovando-a completamente ao fazê-la depender do poder, encontrará ele, nessa renovação, uma matéria retornável contra o poder? Mas aqui não vejo como. É preciso esperar que Michel diga essa nova concepção da verdade, no nível de sua microanálise. 3) A terceira direção seriam os prazeres, o corpo e seus prazeres. Aqui também, mesma espera para mim, como os prazeres animam contrapoderes, e como concebe ele essa noção de prazer?

Parece-me haver três noções que Michel emprega num sentido completamente novo, mas ainda sem as ter desenvolvido: entrelaços de força, verdades, prazeres.

Certos problemas que se colocam para mim não se colocam para Michel, pois são de antemão resolvidos pelas pesquisas que lhe são próprias. Inversamente, para me encorajar, digo a mim mesmo que outros problemas que não se colocam para mim, são para ele colocados por necessidade de suas teses e sentimentos. As linhas de fuga, os movimentos de desterritorialização não me parecem ter equivalentes em Michel, como determinações coletivas históricas. Para mim, não há o problema de um estatuto dos fenômenos de resistência: porque as linhas de fuga são as determinações primeiras, porque o desejo agencia o campo social; são antes os dispositivos de poder que, de uma só vez, acham-se produzidos por esses agenciamentos e os esmagam ou os vedam. Compartilho

---

[e] "La Fonction politique de l'intellectuel" (*Politique Hebdo*, 29 de novembro-5 de dezembro de 1976), retomado em *Dits et écrits*, III, n° 184, p. 109.

do horror de Michel por aqueles que se dizem marginais: o romantismo da loucura, da delinquência, da perversão, da droga, cada vez menos me é suportável. Mas as linhas de fuga, ou seja, os agenciamentos de desejo, para mim não são criadas pelos marginais. Ao contrário, são linhas objetivas que atravessam uma sociedade, na qual os marginais se instalam aqui ou ali para fazer um volteio, um rodopio, uma recodificação. Portanto, não tenho necessidade de um estatuto dos fenômenos de resistência, uma vez que o primeiro dado de uma sociedade é que nela tudo foge, tudo se desterritorializa. Assim, o estatuto do intelectual e o problema político não serão teoricamente os mesmos para Michel e para mim (tentarei dizer, daqui a pouco, como vejo essa diferença).

[G] Na última vez em que nos vimos, Michel me disse, com bastante gentileza e afeição, mais ou menos isto: não *[119]* consigo suportar a palavra "desejo"; mesmo que você a use de outra maneira, não consigo impedir-me de pensar ou de viver que desejo = falta, ou que desejo quer dizer reprimido. Michel acrescenta: então, o que eu chamo de "prazer" talvez seja o que você chama de "desejo"; porém, de qualquer maneira, tenho necessidade de outra palavra que não "desejo".

Evidentemente, mais uma vez não é só uma questão de palavras. Porque eu não suporto muito a palavra "prazer". Mas por quê? Para mim, desejo não comporta falta alguma; tampouco se trata de um dado natural; ele é o mesmo que um agenciamento de heterogêneos que funciona; ele é processo, contrariamente a estrutura ou gênese; ele é afeto, contrariamente a sentimento; ele é "hecceidade" (individualidade de um dia, de uma estação, de uma vida), contrariamente a subjetividade; ele é acontecimento, contrariamente a coisa ou pessoa. E, principalmente, implica a constituição de um campo de imanência ou de um "corpo sem órgãos", que se define apenas por zonas de intensidade, limiares, gradientes, fluxos. Esse corpo é tanto biológico quanto coletivo e político; é sobre ele que os agenciamentos se fazem e se desfazem, é ele que traz as pontas de desterritorialização dos agenciamentos ou as linhas de fuga. Ele varia (o corpo sem órgãos da feudalidade não é o mesmo que o do capitalismo). Se o chamo de corpo sem órgãos é porque ele se opõe a todos os estratos de organização, o do organismo, mas também às organizações de poder. São precisamente as organizações do corpo, em seu conjunto, que racharão o plano ou o campo de imanência, e que vão impor ao desejo um outro tipo de "plano", estratificando a cada vez o corpo sem órgãos.

Se digo tudo isso de maneira tão confusa é porque vários problemas se colocam para mim relativamente a Michel: 1) Não posso dar valor positivo algum ao prazer, pois o prazer me parece interromper o processo imanente do desejo; o prazer me parece estar do lado dos estratos e da organização; e é no mesmo movimento que o desejo é apresentado como submetido de dentro à lei e escandido de fora pelos prazeres; nos dois casos, há negação de um campo de imanência próprio ao desejo. Digo a mim mesmo que não é por acaso que Michel atribui uma certa importância a Sade, e eu, ao *[120]* contrário, a Masoch.[f] Não bastaria dizer que sou masoquista e Michel, sádico. Tudo bem se fosse assim, mas não é verdade. O que me interessa em Masoch não são as dores, mas a ideia de que o prazer vem interromper a positividade do desejo e a constituição de seu campo de imanência (o mesmo ocorre, ou então de outro jeito, no amor cortês, constituição de um plano de imanência ou de um corpo sem órgãos, no qual o desejo de nada carece, e se resguarda tanto quanto possível de prazeres que viriam interromper seu processo). Parece-me que o prazer é o único meio para uma pessoa ou um sujeito "reencontrar-se" num processo que o transborda. É uma reterritorialização. E, do meu ponto de vista, é desse mesmo jeito que o desejo é entrelaçado à lei da falta e à norma do prazer.

2) Em contrapartida, é essencial a ideia de Michel segundo a qual os dispositivos de poder têm, com o corpo, um entrelace imediato e direto. Para mim, porém, isso ocorre na medida em que eles impõem uma organização aos corpos. Enquanto o corpo sem órgãos é lugar ou agente de desterritorialização (e, por conta disso, plano de imanência do desejo), todas as organizações, todo o

---

[f] Alusão à obra *Présentation de Sacher-Masoch* [*Apresentação de Sacher-Masoch*], Paris, Éditions de Minuit, col. "Arguments", 1967.

Desejo e prazer

sistema disso que Michel chama de "bio-poder" operam reterritorializações do corpo.

3) Será que eu poderia pensar em equivalências do tipo: o que para mim é "corpo sem órgãos-desejos" corresponde àquilo que, para Michel, é "corpo-prazeres"? Será que posso colocar a distinção "corpo-carne", de que Michel me falava, em entrelace com "corpo sem órgãos-organismo"? Há uma página muito importante de VS (p. 190), sobre a vida como aquilo que dá um estatuto possível às forças de resistência. Essa vida, para mim, essa mesma de que Lawrence fala, não é de forma alguma Natureza, mas ela é exatamente o plano de imanência variável do desejo, através de todos os agenciamentos determinados. Concepção do desejo em Lawrence, em entrelace com as linhas de fuga positivas. (Pequeno detalhe: a maneira como Michel se serve de Lawrence, no fim de VS, é oposta à maneira como eu o faço.)

[H] Será que Michel avançou no problema de que nos ocupávamos: manter os direitos de uma microanálise (difusão, *[121]* heterogeneidade, caráter parcelário) e, contudo, encontrar um certo princípio de unificação que não seja do tipo "Estado", "partido", totalização, representação?

Primeiramente, no que diz respeito ao próprio poder, volto às duas direções de S et P: de um lado, caráter difuso e parcelário dos microdispositivos, mas também, de outro, diagrama ou máquina abstrata que cobre o conjunto do campo social. Parece-me que um problema permanecia em S et P: o entrelace entre essas duas instâncias da microanálise. Acredito que a questão mude um pouco em VS: aqui, as duas direções da microanálise seriam mais as microdisciplinas, de um lado, e os processos biopolíticos, de outro (pp. 183 ss.). É o que eu quis dizer no ponto C dessas notas. Ora, o ponto de vista de S et P sugeria que o diagrama, irredutível à instância global do Estado, operava talvez uma microunificação dos pequenos dispositivos. Seria preciso compreender agora que os processos biopolíticos é que terão essa função? Confesso que a noção de diagrama me parecia bastante rica: será que Michel a reencontrará nesse novo terreno?

Porém, do lado das linhas de resistência, ou daquilo que chamo de linhas de fuga, como conceber os entrelaços ou as conjugações, as conjunções, os processos de unificação? Eu diria que o campo de imanência coletivo, onde em dado momento se fazem os agenciamentos, e onde eles traçam suas linhas de fuga, também possui um verdadeiro diagrama. É preciso, então, encontrar o agenciamento complexo capaz de efetuar esse diagrama, operando a conjunção das linhas ou das pontas de desterritorialização. É nesse sentido que eu falava de uma máquina de guerra, totalmente diferente tanto do aparelho de Estado quanto das instituições militares, mas também dos dispositivos de poder. Portanto, de um lado se teria: Estado — diagrama do poder (sendo o Estado o aparelho molar que efetua os microdados do diagrama como plano de organização); e, de outro, máquina de guerra — diagrama das linhas de fuga (sendo a máquina de guerra o agenciamento que efetua os microdados do diagrama como plano de imanência). Paro nesse ponto, porque isso colocaria em jogo dois tipos de planos bastante diferentes, uma espécie de plano transcendente de organização contra o plano imanente dos agenciamentos, e porque assim recairíamos *[122]* nos problemas anteriores. E então, não sei mais como me situar relativamente às pesquisas atuais de Michel.

(Adendo: o que me interessa nos dois estados opostos do plano ou do diagrama é seu enfrentamento histórico e sob formas muito diversas. Em um caso, tem-se um plano de organização e de desenvolvimento, escondido por natureza, mas que dá a ver tudo o que é visível; no outro caso, tem-se um plano de imanência, onde há tão somente velocidades e lentidões, desenvolvimento algum, e onde tudo é visto, escutado etc. O primeiro plano não se confunde com o Estado, mas está ligado a ele; o segundo, ao contrário, está ligado a uma máquina de guerra, a um devaneio de máquina de guerra. No nível da natureza, por exemplo, Cuvier, mas também Goethe concebem o primeiro tipo de plano; Hölderlin, em *Hipérion*, e, mais ainda, Kleist concebem o segundo tipo. De pronto, dois tipos de intelectuais. Ou então, na música, as duas concepções do plano sonoro se enfrentam. O liame poder-saber, tal como Michel o analisa, poderia ser assim explicado: os poderes implicam um plano-diagrama do primeiro tipo (por exemplo, a cidade grega e a geometria euclidiana). Inversamente, porém, do lado dos contrapoderes e mais ou menos entrelaçado com máquinas de guerra, há o outro tipo de plano, das espécies de saberes "menores" — a geometria arquimediana; ou a geometria das catedrais, que será contrabatida pelo Estado; todo um saber próprio a linhas de resistência, e que não tem a mesma forma do outro saber?)

RODAPÉ DA TRADUÇÃO

[i] Vai indicado, entre colchetes, o início de cada uma dessas oito notas, A a H.

[ii] Valendo para todo o livro, nossa tradução optou por criar esse nome, mapografia, e também seu verbo, mapografar, para verter *cartographie* e *cartographer*. Sendo assim, imediatamente se dá na leitura e no texto a relação do conceito de mapografia (*cartographie*) com seu objeto, o mapa (*la carte*).

12
O JUDEU RICO*
[1977] *[123]*

O filme de Daniel Schmid, *A sombra dos anjos*,[i] que foi lançado em Paris em duas salas (Mac-Mahon e Saint-André-des-Arts), está sendo acusado de antissemitismo. O ataque é duplo, como sempre, porque os organismos competentes exigem cortes ou pedem pela proibição, enquanto grupos anônimos ameaçam, fazem alertas de bomba. Fica muito difícil, então, falar da beleza, da novidade e da importância desse filme. Seria como se disséssemos: o filme é tão belo a ponto de se poder perdoá-lo por um pouco de antissemitismo... O primeiro efeito desse sistema de pressão é, portanto, que não apenas o filme corre o risco de desaparecer de fato, mas já em espírito ele desaparece, arrastado para um problema absolutamente falso.

Pois certamente existem filmes antissemitas. Há outros dos quais se vê que desagradam tal grupo por razões precisas, determináveis. Aqui, pelo contrário, o que marca a transposição de um limiar é a inanidade radical da acusação. Parece que se está sonhando. É bem verdade que as palavras "o judeu rico" são frequentemente pronunciadas para designar um personagem. E não deixa de ser importante que esse personagem emane um charme explicitamente "almejado" pelo filme. Schmid explicou muito bem um dos principais caráteres do seu filme: os rostos estão como que

---

* *Le Monde*, 18 de fevereiro de 1977, p. 26. A propósito do filme de Daniel Schmid, *L'Ombre des anges* [A sombra dos anjos]. Após o Ministério da Cultura ter proibido a projeção de vários filmes em 1976, e a do filme de Schmid, no dia 13 de fevereiro de 1977, cerca de cinquenta personalidades, dentre as quais Deleuze, assinaram uma petição contra "a irresponsabilidade que consiste em não analisar a estrutura de um filme" e contra "os atos de violência que proíbem a visão de um filme".

O judeu rico

ao lado dos atores, e aquilo que esses dizem, ao lado dos rostos. De modo que o próprio judeu rico pode *[124]* dizer "o judeu rico". Os atores se servem de um conjunto de enunciados e de um conjunto de rostos, os quais comandam uma série de transformações. As palavras "o gnomo, o anão" designam um inquietante gigante cujos gestos todos e cuja função são precisamente os de um anão. Os enunciados nazistas, as declarações antissemitas unem-se à personagem anônima que as mantém espojadas numa cama; ou então, eles provêm da boca da cantora travestida que acaba sendo precisamente um velho dignitário nazi.

Quem são as personagens, uma vez que é preciso tratar de entender no que pretende repousar a acusação demente de antissemitismo? Primeiramente, há a prostituta tísica, filha do dignitário nazi. Há "o judeu rico", cuja fortuna vem do imobiliário, e que fala do seu ofício, expulsões, destruições, especulações. O liame que se amarra entre os dois vem do seguinte: o sentimento de um grande medo, medo daquilo que o mundo vai devir. Desse medo que os habita, a mulher involuntariamente tira uma força que perturba todos aqueles que se aproximam dela, e que faz com que se pensem desprezados por ela, seja lá o que ela faça ou por mais gentil que ela seja. O judeu rico, porém, tira disso uma indiferença pelo destino, como uma graça que o atravessa, uma distância que já o coloca num outro mundo. Sombras de anjos. Ambos têm a potência da transformação porque têm essa força e essa graça (assim também para a transformação do cafetão). O "judeu rico" deve sua riqueza a um sistema que jamais é apresentado como judeu, porém como sendo o da cidade, da municipalidade e da polícia; em contrapartida, ele obtém sua graça de outro lugar.

A prostituta deve seu estado à derrocada do nazismo, mas obtém sua força de outro lugar. Ambos são os únicos "vivos" vulneráveis na cidade, na Necrópolis. Apenas o judeu sabe que não é desprezado pela mulher, tampouco ameaçado pela força dela. Apenas a mulher sabe o que o judeu é e de onde vem a graça dele. Ela finalmente pede ao judeu que a mate, pois está cansada e já não quer aquela força que parece não lhe servir para nada. Ele procura a polícia, deixando que ela mais uma vez o proteja em nome do sistema imobiliário, mas não tem mais vontade daquela graça que devém estranhamente desajeitada, incerta. Ver imagens na tela: tudo isso é o conteúdo explícito do filme. *[125]*

Onde está o antissemitismo, onde será que ele pode estar? Esfregamos os olhos, buscamos. Seria a palavra "judeu rico"? Certo, essa palavra é muito importante no filme. Não faz muito tempo que, nas famílias de bem, não se devia pronunciar a palavra "judeu", diziam "israelita". Mas eram justamente famílias antissemitas. E o que dizer de um judeu que não é israelita, nem israelense, nem mesmo sionista? O que dizer de Espinosa, o filósofo judeu, excluído da sinagoga, filho de comerciantes ricos, e cujo gênio, força e charme não deixavam de ter entrelaces com o fato de que era judeu e se dizia judeu? É como se quisessem proibir uma palavra do dicionário: a Liga contra o antissemitismo declara como sendo antissemitas todos os que pronunciam a palavra "judeu" (a menos que seja nas condições rituais de um discurso aos mortos). Será que a Liga recusa qualquer debate público, reservando-se o direito de decidir sem explicação alguma aquilo que é ou não é antissemita?

Schmid declarou sua intenção política e o filme a apresenta continuamente, da maneira mais simples e mais evidente. O velho fascismo, por mais atual e poderoso que seja em muitos países, não é o novo problema atual. Estão preparando outros fascismos para nós. Todo um neofascismo se instala, relativamente ao qual o antigo fascismo parece folclore (o cantor travestido no filme). Em vez de ser uma política e uma economia de guerra, o neofascismo é um acordo mundial pela segurança, pela gestão de uma "paz" não menos terrível, com uma organização orquestrada de todos os pequenos medos, de todas as pequenas angústias que fazem de nós outros tantos microfascistas, encarregados de sufocar cada coisa, cada rosto, cada palavra um pouco mais forte, em nossa rua, nosso quarteirão, nossa sala de cinema. "Não gosto dos filmes sobre o fascismo dos anos 1930. O novo fascismo é tão mais refinado, mais disfarçado. Ele é talvez, como no filme, o motor de uma sociedade onde os problemas sociais estariam solucionados, mas onde a questão da angústia estaria apenas sufocada."[1]

---

[1] Entrevista de D. Schmid, *Le Monde*, 3 de fevereiro de 1977.

O judeu rico

Se o filme de Schmid for proibido ou impedido, isso não será uma vitória para a luta contra o antissemitismo. Mas será certamente uma vitória para um neofascismo, e o primeiro caso em que *[126]* se poderá dizer: mas enfim, onde estava, não o pretexto, mas a sombra de um pretexto? Alguns se lembrarão da beleza do filme, de sua importância política e da maneira pela qual ele fora eliminado.

Rodapé da tradução

[i] O nome original do filme é em alemão, *Schatten der Engel*; foi escrito por Daniel Schmid e Rainer Werner Fassbinder e estreou no Festival de Cinema de Solothurn, na Suíça, em 31 de janeiro de 1976.

13
A PROPÓSITO DOS NOVOS FILÓSOFOS
E DE UM PROBLEMA MAIS GERAL*
[1977] *[127]*

— *O que você pensa dos "novos filósofos"?*[ii]
— Nada. Acho que o pensamento deles é nulo. Vejo duas razões possíveis para essa nulidade. Em primeiro lugar, procedem por grandes conceitos, tão grandes quanto um vão de prédio:[iii] A lei, O poder, O mestre, O mundo, A rebelião, A fé etc. Assim, eles podem fazer misturas grotescas, dualismos sumários, a lei *e* o rebelde, o poder *e* o anjo. Ao mesmo tempo, quanto mais fraco é o conteúdo de pensamento, tanto mais o pensador ganha importância, tanto mais o *sujeito de enunciação* se arroga importância relativamente aos enunciados vazios ("eu, na medida em que sou lúcido e corajoso, digo a vocês..., eu, na posição de soldado do Cristo..., eu, da geração perdida..., nós, na medida em que fizemos o Maio de 68..., na medida em que não nos deixamos enganar pelos semelhantes..."). Com esses dois procedimentos, estão esculhambando o trabalho. Pois já faz algum tempo que, em toda sorte de domínios, as pessoas trabalham para evitar esses perigos aí. Tenta-se formar conceitos de articulação fina, ou bastante diferenciada, para escapar das grandes noções dualistas. E tenta-se resgatar *funções criadoras* que não mais passariam pela *função- -autor* (na música, na pintura, no audiovisual, no cinema, e mesmo na filosofia). Esse retorno massivo a um autor ou a um sujeito vazio mui vaidoso, e a conceitos sumários estereotipados, re-

---

* Suplemento da revista bimestral *Minuit*, nº 24, maio de 1977. O texto, datado de 5 de junho de 1977, foi distribuído gratuitamente nas livrarias em reação à promoção massiva de numerosas obras de polemistas, rotuladas de "nova filosofia".[i]

presenta uma força de reação deplorável. Está em conformidade com a reforma Haby:[iv] um sério aminguamento do "programa" da filosofia. *[128]*

— *Você está dizendo isso porque B.-H. Lévy, em seu livro Barbarie à visage humain [Barbárie com rosto humano],*[a] *atacou violentamente Guattari e você?*

— Não, não, não. Ele diz que há um liame profundo entre O *anti-Édipo* e a "apologia ao putrefato sobre um estrume de decadência" (é assim que ele fala), um liame profundo entre O *anti-Édipo* e os drogados. Pelo menos isto fará os drogados rirem. Ele também diz que o CERFI[b] é racista: aí já é ignóbil. Faz muito tempo que eu queria falar dos novos filósofos, mas não via como. Imediatamente, eles diriam: vejam como ele tem inveja do nosso sucesso. A eles está reservado o ofício de atacar, de responder, de responder às respostas. Já eu, só posso fazer isso uma vez. Não responderei uma segunda vez. O que mudou a situação para mim foi o livro de Aubral e de Delcourt, *Contre la nouvelle philosophie.*[c] Aubral e Delcourt tentam verdadeiramente analisar este pensamento, e chegam a resultados bastante cômicos. Fizeram um belo livro tônico e foram os primeiros a protestar. Eles foram inclusive à televisão para enfrentar os novos filósofos, no programa *Apostrophes.*[vi] Então, para falar como o inimigo, um Deus me disse que eu deveria seguir Aubral e Delcourt, que eu tivesse essa lúcida e pessimista coragem.

— *Se é um pensamento nulo, como explicar que pareça ter tanto sucesso, que se difunda e receba adesões como a de Sollers?*

---

[a] Bernard-Henry Lévy, *La Barbarie à visage humain*, Paris, Grasset, 1977.

[b] O CERFI é o Centre d'Études de Recherche e de Formation Institutionnelle (Centro de Estudos de Pesquisa e de Formação Institucional), de que Félix Guattari era um dos principais responsáveis.[v]

[c] François Aubral e Xavier Delcourt, *Contre la nouvelle philosophie*, Paris, Gallimard, col. "Idées", 1977.

— Há vários problemas bem diferentes. Primeiramente, viveu-se por muito tempo na França sob um certo modo literário das "escolas". E isso já é terrível, uma escola: sempre há um papa, manifestos, declarações do tipo "eu sou a vanguarda", excomunhões, tribunais, reviravoltas políticas etc. Em princípio geral, tem toda razão quem diz que passou sua vida se enganando, pois sempre é possível dizer "eu passei por isso". Eis por que os stalinistas são os únicos a poderem dar *lições* de antistalinismo. Mas enfim, por mais miseráveis que sejam as escolas, não se pode *[129]* dizer que os novos filósofos sejam uma escola. A novidade real deles é que introduziram na França o marketing literário ou filosófico, em vez de fazerem uma escola. O marketing tem seus princípios particulares: 1) É preciso que falem de um livro ou que o façam falar, mais do que o próprio livro fala ou tem a dizer. No limite, é preciso que a batelada dos artigos de jornais, de entrevistas, de colóquios, de programas de rádio ou de tevê substituam o livro, que poderia muito bem nem sequer existir. É por isso que o trabalho ao qual se entregam os novos filósofos diz menos respeito aos livros que fazem do que aos artigos a serem obtidos, aos jornais e teleprogramas a serem ocupados, às entrevistas que devem conseguir, ao dossiê que deve ser feito, ao número da *Playboy*. Existe nisso toda uma atividade que, nessa escala e nesse grau de organização, parecia excluída da filosofia, ou excluir a filosofia. 2) E então, do ponto de vista de um marketing, é preciso que o mesmo livro ou o mesmo produto tenha várias versões, para convencer todo mundo: uma versão devota, uma ateia, uma heideggeriana, uma esquerdista, uma centrista, até mesmo uma chiracquiana[vii] ou neofascista, uma "união da esquerda"[viii] nuançada etc. Daí a importância de uma distribuição dos papéis de acordo com os gostos. Existe um dr. Mabuse em Clavel, um dr. Mabuse evangélico, Jambet e Lardreau são Spöri e Pesch, os dois ajudantes de Mabuse (eles querem "botar a mão na gola" de Nietzsche). Benoist é o mensageiro, é Nestor. Lévy é ora o empresário, ora a *script-girl*, ora o apresentador alegre, ora o *disc-jockey*. Jean Cau acha tudo isso uma beleza; Fabre-Luce vira discípulo de Glucksmann; reedita-se Benda, para as virtudes do clero. Que estranha constelação.[ix]

A propósito dos novos filósofos

Na França, Sollers havia sido o último a fazer uma escola à velha maneira, com papismo, excomunhões, tribunais.[d] Suponho que ele tenha dito a si mesmo, quando ficou sabendo deste novo empreendimento, que tinham razão, que era preciso fazer uma aliança e que seria muito imbecil deixar que isso escapasse. Ele chega atrasado, mas decerto viu algo. Pois essa história de marketing do livro de filosofia é realmente nova, é uma ideia, "era preciso" tê-la. Que os novos filósofos *[130]* restaurem uma função-autor vazia, e que procedam com conceitos furados, toda esta reação não impede um profundo modernismo, uma análise bastante adaptada da paisagem e do mercado. Aliás, acredito que alguns dentre nós possam até mesmo experimentar uma curiosidade benevolente por essa operação, de um ponto de vista puramente naturalista ou entomológico. Para mim é diferente, pois o meu ponto de vista é teratológico: é o horror.

— *Se é uma questão de marketing, como você explica que tenha sido preciso esperar por eles e que tenha chegado a hora disso eventualmente fazer sucesso?*

— Por várias razões, que nos ultrapassam e ultrapassam até eles próprios. André Scala analisou recentemente[x] uma certa reviravolta nos entrelaces jornalistas-escritores, imprensa-livro. O jornalismo tomou, em ligação com a rádio e a tevê, cada vez mais vivamente consciência de sua possibilidade de criar o acontecimento (as fugas controladas, Watergate, as sondagens?). E assim como tinha menos necessidade de se reportar a acontecimentos exteriores, pois criava grande parte deles, tinha menos necessidade também de se reportar a análises exteriores ao jornalismo, ou a personagens do tipo "intelectual", "escritor": *o jornalismo descobria em si próprio um pensamento autônomo e suficiente.* Eis por que, no limite, um livro vale menos que o artigo de jornal sobre ele ou a entrevista que ele ocasiona. Os intelectuais e os escritores, mesmo os artistas, são portanto incitados a devirem jornalistas caso queiram se conformar às normas. É um novo tipo de pensamen-

---

[d] Alusão ao grupo constituído em torno da revista *Tel Quel* e do qual Philippe Sollers era um dos principais entusiastas.

to, o pensamento-entrevista, o pensamento-bate-papo, o pensamento-minuto. Imagina-se um livro que diria respeito a um artigo de jornal e não mais o inverso. Os entrelaços de força entre jornalistas e intelectuais mudaram completamente. Tudo começou com a tevê e os números de adestramento por que passaram os intelectuais condescendentes na mão dos entrevistadores. O jornal não precisa mais do livro. Não estou dizendo que esse reviramento, essa domesticação do intelectual, essa jornalização seja uma catástrofe. É mais ou menos assim: no mesmo momento em que a escrita e o pensamento tendiam a abandonar a função-autor, no momento em que as criações já não passavam pela função-autor, esta foi recuperada pela rádio, pela tevê e pelo jornalismo. Os jornalistas devinham os [131] novos autores, e os escritores que ainda ansiavam por serem autores deviam passar pelos jornalistas ou devir seus próprios jornalistas. Uma função caída num certo descrédito reencontrava uma modernidade e um novo conformismo, ao mudar de lugar e de objeto. É isso que tornou possível as empresas de marketing intelectual. Será que existem outros usos atuais para a tevê, a rádio ou o jornal? Evidentemente, mas essa não é mais a questão dos novos filósofos. Eu gostaria de falar sobre isso daqui a pouco.

Há uma outra razão. Estamos há um bom tempo em período eleitoral.[xi] Ora, as eleições não são um ponto local, nem um dia, uma data certa. É como uma grade, que atualmente afeta nossa maneira de compreender e até mesmo de perceber. Assentam-se todos os acontecimentos, todos os problemas, sobre essa grade deformante. As condições particulares das eleições, hoje em dia, fazem com que o limiar habitual de babaquice suba. É sobre essa grade que os novos filósofos se inscreveram desde o início. Pouco importa que alguns dentre eles tenham sido imediatamente contra a união da esquerda, enquanto outros teriam ansiado por fornecer mais um *brain-trust* a Mitterrand.[xii] Uma homogeneização das duas tendências foi produzida, principalmente contra a esquerda, mas sobretudo a partir de um tema que estava presente já em seus primeiros livros: o ódio a 68. Disputavam para ver quem vilipendiava melhor o Maio de 68. É em função desse ódio que eles construíram seu sujeito de enunciação: "Nós, na medida em que fize-

A propósito dos novos filósofos   147

mos o Maio de 68 (???), podemos dizer que era tolice e que não o faremos mais". Para vender, eles têm apenas um rancor de 68. É nesse sentido, seja qual for a posição deles relativamente às eleições, que se inscrevem perfeitamente na grade eleitoral. A partir disso, tudo passa pela grade, marxismo, maoismo, socialismo etc., não porque as lutas reais teriam feito com que novos inimigos surgissem, novos problemas e novos meios, mas porque A revolução deve ser declarada impossível, uniformemente e em todos os tempos. Eis por que todos os conceitos que começavam a funcionar de uma maneira bastante diferenciada (os poderes, as resistências, os desejos, mesmo a "plebe") são novamente globalizados, reunidos na insossa unidade do poder, da lei, do Estado etc. Eis por que também o Sujeito pensante volta à cena, pois a *[132]* única possibilidade da revolução, para os novos filósofos, é o ato puro do pensador que a pensa como impossível.

O que me desagrada é bastante simples: os novos filósofos fazem uma martirologia, o *gulag*[xiii] e as vítimas da história. Vivem de cadáveres. Descobriram a função-testemunha, que é a mesma coisa que a função de autor ou de pensador (vejam o número da *Playboy*: nós somos as testemunhas...).[xiv] Porém, jamais teria havido vítimas se elas tivessem pensado como eles, ou falado como eles. Foi preciso que as vítimas pensassem e vivessem de uma maneira completamente distinta para dar matéria àqueles que choram em seu nome, e que pensam em seu nome, e que dão lições em seu nome. Os que arriscam a própria vida geralmente pensam em termos de vida, e não de morte, amargor e vaidade mórbida. Os resistentes são, na verdade, grandes viventes. Nunca alguém foi colocado na prisão pela sua impotência e pelo seu pessimismo, ao contrário. Do ponto de vista dos novos filósofos, as vítimas se deixaram capturar porque ainda não haviam compreendido aquilo que os novos filósofos compreenderam. Se eu fizesse parte de uma associação, levantaria uma queixa contra os novos filósofos, que desprezam um pouco demais os habitantes do *gulag*.

— *Você não estaria, ao denunciar o marketing, militando pela concepção velho-livro, ou pelas escolas à maneira antiga?*

— Não, não, não. Não há necessidade alguma de uma escolha dessas: ou marketing, ou velha maneira. Essa escolha é falsa.

Tudo o que atualmente ocorre de vivo escapa a essa alternativa. Veja como trabalham os músicos, como as pessoas trabalham nas ciências, como certos pintores tentam trabalhar, como geógrafos organizam o seu trabalho (cf. a revista *Hérodote*).[xv] O primeiro traço são os encontros. De modo algum os colóquios ou os debates, mas, trabalhando em um domínio, encontram-se pessoas que trabalham num domínio totalmente outro, como se a solução viesse sempre d'alhures. Não se trata de comparações ou de analogias intelectuais, mas de intersecções efetivas, de cruzamentos de linhas. Por exemplo (esse exemplo é importante, porque os novos filósofos falam bastante de história da filosofia), André Robinet renova, hoje, a história da filosofia com computadores; ele encontra forçosamente *[133]* Xenakis.[xvi] Que matemáticos possam fazer com que um problema de outra natureza evolua e se modifique, isso não significa que o problema receba uma solução matemática, mas que ele comporta uma sequência matemática que entra em conjugação com outras sequências. É assustadora a maneira pela qual os novos filósofos tratam "a" ciência. Encontrar com o seu próprio trabalho o trabalho dos músicos, dos pintores ou dos cientistas é a única combinação atual que não se coaduna nem com as velhas escolas nem com um neomarketing. São esses *pontos singulares* que constituem focos de criação, funções criadoras independentes da função-autor, destacadas da função-autor. E isso não vale somente para cruzamentos de domínios diferentes; cada domínio, cada pedaço de domínio, por pequeno que seja, já é feito de tais cruzamentos. Os filósofos devem vir de qualquer lugar: não no sentido em que a filosofia dependeria de uma sabedoria popular espalhada por aí, mas no sentido em que cada encontro a produz, ao mesmo tempo em que define um novo uso, uma nova posição de agenciamentos — músicos selvagens e rádios piratas. Muito bem, cada vez que as funções criadoras desertam assim a função-autor, vemos esta se refugiar em um novo conformismo de "promoção". É toda uma série de batalhas mais ou menos visíveis: o cinema, a rádio, a tevê são a possibilidade de funções criadoras que destituíram o Autor; mas a função-autor se reconstitui ao abrigo dos usos conformistas dessas mídias. As grandes produtoras voltam a fomentar um "cinema de autor"; Jean-Luc Godard en-

A propósito dos novos filósofos

contra, então, o meio para fazer com que a criação passe na televisão; mas a poderosa organização da tevê tem as suas próprias funções-autor, pelas quais impede a criação. Quando a literatura, a música etc. conquistam novos domínios de criação, a função-autor se reconstitui no jornalismo, que vai sufocar suas próprias funções criadoras *e* as da literatura. Novamente, nos deparamos com os novos filósofos: eles reconstituíram um aposento sufocante, asfixiante, lá por onde passava um pouco de ar. É a negação de toda política e de toda experimentação. Em suma, eu os condeno porque fazem um trabalho de porco; e porque esse trabalho se insere em um novo tipo de entrelace imprensa-livro perfeitamente *[134]* reacionário: novo, sim, porém conformista ao extremo. Não são os novos filósofos que importam. Mesmo que desapareçam amanhã, seu empreendimento de marketing será recomeçado. Com efeito, este representa a submissão de todo pensamento às mídias; simultaneamente, dá a essas mídias o mínimo de garantia e de tranquilidade intelectuais para sufocar as tentativas de criação que fariam com que as próprias mídias se mexessem. Há tantos debates cretinos na televisão, tantos filminhos narcísicos de autor — quanto menos há de criação possível na tevê e alhures. Eu gostaria de propor uma carta dos intelectuais, na situação atual em que estão relativamente à mídia, levando em conta as novas conexões de força: recusar, fazer valerem as exigências, virar produtores, em vez de serem autores aos quais só resta a insolência dos domésticos ou o brilho de um *clown* serviçal. Beckett, Godard souberam se virar e criaram de duas maneiras bem diferentes: há muitas possibilidades no cinema, no audiovisual, na música, nas ciências, nos livros... Mas os novos filósofos são verdadeiramente a infecção que se esforça para impedir tudo isso. Nada de vivo passa por eles, mas terão cumprido sua função se ocuparem a cena o suficiente para mortificar alguma coisa.

RODAPÉ DA TRADUÇÃO

[i] Cf. o capítulo 4, "Políticas", do livro *Dialogues* (Paris, Flammarion, 1977), que apresenta muitas das críticas aqui dirigidas aos "novos filósofos".

ii Essa expressão foi inicialmente o título de um dossiê das *Nouvelles Littéraires*, redigido por Bernard-Henri Lévy e publicado em 1976.

iii Ao pé da letra, "tão grandes quanto um dente furado", o que pode ter, pelo menos, dois sentidos: 1) idiomático, pois em francês, segundo o Littré, pode-se dizer "de um banquete insuficiente, que ele não basta para o dente furado de alguém" (*il n'y en pas pour la dent creuse de quelqu'un*), de modo que um dente furado vale por um enorme espaço vazio, uma vez que "ter o dente furado" (*avoir la dent creuse*) é ter muita fome; 2) *dent creuse* é um termo de urbanismo, equivalente ao alemão *Baulücke* ("lacuna de construções"), que designa um espaço vazio entre construções.

iv Alusão à "Lei relativa à educação", de 11 de julho de 1975, dita lei Haby por conta do ministro da Educação responsável, René Haby. Dentre outros tópicos, a lei previa uma homogeneização de conteúdo para todas as escolas e colégios franceses (ensinos primário e secundário), com redução do programa das disciplinas.

v Transcrito a seguir o excerto de um texto de François Fourquet sobre a história do CERFI: "O CERFI foi fundado em 1967 para financiar, graças a contratos de pesquisa social, o funcionamento da FGERI (Fédération des Groupes d'Études et de Recherches Institutionnelles), um organismo federativo que, junto à revista *Recherches*, tinha sido criado em 1965 para reunir, num só local, um periódico e uma rede de encontros, da qual faziam parte grupos que militavam em diferentes meios de trabalho social: psiquiatras, psicanalistas e enfermeiros da corrente da 'psicoterapia institucional', docentes e educadores especializados em 'pedagogia institucional', arquitetos, médicos, pesquisadores, estudantes etc." ("Histoire du CERFI; extrait de *L'accumulation du pouvoir ou le désir d'État*, outubro de 1981 (*Recherches*)", na revista digital *Multitudes* (multitudes.samizdat.net).

vi Transmitido no dia 27 de maio de 1977, com a presença, além de Aubral e Delcourt, de Maurice Clavel, André Glucksmann e Bernard-Henri Lévy. Na internet www.ina.fr/video/CPB77051334.

vii Alusão a Jacques Chirac, que foi primeiro-ministro francês de 1974 a 1976 e prefeito de Paris de 1977 a 1995, tendo em seguida assumido o cargo de presidente da França.

viii Termo utilizado, entre 1972 e 1977, para designar a aliança eleitoral entre o Partido Socialista (PS), o Movimento dos Radicais de Esquerda (MRG) e o Partido Comunista Francês (PCF).

ix O doutor Mabuse é um personagem criado por Norbert Jacques em sua novela *Dr. Mabuse, der Spieler* [*Dr. Mabuse, o jogador*], de 1921, sobre o qual Fritz Lang fez três grandes filmes: *Dr. Mabuse, o jogador* (1922), *O testamento do dr. Mabuse* (1933) e *Os mil olhos do dr. Mabuse* (1960). Os nomes mencionados por Deleuze neste trecho são: Maurice Clavel (1920-1979); Christian Jambet (1949) e Guy Lardreau (1947-2008), autores de uma *Ontologie de la révolution*, cujo primeiro tomo, *L'Ange: pour une cynégétique du semblant*, foi publicado em 1976 (Paris, Grasset); Jean-Marie Benoist (1942-1990), autor de um livro intitulado *Marx est mort* (Paris, PUF, 1970); Bernard-Henri Lévy (1948); Jean Cau (1925-1993); André Glucksmann (1937), autor de *La Cuisinière et le mangeur d'hommes*; Alfred Fabre-Luce (1899-1983), que, emocionado com o programa de televisão aludido há pouco, escrevera um artigo na edição do jornal *Le Monde* de 3 de junho de 1977, elogiando os novos filósofos; Julien Benda (1867-1956). Os dois últimos foram ensaístas da direita.

[x] De acordo com informações que o próprio André Scala me forneceu, pelo que lhe agradeço, trata-se de uma análise que ele fizera durante um seminário para uma aula de Deleuze na Universidade de Vincennes, provavelmente no ano de 1977. A mesma análise é aludida por Deleuze no livro *Dialogues* (Paris, Flammarion, 1977, p. 35). Desse seminário não restou nenhum vestígio escrito.

[xi] Parece que se alude às eleições municipais de 1977, ainda que no ano seguinte dar-se-iam na França as eleições legislativas.

[xii] *Brain-trust* é um termo norte-americano que, no século XX, foi usado para fazer referência ao grupo de especialistas (advogados, economistas, escritores) que auxiliavam o presidente Franklin Roosevelt. Em seguida, o termo passou a ser empregado para designar um "grupo de conselheiros encarregados de promover, reforçar e ajudar a ação de um indivíduo ou de uma empresa" (F. Lemeunier, *Dictionnaire juridique, économique et financier*, Paris, J. Delmas, 1969). François Mitterrand foi eleito presidente da França em 1981, contra o dono anterior do cargo, Valéry Giscard d'Estaing, que governou de 1974 a 1981.

[xiii] Para esse termo, cf. a nota de tradução ii, no texto n° 31.

[xiv] Edição de maio de 1977 da *Playboy* francesa, "Entrevista da *Playboy*: Bernard-Henri Lévy, bate-papo com o mandachuva da jovem filosofia francesa" (pp. 23-7). "Sim, é isso, os intelectuais de amanhã deverão talvez renunciar a se engajar para se contentarem em testemunhar" (p. 25).

[xv] Revista trimestral fundada em 1976 por Yves Lacoste. Os primeiros números apresentavam o seguinte título: *Stratégies géographies idéologies*. A partir de 1983, torna-se uma revista especializada em geopolítica e geografia (*Revue de géographie et de géopolitique*). É atualmente dirigida por Béatrice Giblin.

[xvi] André Robinet (1922) tinha acabado de publicar o livro *Le Défi cybernétique: l'automate et la pensée* (Paris, Gallimard, 1976), e alusão foi fei-

ta ao romeno Iannis Xenakis (1922-2001), compositor e engenheiro-arquiteto que inventou, em 1976, no Centre d'Études de Mathématique et Automatique Musicales (CEMAMU), de Paris, uma interface gráfica, auxiliada por computadores, para se compor música, a que deu o nome de UPIC (*Unité Polyagogique Informatique du CEMAMU*).

14
O PIOR MEIO DE SE FAZER A EUROPA*
[1977] *[135]*

O governo alemão exigiu a extradição do Adv.° Croissant. A câmara de acusação[i] francesa deve examinar o caso no dia 2 de novembro. Por que esse julgamento será um acontecimento de uma importância imensa? Depois de ter enviado um primeiro dossiê, o governo alemão mandou uma porção deles. Primeiro, acusa Klaus Croissant de ter se comportado como advogado, ou seja, de ter feito com que se conhecesse o estado da detenção dos prisioneiros de Stuttgart, suas greves de fome, os riscos de assassinato que pesavam sobre eles, os motivos dos seus atos. Em seguida, acusa Klaus Croissant de ter tido relação com terroristas ou presumidos terroristas (o mesmo era dito sobre os advogados franceses do FLN).[ii] Será possível pensar que o governo francês assinalou ao governo alemão a inanidade do primeiro dossiê, e que o governo alemão enviou às pressas outras peças, operando todos os amálgamas possíveis?

---

* Com Félix Guattari, *Le Monde*, 2 de novembro de 1977, p. 6. Esse artigo comenta o pedido de extradição de Klaus Croissant, advogado de certos membros do grupo terrorista revolucionário "Grupo Baader-Meinhof" (Fração do Exército Vermelho — *Rote Armee Fraktion*, RAF). Refugiado na França desde o dia 10 de julho, Croissant é preso em Paris no dia 30 de setembro. O procurador Rebmann o acusa de ter "organizado em seu escritório a reserva operacional do terrorismo oeste-alemão". Seu escritório teria sido "o vínculo residencial para a preparação de atentados". Apesar de vivos protestos e das manifestações na Alemanha, na França e na Itália, a câmara de acusação da Corte de Apelo de Paris vai se pronunciar em favor da extradição no dia 16 de novembro. Croissant será extraditado precipitadamente no dia seguinte.

E, no entanto, se a decisão da câmara de acusação deve ter tamanha importância, não é apenas porque os motivos de extradição invocados parecem ser políticos, e mesmo depender de opinião. Também não é apenas porque a extradição de Klaus Croissant, nas condições atuais, *[136]* significaria entregá-lo a um país cujo regime jurídico deveio regime de exceção, e onde, estando preso, ele correria o risco de uma eliminação rápida[a] (o que aconteceria a Croissant se novas ações terroristas fossem cometidas na Alemanha?). Isso já seria o bastante, mas ainda há outra coisa. Em função dos acontecimentos recentes, o governo alemão adquiriu uma posição de força relativamente aos outros governos da Europa, e até mesmo a certos governos da África. Ele está em posição de intimar os governos a se alinharem com a sua política de repressão bastante particular, ou a deixarem que sua polícia opere no próprio solo deles (cf. solicitação aos aeroportos de Barcelona, Argel, Dakar etc.). Ele dá lições aos outros governos; bizarramente, até o momento somente a Itália foi poupada, talvez por causa do caso Kappler.[b] A imprensa alemã está em posição de fazer com que seus artigos sejam reproduzidos nos jornais franceses, que os transcrevem sem adverti-lo: *France-Soir* como edição provincial do grupo Springer; sugestão de D'Ormesson[iii] no *Le Figaro* para responder a cada ato de terrorismo assassinando os detidos cuja libertação fosse exigida. Faz-se uma conspiração de silêncio quanto aos dois sobreviventes, do Boeing e de Stuttgart,[iv] cujas declarações seriam, no entanto, elementos essenciais para qualquer inquérito.

Em suma, a Alemanha Ocidental está em condições de exportar seu modelo judiciário, policial e "informativo", e de devir o organizador qualificado da repressão e da intoxicação nos outros países. É nesse contexto que a decisão da câmara de acusação ganhará toda a sua importância. Se ela desse a autorização para

[a] Andreas Baader e dois outros membros do "grupo" teriam se matado em suas celas no dia 18 de outubro, em condições que alguns julgaram suspeitas.

[b] A Alemanha se recusava a extraditar o criminoso Kappler, que havia voltado ao país após ter fugido da Itália, onde tinha sido condenado.

O pior meio de se fazer a Europa

extraditar o Adv.º Croissant, abandonaria sua jurisprudência recente e favoreceria, simultaneamente, de bom ou mau grado, a importação do modelo estatal e judiciário alemão.

Na Alemanha, o governo e a imprensa fazem de tudo para sugerir que os prisioneiros de Stuttgart se mataram, "como" fizeram certos dirigentes nazistas: por fidelidade a uma *[137]* escolha demoníaca, por desespero de pessoas que perderam a partida e foram banidas da sociedade. Fala-se, de uma maneira imbecil, de "drama wagneriano". Ao mesmo tempo, o governo alemão ganha o aspecto de tribunal de Nuremberg. Até mesmo jornais de esquerda na França concordam e se perguntam se Baader é o filho de Hitler, ou então do próprio Schleyer.[c] Evitando buscar filiações, seria mais simples lembrar que a questão da violência, e mesmo do terrorismo, não deixou de agitar o movimento revolucionário e operário desde o último século, sob formas muito diversas, como resposta à violência imperialista. As questões que hoje em dia são colocadas em entrelace com os povos do terceiro mundo são as mesmas que Baader e seu grupo reivindicavam, considerando a Alemanha como um agente essencial de sua opressão. Os detidos de Stuttgart não eram homens de poder fascistas, nem homens apoiando o fascismo por provocação. Tampouco o governo alemão é um tribunal de Nuremberg, e a câmara francesa não é uma subseção desse tribunal. O Adv.º Croissant não deve ser vítima de acusações sem provas, nem da campanha da imprensa atual.

Três coisas nos inquietam imediatamente: a possibilidade de que muitos homens de esquerda alemães, num sistema organizado de delação, vejam sua vida devir intolerável na Alemanha e sejam forçados a deixar o seu país. Inversamente, a possibilidade de que o Adv.º Croissant seja entregue, enviado à Alemanha, onde o pior pode ocorrer, ou, então, simplesmente despejado num país de sua "escolha", que tampouco o aceitaria. Enfim, a perspectiva de

---

[c] Hanns Martin Schleyer era o presidente do patronato alemão. Sequestrado por membros da Fração do Exército Vermelho, que exigiam, em troca de sua libertação, a absolvição de uma dezena de membros de sua organização, Schleyer foi encontrado morto no dia 20 de outubro.

que a Europa inteira seja atropelada por esse tipo de controle exigido pela Alemanha.

RODAPÉ DA TRADUÇÃO

[i] A *chambre d'accusation* é um órgão da justiça penal francesa que desde 2001 deixou de ter esse nome, quando passou a ser denominado *chambre de l'instruction* (câmara da instrução).

[ii] Frente de Libertação Nacional, ou *Jabhet At-Tahrir Al-Watani*, em árabe, é um partido político socialista da Argélia, fundado no dia 1º de novembro de 1954.

[iii] O mencionado é Jean d'Ormesson (1925), que, até junho de 1977, era diretor-geral do jornal de direita *Le Figaro*, tendo renunciado ao cargo, permanecendo porém como colunista.

[iv] O "sobrevivente do Boeing" é um dos quatro palestinos (dois homens, Zohair Yousif Akache e Nabil Harb, e duas mulheres, Nadia Shehadah Duaibes e Souhaila Andrawes) que sequestraram, no dia 13 de outubro, um avião comercial alemão, ameaçando explodi-lo junto com seus reféns, caso o governo alemão não soltasse os prisioneiros do grupo Baader-Meinhoff e da Fração do Exército Vermelho, presos em Stuttgart. Em 17 de outubro, pousado em Mogadíscio, na Somália, o avião é invadido por agentes da GSG9, polícia federal de controle das fronteiras, que fuzilam os quatro, matando três. Encarcerados no presídio de Stuttgart, os quatro integrantes do grupo Baader-Meinhoff (Andreas Baader, Irmgard Möller, Gudrun Ensslin e Jan-Carl Raspe), tendo descoberto o que se passou em Mogadíscio, decidem se suicidar na madrugada de 17 para 18 de outubro. Irmgard Möller sobrevive depois, no hospital (fonte: www.mustardayonnaise.com/baadermeinhof/timeline/1977.html).

O pior meio de se fazer a Europa

15
DUAS QUESTÕES SOBRE A DROGA*
[1978] *[138]*

São apenas duas questões. Vê-se muito bem que não se sabe o que fazer com as drogas (mesmo os drogados), mas também não se sabe como falar delas. Ora se invocam prazeres, difíceis de descrever e que já supõem a droga. Ora, ao contrário, invocam-se, causalidades demasiadamente gerais, extrínsecas (considerações sociológicas, problemas de comunicação e de incomunicabilidade, situação dos jovens etc.). A primeira questão seria: Será que há uma *causalidade específica* da droga, e será possível procurá-la por esse lado?

Causalidade específica não quer dizer "metafísica", tampouco exclusivamente científica (por exemplo, química). Não é uma infraestrutura cujo resto dependeria como de uma causa. Antes seria traçar um território, ou o contorno de um *conjunto-droga*, que estaria entrelaçado, por um lado, ao interior, com as diversas espécies de drogas e, por outro, ao exterior, com as causalidades mais gerais. Pego um exemplo de um domínio totalmente outro, o da psicanálise. Tudo o que pode ser dito contra a psicanálise não anula o seguinte fato: que ela buscou estabelecer a causalidade específica de um domínio, não apenas o domínio das neuroses, mas de formações e produções psicossociais de toda sorte (sonhos, mitos...). Pode-se dizer, de maneira bastante sumária, que ela traçou a causalidade específica como sendo o seguinte: mostrar a maneira pela qual o desejo investe um sistema de vestígios mnésicos e de

---

* Título do editor francês para o original "Deux questions", in François Châtelet, Gilles Deleuze, Erik Genevois, Félix Guattari, Rudolf Ingold, Numa Musard e Claude Olievenstein, ... *Où il est question de la toxicomanie*, Alençon, Bibliothèque des Mots Perdus, 1978.[i]

Gilles Deleuze

afetos. A questão não é saber se essa causalidade específica era justa; seja como for, *[139]* a busca por tal causalidade existia, e com ela a psicanálise fez com que abandonássemos as considerações demasiadamente gerais, mesmo que caíssemos em outras mistificações. O fracasso da psicanálise, relativamente aos fenômenos da droga, mostra muito bem que, na droga, trata-se de toda uma outra causalidade. Minha questão, porém, é esta: será possível conceber uma causalidade específica da droga, e em quais direções? Por exemplo, na droga haveria algo de muito particular, nela o desejo *investiria diretamente o sistema-percepção*. Logo, seria totalmente diferente. Por percepção é preciso entender as percepções internas tanto quanto as externas e, especialmente, as percepções de espaço-tempo. As distinções entre espécies de drogas são secundárias, interiores a esse sistema. Parece-me que as pesquisas, num certo momento, iam neste sentido: as de Michaux, na França, e, de um outro jeito, as da geração *beat*, na América, também as de Castañeda[ii] etc. Como todas as drogas primeiramente concernem às velocidades, às modificações de velocidade, aos limiares de percepção, às formas e aos movimentos, às micropercepções, à percepção devindo molecular, aos tempos sobre-humanos ou sub-humanos etc. Sim, como o desejo entra diretamente na percepção, investe diretamente a percepção (daí o fenômeno de dessexualização na droga). Tal ponto de vista permitiria achar o liame com as causalidades exteriores mais gerais, todavia sem perder-se nelas: assim, o papel da percepção, a solicitação da percepção nos sistemas sociais atuais, que faz com que Phil Glass[iii] diga que, de todo jeito, a droga mudou o problema da percepção, mesmo para os não-drogados. Mas tal ponto de vista também permitiria dar maior importância às pesquisas químicas, sem o risco, no entanto, de cair numa concepção "cientificista". Ora, se é verdade que se esteve nessa direção, de um *sistema autônomo Desejo-Percepção*, por que hoje em dia parece que ela foi abandonada, ao menos parcialmente? Especialmente na França? Os discursos sobre a droga, dos drogados e dos não-drogados, dos médicos e dos usuários, recaíram numa confusão enorme. Ou seria então uma falsa impressão e não há como buscar uma causalidade específica? O que me parece importante na ideia de uma causalidade específica é que ela

[140] é neutra e vale tanto para o uso das drogas quanto para uma terapêutica.

A segunda questão seria dar conta do "revertério" da droga, em qual momento esse revertério sobrevém. Será que ele sobrevém tão rapidamente e de tal maneira que o fracasso ou a catástrofe façam necessariamente parte do plano-droga? É como um movimento "acotovelado". O drogado fabrica suas linhas de fuga ativas. Essas linhas, porém, enrolam-se, põem-se a rodopiar em buracos negros, cada drogado em seu buraco, grupo ou indivíduo, como um caramujo. Mais afundado do que chapado.[iv] Guattari falou disso. *As micropercepções são recobertas de antemão*, segundo a droga considerada, por alucinações, delírios, falsas percepções, fantasias, acessos paranoicos. Artaud, Michaux, Burroughs — que sabiam do que falavam — odiavam essas "percepções errôneas", esses "sentimentos ruins", que de uma só vez lhes pareciam ser uma traição e, no entanto, uma consequência inevitável. É também aí que todos os controles estão perdidos e que se instaura o sistema da dependência abjeta, dependência a respeito do produto, da dose, das produções fantasmáticas, dependência a respeito do traficante etc. Seria preciso, abstratamente, distinguir duas coisas: todo o domínio das experimentações vitais, e o das empreitadas mortíferas. A experimentação vital é quando uma tentativa qualquer lhe pega, se apodera de você, instaurando cada vez mais conexões, abrindo-lhe a conexões: tal experimentação pode comportar um tipo de *autodestruição*, ela pode passar por produtos de acompanhamento ou de arrebatamento, tabaco, álcool, drogas. Ela não é *suicida*, porquanto o fluxo destruidor não se assenta sobre si mesmo, mas serve à conjugação de outros fluxos, sejam quais forem os riscos. Porém, a empreitada suicida, pelo contrário, é quando tudo está assentado sobre este único fluxo: "meu" tiro, "minha" sessão,[v] "meu" copo. É o contrário das conexões, é a desconexão organizada. Em vez de um "motivo", que serve aos verdadeiros temas, às atividades, um único e raso desenvolvimento, como numa intriga estereotipada, onde a droga existe pela droga e suscita um suicídio estúpido. Há somente uma linha única, ritmada pelos segmentos "paro de beber — recomeço a beber", "não estou mais drogado — logo, posso *[141]* retomar a coisa". Bateson mostrou como o "não bebo mais" faz rigorosamente parte do alcoólatra, pois é a prova efetiva de que agora ele pode voltar a beber.[vi] Assim é com o drogado, que está sempre parando, pois é a prova de que é capaz de retomar. O drogado, nesse sentido, é o perpétuo desintoxicado. Tudo é assentado sobre uma linha morna suicida, com dois segmentos alternativos: é o contrário das conexões, das linhas múltiplas entremisturadas. Narcisismo, autoritarismo dos drogados, chantagem e veneno: eles se juntam aos neuróticos, em sua empreitada para aborrecer o mundo, para espalhar seu contágio e impor os seus casos (de pronto, mesma empreitada da psicanálise como pequena droga). Ora, por que, como se faz essa transformação de uma experiência, mesmo que autodestrutiva, porém viva, em empreitada mortífera de dependência generalizada, unilinear? Será ela inevitável? Se há um ponto preciso de terapêutica, é aqui que ele deveria intervir.

Talvez meus dois problemas se juntem. Talvez seja no nível de uma causalidade específica da droga que se poderia compreender por que as drogas acabam tão mal e *desviam sua própria causalidade*.[vii] Uma vez mais, que o desejo invista diretamente a percepção é algo muito surpreendente, muito belo, uma espécie de terra ainda desconhecida. Mas as alucinações, as falsas percepções, os acessos paranoicos, a longa lista das dependências, isso é por demais conhecido, mesmo que seja renovado pelos drogados, que se arvoram de experimentadores, cavaleiros do mundo moderno, ou doadores universais da má consciência. De um ao outro, o que ocorre? Será que os drogados não se serviriam da ascensão de um novo sistema desejo-percepção para tirar disso o seu proveito e fazer a sua chantagem? Como os dois problemas se entremeiam? Tenho a impressão de que, atualmente, não se avança, não se está fazendo um bom trabalho. O trabalho. O trabalho certamente está em outro lugar que não nessas duas questões, porém, atualmente, nem mesmo se compreende onde poderia estar. Os que conhecem o problema, drogados ou médicos, parecem ter abandonado as pesquisas, para si próprios e para os outros.

Rodapé da tradução

[i] Este texto servirá a Deleuze e Guattari posteriormente, no platô *Devir-intenso, devir-animal, devir-imperceptível* de *Mil platôs*, mais especificamente nas "Lembranças de uma molécula" (Paris, Éditions de Minuit, 1982, pp. 333-51). Edição brasileira, *Mil platôs: capitalismo e esquizofrenia* (São Paulo, Editora 34, 1997, vol. 4, pp. 63-81).

[ii] Henri Michaux (1899-1984), cuja obra literária, visual e filosófica está em parte ligada às suas experiências com drogas, como mescalina e *Cannabis*. — A geração *beat*, ou beatnik, foi um grupo de escritores norte-americanos que ganhou prominência na década de 1950 e cujos principais integrantes são Allen Ginsberg (1926-1997), William S. Burroughs (1914-1997), Jack Kerouac (1922-1969) e Gregory Corso (1930-1991). — Carlos Castañeda (1925-1998), escritor peruano-americano de uma série de livros sobre sua experiência com o xamanismo de um feiticeiro Yaqui e drogas psicoativas, tais como peiote, datura e cogumelos *Psilocybe mexicana*: *The Teachings of Don Juan: A Yaqui Way of Knowledge* (1968), *A Separate Reality: Further Conversations With Don Juan* (1971), *Journey to Ixtlan: The Lessons of Don Juan* (1972) etc.

[iii] Trata-se do compositor estadunidense Philip Glass (1937), que Deleuze e Guattari mencionaram, também com essa grafia abreviada, em *Mil platôs* (cap. 10, n. 34, p. 327 da edição francesa).

[iv] Em francês: *"Enfoncé plutôt que défoncé"*.

[v] Sobre as palavras que povoam o modo de existência do drogado, há frequentemente o risco de entendê-las confusamente, tomando o conteúdo de um fluxo pela forma que ele adquire na consciência, por exemplo *"ma" séance*, aqui literalmente traduzida por *"minha" sessão*. Os tradutores norte-americanos transpõem-na por *trip*, *"my" trip*, "minha" viagem (*Two Regimes of Madness*, Semiotext(e) Foreign Agents, The MIT Press, 2007, p. 154), mas a viagem prescinde daquele que a teria programado, ela é uma forma do fluxo; o drogado, ao contrário, assenta seu fluxo não na viagem (embora ela o pegue sempre definitivamente), mas na sessão, naquele copo, naquele baseado, num horário específico, todo dia, sem falta.

[vi] Gregory Bateson (1904-1980), que, em 1971, publicou um artigo intitulado "The Cybernetics of 'Self': A Theory of Alcoholism" (*Psychiatry*, vol. 34, nº 1, pp. 1-18), o qual foi inserido, um ano depois, na coletânea *Steps to an Ecology Mind* (Chicago, University of Chicago Press, 1972).

[vii] Em francês: *"Pourquoi les drogues tournent si mal, et détournent leur propre causalité"*.

16
TORNAR AUDÍVEIS FORÇAS
NÃO-AUDÍVEIS POR SI MESMAS*
[1978] *[142]*

Por que nós, não músicos?

O método empregado por Pierre Boulez selecionou cinco obras musicais. Os entrelaces entre essas obras não são entrelaces de filiação nem de dependência; não há progressão ou evolução de uma dessas obras à outra. Na verdade, é como se as cinco obras fossem escolhidas semialeatoriamente, formando um ciclo no qual entrassem em reação uma relativamente à outra. Assim, um conjunto de entrelaces virtuais é tecido, do qual se podia tirar um perfil particular de tempo musical, que valeria somente para essas cinco obras. Poder-se-ia muito bem conceber que Boulez escolhesse quatro ou cinco outras obras: teria havido um outro ciclo, outras reações e entrelaces, e um outro perfil singular do tempo musical, ou de uma outra variável que não a do tempo. Não é um método de generalização. Não se trata de, a partir de obras tomadas como exemplos musicais, elevar-se até um conceito abstrato de tempo, do qual se poderia dizer "Eis o que é o tempo musical". Trata-se de extrair, a partir de ciclos restritos, determinados em certas condições, perfis particulares do tempo, mesmo que se acabe por superpor esses perfis, fazendo uma verdadeira mapografia das variáveis; e esse método concerne à música, mas pode também concernir a milhares de outras coisas.

No caso do ciclo específico escolhido por Boulez, o perfil particular de tempo não pretendia de modo algum esgotar a questão do tempo musical em geral. Via-se que, de um tempo *pulsado*, *[143]* desprendia-se uma espécie de tempo *não pulsado*, sob o ris-

---

* Texto distribuído durante um resumo de sessão do IRCAM em fevereiro de 1978. Aqui, trata-se de uma versão modificada.[i]

co de que o tempo não pulsado voltasse a uma nova forma de *pulsação*. A obra n° 1 (Ligeti) mostrava como, através de uma certa pulsação, assomava um tempo não pulsado; as obras 2, 3 e 4 desenvolviam ou mostravam aspectos diferentes desse tempo não pulsado; a última obra, n° 5, de Carter, mostrava como se reencontrava, a partir de um tempo não pulsado, uma nova forma de pulsação original, muito particular, novíssima.[ii]

Tempo pulsado, tempo não pulsado, isso é completamente musical, mas é outra coisa também. A questão seria de saber em que exatamente consiste esse *tempo não pulsado*. Essa espécie de tempo flutuante, que corresponde um pouco àquilo que Proust chamava "um pouco de tempo em estado puro". O caráter mais evidente, o mais imediato, é que um tal tempo dito não pulsado é uma duração, é um tempo liberado da medida, seja esta regular ou irregular, simples ou complexa. Um tempo não pulsado nos coloca, primeiramente e antes de tudo, em presença de uma multiplicidade de durações heterócronas, qualitativas, não coincidentes, não comunicativas. Assim sendo, logo se vê o problema: como essas durações heterócronas, heterogêneas, múltiplas, não coincidentes, como elas vão se articular, visto que evidentemente se está privado do recurso à solução mais geral e clássica, a qual consiste em confiar ao espírito o cuidado de apor uma medida comum ou uma cadência métrica a todas as durações vitais. Desde o início, essa solução está barrada.

Sob o risco de avançar em um domínio totalmente outro, penso que atualmente, quando os biólogos falam de ritmos, eles reencontram questões análogas. Também eles renunciaram a acreditar que ritmos heterogêneos possam se articular ao entrarem sob a dominação de uma forma unificante. Para as articulações entre ritmos vitais, por exemplo os ritmos de 24 horas, eles não buscam a explicação do lado de uma forma superior que os unificaria, nem mesmo do lado de uma sequência regular ou irregular de processos elementares. Eles a buscam totalmente outrures,[iii] em um nível subvital, infravital, naquilo que chamam de uma população de osciladores moleculares capazes de atravessar sistemas heterogêneos, em moléculas oscilantes postas em acoplamento, as quais, *[144]* então, atravessarão conjuntos e durações díspares. Não se

164   Gilles Deleuze

depende, para pô-las em articulação, de uma forma unificável ou unificadora, nem de métrica, nem de cadência, tampouco de qualquer medida regular ou irregular, mas da ação de certos pares moleculares soltos através das camadas diferentes e das ritmicidades diferentes. Não é apenas metaforicamente que se pode falar de uma descoberta semelhante na música: moléculas sonoras, em vez das notas ou dos tons puros. Moléculas sonoras em acoplamento, capazes de atravessar camadas de ritmicidade, camadas de durações totalmente heterogêneas. Eis a primeira determinação de um tempo não pulsado.

Há um certo tipo de individuação que não se resume a um sujeito (Eu [*Moi*]), nem mesmo à combinação de uma forma com uma matéria. Uma paisagem, um acontecimento, uma hora do dia, uma vida ou um fragmento de vida... procedem de outro jeito. Tenho um sentimento de que o problema da individuação na música — que certamente é muito, mas muito complicado — está mais para o tipo daquelas segundas individuações paradoxais. Como se chama a individuação de uma frase, de uma pequena frase, em música? Eu gostaria de partir do nível mais rudimentar, em aparência mais fácil. Ocorre de uma música nos lembrar uma paisagem. Assim é com o célebre caso de Swann, em Proust: o bosque de Boulogne e a pequena frase de Vinteuil. Ocorre também de sons evocarem cores, seja por associação, seja por fenômenos ditos de sinestesia. Ocorre, enfim, de motivos, nas óperas, estarem ligados a personagens, por exemplo: um motivo wagneriano é obrigado a designar uma personagem. Tal modo de escuta não é nulo ou desinteressante, e talvez num certo nível de relaxamento seja inclusive preciso passar por isso, mas cada um sabe que não é suficiente. Em um nível mais tensionado, não é o som que remete a uma paisagem, mas é a própria música que envolve uma paisagem propriamente sonora que lhe é interior (como em Liszt). Poder-se-ia dizer o mesmo para a noção de cor, e considerar, com maior razão, que as durações, os ritmos, os timbres são em si mesmos cores, e cores propriamente sonoras que vêm se superpor às cores visíveis e que não têm as mesmas velocidades nem as mesmas passagens que as cores visíveis. Assim também para a terceira noção, a *[145]* de personagem. Na ópera, pode-se considerar certos motivos em associação com uma personagem; em Wagner, porém, os motivos não se associam apenas a um personagem exterior, eles se transformam, têm uma vida autônoma num tempo flutuante não pulsado, onde eles próprios, e por si próprios, devêm personagens interiores à música.

Essas três noções diferentes de *paisagens sonoras*, de *cores audíveis*, de *personagem rítmica* aparecem, então, como aspectos sob os quais um tempo não pulsado produz suas individuações de um tipo bastante particular.

Acredito que somos de todas as partes levados a não mais pensar em termos de matéria-forma. A tal ponto que deixamos de acreditar, em todos os domínios, na hierarquia que iria do simples ao complexo, matéria-vida-espírito. Chegamos até a pensar que a vida seria antes uma simplificação da matéria; pode-se acreditar que os ritmos vitais não acham sua unificação numa forma espiritual, mas ao contrário nos acoplamentos moleculares. Toda essa hierarquia matéria-forma, uma matéria mais ou menos rudimentar e uma forma sonora mais ou menos erudita, não seria isso mesmo que deixamos de escutar e que os compositores deixaram de produzir? O que se constituiu foi um material sonoro bastante elaborado, e não mais uma matéria rudimentar que recebia uma forma. E o acoplamento se faz entre esse material sonoro bastante elaborado e forças que, por si próprias, não são sonoras, mas que devêm sonoras ou audíveis pelo material que as torna apreciáveis. Assim é com Debussy, *Dialogue du vent et de la mer* [*Diálogo do vento e do mar*].[iv] O material está aí para tornar audível uma força que não seria audível por si mesma, a saber, o tempo, a duração e até mesmo a intensidade. Ao par *matéria-forma*, substitui-se *material-forças*.

Boulez: *Éclats*.[v] Todo o material sonoro bastante elaborado, com a extinção dos sons, era feito para tornar sensíveis e audíveis dois tempos, eles próprios não sonoros, o primeiro definido como o tempo da produção em geral, e o outro como o tempo da meditação em geral. Logo, o par matéria simples-forma sonora, que daria forma a essa matéria, foi substituído por um acoplamento entre um material elaborado e forças imperceptíveis que só devêm perceptíveis por esse material. A música, então, não é um assunto apenas dos músicos, *[146]* na medida em que ela não tem o som por elemento exclusivo e fundamental. Ela tem por elemento o conjunto das forças não sonoras que o material sonoro elaborado pelo compositor vai tornar perceptíveis, de tal maneira que até mesmo se poderá perceber as diferenças entre essas forças, todo o jogo diferencial dessas forças. Estamos todos diante de tarefas bastante semelhantes. Em filosofia: a filosofia clássica se entrega a uma espécie de matéria rudimentar de pensamento, um tipo de fluxo, que se tenta submeter a conceitos ou a categorias. Os filósofos, porém, buscaram mais e mais elaborar um material de pensamento bastante complexo, para tornar sensíveis forças que não são pensáveis por si próprias.

Não há ouvido absoluto, o problema é ter um ouvido impossível — tornar audíveis forças que não são audíveis em si mesmas. Em filosofia, trata-se de um pensamento impossível, ou seja, tornar pensável, por um material de pensamento bastante complexo, forças que não são pensáveis.

Rodapé da tradução

[i] IRCAM (Institut de Recherche et Coordination Acoustique/Musique), fundado por Pierre Boulez em 1977, vinculado ao Centro Georges Pompidou, em Paris.

[ii] György Ligeti (1923-2006), compositor romeno, e Elliott Carter (Elliott Cook Carter Jr., 1908-2012), compositor estadunidense.

[iii] Em francês, *tout à fait ailleurs*, que se poderia traduzir como "totalmente alhures", mas o texto autoriza buscar ajuda de quem soube mobilizar forças na língua portuguesa, obtendo resultados que ressoam o sentido indicado nessa apresentação do esforço criativo de Boulez. Trata-se de João Guimarães Rosa: "Só para desusar-se era que o relógio batia, aqui e outrures" (*Tutameia*, XXXVII, 3ª ed., p. 150), encontrado no *Léxico de Guimarães Rosa*, de Nilce Sant'Anna Martins, que diz o seguinte a respeito de *outrures*: "Em outro(s) lugar(es). Neologismo calcado em *alhures*" (São Paulo, Edusp, 2001, p. 363).

[iv] Terceiro movimento da obra *La mer, trois esquisses symphoniques pour orchestre* [*O mar, três esboços sinfônicos para orquestra*] (*op. L. 109*), apresentada pela primeira vez em 15 de outubro de 1905, em Paris. O pri-

meiro e o segundo movimento são *De l'aube à midi sur la mer* [*De manhãzinha ao meio dia sobre o mar*] e *Jeux de vagues* [*Jogos de ondas*].

ᵛ Essa composição de Pierre Boulez foi apresentada pela primeira vez em Los Angeles, no dia 26 de março de 1965, e seu título é *Éclat*, no singular, diferentemente de como está no original. A palavra *éclat* é polissêmica e pode ser traduzida, pensando-a como título dessa obra musical, de várias maneiras, tais como: *lasca, brilho, estilhaço, estrondo*. Para ver e ouvir o trato que Boulez deu às variabilidades caóticas de seu material sonoro, cf. o filme de Frank Scheffer, de 1994, *Éclat by Pierre Boulez*.

Gilles Deleuze

17
OS QUE ESTORVAM*
[1978] *[147]*

Por que os palestinos seriam "interlocutores válidos" visto que eles não têm um país? Por que teriam um país, visto que este lhes foi vedado? Nunca lhes foi dada outra escolha que não de se renderem incondicionalmente. Só o que se lhes propõe é a morte. Na guerra que os opõe a Israel, as ações de Israel são consideradas como respostas legítimas (mesmo que pareçam desproporcionadas), ao passo que as dos palestinos são exclusivamente tratadas como crimes terroristas. E um morto árabe não tem a mesma medida nem o mesmo peso que um morto israelense.

Desde 1969, Israel não parou de bombardear e de metralhar o sul do Líbano, e reconheceu explicitamente que a invasão recente desse país era não uma resposta à ação do comando de Tel Aviv (30 mil soldados contra onze terroristas),[a] mas o coroamento premeditado de toda uma série de operações, a cuja iniciativa se reservava. Para uma "solução final" do problema palestino, Israel pode contar com uma cumplicidade quase unânime dos outros Estados, com nuanças e restrições diversas. Para todo o mundo, os palestinos, gente sem terra nem Estado, são um estorvo. De

---

* *Le Monde*, 7 de abril de 1978.

[a] Alusão à vasta operação realizada, algumas semanas antes, pelo governo de Menachem Begin no sul do Líbano, em represália à incursão de um comando palestino no norte de Tel Aviv, que resultou em várias dezenas de vítimas. Tratava-se, para o Estado de Israel, da mais vasta operação jamais conduzida até então em território libanês, resultando em várias centenas de vítimas nos campos palestinos e na população libanesa, e no êxodo de dezenas de milhares de civis libaneses para a capital. Apesar de sua amplitude, essa ofensiva não conseguiu desmantelar as bases dos combatentes palestinos e o fronte continuou aberto.

nada adianta receberem armas e dinheiro de certos países, pois sabem o que estão dizendo quando declaram que estão absolutamente sozinhos. *[148]* Os combatentes palestinos também dizem ter acabado de conquistar uma certa vitória. Eles deixaram no sul do Líbano apenas grupos de resistência, que parecem ter resistido fortemente. Em contrapartida, a invasão israelense fulminou cegamente os refugiados palestinos, os camponeses libaneses, todo um povo de agricultores pobres. Destruições de vilas e de cidades, massacres de civis foram confirmados: o emprego de bombas de fragmentação foi acusado em várias partes. Há vários anos, essa população do sul do Líbano não para de partir e voltar, em êxodo perpétuo, sob os golpes de força israelenses, dos quais não se entende muito bem o que os distingue de atos terroristas. A escalada atual jogou 200 mil pessoas sem abrigo na estrada. O Estado de Israel aplica no sul do Líbano o método que demonstrou seu alcance na Galileia e alhures, em 1948: Israel "palestina" o sul do Líbano.

Os combatentes palestinos são oriundos dos refugiados. Israel pretende vencer os combatentes fazendo, com isso, milhares de outros refugiados, de onde nascerão novos combatentes.

Não são apenas os nossos entrelaces com o Líbano que nos fazem dizer: o Estado de Israel assassina um país frágil e complexo. Há também um outro aspecto. O modelo Israel-Palestina é determinante nos problemas atuais do terrorismo, mesmo na Europa. A entente mundial dos Estados, a organização de uma polícia e de uma jurisdição mundiais, tais como estão sendo preparadas, desembocam necessariamente numa extensão em que mais e mais pessoas serão assimiladas a "terroristas" virtuais. Encontramo-nos numa situação análoga à da guerra espanhola, quando a Espanha serviu de laboratório e de experimentação para um futuro ainda mais terrível.

Hoje, é o Estado de Israel que toca a experimentação. Ele fixa um modelo de repressão que será cunhado em outros países, adaptado a outros países. Há uma grande continuidade em sua política. Israel sempre considerou que as resoluções da ONU, que o condenavam verbalmente, na verdade lhe davam razão. O convite para que deixasse territórios ocupados foi transformado em

170   Gilles Deleuze

dever de neles instalar colônias. Atualmente, considera que o envio da força internacional *[149]* ao sul do Líbano é excelente... com a condição de que, em seu lugar, essa força se encarregue de transformar a região numa zona de polícia ou em deserto controlado.[b] É uma chantagem curiosa, de que o mundo inteiro apenas sairá se houver uma pressão suficiente para que os palestinos sejam, enfim, reconhecidos pelo que são, "interlocutores válidos", pois imersos num estado de guerra de que certamente não são os responsáveis.

[b] Uma semana após o envio das forças israelenses, que ocuparam até um sexto do território libanês, os "boinas azuis" da ONU tomaram posição no sul do Líbano.

Os que estorvam

18

O LAMENTO E O CORPO*
[1978] *[150]*

Filósofo e psicanalista, Pierre Fédida publica *L'Absence*, depois de *Le Concept et la violence* e *Corps du vide et espace de séance*.[a] *L'Absence* não é um livro tradicional, tampouco uma coletânea de artigos. Seria antes uma seleção sobre o trabalho de uma vida. Que Fédida seja jovem não impede que ele possa medir seu trabalho pela extensão de uma vida em curso, e que ele opere um tipo de aprofundamento vital, à maneira de uma árvore. Fédida tem belas páginas estranhas justamente sobre o entrelace da escrita com a madeira, com a marcenaria, com a mesa. Ao mobiliário psicanalítico, que era um pouco pobre, poltrona e divã, Fédida acrescenta a mesa como elemento condutor ativo. Uma mesa massiva, móvel da intersubjetividade.

É que um dos principais projetos de Fédida é elevar a psicanálise ao estado de teoria e de prática da intersubjetividade. Não se trata de fazer uma psicologia do psicanalista e do psicanalisado, e da relação deles, mas de construir uma estrutura de intersubjetividade que seria como que a condição de direito da psicanálise. E a grande novidade do livro de Fédida é a invenção de toda sorte de conceitos-*inter*, que marcam aquilo que está "entre", aquilo que não é "um" nem "outro", mas está no meio [*milieu*], como intermediário, mensageiro, *intermezzo*: não mais a outra cena, mas o entre-duas sessões, com o tempo e o espaço próprios do inter-

---

* *Le Monde*, 13 de outubro de 1978. Sobre o livro de Pierre Fédida, *L'Absence* (Paris, Gallimard, 1978), Deleuze fizera parte da banca da tese que deu origem à sua publicação.

[a] *Le Concept et la violence*, Paris, 10/18, 1977; *Corps du vide et espace de séance*, Paris, Delarge, 1977.

---

172   Gilles Deleuze

subjetivo. Se Fédida sofreu as influências da fenomenologia e da análise existencial (não apenas Husserl, *[151]* mas Binswanger, Henri Maldiney), é porque encontrou a primeira grande tentativa de uma teoria da intersubjetividade como campo transcendental. E acreditamos que todos os inter-conceitos criados por Fédida nesse livro são propícios a renovar o pensamento psicanalítico.

Com efeito, se esse ponto de partida for aceito — a intersubjetividade como campo original, primeiro relativamente aos sujeitos que o povoam e aos objetos que o mobiliam —, a tarefa devém a seguinte: dar ao objeto *e* ao sujeito um novo estatuto, pois esse estatuto deve decorrer de uma intersubjetividade primeira, e não o inverso. É isso que Fédida faz, ao construir uma noção muito bonita, a de *objeu* (cujo nome ele toma emprestado de Ponge).[i] Em segundo lugar, os próprios entrelaces do sujeito com o corpo decorrerão do intersubjetivo; ou, então, dos distúrbios ditos psicossomáticos, que marcam precisamente a variação desses entrelaces, decorrerão distúrbios escondidos da intersubjetividade. Tais distúrbios se apresentam sob a forma do *lamento*, e como outros tantos lamentos. Nesse sentido, Fédida faz o quadro dos três grandes lamentos antigos, que hoje ganham uma importância moderna decisiva: o lamento melancólico, o lamento hipocondríaco, o lamento depressivo. Nossos três flagelos. A psicanálise inteira balança quando não mais está sob o regime neurótico da demanda, mas sob o do lamento psicossomático, inclusive o lamento do psicanalista. E é certamente a uma nova compreensão de todo esse domínio, do intersubjetivo ao psicossomático, que Fédida nos convida, nesse livro apaixonante, excepcional.

RODAPÉ DA TRADUÇÃO

[i] Encontrado em Francis Ponge, *Le Soleil placé en abîme*, in *Pièces*, Paris, Gallimard, 1961. O neologismo *objeu* é uma contração das palavras *objet* (objeto) e *jeu* (jogo, brincadeira).

O lamento e o corpo

19
EM QUÊ A FILOSOFIA PODE SERVIR
A MATEMÁTICOS OU MESMO A MÚSICOS —
MESMO E SOBRETUDO QUANDO ELA NÃO FALA
DE MÚSICA OU DE MATEMÁTICA*
[1979] *[152]*

Eu gostaria de falar sobre um aspecto bastante particular. Na situação tradicional, um professor fala para estudantes que estão começando ou que já têm algum conhecimento sobre uma determinada disciplina. Esses estudantes participam também de outras disciplinas; existem igualmente ensinos interdisciplinares, porém secundários. Em suma, os estudantes são "julgados" pelo seu nível nesta ou naquela disciplina abstratamente considerada. Em Vincennes, a situação é diferente. Um professor, de filosofia por exemplo, fala diante de um público composto, em graus diversos, por matemáticos, músicos — de formação clássica ou de música pop —, psicólogos, historiadores etc. Ora, ao invés de "colocar entre parênteses" essas outras disciplinas, para então melhor aceder àquela que se pretende ensiná-los, os ouvintes, pelo contrário, esperam da filosofia, por exemplo, algo que lhes servirá pessoalmente ou que virá entrosar-se com suas outras atividades. A filosofia lhes dirá respeito, não em função de um grau que eles possuiriam nesse tipo de saber, mesmo que seja um grau zero de iniciação, mas em função direta das suas preocupações, *[153]* ou se-

---

* Obra coletiva publicada sob a responsabilidade de Jacqueline Brunet, Bernard Cassen, François Châtelet, Pierre Merlin e Madeleine Rebérioux, *Vincennes ou le désir d'apprendre*, Paris, Éditions Alain Moreau, 1979, pp. 120-1.

Essa obra pretendia defender a existência e o projeto inicial da Universidade de Vincennes, tal como havia sido definido por Edgar Faure, ministro da Educação [de 1968 a 1969]. A existência da Universidade era então ameaçada, desde 1978, pelo governo de Giscard d'Estaing, na pessoa de Alice Saunier-Seïté [ministra do Ensino Superior e da Pesquisa] e com o apoio ativo do prefeito de Paris, Jacques Chirac.

ja, das outras matérias ou materiais de que eles já têm um certo domínio. Portanto, o que os ouvintes vão buscar em alguma matéria é para si próprios. Assim, o ensino da filosofia orienta-se diretamente pela questão de saber em que a filosofia pode servir a matemáticos, ou a músicos etc. — mesmo, e sobretudo, quando ela não fala de música ou de matemática. Um ensino como esse não é, de maneira alguma, de cultura geral, ele é pragmático e experimental, sempre fora de si mesmo, precisamente porque os ouvintes são levados a intervir em função de necessidades ou de contribuições que são as deles. Assim, em dois pontos importantes Vincennes não se encontra na mesma situação que outras faculdades: por um lado, quanto à distinção dos anos de estudo, pois Vincennes tem o meio para fazer coexistirem, num mesmo nível de ensino, ouvintes de qualificação e de idade diferentes; por outro lado, o problema da seleção, pois esta, em Vincennes, pode se subordinar a um método de "triagem", onde a direção de uma aula seria constantemente entrelaçada às direções dos ouvintes.

A presença de numerosos trabalhadores e de numerosos estrangeiros confirma e reforça essa situação. Então, objeta-se que um ensino como esse não responde às normas e não diz respeito a um estudante tradicional, que pretende legitimamente adquirir a mestria de uma disciplina em si mesma. Essa objeção não nos parece de modo algum fundamentada; ao contrário, é do maior interesse pedagógico pôr em jogo, *no interior* de cada disciplina, essas ressonâncias entre níveis e domínios de exterioridade. Não há ouvinte ou estudante que não chegue com domínios próprios — em vez de deixá-los de lado, a disciplina ensinada deve "tomá-los". É o único meio de apreender uma matéria em si mesma e do interior. Longe de se opor às normas exigidas pelo Ministério, o ensino em Vincennes deveria fazer parte dessas normas. Mesmo que nos ativéssemos ao projeto da reforma do ensino superior — instaurar universidades concorrenciais à americana —, seria preciso, não suprimir Vincennes, mas criar umas três ou quatro. Seria particularmente indispensável uma Vincennes-ciências com esse método de ensino (muitos dentre nós poderíamos *[154]* ir para lá como ouvintes). Na realidade, esse método está atualmente ligado a uma situação específica de Vincennes, a uma história de Vincen-

Em quê a filosofia pode servir a matemáticos ou mesmo a músicos   175

nes, mas que ninguém poderá suprimir sem fazer com que também desapareça uma das principais tentativas de renovação pedagógica na França. O que nos ameaça é uma espécie de lobotomia do ensino, dos que ensinam e dos que são ensinados, à qual Vincennes opõe uma capacidade de resistência.[i]

RODAPÉ DA TRADUÇÃO

[i] O Centro Universitário Experimental de Vincennes, ou "Universidade Paris 8", foi criado no outono de 1968, após os acontecimentos de Maio de 68. O decreto de sua criação foi assinado em dezembro daquele ano e, em janeiro de 1969, os primeiros estudantes foram acolhidos nos edifícios construídos no bosque de Vincennes, região interna a Paris, próxima à fronteira norte da cidade. Em agosto de 1980, sob vigilância de efetivo policial, os edifícios foram completamente arrasados e hoje não se encontra vestígio algum do que fora o sítio original da Universidade, tampouco monumento que ateste sua existência. Esse "desmantelamento", como se referiam os estudantes àquela época, resultou na reconstrução da Universidade quinze quilômetros adiante, na pequena cidade de Saint-Denis, limítrofe de Paris. Na edição de comemoração dos 40 anos da fundação da Universidade, seu jornal interno *Le Journal de Saint-Denis* (7 a 13 de janeiro de 2009), recupera essa história: "Reputada, naquele tempo, pelas lutas de facção entre docentes, pelos deslizes cometidos por estudantes adeptos da subversão ou do antiautoritarismo, pelos seus múltiplos ganhos extras, feiras, escambos etc., a Universidade de Vincennes foi com muito gosto estigmatizada como um bordel daqueles que se supõe que os esquerdistas adoram. Essa imagem ruim, sustentada pela direita, era também compartilhada por numerosos militantes comunistas" (p. 7). Sobre esse estigma, no momento da transferência da Universidade, a ministra das Universidades em 1980, Alice Saunier-Seïté, expressou-se de uma maneira que ficaria famosa: "Do que eles estão reclamando? Os novos edifícios estarão situados entre a rua da Liberdade, a avenida Lênin e a avenida Stalingrado; eles estarão em meio aos comunistas". Ainda bem que Deleuze sempre manifestou desprezo pelas falas que depõem contra revoluções com base naquilo que delas foi feito *a posteriori*.

20
CARTA ABERTA AOS JUÍZES DE NEGRI*
[1979] *[155]*

Pode haver um temor de que os atentados recentes atrapalhem um sentimento que deveio mais e mais premente no caso Negri: nada haveria nos dossiês da acusação, que conduziram à prisão de Negri e dos seus camaradas. A voz ao telefone não oferece indício algum, desaparecem os lugares em que Negri teria estado, os escritos de Negri não são mais resoluções das Brigadas Vermelhas, mas, ao contrário, análises graças às quais Negri se opõe às teses das Brigadas etc. Os juízes protelam essas provas para o dia seguinte e querem transformar o interrogatório num debate teórico de inquisição. É verdade que eles têm tempo para isso e que a

---

* "Lettera aperta ai giudici di Negri", *La Repubblica*, 10 de maio de 1979, pp. 1-4.

Antonio Negri, filósofo italiano, nascido em 1933, então professor de Ciências Políticas e Sociais na Universidade de Pádua, refugia-se na França para escapar dos ataques da magistratura italiana. Convidado por Louis Althusser, em 1977-1978 ele ministrou um curso sobre os *Grundrisse* de Marx na École Normale Supérieure (que resultará na publicação *Marx au-delà de Marx*, Paris, C. Bourgois, 1979). Durante a sua estada parisiense, travou amizade com Félix Guattari, que manterá Deleuze informado da situação política italiana. Deleuze e Negri só se encontrarão em 1987.

O "caso Aldo Moro" explode no dia 16 de março de 1978, com o sequestro do presidente do conselho da Democracia Cristã pelo grupo terrorista armado "Brigadas Vermelhas". Após uma longa retenção, Aldo Moro é assassinado no dia 9 de maio de 1978. Ao longo do caso, o juiz Gallucci (democrata cristão), baseado em indícios sem fundamento, inculpa Negri por cumplicidade. Negri é preso no dia 7 de abril de 1979, encarcerado, depois transferido para "prisão especial" (equivalente aos *quartiers de haute securité* das prisões francesas). No momento em que Deleuze escreve seu artigo, o processo ainda não havia sido iniciado.

lei real permite que aprisionem os acusados durante quatro anos antes do processo.[a] Prontos para sustentar um debate teórico, *[156]* parece-nos que três princípios estão em jogo, e esses três princípios implicam todos os democratas. De saída, a justiça deveria se conformar a um certo princípio de identidade. Não se trata simplesmente da identidade do acusado, mas daquela identidade, ou não-contradição, mais profunda, que deve caracterizar um ato de acusação. Se outros motivos de acusação emergem, é preciso mudar o ato jurídico. Em suma, é necessário que a acusação possua, em seu conjunto, um mínimo de consistência identificável. Existindo esse tipo de identidade da acusação, é possível se defender.

Não é o caso do mandato de Roma, que começa por repassar o sequestro de Moro como se Negri estivesse envolvido, e que recorre aos escritos de Negri como se ele, porque não estava envolvido, com mais forte razão fosse ainda mais responsável. O ato de acusação pula da ação à instigação, da instigação ao pensamento, do pensamento a uma outra ação qualquer, pouco importa. Um tal ato de acusação, tão mutável e tão indeterminado, carece da mais elementar identidade jurídica. "Você será culpado de qualquer jeito."

Em seguida, o inquérito e a instrução deveriam se conformar a um certo princípio de disjunção ou de exclusão: é isso ou então aquilo..., se não é aquilo, não é isso etc. Em contrapartida, no caso Negri, parece que se quer conservar, a cada momento, todos os termos das alternativas: se Negri não estava em Roma, ainda assim a ligação telefônica será mantida, arguindo para isso que ela foi feita em Paris, ou vice-versa; se Negri não está diretamente implicado no sequestro de Moro, ainda assim foi ele que o inspirou, se não concebeu, e é como se ele o tivesse realizado. Se Negri, em seus textos e em suas declarações, opõe-se às Brigadas Vermelhas, trata-se de uma máscara que melhor prova seu acordo com elas

---

[a] A lei real de 1975 introduz regras de exceção no sistema judiciário italiano. Ela institui, especialmente, a detenção provisória por uma duração indeterminada.

enquanto chefe secreto. As acusações contraditórias não se anulam, elas se acrescentam.

Como diz Franco Piperno, inculpado em fuga, essa é uma maneira bastante curiosa de avaliar o alcance dos textos políticos e teóricos.[b] Os acusadores têm tanto hábito *[157]* de considerar que, num discurso político, é possível dizer qualquer coisa, que não podem absolutamente compreender a situação de um intelectual revolucionário cuja única possibilidade é escrever aquilo que pensa. Andreotti ou Berlinguer podem sempre dissimular seu pensamento, pois este, para eles, é apenas oportunismo.[c] Em contrapartida, o próprio Gramsci, sem dúvida alguma, não seria capaz de fazê-lo. Em suma, muito longe de avançar por alternativa e por exclusão, o inquérito procede por inclusão, adicionando os termos contraditórios. Por que essas negações da justiça são doravante possíveis? Acreditamos que a imprensa, com raras exceções, desempenha e continua a desempenhar um papel enorme no caso Negri. Não é a primeira vez e, no entanto, talvez seja a primeira vez que ela procede dessa maneira sistemática e organizada (e a imprensa francesa não é menos turrona e difamatória do que a italiana). A justiça jamais teria podido abandonar seu princípio de identidade, o inquérito jamais teria podido abandonar seu princípio de exclusão, caso a imprensa não lhes tivesse oferecido o meio para fazer com que as faltas e o abandono das regras fossem esquecidos.

Com efeito, a imprensa, por sua vez, está submetida a um outro princípio particular. Quer se trate dos cotidianos ou dos semanários, dos jornais ou das rádios e das tevês, é um princípio de acumulação. Por haver "novidades" todos os dias, e porque os desmentidos da véspera influência nenhuma têm sobre as novidades[i]

[b] Piperno, então membro da "Autonomia Operária", foi preso em Paris no dia 18 de setembro de 1978. As autoridades italianas tinham exigido sua extradição sob a acusação "de insurreição armada contra o Estado".

[c] Giulio Andreotti, várias vezes presidente do conselho italiano, era o líder dos democratas cristãos; Enrico Berlinguer era o secretário-geral do Partido Comunista, e foi um dos orquestradores do "compromisso histórico" entre o PCI e a Democracia Cristã.

do dia ou do dia seguinte, a imprensa acumula tudo o que se diz de um dia para o outro, sem temer contradição alguma. O emprego do "condicional" permite, com efeito, reunir tudo e multiplicar tudo. Pode-se apresentar Negri como estando presente, no mesmo dia, em Roma, em Paris e em Milão. Os três se acumulam. Pode-se fazer dele um membro ativo das Brigadas Vermelhas, um chefe secreto ou, muito pelo contrário, o partidário de uma estratégia outra e de um método outro: de novo, os três se acumulam.

É o resultado que Marcelle Padovani mostra num [158] semanário francês: mesmo que Negri não pertença às Brigadas Vermelhas, é um "autônomo", "e nós sabemos o que os autônomos italianos...".[d] De qualquer jeito, Negri merece aquilo que está acontecendo com ele. A imprensa se entregou a uma fantástica "acumulação de inverdades", que permite à justiça e à polícia mascarar, num só golpe, o vazio dos seus dossiês. Prometeram um espaço judiciário e policial europeu, que só pode funcionar graças a um espaço europeu da imprensa, no qual todos os jornais, da esquerda à extrema direita, suprem o fracasso do inquérito e do direito. Está se aproximando a hora em que, na Europa, nem mesmo se compreenderá mais a reprovação, dirigida noutro momento à imprensa, pela resistência que ela opunha às palavras de ordem do poder.

Que os italianos, desta vez, não nos condenem por nos misturarmos naquilo que não nos diz respeito. Franceses foram acusados desde o início ("a pista francesa...", "a central parisiense das 'Brigadas Vermelhas'...").[e] Não seria um miserável acerto de con-

---

[d] Referência à "Autonomia Operária" de que Negri foi um dos principais responsáveis. Trata-se de um movimento de extrema esquerda, próximo do marxismo, cujas teses levam em conta as novas formas de trabalho e de luta contra o trabalho. Pode-se reportar a Deleuze e Guattari, *Mille plateaux*, Paris, Éditions de Minuit, pp. 585-6. As autoridades e uma parte da imprensa italiana consideravam as Brigadas Vermelhas como o "braço armado" da "Autonomia Operária".

[e] Essa acusação, oriunda dos políticos de esquerda e de direita, responde ao "Apelo dos intelectuais franceses contra a repressão na Itália", assinado por Deleuze e Guattari em novembro de 1977.

tas em resposta aos dias de Bolonha?[f] Negri é um teórico, um intelectual importante, tanto na França como na Itália. Italianos e franceses estão unidos pelos mesmos problemas em face da violência, mas também contra uma repressão que nem mesmo necessidade tem de se legitimar juridicamente, pois ela se faz legitimar de antemão pela imprensa, pela rádio e pela tevê. Estamos assistindo a um verdadeiro "encarniçamento" contra homens que são aprisionados com base em provas das quais o mínimo que podemos dizer é que são vagas, sempre postergadas para o dia seguinte. Não acreditamos de modo algum nessas *[159]* promessas de provas. Queríamos ao menos informações sobre as condições de detenção e de isolamento. Será que vai ser preciso esperar uma catástrofe para que os jornais possam falar de uma prova "definitiva", segundo a qual Negri seria Pinelli?[g]

RODAPÉ DA TRADUÇÃO

[i] "Novidade" traduz *nouvelle*, mas esta palavra francesa traz uma ambiguidade interessante, pois quer dizer tanto "novidade" quanto "notícia". As novidades (*nouvelles*) do dia são capturadas como notícias (*nouvelles*) pela imprensa.

[f] Vasto movimento internacional de ajuntamento, em setembro de 1977, contra a repressão policial na Itália, do qual participaram a nova esquerda italiana, a maioria dos estudantes e os membros da "Autonomia Operária" (Guattari participou das manifestações).

[g] Anarquista defenestrado no comissariado de Milão, em dezembro de 1969, suspeito de ligação com o atentado homicida da Piazza Fontana, que fora cometido alguns dias antes (atentado de neofascistas com a cumplicidade dos serviços secretos italianos e que marca a instauração da "estratégia da tensão").

Carta aberta aos juízes de Negri

21
ESSE LIVRO É LITERALMENTE UMA PROVA DE INOCÊNCIA*
[1979] *[160]*

Em quê é importante a publicação do livro de Negri,[a] não somente por si mesma, mas relativamente à situação de Negri em prisão especial?[b]

1) Acontece que houve, de passagem, uma curiosa empreitada de depreciação em muitos jornais italianos: "Negri não é um pensador importante, ele é um teórico medíocre e até mesmo deplorável...". Notar-se-á que o fascismo, quando detinha um pensador ou um teórico, não sentia a necessidade de diminuí-lo; ele antes dizia: "Nada temos que fazer com pensadores, são pessoas detestáveis e perigosas". Porém, a democracia atual tem necessidade de depreciar, de persuadir a opinião de que se trata de um *falso pensador*. Ora, o livro de Negri mostra claramente o que todos aqui sabíamos: que Negri é um teórico marxista extremamente importante, profundo e inovador.

2) Em segundo lugar, Negri jamais se pretendeu unicamente um teórico; sua teoria, suas interpretações são inseparáveis de um certo tipo de lutas sociais práticas. Ora, os livros de Negri descrevem esse campo de lutas em função daquilo que ele chama de capital social, em função das novas formas do trabalho no capitalis-

---

* *Le Matin de Paris*, 13 de dezembro de 1979. Sobre Antonio Negri, ver a nota de apresentação [com asterisco] do texto anterior.

[a] Trata-se de *Marx au-delà de Marx*, Paris, C. Bourgois, 1979.

[b] A "prisão especial" é o equivalente aos QHS (Quartiers de Hauté Securité) das prisões francesas.

182   Gilles Deleuze

mo: disso decorre, principalmente, que as lutas não se restringem ao simples quadro da empresa, nem do sindicato. Porém, em nenhum momento, o tipo de lutas *[161]* práticas analisadas e apoiadas por Negri passa pelo terrorismo, tampouco se confunde com os métodos promovidos pelas Brigadas Vermelhas. Nesse sentido, já que os juízes italianos se interessam tanto pelo estilo, pelas intenções e pelos pensamentos de Negri, *esse livro é literalmente uma prova de inocência.* Então, será possível dizer que Negri é duplo e que ele faz, como escritor, a teoria de uma certa prática social, mas tem, como agente secreto, toda uma outra prática, terrorista? Essa seria uma ideia particularmente idiota, pois, a menos evidentemente que ele seja pago pela polícia, um escritor revolucionário *não pode* praticar um outro tipo de luta que não a que ele aprova e promove em seus escritos.

Esse livro é literalmente uma prova de inocência

22
OITO ANOS DEPOIS: ENTREVISTA DE 80*
[1980] *[162]*

Pergunta — Que diferença existe entre a obra de 1972, O an-
ti-Édipo, e a de 1980, Mil platôs?
Gilles Deleuze — A situação d'*O anti-Édipo* era relativamente simples. *O anti-Édipo* tratava de um domínio familiar, reconhecido: o inconsciente. Ele propunha que se substituísse o modelo
teatral ou familiar do inconsciente por um modelo mais político:
a fábrica, em vez do teatro. De certa forma, era um "construtivis-
mo" à russa. Daí a ideia de produção desejante, de máquinas desejantes. Ao passo que *Mil platôs* é mais complicado, pois ele tenta inventar seus domínios. Os domínios não preexistem mais, são
traçados pelas partes do livro. É a sequência d'*O anti-Édipo*, mas
a sequência ao ar livre, *in vivo*. Por exemplo, o devir animal do
homem e seu encadeamento com a música...
P. — Será que não haveria também diferenças circunstanciais
entre os dois livros?
G.D. — Certamente. *O anti-Édipo* é pós-68: era uma época
de efervescência, de busca. Hoje em dia, há uma reação muito forte. É toda uma economia do livro, uma nova política, que o conformismo atual impõe. Há uma crise do trabalho, uma crise organizada, deliberada, tanto no nível dos livros como em outros níveis. O jornalismo tomou mais e mais poder na literatura. Além
disso, uma massa de romances redescobrem o tema familiar mais
raso e desenvolvem ao infinito todo um papai-mamãe: é inquietante quando se acha um romance já pronto, pré-fabricado, na família que se tem. Este é verdadeiramente o ano do patrimônio, e

---

* Conversa registrada por Catherine Clément, in *L'Arc*, nº 49: Deleuze, reed. 1980, pp. 99-102.

quanto a isso *[163]* O *anti-Édipo* foi um fracasso completo. Levaria tempo para analisar, mas a situação atual é bastante difícil e sufocante para os jovens escritores. Não posso dizer por que tenho tantos maus pressentimentos.

P. — *Tudo bem, ficará para outra hora. Mas* Mil platôs *é literatura? Há uma diversidade de domínios abordados: etnologia, etologia, política, música etc.; em qual gênero esse livro poderia entrar?*

G.D. — Filosofia, nada além de filosofia, no sentido tradicional da palavra. Quando se pergunta o que é a pintura, a resposta é relativamente simples. Um pintor é alguém que cria na ordem das linhas e das cores (ainda que as linhas e as cores existam na natureza). Ora, um filósofo é igual, é alguém que cria na ordem dos conceitos, alguém que inventa novos conceitos. Ainda assim, é evidente que há pensamento fora da filosofia, mas não sob essa forma especial dos conceitos. Os conceitos são singularidades que reagem sobre a vida ordinária, sobre os fluxos de pensamento ordinários ou cotidianos. Há muitas tentativas de conceitos em *Mil platôs*: rizoma, espaço liso, hecceidade, devir-animal, máquina abstrata, diagrama etc. Guattari inventa muitos conceitos, e eu tenho a mesma concepção de filosofia.

P. — *Mas qual seria a unidade de* Mil platôs, *visto que já não há referência a um domínio de base?*

G.D. — Talvez seria a noção de agenciamento (que substitui as máquinas desejantes). Há toda sorte de agenciamentos e componentes de agenciamento. Por um lado, tentamos substituir com esta noção a noção de comportamento: donde a importância da etologia em *Mil platôs*, e a análise dos agenciamentos animais, por exemplo, agenciamentos territoriais. Um capítulo como o do Ritornelo considera, de uma só vez, agenciamentos animais e agenciamentos propriamente musicais: é o que chamamos de "platô", que põe em continuidade os ritornelos de pássaro e ritornelos como aqueles de Schumann. Por outro lado, a análise dos agenciamentos, tomados em seus diversos componentes, abre-nos para uma lógica geral, apenas esboçada por nós, mas que será sem dúvida a sequência do nosso trabalho, fazer essa lógica, o que Guattari chama de "diagramatismo". *[164]* Nos agenciamentos, exis-

Oito anos depois: entrevista de 80

tem estados de coisas, corpos, misturas de corpos, ligas; também existem enunciados, modos de enunciação, regimes de signos. Os entrelaces entre os dois são muito complexos. Por exemplo, uma sociedade não se define por forças produtivas e pela ideologia, mas antes pelas suas "ligas" e pelos seus "veredictos". As ligas são as misturas de corpos praticadas, conhecidas, permitidas (há misturas de corpos proibidas, como o incesto). Os veredictos são os enunciados coletivos, ou seja, as transformações incorpóreas, instantâneas, que têm curso numa sociedade (por exemplo, "a partir desse momento você não é mais uma criança"...).

P. — *O senhor descreve esses agenciamentos, mas eles não estão, ao que me parece, isentos de juízo de valor. Não será* Mil platôs *também um livro de moral?*

G.D. — Os agenciamentos existem, mas eles têm, com efeito, componentes que lhes servem de critério e permitem que se os qualifique. Os agenciamentos são conjuntos de linhas, um pouco como na pintura. Ora, existem linhas de toda sorte. Existem linhas segmentárias, segmentarizadas; existem as que se atolam ou caem em "buracos negros"; existem as que são destruidoras, que desenham a morte; existem, enfim, as que são vitais e criadoras. Estas últimas abrem um agenciamento, em vez de fechá-lo. A noção de *abstrato* é uma noção bastante complicada: uma linha pode não representar nada, ser puramente geométrica, ela ainda não é verdadeiramente abstrata, na medida em que faz um contorno. A linha abstrata é a linha que não faz contorno, que passa *entre* as coisas, uma linha mutante. É o que foi dito a respeito da linha de Pollock. Neste sentido, a linha abstrata não é, de modo algum, a linha geométrica; ela é a linha mais viva, mais criadora. A abstração real é uma vida não-orgânica. A ideia de uma vida não-orgânica é constante em *Mil platôs*, e essa é justamente a vida do conceito. Um agenciamento é arrastado por suas linhas abstratas, quando é capaz de tê-las ou de traçá-las. Hoje em dia, assistimos a algo muito curioso: a revanche do Silício. Os biólogos muitas vezes se perguntaram o porquê de a vida ter "passado" pelo carbono e não pelo silício. Porém, a vida das máquinas modernas passa pelo silício: é toda uma vida não-orgânica, distinta da vida orgânica do [165] carbono. Falaremos, neste sentido, de um agenciamento-silício. Nos domínios mais diversos, deve-se considerar os componentes de agenciamento, a natureza das linhas, os modos de vida e de enunciado...

P. — *Ao ler a obra de vocês, pode-se ficar com a impressão de que os recortes tidos como os mais importantes desapareceram: o recorte cultura-natureza, de um lado; o recorte epistemológico, de outro.*

G.D. — Há duas maneiras de suprimir ou atenuar o recorte natureza-cultura. Uma consiste em aproximar comportamento animal e comportamento humano (Lorenz fez isso, com consequências políticas inquietantes). Quanto a nós, dizemos que a noção de agenciamento pode substituir a noção de comportamento, e que, relativamente a essa noção, a distinção natureza-cultura não é mais pertinente. Um comportamento, de certa forma, ainda é um contorno. Ao passo que um agenciamento é, primeiramente, aquilo que faz com que elementos bastante heterogêneos *fiquem juntos* — um som, uma cor, um gesto, uma posição etc., naturezas e artifícios: é um problema de "consistência" que precede os comportamentos. A consistência é uma relação muito especial, mais física do que lógica ou matemática. Como as coisas ganham consistência? Pode haver, entre coisas muito diferentes, uma continuidade intensiva. Quando emprestamos de Bateson a palavra "platô", foi justamente para designar essas zonas de continuidade intensiva.[i]

P. — *De onde veio essa noção de intensidade que rege o "platô"?*

G.D. — Foi Pierre Klossowski quem devolveu recentemente às intensidades um estatuto muito profundo, filosófico e até mesmo teológico. Ele tirou disso toda uma semiologia. Era uma noção muito vivaz na física e na filosofia da Idade Média. Ela foi mais ou menos encoberta pelo privilégio dado às quantidades extensivas e à geometria da extensão. A física, porém, não parou de reencontrar, à sua maneira, os paradoxos das quantidades intensivas; a matemática afrontou os espaços não extensos; a biologia, a embriologia, a genética descobriram todo um domínio de "gradientes". E aqui também não haveria por que isolar procedimentos que seriam científicos ou epistemológicos. As intensidades são um as-

Oito anos depois: entrevista de 80

sunto *[166]* de modos de vida e de prudência prática experimental. São elas que constituem a vida não-orgânica.

P. — *Ler* Mil platôs *talvez não seja sempre fácil...*

G.D. — É um livro que nos exigiu muito trabalho e que exige também do leitor. Mas tal parte, que nos parece difícil, pode parecer muito fácil para outra pessoa. E inversamente. Independentemente da qualidade ou não desse livro, é esse gênero de livro que está em questão hoje em dia. Portanto, temos a impressão de fazer política, mesmo quando falamos de música, de árvores ou de rostos. Para todo escritor, a questão é saber se outras pessoas, por pouco que seja, vão fazer uso do seu trabalho no trabalho delas, na vida ou no projeto delas.

RODAPÉ DA TRADUÇÃO

[i] Cf. a edição brasileira de *Mil platôs*, vol. 1, p. 44 (2ª ed., São Paulo, Editora 34, 2011), e pp. 32-3 da edição francesa.

23
A PINTURA INFLAMA A ESCRITA*
[1981] *[167]*

— *Antes de o texto nascer, qual forma ganhava a sua admiração por Bacon?*
Gilles Deleuze — Para grande parte das pessoas, Bacon suscita um choque. Ele mesmo diz que seu trabalho é fazer imagens, e são imagens-choque. O sentido desse choque não remete a algo de "sensacional" (aquilo que é representado), mas depende da sensação, ou seja, das linhas e das cores.

Confrontamo-nos com a presença intensa de figuras, às vezes solitárias, às vezes de vários corpos, suspensas num *à-plat*,[i] numa eternidade de cores. Então, perguntamo-nos como esse mistério é possível. Chegamos a imaginar o lugar de um pintor como este na pintura contemporânea e, mais geralmente, na história da arte (por exemplo, a arte egípcia). Pareceu-me que a pintura atual oferecia três grandes direções, que era preciso definir não formalmente, mas materialmente e geneticamente: a abstração, o expressionismo, e aquilo que Lyotard chama de Figural, que é outra coisa que não o figurativo, que é exatamente uma produção de Figuras. Bacon vai mais longe nesta última direção.

— *Num certo momento, você estabelece um liame entre os personagens de Bacon e os de Kafka. Escrever sobre Bacon depois de ter escrito sobre Sacher-Masoch, Proust e Kafka, não haverá também nisso um liame?*

---

* Conversa registrada por Hervé Guibert, *Le Monde*, 3 de dezembro de 1981, p. 15, a respeito da publicação de *Francis Bacon. Logique de la sensation*, Paris, Éditions de la Différence, 1981, 2 vols. (reed., Paris, Seuil, col. "L'Ordre philosophique", 2002).

G.D. — O liame é múltiplo. São autores de Figuras. Seria preciso distinguir vários níveis. Primeiramente, apresentam-nos *[168]* sofrimentos insondáveis, angústias profundas. Depois, tomamos consciência de um tipo de "maneirismo", no sentido artístico da palavra, à Michelangelo, cheio de força e de humor. E nos damos conta de que, longe de ser uma sobrecarga de complicação, é o fato de uma pura simplicidade. O que se acreditava ser tortura ou contorção remete a posturas bastante naturais. Bacon parece fazer personagens torturadas, o mesmo é dito de Kafka, aos quais se poderia acrescentar Beckett, mas basta olhar alguém que foi forçado a permanecer sentado por muito tempo, por exemplo uma criança na escola, para ver que seu corpo toma somente as posturas mais "econômicas", em função de todas as forças que se exercem sobre ele. Kafka tem obsessão por um teto que pesa sobre a cabeça de alguém: o queixo se afunda terrivelmente no peito, ou então a ponta do crânio vai rebentar o teto... Em suma, há duas coisas bastante diferentes: a violência das situações, que é figurativa, mas também a inacreditável violência das posturas, que é "figural" e muito mais difícil de apreender.

— *Como se escreve um livro sobre a pintura, convocando coisas ou seres da literatura: nesse caso, Kafka, Proust, Beckett?*

G.D. — Aquilo que, em literatura, chama-se estilo, existe em pintura: é um conjunto de linhas e de cores. E reconhecemos um escritor pela sua maneira de envolver, de desenrolar ou de quebrar uma linha em "sua" frase. O segredo da grande literatura é ir até uma sobriedade cada vez maior. Para citar um autor de que gosto, uma frase de Kerouac acaba sendo uma linha de desenho japonês, ela mal se apoia sobre o papel. Um poema de Ginsberg é como uma linha expressionista quebrada. Assim, pode-se imaginar um mundo comum ou comparável entre pintores e escritores. É esse precisamente o risco da caligrafia.

— *Escrever sobre a pintura lhe proporcionou um prazer particular?*

G.D. — Fiquei com medo; parecia-me verdadeiramente difícil. Existem dois perigos: ou se descreve o quadro e, então, um quadro real não é necessário (com o gênio deles, Robbe-Grillet e Claude Simon conseguiram descrever quadros que não tinham necessidade de existir), ou então tomba-se na indeterminação, na efusão sentimental, na *[169]* metafísica aplicada. O problema próprio à pintura está nas linhas e nas cores. É difícil extrair conceitos científicos disto, que não sejam de tipo matemático ou físico, que também não sejam literatura depositada sobre a pintura, mas que sejam como que talhados pela pintura, talhados na pintura.

— *Não seria também uma maneira de transtornar o vocabulário crítico, de reanimá-lo?*

G.D. — A escrita tem seu calor próprio, mas é pensando na pintura que melhor se apreende a linha e a cor de uma frase, como se o quadro comunicasse alguma coisa às frases... Raramente tive um prazer desses ao fazer um livro. Quando se trata de um colorista como Bacon, o confronto com a cor é reviravolteante.

— *Quando você fala do clichê ambiente que preexiste à tela, você não está abordando também o problema do escritor?*

G.D. — A tela não é uma superfície branca. Ela toda já está atulhada de clichês, mesmo que não sejam vistos. O trabalho do pintor consiste em destruí-los: o pintor deve passar por um momento em que não vê mais nada, por um desmoronamento das coordenadas visuais. É por isso que digo que a pintura integra uma catástrofe, que inclusive é a matriz do quadro. Isso já é evidente em Cézanne, Van Gogh. No caso das outras artes, a luta contra os clichês é muito importante, mas ela permanece mais exterior à obra, ainda que seja interior ao autor. Exceto em casos como o de Artaud, onde o desmoronamento das coordenadas linguísticas ordinárias pertence à obra. Em pintura, ao contrário, é uma regra: o quadro surge de uma catástrofe óptica, que continua presente no próprio quadro.

— *Você escreveu com as pinturas diante dos olhos?*

G.D. — Eu escrevi com reproduções, e nisso tomei emprestado o método de Bacon: quando pensa num quadro, ele não vai vê-lo, mas tem fotos coloridas dele ou até mesmo fotos em preto e branco. Quando voltei para ver os quadros, foi no entretempo ou depois.

— *Em algumas ocasiões você sentiu necessidade de se destacar da obra, de esquecê-la?*

G.D. — Eu não tinha necessidade de esquecê-la. Chegava um

A pintura inflama a escrita

momento em que a reprodução não servia para mais nada, *[170]* pois o que ela tinha me dado já remetia a uma outra reprodução. Um exemplo: eu olho os trípticos e tenho o sentimento de que há uma espécie de lei interior; isso me força a pular de uma reprodução à outra para compará-las. Segundo momento: tenho a impressão de que essa lei, caso exista, deve se encontrar de maneira escondida, mesmo nos quadros simples. A ideia me ocorreu com os trípticos, e estava no ar.

Terceiro momento: folheando as reproduções dos quadros simples, me deparo com um quadro intitulado *O homem e a criança*,[ii] no qual a construção em tríptico me parece evidente. Ele representa uma garota bizarra, com grandes pés, e um ar severo, os braços cruzados, e que olha para um sujeito bonachão, dos que Bacon faz, sentado num banco regulável, do qual não se sabe se está descendo ou subindo. É evidente que esse quadro, pela sua organização, é um tríptico envolvido, ao invés de ser um tríptico desenvolvido. Assim, as reproduções me remetem umas às outras, mas é geralmente entre duas que se tem uma ideia que remete a uma terceira reprodução...

— *De que jeito as conversas de David Sylvester com Bacon foram uma base de trabalho, diferente dos quadros?*[a]

G.D. — É uma base necessária. Primeiramente, as conversas são bonitas e Bacon diz muitas coisas. Em geral, quando os artistas falam daquilo que fazem, eles têm uma modéstia extraordinária, uma severidade consigo próprios e uma grande força. São os primeiros a sugerir com muita força a natureza dos conceitos e dos afetos que se desprendem de sua obra. Os textos de um pintor agem, portanto, de maneira que não é a dos seus quadros, que é totalmente outra. Quando lemos as conversas, temos sempre vontade de colocar questões suplementares e, como sabemos que não será possível colocá-las, precisamos nos virar sozinhos.

— *Você não se encontrou com Bacon?*

G.D. — Sim, mais tarde, depois desse livro. Sente-se nele potência e violência, mas também um charme muito grande. Se ele

---

[a] Francis Bacon, *L'Art de l'impossible: entretiens avec David Sylvester*, Genebra, Skira, 1976; reed. 1995.[iii]

ficar sentado por uma hora, vai se torcer em todos os sentidos; diríamos que é *[171]* verdadeiramente um Bacon. Mas sua postura é sempre simples, fruto, talvez, de uma sensação que ele experimenta. Bacon distingue a violência do espetáculo, que não lhe interessa, e a violência da sensação como objeto da pintura. Ele diz: "Comecei por pintar o horror, as touradas ou as crucificações, mas isso ainda era dramático demais. O que conta é pintar o grito". O horror ainda é figurativo demais e, passando-se do horror ao grito, obtém-se um ganho formidável em sobriedade; toda a facilidade da figuração desaparece. Os mais belos Bacon são personagens que dormem, ou um homem visto de costas enquanto se barbeia.

— *Seu livro ainda assim não teria, por trás da dimensão de homenagem, a aspiração de fazer com que as pinturas de Bacon sejam vistas melhor?*

G.D. — Se ele fosse exitoso, necessariamente teria esse efeito. Mas acredito que tenha uma aspiração mais elevada, aquilo com que todo mundo sonha: aproximar alguma coisa que seja um fundo comum das palavras, das linhas e das cores, e mesmo dos sons. Escrever sobre a pintura, escrever sobre a música implica sempre essa aspiração.

— *O segundo tomo do livro (as reproduções das pinturas), que não é cronológico da obra de Bacon, deveria sê-lo da história do seu apego por Bacon, ou seja, reconstituir uma ordem de visão?*

G.D. — Com efeito, na margem do texto, há números que remetem à reprodução dos quadros. Essa ordem de surgimento[iv] é um pouco perturbada por razões técnicas (o lugar dos trípticos). Porém, em sua sucessão, ela não remete a uma cronologia de Bacon. Antes, ela procede logicamente, de aspectos relativamente simples a aspectos relativamente complexos. Um mesmo quadro, portanto, pode ressurgir quando se descobre nele um aspecto mais complexo.

Quanto à cronologia, Sylvester distingue, nas conversas, três períodos de Bacon e os define muito bem. Porém, pouco tempo depois, Bacon se lança em um novo período — potência de um pintor de se renovar. Que eu saiba, existem até agora apenas três quadros: um jato d'água, um jato de grama e um jato de areia. É to-

A pintura inflama a escrita

talmente novo, toda "figura" desapareceu. Quando encontrei Bacon, ele disse que sonhava em pintar uma onda, mas que não ousava acreditar *[172]* no sucesso de uma empreitada dessas. É uma lição de pintura, um grande pintor que chega a dizer: "Seria bom se eu conseguisse pegar uma ondinha...". É bem proustiano; ou então Cézanne: "Ah! se eu conseguisse pintar uma maçãzinha!".

— *Você descreve a obra, tenta definir os sistemas dela, mas em nenhum momento você diz "eu"?*

G.D. — A emoção não diz "eu". Como você mesmo disse, se está fora de si. A emoção não é da ordem do eu, mas do acontecimento. É muito difícil apreender um acontecimento, mas não acredito que essa apreensão implique a primeira pessoa. Antes seria preciso recorrer à terceira pessoa, como Maurice Blanchot, que diz haver mais intensidade na proposição "ele sofre" do que em "eu sofro".

RODAPÉ DA TRADUÇÃO

[i] *À-plat* (ou *aplat*) designa uma técnica de pintura que consiste em pinceladas, numa cor só, de camadas quase sem nenhuma espessura, de modo a não deixar traços do pincel na superfície pintada, desenvolvendo essa cor de forma homogênea, sem gradação ou qualquer indício de relevo.

[ii] *Man and Child*, quadro de 1963, que hoje pertence ao acervo do Museu de Arte Moderna Louisiana, em Humlebaek, Dinamarca.

[iii] Publicado originalmente em inglês, *Interviews with Francis Bacon*, Londres, Thames and Hudson, 1975.

[iv] Deleuze se refere ao surgimento das reproduções de Bacon ao longo de seu próprio livro *Lógica da sensação*, à sequência em que elas aparecem.

24
MANFRED:
UMA EXTRAORDINÁRIA RENOVAÇÃO*
[1981] *[173]*

A potência de um artista é a renovação. Carmelo Bene é prova disto. *Graças a* tudo o que fez, ele pode *romper* com aquilo que fez. Atualmente, está traçando um novo caminho para si próprio. E para todos nós ele constrói um novo entrelace — ativo — com a música. Em primeiro lugar, toda imagem comporta, a princípio, elementos visuais e elementos sonoros. E, por muito tempo, "fazendo" teatro ou cinema, Carmelo Bene tratou dos dois elementos de uma vez só (cores do cenário, organização visual das cenas, personagens vistas e escutadas ao mesmo tempo). Hoje, ele se interessa cada vez mais pelo elemento sonoro tomado em si mesmo. Ele faz do elemento sonoro uma *ponta* que arrasta toda a imagem, a imagem inteira passa no sonoro. Não é mais esta ou aquela personagem que fala, é o som que devém personagem, é tal elemento sonoro que devém personagem. Portanto, Carmelo Bene prossegue seu projeto de ser "protagonista" ou *operador*, mais do que ator, mas ele o prossegue sob novas condições. Não é mais a voz que se põe a sussurrar, ou a gritar, ou a articular, segundo exprima tal ou qual emoção, mas o sussurro devém *uma voz*, o grito devém *uma voz*, ao mesmo tempo em que as emoções correspondentes (afetos) devêm *modos, modos vocais*. E todas estas vozes e

---

* In Carmelo Bene, *Otello o la deficienza della donna*, Milão, Feltrinelli, 1981, pp. 7-9.

A versão italiana apareceu originalmente no livreto que acompanhou o registro do espetáculo de 1º de outubro de 1981 no Teatro alla Scala, *Manfred-Carmelo Bene*, Milão, Fonit Cetra, 1981. Tradução italiana de Jean-Paul Manganaro.

Manfred: uma extraordinária renovação   195

estes modos se comunicam do interior. Donde o papel renovado das variações de *[174]* velocidade, e mesmo do *playback*, que nunca foi um meio cômodo para Carmelo Bene, mas um instrumento de criação.

Em segundo lugar, trata-se não apenas de extrair o sonoro do visual, mas extrair da voz falante as potências musicais de que ela é capaz e que, todavia, não se confundem com o canto. Essas novas potências, com efeito, poderão acompanhar o canto, conspirar com ele, mas não formarão nem um canto, nem um *sprechgesang*: é a invenção de uma *voz modalizada*, ou então *filtrada*. É uma invenção talvez tão importante quanto a do próprio *sprechgesang*, mas que dele se distingue essencialmente.[i] Trata-se, de uma só vez, de fixar, criar ou modificar a cor de base de um som (ou de um conjunto de sons) e fazer com que ele varie ou evolua no tempo, mudar sua curva fisiológica. Carmelo Bene renova, aqui, todas as suas pesquisas sobre as subtrações e adições vocais, que o confrontam cada vez mais com as potências do sintetizador.

O *Manfred* de Carmelo Bene[ii] é, portanto, o primeiro resultado de um enorme trabalho e de uma nova etapa de criação. Em *Manfred*, essa voz, essas vozes de Carmelo Bene se insinuam entre os coros cantados e a música, conspiram com eles, acrescentam-se a eles ou deles se subtraem. É falso dizer que Carmelo Bene se serviu mais de Byron do que de Schumann. Não é por acaso, mas por amor, que Carmelo Bene escolheu Schumann, cuja música abria tantas novas potencialidades para a voz e desencadeava uma nova instrumentação da voz. Não havia como se enganar disto no Scala de Milão. Entre o canto e a música, Carmelo Bene insere o texto que deveio sonoro, faz com que ele coexista com aqueles, com que reaja sobre eles, de tal maneira que escutemos o conjunto pela primeira vez e que se faça uma profunda aliança do elemento musical e cantado com o elemento vocal inventado, criado, tornado necessário. Sim, êxito extraordinário, que inaugura as novas pesquisas de Carmelo Bene.

Rodapé da tradução

[i] Um dos grandes artistas que explorou a técnica do *sprechgesang* foi Arnold Schoenberg (1874-1951). Em um livro importante do compositor franco-polonês René Leibowitz, aprende-se que mesmo Schoenberg teria modificado, no curso de suas pesquisas, o tratamento da voz em *sprechgesang*. A tradução para o termo certamente não se equivoca quando o verte por "canto falado"; aos olhos de Schoenberg, porém, o canto, ou a modulação da voz para o canto, deve ser anulado caso se pretenda destinar a voz às forças musicais do falar, e não do cantar; e uma separação abstrata teve de ser feita entre fala e canto: o canto deveria ser tanto anulado da notação musical quanto das inflexões vocálicas. Como diz Leibowitz: "Enquanto a melodia cantada mantém a altura do som, a melodia falada *não faz senão indicá-la*, abandonando-a imediatamente de maneira ascendente ou descendente". Isto constituiria, pelo contrário, uma linha melódica da fala, ou, no termo de Schoenberg: uma *Sprechstimme*, voz falada "sobre uma só linha, em vez de fazê-lo sobre o pentagrama" (René Leibowitz, *Schoenberg*, tradução brasileira de Hélio Ziskind, São Paulo, Perspectiva, 1981, principalmente pp. 89-92). Talvez essa *indicação* à melodia do canto, indicação feita pela voz, explique-nos por que ainda ouvimos elementos de canto mesmo na *Sprechstimme*, o canto na fala, por exemplo no *Pierrot Lunaire* (1912), obra de Schoenberg para voz e quinteto de flauta, clarinete, violino, *cello* e piano. E talvez isto nos dê elementos para distinguir a *sprechgesang* da "voz modalizada" de Carmelo Bene.

[ii] Peça teatral que consiste na recitação do poema dramático *Manfred*, de George Gordon Byron, junto à música de Robert Schumann para o mesmo poema. Foi estreada no dia 6 de maio de 1978, no Teatro alla Scala, em Milão.

Manfred: uma extraordinária renovação

25
PREFÁCIO A *A ANOMALIA SELVAGEM**
[1982] *[175]*

O livro de Negri sobre Espinosa, escrito na prisão, é um grande livro, que renova em vários aspectos a compreensão do espinosismo. Eu gostaria de salientar, aqui, duas das principais teses que ele desenvolve.

1) O antijuridicismo de Espinosa

A ideia fundamental de Espinosa é a de um desenvolvimento espontâneo das forças, ao menos virtualmente. Equivale a dizer que não há necessidade, a princípio, de uma mediação para constituir os entrelaços que correspondem às forças.

Pelo contrário, a ideia de uma mediação necessária pertence essencialmente à concepção jurídica do mundo, tal como elaborada por Hobbes, Rousseau, Hegel. Essa concepção implica: 1) que as forças têm uma origem individual ou privada; 2) que devem ser socializadas para engendrar os entrelaços adequados que lhes correspondem; 3) que há, portanto, mediação de um Poder ("Potestas"); 4) que o horizonte é inseparável de uma crise, de uma guerra ou de um antagonismo, dos quais o Poder se apresenta como solução, mas "solução antagonista".

Frequentemente se apresentou Espinosa como pertencente a essa linhagem jurídica, entre Hobbes e Rousseau. Não é assim, segundo Negri. Em Espinosa, as forças são inseparáveis de uma espontaneidade e de uma produtividade, que tornam possível seu de-

---

* "Préface". In Antonio Negri, *L'Anomalie sauvage: puissance et pouvoir chez Spinoza*, Paris, PUF, 1982, pp. 9-12.
Sobre Toni Negri, ver a apresentação do texto n° 18.

198   Gilles Deleuze

senvolvimento sem mediação, ou seja, sua *composição*. *[176]* São, nelas mesmas, elementos de socialização. Espinosa pensa imediatamente em termos de "multidão" e não de indivíduo. Toda a sua filosofia é uma filosofia da *"potentia"* contra a *"potestas"*. Ela se insere numa tradição antijurídica, que passaria por Maquiavel e terminaria em Marx. É toda uma concepção da "constituição" ontológica, ou da "composição" física e dinâmica, que se opõe ao *contrato* jurídico.[1] Em Espinosa, o ponto de vista ontológico de uma produção imediata se opõe a todo apelo a um Dever-Ser, a uma mediação e a uma finalidade ("com Hobbes, a crise conota o horizonte ontológico e o subsume; com Espinosa, a crise é subsumida sob o horizonte ontológico").

Embora se pressinta a importância e a novidade dessa tese de Negri, o leitor pode temer a atmosfera de utopia que dela se desprende. Além disso, Negri deixa marcado o caráter excepcional da situação holandesa, e aquilo que torna possível a posição espinosista: contra a família de Orange, que representa uma *"potestas"* conforme à Europa monárquica, a Holanda dos irmãos De Witt pode tentar promover um mercado como espontaneidade das forças produtivas ou um capitalismo como forma imediata da socialização das forças. Anomalia espinosista e anomalia holandesa... Porém, tanto num caso como no outro, não seria a mesma *utopia*? É então que intervém o segundo ponto forte da análise de Negri.

2) A evolução de Espinosa

O primeiro Espinosa, tal como aparece no *Breve Tratado* e ainda no início da *Ética*, continua efetivamente dentro das perspectivas da utopia. Contudo, ele as renova, pois assegura uma expansão máxima às forças, elevando-se a uma *constituição ontológica* da substância, e dos modos pela substância (panteísmo). Mas, precisamente, em virtude da espontaneidade da operação, ou da ausência de mediação, a *composição material* do real concreto não se manifestará *[177]* como potência própria, e o conhecimento e

---

[1] Éric Alliez, "Spinoza au-delà de Marx", *Critique*, ago.-set., 1981, nº 411-412, pp. 812-21, analisa admiravelmente bem essa antítese.

Prefácio a *A anomalia selvagem*

o pensamento ainda deverão redobrar-se sobre si mesmos, sujeitados a uma produtividade apenas ideal do Ser, em vez de abrirem--se ao mundo.

Eis por que o segundo Espinosa, tal como aparece no *Tratado teológico-político* e tal como se afirma no decurso da *Ética*, será reconhecido por dois temas fundamentais: por um lado, a potência da substância é assentada sobre os modos aos quais ela serve de horizonte; por outro, o pensamento abre-se para o mundo e se põe como imaginação material. Então, a utopia acaba, em proveito das premissas de um materialismo revolucionário. Não que o antagonismo e a mediação sejam restabelecidos. O horizonte do Ser subsiste imediatamente, mas como *lugar* da constituição política, e não mais como *utopia* da constituição ideal e substancial. Os corpos (e as almas) são forças. Enquanto tais, não se definem apenas pelos seus encontros e choques ao acaso (estado de crise). Definem-se por entrelaços entre uma infinidade de partes que compõem cada corpo e que já o caracterizam como uma "multidão". Portanto, existem *processos* de composição e de decomposição dos corpos, segundo convenham ou desconvenham seus entrelaços característicos. Dois ou mais corpos formarão um todo, ou seja, um terceiro corpo, caso componham seus respectivos entrelaços em circunstâncias concretas. E fazer com que os corpos (e as almas) se encontrem segundo entrelaços componíveis é o mais elevado exercício da imaginação, o ponto em que ela inspira o entendimento. Donde a importância da teoria espinosista das *noções comuns*, que é peça mestre da *Ética*, do livro II ao livro V. A imaginação material solda sua aliança com o entendimento assegurando, de uma só vez, sob o horizonte do Ser, a composição física dos corpos e a constituição política dos homens.

Aquilo que Negri fizera profundamente por Marx, a respeito dos *Grundrisse*, ele faz agora por Espinosa: toda uma reavaliação do lugar respectivo ao *Breve Tratado*, de um lado, e ao *Tratado teológico-político*, de outro, na obra de Espinosa. É nesse sentido que Negri propõe uma evolução de Espinosa: de uma *utopia progressista* a um *materialismo revolucionário*. Negri é, sem dúvida, o primeiro a dar pleno *[178]* sentido filosófico à anedota segundo a qual Espinosa desenhou-se a si próprio como Masaniello, o revolucionário napolitano (cf. aquilo que Nietzsche diz sobre a importância das "anedotas" próprias ao "pensamento, na vida de um pensador").[i]

Fiz uma apresentação extremamente rudimentar das duas teses de Negri. Não acredito que convenha discutir essas teses e apressadamente lhes fazer objeções ou confirmá-las. Essas teses têm o mérito evidente de dar conta da situação excepcional de Espinosa na história do pensamento. Essas teses são profundamente novas, mas o que elas nos fazem ver é antes a novidade do próprio Espinosa, no sentido de uma "filosofia do porvir". Elas mostram o papel fundador da política na filosofia de Espinosa. Nossa primeira tarefa deveria ser a de apreciar o alcance dessas teses e compreender aquilo que Negri encontrou em Espinosa, aquilo em que ele é autêntica e profundamente espinosista.

Rodapé da tradução

[i] Por exemplo, na inacabada *Die Philosophie im tragischen Zeitalter der Griechen* [A filosofia na era trágica dos gregos], especialmente os dois prefácios.

Prefácio a *A anomalia selvagem*

26
OS ÍNDIOS DA PALESTINA*
[1982] *[179]*

Gilles Deleuze — Parece que alguma coisa deveio madura, do lado dos palestinos. Um novo tom, como se tivessem superado o primeiro estado de sua crise, como se tivessem alcançado uma região de certeza ou de serenidade, de "direito", que daria testemunho de uma nova consciência. E que lhes permitiria falar de uma nova maneira, nem agressiva nem defensiva, mas "de igual para igual" com todo mundo. Como você explica isso, já que os palestinos ainda não atingiram os seus objetivos?

Elias Sanbar — Nós sentimos essa reação desde a publicação do primeiro número. Há leitores que disseram para si mesmos: "Olha só, os palestinos também fazem revistas como esta", e isso remexeu na cabeça deles uma imagem bem estabelecida. Não nos esqueçamos de que, para muitos, a imagem do combatente pales-

---

* Com Elias Sanbar, *Libération*, 8-9 de maio de 1982, pp. 20-1.

Essa conversa é precedida de algumas linhas redigidas por Deleuze sobre a *Revue d'Études Palestiniennes*, criada em outubro de 1981, cujo objetivo inicial era analisar os fatores da crise no Oriente Próximo: "Faz muito tempo que se esperava uma revista árabe em língua francesa, mas do lado da África do Norte. Ora, são os palestinos que a fizeram. Ela tem duas características evidentemente centradas nos problemas palestinos, mas que concernem também ao conjunto do mundo árabe. Por um lado, apresenta análises sociopolíticas muito profundas, num tom controlado, como a sangue-frio. Por outro, mobiliza um 'corpus' literário, histórico, sociológico propriamente árabe, muito rico e pouco conhecido".

Elias Sanbar, escritor palestino nascido em 1947, é o redator-chefe da *Revue d'Études Palestiniennes*. Foi um amigo próximo de Deleuze desde o fim dos anos 1970.

tino que reivindicamos permanecia muito abstrata. Eu me explico. Antes que impuséssemos a realidade de nossa presença, éramos percebidos tão somente como refugiados. Quando o nosso movimento de resistência impôs que contassem com a nossa luta, novamente nos confinaram numa imagem redutora. Multiplicada e isolada ao infinito, era uma imagem de puros militaristas, e nos enxergavam como quem só faz isso. *[180]* É para sair disso que preferimos nossa imagem de combatentes à imagem de militares em sentido estrito.

Acredito que a surpresa que a publicação dessa revista provocou vem também do fato de que alguns devem estar começando a entender que os palestinos existem e que não servem unicamente para que princípios abstratos sejam recordados. Embora essa revista venha da Palestina, ela não deixa de constituir um terreno onde se exprimem preocupações múltiplas, um lugar em que não apenas palestinos tomam a palavra, mas também árabes, europeus, judeus etc.

Alguns, principalmente, devem estar começando a reparar que, se há um trabalho como esse, uma diversidade tal de horizontes, é porque provavelmente deve haver também, em outros níveis da Palestina, pintores, escultores, operários, camponeses, romancistas, banqueiros, comediantes, comerciantes, professores... Em suma, uma sociedade real de cuja existência essa revista dá conta.

A Palestina não é apenas um povo, mas também uma terra. Ela é o liame entre esse povo e sua terra espoliada, o lugar onde uma ausência e um imenso desejo de retorno estão agindo. E esse lugar é único, ele é feito de todas as expulsões que nosso povo vive desde 1948. Desde que tenhamos a Palestina aos nossos olhos, nós a estudamos e a escrutamos, seguimos o menor dos seus movimentos, notamos cada mudança que a atinge, completamos todas as suas antigas imagens; em suma, jamais a perdemos de vista.

Gilles Deleuze — Vários artigos da *Revue d'Études Palestiniennes* relembram e analisam de uma nova maneira os procedimentos pelos quais os palestinos foram enxotados dos seus territórios. Isso é muito importante, pois os palestinos não estão na situação de pessoas colonizadas, mas evacuadas, enxotadas. Você insiste nisso no livro que está preparando sobre a comparação com os peles-vermelhas.[a] É que existem dois movimentos muito diferentes no capitalismo. Ora se trata de manter um povo em seu território e fazer com que ele trabalhe, explore-o, para acumular mais-valia: o que chamamos habitualmente de colônia. Ora se trata, pelo contrário, de esvaziar um território [181] do seu povo, para dar um salto adiante, mesmo que seja preciso trazer mão de obra de outros lugares. A história do sionismo e de Israel, assim como a da América, passou por isso: como fazer o vazio, como esvaziar um povo?

Numa entrevista, Yasser Arafat demarca o limite da comparação,[b] e esse limite forma também o horizonte da *Revue d'Études Palestiniennes*: há um mundo árabe, ao passo que os peles-vermelhas não dispunham de base alguma ou força fora do território de que eram expulsos.

Elias Sanbar — Somos expulsos de um tipo particular, porque não fomos deslocados para terras estrangeiras, mas para o prolongamento de nossa "terra natal". Fomos deslocados em terra árabe, onde não apenas ninguém quer nos solapar, mas onde essa ideia em si é uma aberração. Refiro-me à imensa hipocrisia de certas afirmações israelenses, que acusam os outros árabes de não nos terem "integrado", o que, na linguagem israelense, significa "fazer desaparecer"... Nossos expulsores ficaram subitamente preocupados com um pretenso racismo árabe a nosso respeito. Isso significa que não tivemos de enfrentar contradições em certos países árabes? Certamente não, mas esses enfrentamentos nem mesmo decorriam do fato de que éramos árabes; às vezes eles eram inevitáveis porque éramos, e somos, uma revolução em armas. Nós somos os peles-vermelhas dos colonos judeus da Palestina. Aos olhos deles, nosso único papel consistia em desaparecer. Quanto a isso, a história do estabelecimento de Israel é seguramente uma retomada do processo que fez nascerem os Estados Unidos da América.

[a] Trata-se de *Palestine 1948, l'expulsion*, Paris, Les Livres de la Revue d'Études Palestiniennes, publicado em 1983.

[b] In *Revue d'Études Palestiniennes*, nº 2, inverno de 1982, pp. 3-17.

Aí está, provavelmente, um dos elementos essenciais para se compreender sua recíproca solidariedade. E também os elementos que fazem com que não tenhamos tido, durante o período do Mandato, uma colonização habitual "clássica", a coabitação dos colonos e dos colonizados.[c] Os franceses, *[182]* os ingleses etc. aspiravam a instalar espaços cuja condição de existência era a presença dos autóctones. Era certamente preciso, para que sucedesse uma dominação, que os dominados estivessem por lá. Isso criava, querendo ou não, espaços comuns, ou seja, redes, setores, níveis da vida social onde precisamente se dava esse "encontro" entre os colonos e os colonizados. Que fosse intolerável, opressivo, explorador, dominador, não muda em nada o fato de que o "estrangeiro", para dominar o "local", devia começar por estar "em contato" com ele.

Chega o sionismo, que, pelo contrário, parte da necessidade de nossa ausência e, mais ainda, como tão bem descreveu Ilan Halevi,[d] faz da especificidade dos seus membros (a pertença a comunidades judias) a pedra angular da nossa rejeição, do nosso deslocamento, da "transferência" e da substituição. É assim que nasceram para nós, na esteira dos que eu chamei de "os colonos estrangeiros", aqueles que a meu ver devem ser chamados de "os colonos desconhecidos". Aqueles cuja inteira conduta era fazer das suas características próprias a base da rejeição total do Outro.

Aliás, penso que o nosso país, em 1948, não foi apenas ocupado, mas que ele, de algum modo, "desapareceu". Foi certamente assim que os colonos judeus, que naquele momento devieram "os israelenses", devem ter vivido a coisa.

O movimento sionista mobilizou a comunidade judia na Palestina, não para a ideia de que os palestinos iam partir um dia, e

---

[c] Sob regime militar britânico até 1921, a Palestina se vê, em seguida, colocada sob Mandato da Grã-Bretanha pela Liga das Nações. O regime civil começa em 1923 e perdura até o dia 15 de maio de 1948, data da partida dos britânicos e da proclamação do Estado de Israel.

[d] Ilan Halevi, *Question juive, la tribu, la loi, l'espace*, Paris, Éditions de Minuit, 1981.

Os índios da Palestina

sim para a ideia de que o país estava "vazio". Houve, claro, aqueles que, tendo chegado ao local, constataram o contrário e escreveram sobre isso! O grosso dessa comunidade, porém, agia diante das pessoas com as quais convivia fisicamente todos os dias como se lá não estivessem. E essa cegueira não era física, ninguém era abobalhado a esse ponto, mas todo mundo sabia que esse povo, hoje presente, estava "em via de desaparecimento", todo mundo reparava também que, para que esse desaparecimento tivesse êxito, era preciso agir, desde o começo, como se ele já tivesse se realizado, ou seja, era preciso "não ver" jamais a existência do outro, todavia *[183]* ultrapresente. Para ter êxito, o esvaziamento do terreno devia partir de uma evacuação do "outro" da própria cabeça dos colonos.

Para chegar a isso, o movimento sionista tirou partido o quanto pôde de uma visão racista, que fazia do judaísmo a própria base da expulsão, da rejeição do outro. Ele foi decididamente ajudado pelas perseguições na Europa, que, tocadas por outros racistas, permitiam-lhe encontrar uma confirmação para sua própria conduta.

Pensamos, além disso, que o sionismo aprisionou os judeus, mantendo-os cativos dessa visão que acabo de descrever. Estou dizendo que eles ainda permanecem cativos, e não que estiveram assim num momento dado. Digo isso porque, uma vez passado o holocausto, a conduta evoluiu, mudou para um pseudo "princípio eterno", e este quer que os judeus sejam, por toda parte e por todo tempo, o "Outro" das sociedades em que vivem.

Ora, não há povo algum, comunidade alguma que possa — e felizmente, para ela — pretender ocupar imutavelmente essa posição do "Outro" rejeitado e maldito.

Hoje em dia, o Outro no Oriente Próximo é o árabe, é o palestino. E o cúmulo da hipocrisia e do cinismo é o seguinte: a esse Outro, cujo desaparecimento está constantemente na ordem do dia, é que as potências ocidentais exigem garantias. Ora, somos nós que temos necessidade de ser garantidos contra a loucura dos chefes militares israelenses.

Apesar disso, a OLP, nosso único representante, apresentou sua solução para o conflito: o Estado democrático na Palestina, um Estado em que seriam derrubados os muros existentes entre todos os seus habitantes, sejam quais forem.

Gilles Deleuze — A *Revue d'Études Palestiniennes* tem seu manifesto, que se encontra nas duas primeiras páginas do nº 1: somos "um povo como os outros". É um grito cujo sentido é múltiplo. Em primeiro lugar, é um chamado, ou um apelo.[i]

Não cansam de acusar os palestinos de não quererem reconhecer Israel. "Vejam só", dizem os israelenses, "eles querem nos destruir." Mas faz mais de cinquenta anos que os próprios palestinos lutam para ser reconhecidos.

Em segundo lugar, é uma oposição. Pois o manifesto de Israel, por outro lado, é este: "Nós não somos um povo como os outros", por conta da nossa transcendência e da enormidade das nossas *[184]* perseguições. Donde a importância, no segundo número da revista, de dois textos de escritores israelenses sobre o holocausto, sobre as reações sionistas ao holocausto e sobre a significação que o acontecimento ganhou em Israel, relativamente aos palestinos e ao conjunto do mundo árabe, que não mergulharam nisso. Exigindo "ser tratado como um povo fora da norma", o Estado de Israel se mantém cada vez mais numa situação de dependência econômica e financeira relativamente ao Ocidente, de maneira tal que nenhum Estado jamais conheceu algo semelhante (Boaz Evron).[e] Eis por que os palestinos se agarram tanto à reivindicação oposta: devir aquilo que são, ou seja, um povo totalmente "normal".

Contra a história apocalíptica, há um sentido da história que é unido ao possível, à multiplicidade do possível, à profusão dos possíveis em cada momento. Não é isso o que a *Revue* quer mostrar, principalmente em suas análises atuais?

Elias Sanbar — Absolutamente. Essa questão da chamada, de lembrar ao mundo a nossa existência, é certamente cheia de sentido, mas também é de uma extrema simplicidade. É um tipo de verdade que, tão logo seja verdadeiramente admitida, tornará mui-

---

[e] Boaz Evron, "Les interprétations de l'‘Holocauste': un danger pour le peuple juif", *Revue d'Études Palestiniennes*, nº 2, inverno de 1982, pp. 36-52.

to difícil a tarefa daqueles que previram o desaparecimento do povo palestino. Pois, em última instância, o que essa verdade diz é que todo povo tem, de certo modo, "direito ao direito". É uma evidência, mas de uma força tal que representa um pouco o ponto de partida e o ponto de chegada de toda luta política. Tomemos os sionistas, o que eles dizem a respeito? Você nunca os escutará dizendo "o povo palestino não tem direito a nada". Força alguma pode sustentar uma posição como esta e eles sabem muito bem disso. Por outro lado, você certamente os escutará afirmar que "não existe povo palestino".

É por conta disso que a nossa afirmação da existência do povo palestino é — por que não dizê-lo? — muito mais forte do que parece à primeira vista.

RODAPÉ DA TRADUÇÃO

[i] Há proximidade morfológica, na língua francesa, entre o que se traduziu por "chamada", *rappel*, e "apelo", *appel*.

Gilles Deleuze

27
CARTA A UNO SOBRE A LINGUAGEM*
[1982] *[185]*

Caro amigo,

Obrigado pela sua carta, que é bonita e boa. Você coloca muitas questões e, como sempre, somente aquele que as coloca é capaz de respondê-las. Contudo, há bastante familiaridade entre nós dois, para que eu possa lhe dizer como vejo este problema da narrativa. Em primeiro lugar, a linguagem não tem suficiência alguma, ao que me parece. É neste sentido que ela não tem nada de significante. É feita de signos, mas os signos não são separáveis de um elemento totalmente outro, não linguístico, e que se poderia chamar de "estados de coisas" ou, melhor ainda, "imagens". Como Bergson mostrou tão bem, as imagens têm uma existência em si. Aquilo que chamo de "agenciamento de enunciação", portanto, é feito de imagens e de signos, que se movem ou se deslocam no mundo. Em segundo lugar, a enunciação não remete a um sujeito. Não há sujeito de enunciação, mas apenas agenciamento. Isto quer dizer que, num mesmo agenciamento, existem "processos de subjetivação" que vão assinalar diversos sujeitos, uns como imagens e outros como signos. Eis por que aquilo que se chama, nas línguas europeias, "discurso indireto livre" me parece tão importante: é uma enunciação apanhada num enunciado que, por sua vez, depende de uma outra enunciação. Por exemplo: "Ela reúne suas for-

---

* Texto publicado em japonês na revista *Gendai Shiso* (A Revista do Pensamento de Hoje), Tóquio, dezembro de 1982, pp. 50-8. Tradução japonesa de Kuniichi Uno. Trata-se de uma carta endereçada no dia 25 de outubro de 1982 a Kuniichi Uno, estudante e tradutor de Deleuze.[i]

ças, ela morrerá antes de trair...". Acredito que toda enunciação é *[186]* desse tipo e se faz a várias vozes. Nesses últimos anos, fez--se da metáfora uma operação coextensiva à linguagem. Para mim, as metáforas não existem. Eu gostaria de dizer isto: a única "figura" é o discurso indireto livre, ele é que é coextensivo à linguagem. Não sei se há um discurso indireto livre em japonês (será preciso que você me explique). Se não houver, talvez isto se dê porque é uma forma a tal ponto consubstancial ao japonês que não há necessidade de especificá-la. Aliás, tudo o que digo sobre o agenciamento me parece ser óbvio para um japonês.

Em terceiro lugar, a língua nunca é um sistema homogêneo, ela não contém sistemas assim. A linguística, quer seja a de Jakobson ou a de Chomsky, acredita em tais sistemas, pois ela não poderia existir sem eles. Mas não há nada disso. Uma língua sempre é um sistema heterogêneo ou, como diriam os físicos, um sistema longe do equilíbrio. Entre os linguistas, é Labov quem diz isso veementemente, renovando, assim, a linguística. E é isso que, ao longo dos tempos, tornou a literatura possível: escrever longe do equilíbrio, escrever em sua própria língua como "numa língua estrangeira" (Proust e o francês, Kafka e o alemão etc.).

Tudo isso explica por que trabalho atualmente sobre o cinema. O cinema é um agenciamento de imagens e de signos (mesmo o cinema mudo comportava tipos de enunciação). O que eu gostaria de fazer é uma classificação das imagens e dos signos. Por exemplo, haveria a imagem-movimento, que se dividiria em imagem-percepção, imagem-afecção, imagem-ação. Haveria também outros tipos de imagens. E a cada tipo corresponderiam signos ou vozes, formas de enunciação. É um imenso quadro que seria preciso fazer, cada grande autor com suas predileções. Nesse momento, estou descobrindo com maravilhamento o cinema japonês.

Até logo. Amizade.

RODAPÉ DA TRADUÇÃO

[i] Kuniichi Uno traduziu muitas das obras de Deleuze, das quais se pode ressaltar os dois livros dedicados ao cinema (*A imagem-movimento* e *A*

imagem-tempo), *A dobra* e *Foucault*, como também os livros com Guattari *O anti-Édipo* e *Mil platôs*. Há um belo texto de Uno ("Traduire des voix", *Multitudes* 2/2007, nº 29, pp. 153-60) a respeito de seu trabalho de tradução e de sua admiração pela filosofia de Deleuze, cuja tradução para o japonês consiste num combate criativo que investe em favor de uma revisão sonora e conceitual da língua japonesa. Ele diz o seguinte a respeito da tradução de *Mil platôs*, publicada em Tóquio em 1993: "Acredito que fomos sensíveis, em nossa tradução, às vozes dos autores — a de Guattari, rangente, metálica, rápida, girante, e a de Deleuze, rochosa, doce, profunda, errante... Para o "rizoma", empregamos o que corresponde foneticamente, como um nome próprio. Teria sido possível usar também *kon-kei* (raiz-caule), utilizado na botânica, mas prefiro *rizomu*, que é estranho e intenso. Nada como o fonema *zo*, que é um pouco terrível e violento em japonês" (cf. www. cairn.info/revue-multitudes-2007-2-page-153.htm, onde se encontra o texto completo).

28

PREFÁCIO À EDIÇÃO AMERICANA
DE *NIETZSCHE E A FILOSOFIA**
[1983] *[187]*

a Hugh Tomlinson

Para um livro francês, ser traduzido ao inglês é sempre uma
aventura invejável. Para o autor, deve ser a oportunidade, após
tantos anos, de sonhar com a maneira pela qual ele gostaria de ser
recebido, da parte de um leitor eventual, de quem ele se sente, ao
mesmo tempo, muito próximo e separado demais. Duas ambiguidades pesaram sobre o destino póstumo de
Nietzsche: seria a prefiguração de um pensamento já fascista? E
esse pensamento mesmo, seria ele filosofia, não seria antes uma
poesia violenta, violenta demais, aforismos caprichosos demais,
fragmentos demasiadamente patológicos? Talvez esses mal-entendidos tenham culminado na Inglaterra. Tomlinson sugere que os
principais temas enfrentados por Nietzsche, combatidos pela filosofia de Nietzsche, o racionalismo à francesa, a dialética alemã,
nunca tiveram importância essencial no pensamento inglês. Os ingleses dispunham teoricamente de um empirismo e de um pragmatismo que lhes tornavam inúteis a passagem por Nietzsche, a passagem pelo empirismo e pelo pragmatismo um tanto especiais de
Nietzsche, voltados contra o bom-senso. A influência de Nietzsche
na Inglaterra podia se exercer, portanto, em romancistas, poetas,
dramaturgos: era uma influência prática, afetiva, mais que filosófica, mais lírica que teórica... *[188]*

---

* Título do editor. O texto datilografado traz o título "Préface pour la
traduction anglaise". In Gilles Deleuze, *Nietzsche and philosophy*, tradução
inglesa de Hugh Tomlinson, Nova York, Columbia University Press, 1983,
pp. ix-xiv.

212   Gilles Deleuze

Contudo, Nietzsche é um dos maiores filósofos do século XIX. E afinal ele muda a teoria e a prática da filosofia. Ele compara o pensador a uma flecha atirada pela Natureza, que um outro pensador apanha, lá onde ela caiu, para enviá-la alhures. Segundo ele, o filósofo não é nem eterno nem histórico, mas "intempestivo", sempre intempestivo. Nietzsche não teve tantos predecessores. Tirando os bem antigos pré-socráticos, ele reconhece apenas um predecessor para si, Espinosa.

* * *

A filosofia de Nietzsche se organiza a partir de dois grandes eixos. Um concerne à força, às forças, e forma uma semiologia geral. É que os fenômenos, as coisas, os organismos, as sociedades, as consciências e os espíritos são signos, ou melhor, sintomas, e remetem como tais a estados de forças. Donde a concepção do filósofo como "fisiologista e médico". Dada uma coisa, que estado de forças exteriores e interiores ela supõe? Coube a Nietzsche ter constituído toda uma tipologia que distingue forças ativas, forças agidas e forças reativas, e analisa suas combinações variáveis. É especialmente o assinalamento de um tipo de forças propriamente reativas que constitui um dos pontos mais originais do pensamento nietzschiano. Este livro tenta definir e analisar as diferentes forças. Uma semiologia geral como essa compreende a linguística, ou antes a filologia como um dos seus setores. Pois uma proposição é ela mesma um conjunto de sintomas que exprime uma maneira de ser ou um modo de existência daquele que fala, ou seja, o estado de forças que alguém sustenta ou se esforça para sustentar consigo próprio e com os outros (a este respeito, papel das conjunções). Uma proposição remete sempre, neste sentido, a um modo de existência, a um "tipo". Dada uma proposição, qual é o modo de existência daquele que a pronuncia, que modo de existência é preciso ter para poder pronunciá-la? O modo de existência é o estado de forças enquanto ele forma um tipo exprimível por signos ou sintomas.

Os dois grandes conceitos humanos reativos, tais como [189] Nietzsche os "diagnostica", são os de ressentimento e de má consciência. Ressentimento e má consciência exprimem o triunfo das

Prefácio à edição americana de *Nietzsche e a filosofia*

forças reativas no homem e, até mesmo, a constituição do homem por forças reativas: o homem-escravo. Isso diz a que ponto a noção nietzschiana de escravo não designa necessariamente alguém dominado, por destino ou condição social, mas qualifica tanto os dominantes quanto os dominados, desde que o regime de dominação passe por forças reativas e não ativas. Os regimes totalitários, neste sentido, são regimes de escravos, não apenas pelo povo que sujeitam, mas sobretudo pelo tipo de "senhores" que erigem. Uma história universal do ressentimento e da má consciência, a partir do padre judeu e do padre cristão até o padre laico atual, é essencial no perspectivismo histórico de Nietzsche (os textos supostamente antissemitas de Nietzsche são, na realidade, textos sobre o tipo original do padre).

O segundo eixo concerne à potência e forma uma ética e uma ontologia. É com a potência que culminam os mal-entendidos sobre Nietzsche. Cada vez que se interpreta a vontade de Potência no sentido de "querer ou buscar a Potência", incorre-se em trivialidades, que nada têm a ver com o pensamento de Nietzsche. Se é verdade que qualquer coisa remete a um estado de forças, a Potência designa o elemento ou, antes, o entrelaço diferencial das forças contendoras. Este entrelaço se exprime em qualidades dinâmicas do tipo "afirmação", "negação"... Logo, a potência não é aquilo que a vontade quer, mas ao contrário aquele que quer na vontade. E "querer ou buscar a potência" é tão somente o mais baixo grau da vontade de potência, sua forma negativa ou o aspecto que ela ganha quando as forças reativas lhe subjugam no estado de coisas. É um dos caráteres mais originais da filosofia de Nietzsche, ter transformado a questão "o que é?" em "quem é que?". Por exemplo, dada uma proposição, quem é capaz de enunciá-la? Antes é preciso se desfazer de qualquer referência "personalista". "Aquele que..." não remete a um indivíduo, a uma pessoa, mas sim a um acontecimento, ou seja, às forças em entrelaço numa proposição ou num fenômeno e ao entrelace genético *[190]* que determina essas forças (potência). "Aquele que" é sempre Dioniso, uma máscara ou um aspecto de Dioniso, um relâmpago.

O mal-entendido sobre o Eterno Retorno não é menor do que aquele que pesa sobre a vontade de Potência. Pois, cada vez que se

214   Gilles Deleuze

compreende o Eterno Retorno como retorno de uma combinação (depois que todas as outras combinações tenham sido produzidas), cada vez que se interpreta o Eterno Retorno como o retorno do Idêntico ou do Mesmo, hipóteses pueris continuam substituindo o pensamento de Nietzsche. Ninguém levou a crítica de toda identidade tão longe quanto Nietzsche. Em dois momentos, no *Zaratustra*, Nietzsche nega explicitamente que o Eterno Retorno seja um círculo que faça revir o Mesmo. O Eterno Retorno é estritamente o contrário, pois ele é inseparável de uma seleção, de uma dupla seleção. De um lado, seleção de querer ou de pensamento, que constitui a ética de Nietzsche: querer apenas aquilo cujo eterno retorno se quer ao mesmo tempo (eliminar todos os semi-quereres, tudo aquilo que só se pode querer pensando "uma vez, nada além de uma vez..."). De outro, seleção do Ser, que constitui a ontologia de Nietzsche: apenas revém, apenas está apto a revir, aquilo que *devém*, no sentido mais pleno da palavra. Apenas revêm a ação e a afirmação: o Ser pertence ao devir e só pertence a ele. O que se opõe ao devir, o Mesmo ou o Idêntico, isto não é, com todo o rigor. O negativo como mais baixo grau da potência, o reativo, como o mais baixo grau da forma, isso não revém, pois é o oposto do devir, que constitui o único Ser. Vê-se, então, que o Eterno Retorno está ligado, não a uma repetição do Mesmo, mas ao contrário a uma transmutação. Ele é o instante ou a eternidade do devir, que elimina tudo aquilo que se lhe resiste. Ele resgata e, mais do que isso, cria o puro ativo e a afirmação pura. E o super-homem não tem outro conteúdo, é o produto comum da vontade de Potência e do Eterno Retorno, Dioniso e Ariadne. Eis por que Nietzsche diz que a vontade de Potência não consiste em querer, em cobiçar ou buscar, mas apenas em "dar", em "criar". E este livro se propõe, antes de tudo, a analisar aquilo que Nietzsche chama de Devir. *[191]*

* * *

Porém, ainda mais do que sobre análises conceituais, a questão Nietzsche repousa, primeiramente, sobre avaliações práticas que solicitam todo um clima, toda sorte de disposições afetivas do leitor. Nietzsche sempre manteve o mais profundo entrelaço entre o conceito e o afeto, à maneira espinosista. As análises conceituais são indispensáveis, e Nietzsche as leva mais longe do que qualquer outro. Porém, elas serão ineficazes enquanto o leitor as apreender num clima que não é o de Nietzsche. Enquanto o leitor se obstinar 1) a ver no "escravo" nietzschiano alguém que se encontra dominado por um senhor e que merece sê-lo; 2) a compreender a vontade de potência como uma vontade que quer e busca a potência; 3) a conceber o Eterno Retorno como o fastidioso retorno do mesmo; 4) a imaginar o super-homem como uma raça dada de senhores — enquanto isso acontecer, não haverá nenhum entrelace positivo entre Nietzsche e seu leitor. Nietzsche aparecerá como um niilista, ou pior, um fascista, no melhor dos casos um profeta obscuro e aterrorizante. Nietszche sabia, ele sabia do destino que o aguardava, ele que emparelhou Zaratustra com um "macaco" ou um "bufão", anunciando que confundiriam Zaratustra e seu macaco (um profeta, um fascista ou um louco...). Eis por que um livro sobre Nietzsche deve se esforçar para retificar a incompreensão prática ou afetiva, assim como para restaurar a análise conceitual.

E é verdade que Nietzsche diagnosticou o niilismo como o movimento que arrasta a história. Ninguém melhor analisou o conceito de niilismo, ele inventou este conceito. Precisamente, porém, definiu-o pelo triunfo das forças reativas, ou pelo negativo na vontade de potência. Ele não deixou de lhe opor a transmutação, ou seja, o devir que é, de uma vez, a única ação da força e a única afirmação da potência, o elemento trans-histórico do homem, o *Overman* (e não o *superman*).[i] O *overman* é o ponto focal onde o reativo é vencido (ressentimento e má consciência) e onde o negativo cede lugar à afirmação. Seja qual for o instante em que é apreendido, Nietzsche continua inseparável de forças do porvir, de forças ainda por vir, pelas quais ele suplica, que *[192]* o seu pensamento desenha, que a sua arte prefigura. Ele não apenas diagnostica, como dizia Kafka, as forças diabólicas que já estão batendo à porta, mas as conjura ao levantar a última Potência capaz de se engajar na luta com elas, contra elas, e de desemboscá-las em nós como fora de nós. Um "aforismo" à maneira de Nietzsche não é um simples fragmento, um pedaço de pensamento: é uma proposição que só ganha um sentido relativamente ao estado de forças que ele exprime, e que muda de sentido, que deve mudar de sentido, a partir das novas forças que ele é "capaz" (potência) de solicitar.

E isto talvez seja o mais importante na filosofia de Nietzsche: ter transformado radicalmente a imagem que fazíamos do pensamento. Nietzsche arranca o pensamento do elemento do verdadeiro e do falso. Faz dele uma interpretação e uma avaliação, interpretação de forças, avaliação de potência — é um pensamento-movimento. Não apenas no sentido em que Nietzsche quer reconciliar o pensamento e o movimento concreto, mas no sentido em que o próprio pensamento deve produzir movimentos, velocidades e lentidões extraordinárias (donde, mais uma vez, o papel do aforismo, com suas velocidades variadas e seu movimento de "projétil"). Segue-se disso que a filosofia ganha, com as artes do movimento, teatro, dança, música, um novo entrelace. Nietzsche jamais se contentará com o discurso ou a dissertação (*logos*) como expressão do pensamento filosófico, embora tenha escrito as mais belas dissertações, especialmente a *Genealogia da moral*, relativamente à qual toda etnologia moderna tem uma "dívida" inesgotável. Todavia, um livro como *Zaratustra* só pode ser lido como uma ópera moderna, visto e entendido assim. Não que Nietzsche faça uma ópera filosófica ou um teatro alegórico, mas ele cria um teatro ou uma ópera que exprimem diretamente o pensamento como experiência e movimento. E quando Nietzsche diz que o Super-homem se assemelha mais a [César] Bórgia do que a Parsifal, ou que ele participa, de uma só vez, da ordem dos jesuítas e do corpo de oficiais prussianos, engana-se quem vê nisso declarações pré-fascistas, ao passo que são observações de cenógrafo, indicando como o Super-homem deve ser "atuado" (um pouco como Kierkegaard dizendo que o cavaleiro *[193]* da fé se assemelha a um burguês endomingado). — Que pensar seja criar, esta é a maior lição de Nietzsche. Pensar, emitir um lance de dados...: era já o sentido do Eterno Retorno.

Prefácio à edição americana de *Nietzsche e a filosofia*

RODAPÉ DA TRADUÇÃO

[i] *Übermensch*. As traduções deste conceito nietzschiano para o inglês têm certa semelhança com as traduções feitas no Brasil. A primeira tradução de *Assim falou Zaratustra* para o inglês é devida a Alexander Tille, em 1896, que traduz *Übermensch* por "Beyond-Man". Assim, no tomo "Nietzsche" da coleção Os Pensadores, Rubens Rodrigues Torres Filho traduz o termo por "Além-do-homem". Por outro lado, Thomas Common, em 1909, traduz *Übermensch* por "Superman"; e Paulo César de Souza verte-o por "Super-homem", comentando esta opção numa interessante nota (*Assim falou Zaratustra*, São Paulo, Companhia das Letras, 2011, pp. 315-6). O tradutor germano-americano Walter Kaufmann criticou a tradução para "Superman" por conta de ela poder criar confusões conceituais preocupantes, já que o adjetivo latino *super* foi imbuído, em seu uso na língua inglesa, de elementos mágicos e divinos, o *superman* seria um homem com superpoderes, oriundo de outro planeta, geralmente; ele defendia, portanto, a tradução "Overman", preferida aqui por Deleuze. É certo que, em português, "super-homem" também encerra essas confusões, muito pelos super-heróis dos quadrinhos; no entanto, traduziu-se aqui o francês *surhomme* por "super-homem" de modo a que se possa acompanhar a história desse termo na literatura brasileira (tal como Paulo César de Souza traça na nota que mencionamos), sem contudo pretender fazer desta a escolha correta.

29
CINEMA 1, ESTREIA*
[1983] *[194]*

Você se pergunta por que tanta gente escreve sobre o cinema. Essa questão tanto vale para você como para mim. Parece-me que é porque o cinema comporta muitas ideias. O que chamo de Ideias são imagens que dão a pensar. De uma arte a outra, a natureza das imagens varia e é inseparável das técnicas: cores e linhas para a pintura, sons para a música, descrições verbais para o romance, imagens-movimento para o cinema etc. E em cada caso, os pensamentos não são separáveis das imagens, eles são completamente imanentes às imagens. Não há pensamentos abstratos que se realizariam indiferentemente nesta ou naquela imagem, mas pensamentos concretos que só existem por conta dessas imagens e dos seus meios. Resgatar as ideias cinematográficas, portanto, é extrair pensamentos sem abstraí-los, apreendê-los em sua conexão interior com as imagens-movimento. É por essa razão que se escreve "sobre" o cinema. Nesse sentido, os grandes autores de cinema são pensadores, tanto quanto os pintores, os músicos, os romancistas ou os filósofos (a filosofia não tem privilégio algum).

Existem encontros entre o cinema e as outras artes, eles podem chegar a pensamentos semelhantes. Contudo, isso nunca se dá porque haveria um pensamento abstrato indiferente aos seus meios de expressão, e sim porque as imagens e meios de expressão podem criar um pensamento que se repete ou que se retoma de uma arte a outra, a cada vez autônomo e completo. Tomemos um

---

* Fala registrada por Serge Daney, *Libération*, 3 de outubro de 1983, p. 30, na ocasião da publicação de *Cinéma 1: L'image-mouvement*, Paris, Éditions de Minuit, 1983.

Cinema 1, estreia 219

exemplo que você gosta: Kurosawa. Em Dostoiévski aparecem constantemente personagens *[195]* que são pegas em situações urgentíssimas, necessitando de respostas imediatas. E, de chofre, a personagem se detém, parece perder o seu tempo sem razão: isso porque ela tem a impressão de não ter encontrado o "problema" escondido, ainda mais urgente do que a situação. É como se alguém fosse perseguido por um cão raivoso e parasse bruscamente para dizer a si mesmo: "Mas há um problema, qual é o problema?". Isso é precisamente o que Dostoiévski chama de Ideia. Ora, percebe-se que em Kurosawa há Ideias, exatamente nesse sentido. As personagens de Kurosawa não param de remontar dos "dados" de uma situação urgentíssima aos "dados" de uma questão ainda mais urgente, que está escondida na situação. O que chamo de um pensamento não é o conteúdo da questão, que pode ser abstrato e banal (aonde vamos, de onde viemos?), mas é essa remontada formal da situação a uma questão soterrada, essa metamorfose dos dados. Kurosawa não está adaptando Dostoiévski, mas sua arte das imagens-movimento e seus próprios meios o levam a criar um pensamento que existiu uma vez, na arte das descrições verbais de Dostoiévski. Que ele adapte ou não Dostoiévski, isso devém bastante secundário.

Você mesmo, por exemplo, distingue tipos de imagens no cinema. Você fala da imagem em profundidade, onde sempre há alguma coisa que esconde outra; depois, da imagem plana, onde tudo está lá para ser visto; depois, de combinações de imagens, em que cada uma desliza sobre outras ou se encaixa noutras. É evidente que não são apenas meios técnicos. Seria preciso também considerar a atuação dos atores: os diferentes tipos de imagens exigem atuações muito diferentes dos atores. Por exemplo, a crise da imagem-ação exigiu atores de um gênero novo, que não são atores não profissionais, mas, pelo contrário, não-atores profissionais, atores a "passeio", como Jean-Pierre Léaud, Bulle Ogier ou Juliet Berto, na França. E, também no caso dos atores, não se trata apenas da técnica, mas do pensamento. Os atores não pensam sempre, mas eles são pensamentos. Uma imagem só vale pelos pensamentos que ela cria. Nas imagens que você distingue, a imagem plana não é separável de um pensamento que reage sobre ela e que,

220   Gilles Deleuze

além disso, varia com os autores: em Dreyer, a supressão da profundidade como *[196]* terceira dimensão é inseparável de uma quarta e de uma quinta dimensões, como ele mesmo diz[i] (e os atores atuam em conformidade). Em Welles, a profundidade não é a da imagem profunda de que você fala: ela está ligada à descoberta de "camadas de passado", ela redobra a imagem-movimento com uma exploração do passado que o *flashback*, por si mesmo, seria bem incapaz de constituir. É uma grande criação cinematográfica, a construção de uma imagem-tempo que desencadeia novas funções de pensamento.

O estado da crítica cinematográfica parece ser bastante forte nos livros e nas revistas. Há muitos livros belíssimos. Talvez isso se dê em virtude do caráter recente e rápido do cinema: *recência* e *velocidade*. No cinema, ainda não se pegou o hábito de desajuntar o clássico (aquilo que está feito e que seria objeto de uma crítica universitária bastante segura de si mesma) e o moderno (o que agora se faz e que seria julgado de cima). Essa disjunção, entre uma arte e sua história, é sempre ruinosa. Caso chegue no cinema, será por sua vez ruinosa. No momento, há toda essa tarefa, bastante avançada: a pesquisa das Ideias cinematográficas. Trata-se, ao mesmo tempo, da pesquisa mais interior ao cinema e de uma pesquisa comparada, pois ela funda uma comparação com a pintura, com a música, com a filosofia e até mesmo com a ciência.

Rodapé da tradução

[i] Por exemplo, no ano de estreia do filme *Ordet*, 1957, Dreyer escreveu uma carta à revista *Film Culture* (1957, nº 7), em que ele responde ao crítico Guido Aristarco, o qual dissera ser "desconcertante encontrar Dreyer, nesta era atômica, sintetizada pelas equações de Einstein, rejeitando a ciência pelos milagres da religião". Para refutá-lo, Dreyer recupera ideias que havia manifestado em setembro de 1954 numa rádio dinamarquesa: "A nova ciência decorrente da teoria da relatividade de Einstein nos dera a conhecer que, para fora do mundo tridimensional, que podemos pegar com os nossos sentidos, há uma quarta dimensão — a dimensão do tempo —, assim como uma quinta dimensão — a dimensão do psíquico —, o que prova ser possível viver acontecimentos que ainda não aconteceram. Estão abertas novas perspec-

Cinema 1, estreia

tivas que fazem com que se perceba uma íntima conexão entre a ciência exata e a religião intuitiva. A nova ciência nos aproxima de uma compreensão mais íntima do poder divino e até mesmo começa a nos dar uma explicação natural para as coisas sobrenaturais".

30
RETRATO DO FILÓSOFO ENQUANTO ESPECTADOR*
[1983] *[197]*

— *Seu livro anterior era uma monografia sobre Francis Bacon: como você passou da pintura para o cinema? Havia a sombra de um projeto nesta ordem de passagem?*

Gilles Deleuze — Eu não passei de um ao outro. Não acredito que a filosofia seja uma reflexão sobre outra coisa, pintura ou cinema. A filosofia se ocupa de conceitos: ela os produz, ela os cria. A pintura cria um certo tipo de imagens, linhas e cores. O cinema cria um outro tipo de imagem, imagens-movimento e imagens-tempo. Mas os próprios conceitos são imagens, são imagens de pensamento. Não é mais difícil, nem mais fácil, compreender um conceito do que olhar uma imagem.

Portanto, não se trata de refletir sobre o cinema; é normal que a filosofia produza conceitos que estejam em ressonância com as imagens picturais de hoje, ou com as imagens cinematográficas etc. Por exemplo, o cinema constrói espaços particulares: espaços vazios, espaços cujos pedaços não têm conexão fixa. Mas a filosofia também é levada a construir conceitos espaciais que correspondam aos espaços do cinema, ou então aos espaços das outras artes, da ciência... Haveria, inclusive, pontos de indiscernibilidade onde a mesma coisa poderia se exprimir numa imagem pictural, num modelo científico, numa imagem cinematográfica, num conceito filosófico. E, no entanto, cada disciplina tem seu movimento próprio, seus meios, seus problemas. *[198]*

---

* Conversa registrada por Hervé Guibert, *Le Monde*, 6 de outubro de 1983, pp. 11-7, na ocasião da publicação de *Cinéma 1: L'image-mouvement*, Paris, Éditions de Minuit, 1983.

— *Você abandona progressivamente — ou provisoriamente — os objetos de estudo habituais do filósofo para se debruçar sobre outros suportes: mais modernos? Menos usados? Mais desejáveis? Mais distrativos?*

G.D. — Talvez não. A filosofia tem o seu próprio suporte, muito desejável e muito distrativo. Não acredito na morte da filosofia. Os conceitos não são coisas severas ou antigas. São entidades modernas animadas. Tomemos um exemplo. Maurice Blanchot explica que, num acontecimento, há duas dimensões coexistentes inseparáveis: de um lado, aquilo que se crava e se cumpre nos corpos, de outro, uma inesgotável potencialidade que transborda toda atualização. Ele constrói, portanto, um certo conceito de acontecimento.

Porém, pode ocorrer que um ator seja levado a "atuar" um acontecimento sob esses dois aspectos. Poderíamos aplicar ao cinema a seguinte fórmula zen: "A reserva visual dos acontecimentos em sua justeza". O que é interessante na filosofia é que ela propõe uma decupagem das coisas,[i] uma nova decupagem: ela agrupa num mesmo conceito coisas que se acreditaria serem muito diferentes, e separa outras que se acreditaria serem muito próximas. Ora, o cinema, por si mesmo, é também uma decupagem de imagens visuais e sonoras. Há modos distintos de decupagem que podem convergir.

— *Você prefere uma sala de cinema a uma biblioteca?*

G.D. — As bibliotecas são necessárias, mas não se costuma sentir-se muito bem por lá. As salas de cinema são supostamente lugares de prazer. Eu não gosto muito da multiplicação das pequenas salas, com filmes que só passam numa determinada hora. O cinema me parece inseparável da noção que ele inventou: espetáculo permanente. Em contrapartida, adoro as salas especializadas: em comédia musical, em filme francês, em cinema soviético, em cinema de ação... A gente se lembra que foi Mac-Mahon que notabilizou Losey.[ii]

— *Você escreveu diante da tela, no escuro?*

G.D. — Eu não escrevo durante o espetáculo, essa ideia me parece bizarra. Mas tomo nota logo em seguida, o mais breve possível. Sou um espectador ingênuo. Sobretudo, não acredito na existência de graus: não há um primeiro grau, um segundo, um terceiro grau. O que é bom no segundo grau, *[199]* também é no primeiro, o que é nulo no primeiro, continua sendo no décimo ou no milésimo. Todas as imagens são literais e devem ser tomadas literalmente. Quando uma imagem é plana, não é preciso de modo algum lhe restituir, mesmo em espírito, uma profundidade que a desfiguraria: aí está a dificuldade, apreender as imagens em seu dado imediato. E, quando um cineasta diz "atenção, isto é só cinema", trata-se ainda de uma dimensão da imagem, que é preciso tomar à letra. Há várias vidas distintas, como dizia Vértov, uma vida para o filme, uma vida no filme, uma vida do próprio filme, que devem ser tomadas juntas.[iii] De qualquer maneira, uma imagem não representa uma realidade suposta, ela é para si mesma toda a sua realidade.

— *Você chora no cinema?*

G.D. — Chorar ou, antes, fazer chorar, fazer rir também, são funções desta ou daquela imagem. Pode-se chorar porque é belo demais, ou intenso demais. Existe apenas uma coisa deplorável, que é o famoso riso cinéfilo nas cinematecas; aqueles que riem, como eles próprios dizem, em segundo grau. Eu preferiria uma sala inteirinha em lágrimas. *O Lírio partido* de Griffith... é normal e necessário chorar com esse filme.[iv]

— *Seu livro comporta vinte remissões, cuja maior parte faz referência a escritos sobre o cinema. Em momento algum você teve a fantasia de um texto original: de você fazer as vezes do primeiro espectador, praticamente sozinho com a imagem, e escrever às cegas, ou, antes, numa estrita vidência?*

G.D. — Um filme não é apenas inseparável de uma história do cinema, mas também daquilo que se escreveu sobre o cinema. Um aspecto do escrever é dizer aquilo que se soube ver. Não há espectador original. Assim como não há fim, não há início. Chega-se sempre no meio *[milieu]* de alguma coisa e só se cria no meio *[milieu]* dando novas direções ou bifurcações a linhas preexistentes.

O que você chama de vidência não é uma qualidade do olhar do espectador, é uma qualidade possível da própria imagem. Por exemplo, um filme pode nos apresentar situações sensório-motoras: uma personagem reage a uma situação. É o visível. Mas existem casos em que a personagem se encontra em situações que transbordam qualquer reação possível, pois é belo demais, forte demais, quase insuportável: assim é com a heroína de *Stromboli*, em Rossellini.[v] Aí, há função *[200]* de vidência, mas já na própria imagem. É Rossellini, é Godard que são videntes, não o espectador.

Existem também imagens que se apresentam não apenas como visíveis, mas como legíveis, embora permaneçam como puras imagens. Entre o visível e o legível, há comunicações visuais de toda sorte. São as imagens que impõem ao espectador tal uso dos seus olhos e dos seus ouvidos. Mas justamente, o espectador, caso não saiba apreciar a novidade de uma imagem, de uma série ou de um filme, tem apenas intuições vazias. E essa novidade de um tipo de imagens é forçosamente inseparável de tudo o que vem antes.

— *A novidade: de que maneira ela pode valer?*

G.D. — A novidade é o único critério de qualquer obra. Caso não se acredite ter visto alguma coisa de novo, ou ter alguma coisa de novo a dizer, por que se escreveria, por que se pintaria, por que pegar em uma câmera? De igual maneira, em filosofia, caso não se inventem novos conceitos, por que se faria filosofia? Existem apenas dois perigos: dizer de novo aquilo que já foi dito ou feito mil vezes, ou buscar o novo por si mesmo, pelo prazer, no vazio. Nos dois casos é copiar, copiar o antigo ou copiar a moda. Sempre se pode copiar Joyce, Céline ou Artaud, e até mesmo acreditar que se é melhor do que eles, por estar a copiá-los. Mas, de fato, o novo não se separa de alguma coisa que é mostrada, que é dita, que se enuncia, que se faz surgir e que começa a existir por si própria. Neste sentido, o novo é sempre o inesperado, mas também aquilo que devém imediatamente eterno e necessário. O recopiar, o refazer não têm interesse algum.

Um grande filme é sempre novo, e é isto que o torna inesquecível. As imagens cinematográficas são evidentemente assinadas. Os grandes autores de cinema têm as suas luzes, os seus espaços, os seus temas. Não se confunde um espaço de Kurosawa com um espaço de Mizoguchi. Não se confunde a violência de Losey com a de Kazan: a primeira é uma violência estática imóvel, a outra, um *acting-out*.[vi] Há um vermelho de Nicholas Ray que não é o mesmo vermelho de Godard...

— *Você frequentemente fala de "problema" a respeito da luz ou da profundidade de campo: por que seriam problemas? [201]*

G.D. — Se você preferir, são dados da imagem. Mas, justamente, fala-se de "dados" de um problema e, em virtude desses dados, um problema tem casos muito diversos de solução. É isto, o novo: como os problemas são resolvidos de outro jeito, mas primeiramente porque um autor soube colocá-los de uma nova maneira. Nenhum jeito, no entanto, é melhor do que outro. É um assunto de criação. Tomemos o exemplo da luz. Houve quem tenha colocado o problema da luz relativamente às trevas. E, certamente, fizeram-no de maneira variada, sob forma de duas metades, de estrias, de claro-escuro. Outrossim, tinham eles uma certa unidade, que foi legitimamente denominada "expressionismo" no cinema. Observe que esse tipo de imagem luz-trevas remetia a um conceito filosófico, a uma imagem de pensamento: a de uma luta ou um conflito entre o Bem e o Mal.

É óbvio que o problema muda inteiramente se você mirar e pensar a luz em seus entrelaces com o branco, e não mais com as trevas. Deste ponto de vista, a sombra não passará de uma consequência e um mundo totalmente outro se dará. Não haverá menos dureza ou crueldade, às vezes, por conta disso, mas tudo será luz. Acontece que haverá duas luzes, a do sol e a da lua. E, conceitualmente, é o tema da alternância e da alternativa que substituirá o da luta ou do conflito. Será um "novo" jeito de tratar a luz. Mas é porque, primeiramente, a natureza do problema terá mudado. Segue-se por uma via criativa, então sobrevém um autor ou um movimento que traça uma outra via, ora estando a primeira como que esgotada, ora antes de que a primeira tenha se esgotado.

— *Você ia com frequência ao cinema? Em que momento decidiu que iria escrever sobre o cinema? Como esse livro foi construído?*

G.D. — Antes da guerra, eu era criança, mas por volta dos dez anos eu ia com frequência ao cinema, mais do que os meus contemporâneos. Tenho lembranças dos filmes e dos atores daquela época. Eu adorava Danielle Darrieux, e Saturnin Fabre me agradava bastante, pois ele me dava medo e me fazia rir; ele tinha inventado uma dicção. Mas, terminada a guerra, redescobri o cinema depois de todo mundo. A evidência do cinema como arte e criação, eu fui tê-la muito tarde. Enfim, sentia-me *[202]* unicamente filósofo. O que me levou a escrever sobre o cinema é que eu arrastava há muito tempo um problema de signos. A linguística me parecia inapta para tratar dele. Caí no cinema porque, feito de imagens-movimento, ele faz proliferar toda sorte de signos estranhos. Pareceu-me que ele próprio exigia uma classificação de signos que transbordava a linguística por toda parte. E, contudo, o cinema não era para mim um pretexto, ou um domínio de aplicação. A filosofia não se acha em estado de reflexão exterior sobre os outros domínios, mas em estado de aliança ativa e interior com eles, e ela não é mais abstrata nem mais difícil.

Eu não pretendi fazer filosofia sobre o cinema, mas considerar o cinema por si mesmo através de uma classificação dos signos. É uma classificação móvel e que se pode mudar, e que vale apenas por aquilo que ela faz ver. É verdade que esse livro tem uma composição complicada, mas isto é porque o próprio assunto é difícil. O que eu esperaria ter feito era chegar a frases que funcionam como imagens e que "mostram" grandes obras do cinema. Estou dizendo algo de muito simples: que há um pensamento nesses grandes autores, e que fazer um filme é assunto de pensamento vivo, criador.

— *Os nomes dos filmes ou dos cineastas não estão reunidos no fim do volume... Onde você está na fabricação do segundo tomo? E quais novos nomes vão aparecer nele?*

G.D. — Seria preciso que esse primeiro tomo, *A imagem-movimento*, fosse verdadeiramente um conjunto, mas também que se sentisse que ele exige uma sequência. A sequência é a imagem-tempo: não que esta se oponha à imagem-movimento, mas porque a imagem-movimento implica em si mesma apenas uma imagem indireta do tempo, produzida pela montagem. O segundo tomo, portanto, deve considerar tipos de imagens que incidem diretamente sobre o tempo, ou que revertam o entrelace movimento-tempo. É Welles, é Resnais. No primeiro tomo, não há uma só palavra sobre esses autores, nem sobre Renoir, nem sobre Ophüls e muitos outros. Nenhuma palavra sobre a imagem-vídeo, e quase que o neorrealismo e a *Nouvelle Vague*, Godard e Rivette, nem são anunciados. Um índice dos nomes e das obras é certamente necessário, mas depois que eu tiver terminado.

— *Sua percepção do cinema mudou depois que você começou esse livro?*

G.D. — É claro que vou ao cinema com o mesmo prazer do que antes, e não com muita frequência. Mas em outras condições, que às vezes eu considero mais puras, às vezes menos puras. Com efeito, às vezes eu tenho "absolutamente necessidade" de ver tal filme, e tenho a impressão de que, se eu não o vir, não poderei continuar. E daí me resigno, sou obrigado a seguir sem ele; ou então ele surge, é novamente exibido. Acontece também de eu ir ver um filme e saber que, se achar bonito, terei vontade de escrever: isso muda as próprias condições da visão, o que nem sempre é desejável.

— *Uma vez terminado o livro, na fase de impressão, da qual você fica de fora, pouco antes da publicação, houve coisas neste verão ou nesta temporada cinematográfica que lhe deram vontade de retornar ao livro?*

G.D. — O que vi de belo, recentemente, tirando obras como *Ludwig, Passion* ou *L'Argent?*[vii] Vi um filme muito bonito de Caroline Roboh, *Clémentine tango*, e, na tevê, uma produção INA de Michèle Rosier, *31 Juillet*, que se passa numa estação de trem, no início das férias, e um telefilme impressionante, perfeito: o trecho de *Amérique* de Kafka, por Benoît Jacquot.[viii] Mas certamente perdi um monte de coisas. Gostaria de ver o filme de Chéreau, o de Woody Allen...[ix] O cinema está vivendo um tempo precipitado, da velocidade, que é uma das suas potências, e é preciso estar disponível. O que é mais triste no cinema? Não são as longas filas para filmes muito ruins; é na verdade quando um Bresson, um Rivette reúnem tão somente algumas dezenas de pessoas numa sala. Isso é em si inquietante, mas também para o futuro, para os autores mais jovens.

Retrato do filósofo enquanto espectador

Rodapé da tradução

[i] Por "decupagem" se traduz *découpage*, em referência ao uso que o cinema faz desse termo. Mas, ao longo desta tradução, *découpage*, e o verbo *découper*, estão sendo traduzidos por "recorte" e "recortar".

[ii] Alusão ao Cinema MacMahon, fundado em 1938 na avenida Mac-Mahon, em Paris, que exibiu, durante a *Liberação*, os filmes norte-americanos proibidos pelo regime nazista. Na década de 1950, um grupo autodenominado "les Mac-Mahoniens", tendo tomado a dianteira do cinema, celebrou especialmente a obra de quatro diretores: Raoul Walsh, Otto Preminger, Fritz Lang e Joseph Losey.

[iii] Muitos são os escritos teóricos de Dziga Vértov (cf. a bela edição norte-americana dos escritos de Vértov, *Kino-Eye: The Writings of Dziga Vertov*, Berkeley/Los Angeles, University of California Press, 1984). Não se trata de filmar a vida, mas antes de captar, pela câmera, a vida dos homens, das mulheres e crianças, de uma cidade, de um trem, de uma imagem, o tempo destas vidas todas atravessado pelo cinema, pelo Cine-olho, Cine-verdade, na bela expressão de Vértov: a "vida pega desprevenida" *(jizn' vrasplókh)*, em cheio, de chofre.

[iv] Em francês, *Le Lys brisé*, para o filme *Broken Blossoms or The Yellow Man and the Girl* de D. W. Griffith, estreado no dia 13 de maio de 1919.

[v] Alusão ao filme *Stromboli, terra di Dio*, de Roberto Rossellini, estreado em 1950, com Ingrid Bergman no papel de Karin, a dita heroína.

[vi] *Acting-out* é um termo da análise psicológica dos mecanismos de defesa e autocontrole, e significa efetuar uma ação ao invés de resistir a ela e dominá-la. Esta ação é geralmente autodestrutiva e ofensiva relativamente a outras pessoas, quanto mais não seja porque toma a forma de uma entrega a atividades impulsivas e de dependência (álcool, drogas, roubo etc.). Pode-se pensar, por exemplo, em Monroe Stahr, o personagem do último filme de Elia Kazan, *The Last Tycoon* [O último magnata] (1976), que ataca violentamente, estando bêbado, o homem com o qual precisaria encontrar algum tipo de acordo. Em *A imagem-tempo*, no capítulo sobre a grande forma da imagem-ação, este termo também aparece ligado a Kazan, quando Deleuze atribui a ele e à escola dramática Actors Studio de Nova York o papel de "sistematização" da imagem-ação: "É preciso, de um lado, que a situação impregne profunda e continuamente a personagem, e que a personagem impregnada, por outro lado, exploda em ação, a intervalos contínuos. É a fórmula da violência realista, totalmente diferente da violência naturalista. A estrutura é um ovo: um polo vegetal ou vegetativo (a impregnação) e um polo animal (o *ac-*

230   Gilles Deleuze

ting-out)" (*Cinéma-1: L'image-temps*, Paris, Éditions de Minuit, 1983, pp. 214-9).

[vii] Alusão aos filmes *Ludwig*, de Luchino Visconti (1972), *Passion*, de Jean-Luc Godard (1982) e *L'Argent*, de Robert Bresson (1983).

[viii] *Clémentine tango* é um filme de 1982, estreado na França em 23 de fevereiro de 1983. — *31 Juillet* foi filmado por M. Rosier e Jacques Kébadian, em 1983. Eis uma interessante sinopse do filme, hoje em dia bastante difícil de ser encontrado: "O dia 31 de julho na estação de Lyon. A disparidade dos viajantes, parisienses ou estrangeiros, e suas diferentes maneiras de fazer passar o tempo enquanto esperam seu trem, tudo isso é filmado, ao passo que instantâneos, inseridos na montagem, apreendem algumas de suas atitudes". — O filme de B. Jacquot se chama *Une ville aux environs de New York* [Uma cidade nos arredores de Nova York], de 1983.

[ix] É possível que a referência seja aos filmes *L'Homme blessé*, de Patrice Chéreau, que estreou em Paris no dia 25 de maio de 1983, e *Zelig*, de Woody Allen, que estreou na França no dia 14 de setembro de 1983.

31
O PACIFISMO HOJE EM DIA*
[1983] *[204]*

Les Nouvelles — Fala-se de riscos de guerra mundial. A vocês lhes parece que a instalação dos Pershing tem ainda outras consequências?

Gilles Deleuze e Jean-Pierre Bamberger — Os riscos de guerra mundial aumentam, evidentemente. Mas, a partir de agora, é um ato importante da guerra fria e um novo salto na corrida armamentista. Sabe-se muito bem que não há equilíbrio possível nesse domínio: os fatores dos foguetes são a velocidade, o alcance, a precisão e a multiplicidade das cargas que, tecnicamente, não param de crescer. Esse novo episódio na corrida armamentista é de-

* Com Jean-Pierre Bamberger. Conversa registrada por Claire Parnet, *Les Nouvelles Littéraires*, 15-21 de dezembro de 1983. Amigo muito próximo de Gilles Deleuze, após uma formação filosófica Bamberger voltara-se para o tema dos problemas financeiros e econômicos, tanto do ponto de vista prático quanto teórico: problemas do terceiro mundo e, especialmente, das relações comerciais mútuas entre vários desses países, como Moçambique e Brasil.

Essa conversa teve lugar pouco tempo depois da implantação dos primeiros mísseis Pershing na Grã-Bretanha e na RFA, no fim de novembro de 1982.[i] A implantação desses foguetes nucleares de longo alcance — que visavam diretamente alvos estratégicos na URSS — resultava de decisões tomadas pela OTAN, em dezembro de 1979, a fim de modernizar e reforçar suas instalações militares na Europa, em vista de um eventual ataque soviético. Essas decisões eram apresentadas como uma resposta estratégica ao desenvolvimento dos mísseis nucleares SS-20 soviéticos, iniciado em 1977.

Paralelamente, desde o fim de 1981 realizavam-se em grande parte das grandes cidades europeias (Bonn, Londres, Roma, Madri, Amsterdã, Paris), mas também em Nova York, manifestações pacifistas contra a retomada da corrida armamentista.

sastroso sob vários aspectos. Desastroso para uma Europa em crise: as pressões se multiplicarão para que a Europa assuma ao menos uma parte dos custos de "sua própria defesa"; os EUA não esconderam qual seria o preço da dupla decisão,[a] quanto a dupla-chave custaria *[205]* a cada país europeu. Mesmo a França será forçada a precipitar a modernização do seu arsenal "dissuasivo". Para o terceiro mundo é desastroso de um outro jeito: o superarmamento implica uma exploração máxima de matérias e minerais estratégicos, logo, a permanência de governos linha-dura, e protela para futuros incertos a elaboração de uma nova política diante dos problemas de opressão ou de fome. A África do Sul tem belos dias à sua frente. E na entrevista de Mitterrand,[b] já não se trata mais de uma política terceiro-mundista. Enfim, é desastroso para a URSS: toda aceleração na corrida armamentista desestabiliza ainda mais a economia soviética. É provável que essa seja uma das principais razões atuais da instalação dos Pershing, para Reagan e seus novos conselheiros: provocar retaliações da URSS, retaliações que sua economia terá cada vez mais dificuldades para suportar. Somente os EUA podem suportar sem danos maiores o peso de um novo superarmamento.

L.N. — É ruim "desestabilizar" um país denunciado como sendo o país do gulags?[ii]

G.D. e J.-P.B. — A questão seria sobretudo esta: não haveria meios melhores? É fácil fazer dos pacifistas um retrato particularmente grotesco: eles desejariam um desarmamento unilateral, e seriam tontos o bastante para acreditar que o "exemplo" bastaria para persuadir a URSS a fazer o mesmo. O pacifismo é uma política. Ele exige negociações parciais ou globais, entre EUA, URSS e Europa. Mas ele não quer negociações puramente técnicas. Por

---

[a] A "dupla decisão" é a modernização e o reforço das instalações da OTAN na Europa (que compreende, especialmente, a instalação dos mísseis Pershing e de mísseis cruzadores). Essa medida — aplicável em abril de 1983, caso as negociações com a URSS fracassassem — foi adotada durante a reunião dos países-membros da OTAN, em dezembro de 1979.

[b] Alude-se à entrevista concedida ao canal Antenne 2, no programa *L'Heure de Vérité*, em 16 de novembro de 1983.

O pacifismo hoje em dia

exemplo, quando Mitterrand começa sua entrevista dizendo: "Ninguém quer a guerra, nem a leste nem a oeste, mas a questão é saber se a situação, que se agrava dia após dia, não escapará à decisão dos verdadeiros responsáveis", portanto é preciso de um "equilíbrio das forças contendoras, para que a guerra não exploda" —, compreende-se que todos os problemas políticos são, assim, postos entre parênteses. O pacifismo quer que as negociações técnicas sejam, de certa forma, ajustadas [206] a problemas políticos, a modificações políticas: por exemplo, zonas progressivas de neutralização na Europa. O pacifismo favorece as correntes que vão no sentido de uma reunificação da Alemanha, tanto a leste quanto a oeste: é que essa reunificação pode prevalecer apenas por neutralização. Ele se apoia sobre todos os elementos atuais, os quais podem acrescer uma autonomia dos países do Leste. A recente declaração da Romênia, que se distancia tanto da URSS quanto dos EUA, é importante a esse respeito.[c] O pacifismo tem bases e manifestos políticos perfeitamente enunciados: o plano da ONU 1961, em que um acordo era feito entre EUA-URSS;[d] o plano Palme;[iii] iniciativas locais atuais, como as negociações Grécia-Romênia-Bulgária-Iugoslávia.[e] Dizer que existem foguetes no Leste e o pacifismo no Oeste não faz sentido. A política pacifista se exerce tanto no Leste quanto no Oeste. Como diz Seán MacBride,[iv] é um contrapoder (*Les Nouvelles*, 2 de novembro). Por que até mesmo o pacifismo não teria um dia observadores nas negociações internacionais? Enquanto movimento popular, o pacifismo não po-

---

[c] O governo romeno, preocupado com sua independência em matéria de política estrangeira, encoraja internamente grandes manifestações, que colocam em causa o estacionamento, na Europa, dos mísseis nucleares americanos de médio alcance, mas também dos SS-20 soviéticos.

[d] Alusão à resolução do dia 24 de novembro de 1961, da Assembleia Geral da ONU, sobre a "interdição das armas nucleares e termonucleares".

[e] Trata-se da iniciativa conduzida pelo [primeiro-ministro] grego [de 1981 a 1989] [Andreas] Papandreou [1919-1996], que encetara conversações "encorajantes" com a Turquia, a Bulgária, a Iugoslávia e a Romênia, para desnuclearizar os Bálcãs.

de e não quer separar os problemas técnicos (quantitativos) e as modificações políticas.

Com o risco de "desestabilizar" a URSS, é um meio melhor do que o do superarmamento. Já se sabe que uma das retaliações da URSS será uma expansão dos foguetes nos países do Leste. É óbvio que o *gulag* será, ao mesmo tempo, expandido e reforçado. Edward Thompson[f] recentemente chamou a atenção para isso no *Le Monde* (27 de novembro): "Cada novo míssil no Oeste fecha uma porta de prisão no Leste, reforça o sistema de segurança e os falcões".[vi] A URSS não há de permitir que subsista o menor elemento de autonomia nos países de sua esfera. É, a prazo, a condenação à morte da Polônia. *[207]* É o sufocamento de tudo aquilo que se mexe na RDA,[vii] na Hungria. É o torpedeamento da iniciativa grega. Certamente, a corrida armamentista não pode ser apresentada como uma luta contra o *gulag*. Ela tem o efeito contrário. Mesmo na Europa Ocidental, ela desencadeará uma organização militar e política acrescida. Somente o pacifismo, com suas exigências próprias, pode desencadear um afrouxamento do *gulag*.

L.N. — Então, vocês são partidários de uma Europa desarmada diante dos foguetes soviéticos?

G.D. e J.-P.B. — A questão não é esta, de modo algum. O pacifismo quer negociações técnicas políticas, e controladas, entre os governos. Um equilíbrio puramente tecnológico é imaginário. Queremos negociações sobre as armas intercontinentais, ponto em que os EUA estão em grande vantagem (no domínio essencial dos mísseis balísticos mar-solo): não acreditamos que a URSS deva, primeiro, compensar o seu atraso. Queremos negociações sobre as armas continentais, ponto em que supostamente a URSS está em vantagem: por que seria preciso que os EUA, primeiro, compensassem o seu atraso? Tanto mais porque a Europa Ocidental não estava de modo algum desarmada: a OTAN dispunha de submarinos nucleares, que podem eventualmente desempenhar um papel continental ou intercontinental. Antoine Sanguinetti[viii] chama a atenção para isso numa entrevista recente: "Ao retirar os seus foguetes terrestres no início dos anos 1960, os americanos não dei-

---

[f] Edward Thompson [1924-1993] foi um historiador britânico.[v]

O pacifismo hoje em dia 235

xaram a Europa sem nada. Eles puseram no Mediterrâneo, sob ordens da OTAN, submarinos nucleares que levam ogivas nucleares da mesma ordem que os SS-20, com um alcance ligeiramente superior e a mesma precisão. Estão lá desde 1965, mas nunca se fala deles" (*Lui*, junho de 1983).

Os foguetes continentais na Europa são uma longa história. Os EUA já os tinham, assim como os soviéticos. Foi Kennedy quem os retirou, por duas razões principais: por compensação à URSS, cujos aliados não deviam ser ameaçados por foguetes continentais americanos, pois os EUA recusavam ser ameaçados por foguetes soviéticos num país aliado da URSS; e porque Kennedy pensava que o avanço americano em foguetes intercontinentais já era o bastante. Foi um momento importante no final da guerra fria. O chanceler Schmidt[ix] foi quem exigiu a reinstalação *[208]* de foguetes americanos, a partir de 1977, invocando o progresso tecnológico (sempre o argumento técnico...) dos novos foguetes soviéticos. A OTAN evidentemente aceitou a exigência. Reagan, portanto, parece seguir um programa previsto há muito tempo. Mas acontece que, na época, os foguetes previstos não deviam atingir a URSS, agora, portanto, sua função foi completamente "modificada", como observa o antigo ministro inglês David Owen (*Le Monde*, 22 de novembro). Como certos comentadores podem falar de uma decisão tomada "às claras"? Não somente a URSS pode ver nisso uma ruptura do pacto implícito com Kennedy, mas uma acirramento do projeto de 1979[g] e do caráter agressivo da OTAN.

Reagan pensa que o momento é favorável para o início de uma nova guerra fria, pois a URSS se encontra em situação de fraqueza política e econômica. Impor à URSS uma nova corrida superarmamentista lhe parece bom. Não será apenas uma prova de força para a economia soviética, mas também um jeito de impor uma dispersão dos seus recursos: quanto mais ela aumentar suas forças na Europa, mais os EUA terão carta branca no Pacífico. Eis por que a retaliação de Andropov[x] não é surpreendente: com certeza, a URSS expandirá seus foguetes continentais à Europa Oriental (com todas as consequências que isso comporta), mas ela se

---

[g] Sobre o projeto de 1979, ver a nota de apresentação deste texto.

ocupará sobretudo do outro aspecto da questão: desenvolver sua potência intercontinental "nas regiões dos oceanos e dos mares".

A má-fé ocidental é tão grande que nos dizem, de uma vez, que algo assim era esperado e que, no entanto, o presidente Reagan está particularmente "atormentado" por uma atitude como essa por parte da URSS.

L.N. — Mas por que a URSS continuou a aperfeiçoar os seus foguetes, enquanto os EUA haviam retirado os deles? Como a Europa Ocidental não se sentiria como uma presa desarmada frente à URSS?

G.D. e J.-P.B. — Ninguém acredita que a URSS queira destruir, ainda mais conquistar, a Europa Ocidental. É uma região sem nenhuma das matérias-primas atualmente importantes, com povos profundamente hostis ao [209] regime soviético. Não dá para entender muito bem por que a URSS carregaria nas costas uma dúzia de Polônias, ou coisa ainda pior. Sem contar a presença de 300 mil soldados americanos na Europa; para então se encontrar face a face com os EUA numa guerra intercontinental. É preciso ser o chanceler Kohl[xi] para falar sem rir da necessidade de evitar uma nova Munique. Toda aproximação entre o expansionismo nazista e o imperialismo soviético é inexata. O imperialismo russo-soviético jamais escondeu suas direções: para o Leste Asiático, de um lado, para os Bálcãs e o oceano Índico, de outro. O avanço soviético, no fim da guerra, não desmente essa evidência: ele tinha um alcance essencialmente estratégico, que não deixou, infelizmente, de ser atual e de se renovar, em detrimento dos países da Europa Oriental (é preciso lembrar que a Iugoslávia e a Albânia conseguiram sair disso).

Certamente, a Europa Ocidental é rica e forma um grande grupo de indústrias de transformação. Ela é atualmente controlada bem de perto pelos EUA (por exemplo, as mais de mil companhias americanas na Alemanha Ocidental). A URSS guardou, da última guerra, um medo visceral da Alemanha, mas esse medo tem uma forma adaptada às novas condições: *a URSS teme que os EUA um dia conciliem o seu isolacionismo com o seu imperialismo*, empurrando a Europa para a frente, encarregando a Alemanha de uma guerra agressiva limitada ao continente. Era uma hi-

O pacifismo hoje em dia

pótese que Schlesinger desenvolvia oficialmente, já no tempo de Nixon.[h] Nós, europeus, podemos julgar essa hipótese absurda. Ela não é mais absurda para a URSS do que a nossa hipótese de uma guerra dos soviéticos contra a Europa. Os foguetes soviéticos não pretendem ser menos "defensivos" do que o arsenal francês se pretende "dissuasivo". É por isso mesmo que a reunificação das Alemanhas neutralizadas é tão importante para o pacifismo, pois ela seria um elemento no apaziguamento dos medos recíprocos.

Esse é precisamente um dos objetivos do pacifismo, mas não é o objetivo da URSS (ver, por exemplo, as declarações de Proektor,[i] *Libération*, 3 de novembro de 1981). Escondem-nos o cerne do debate. *[210]* O problema da URSS é a dominação dos EUA sobre a Europa Ocidental. Seu próprio domínio sobre a Europa Oriental é muito mais duro politicamente, porém muito menos eficaz economicamente. A corrida armamentista, o superarmamento são geradores de guerra. Mas eles também têm toda uma outra significação.

Para os EUA, isso é a marca segundo a qual a Europa Ocidental lhes pertence e não tem, nem nunca terá, uma verdadeira economia autônoma. *A instalação dos Pershing, a esse respeito, é uma decisão muito importante da Europa Ocidental, enquanto ela decide permanecer, não apenas sob a proteção militar dos EUA, mas em sua estreita órbita econômica.* É uma escolha política que, sob pretexto de não ser "satelizada" militarmente pela URSS, ratifica a satelização econômica dos EUA. A URSS tem necessidade de uma Europa economicamente livre, mesmo que esta não saia da OTAN nem da Aliança Atlântica (é [Andreas] Papandreou, e toda uma parte da esquerda europeia, que vão mais longe). Um dos principais esforços da URSS, atualmente, é restabelecer o equilíbrio da balança de pagamentos, não apenas nos países do Leste, mas internamente. Contrariamente àquilo que se passa no superarmamento, a noção de equilíbrio tem, aqui, um sentido: a dívida dos países do Leste não para de diminuir e fornece condições

---

[h] [James R.] Schlesinger [1929-2014] foi secretário de Defesa no governo Nixon.

[i] [Daniel] Proektor é um especialista militar soviético.

favoráveis à expansão das trocas com o Oeste. A URSS procede, a esse respeito, de maneira violenta, mediante uma grande diminuição do poder de compra interno — ponto de partida do movimento polonês. Mas a Europa Ocidental, mesmo nos seus governos socialistas, encontra-se diante de um problema semelhante e vai proceder do mesmo jeito, com mais precauções. Nem mesmo é seguro dizer que ela evitará a situação polonesa. São as duas Europas que correm o risco de morrer ou enfrentar-se cara a cara, por conta da dominação econômica americana.

A corrida armamentista, o superarmamento, portanto, têm uma dimensão que se acrescenta às suas dimensões bélicas e políticas diretas. Para os EUA, trata-se de manter indiretamente a Europa Ocidental sob sua dependência econômica ampliada. Para a URSS, trata-se de manter a Europa Oriental em sua esfera (pois, como diz Edward Thompson, "os mísseis SS-20 também estão apontados para a dissidência no interior *[211]* da Europa Ocidental"), e de responder a uma Europa Ocidental americanizada. Tudo que vai no sentido de uma política econômica independente, na Europa Ocidental, vai também no sentido da paz, pois a URSS e seus satélites têm os mesmos problemas que os países do Oeste, a mesma crise sob duas formas diferentes, que eles só podem contornar juntos se o fizerem pelo desarmamento.

Tudo que nos contam atualmente, todas as discussões sobre as armas deixam de lado aquilo que é capital, em todos os sentidos da palavra: certamente, estão nos levando para a guerra, mas nos escondem os problemas econômicos subjacentes. Nem mesmo são subjacentes. O que é insensato no momento atual? Qual a outra cara do superarmamento? É o reino do dólar, a maneira pela qual os americanos o empregam para subjugar o mundo e *tornar impossível qualquer avanço nos entrelaços entre as duas Europas.* Todo mundo sabe disso, todo mundo reconhece isso. Apenas o pacifismo tira as consequências. Todavia, pode ser que a crise da cúpula de Atenas instigue certos países, dentre os quais a França, a uma nova política europeia.[j]

---

[j] Alusão à reunião do Conselho Europeu, que se deu em Atenas nos

O pacifismo hoje em dia

L.N. — *A opinião francesa parece indiferente ao pacifismo, e os jornais — e até mesmo livros — dirigem a ele uma crítica bastante viva...*

G.D. e J.-P.B. — Sim, é verdade que não tivemos terroristas na França depois de 1968, mas temos os nossos arrependidos, e os nossos integristas. Chegam a acusar o pacifismo de ser a via atual do antissemitismo. Está escrito, textualmente. O raciocínio é tortuoso:

1) Auschwitz é o mal absoluto;

2) o *gulag* é o mal absoluto;

3) como dois "mal absolutos" já é demais, o *gulag* e Auschwitz são a mesma coisa;

4) o risco de uma guerra nuclear é o novo pensamento vertiginoso, a possibilidade de uma Hiroshima planetária é o preço que se precisa pagar para que não haja mais Auschwitz e para evitarmos o *gulag*. É a conclusão da "nova filosofia", uma aposta de Pascal para uso dos militares, e na qual *[212]* Reagan é a reencarnação de Pascal. Esse pensamento vertiginoso é inquietante, mas um pouco raso.[k] O chanceler Kohl fala mais modestamente de uma grande "virada intelectual". A ideia de mal absoluto é uma ideia religiosa, e não histórica. O horror de Auschwitz, o horror do *gulag* vêm, ao contrário, do fato de não se confundirem, e tomam seu lugar em uma série onde também está Hiroshima, o estado de um terceiro mundo, o futuro que nos estão preparando... Já era penível que Auschwitz servisse para justificar Sabrá e Shatila; ele agora santifica a política reaganiana. Em sua entrevista, Edward Thompson explica bem por que certos intelectuais franceses querem fazer a gente acreditar numa oposição entre o pacifismo e os direitos humanos. Diz que, tendo descoberto o *gulag* muito tarde, eles devêm tanto mais belicistas e clamam por uma nova guerra fria. Não admitem a evidência de que o superarmamento é a melhor condição atual para a continuação do *gulag*.

---

dias 4 e 5 de dezembro de 1983, sem que se chegasse a um acordo sobre as questões orçamentárias e sobre uma política agrícola comum.

[k] Alusão ao livro de André Glucksmann, *La Force du vertige*, Paris, Grasset, 1983, publicado algumas semanas antes e que tratava desses temas.

Acrescente-se a isso que não há mais Sartre para impedi-los, por sua própria existência, de ficar falando bobagens.

A questão da opinião francesa é diferente e não exigia um apoio metafísico como esse. Ela não se sente imediatamente comprometida com os Pershing, porque não é na "nossa pátria".[xii] A posição de Mitterrand parece corresponder bem ao estado em que se acha a opinião francesa, infelizmente num consenso feito em proveito da direita. Mas não acreditamos que os franceses permanecerão por muito tempo indiferentes ao desenvolvimento do pacifismo como movimento popular. É provável que ele seja, mais e mais, a linha de partilha entre as pessoas.

L.N. — Mas a própria política francesa, como lhes parece que ela se explica?

G.D. e J.-P.B. — Talvez haja dois aspectos, que constituem uma herança do gaullismo. Mitterrand não apenas forçou os outros europeus a receber os Pershing, com o risco de romper com a social-democracia e aliar-se com os conversadores; ele disse e mostrou que não se interessava por negociações que dissessem respeito às armas continentais. O que lhe interessa é *[213]* ser um parceiro mundial, parte mutuária numa negociação sobre as armas intercontinentais. Contudo, não dá para ver muito bem qual seria o peso da França numa negociação como esta: sobretudo em condições tais que ela será cortada da Europa, contrária ao movimento pacifista, e em que terá renunciado a qualquer nova política terceiro-mundista. Manejando assim sua situação bem particular na Europa (estar na Aliança Atlântica sem ser da OTAN), a França aumenta, no quadro de uma negociação, sua dependência frente aos EUA. O outro aspecto é que Mitterrand assumiu plenamente uma "vocação" euro-africana da França, e os outros povos europeus não têm o que fazer quanto a isso: a ideia hegemônica de uma Europa mediterrânea e africana se concilia mal com uma neutralização, uma reunificação das Alemanhas etc. E, certamente, uma nova política africana devia ser um dos pontos fortes do novo regime socialista na França. Justamente, porém, uma nova política...

Assim como no que diz respeito ao terceiro mundo, aqui também parece que a França se encontra atualmente na situação dos governos anteriores. Explicam-nos que o armamento dissuasivo da

O pacifismo hoje em dia

França só será crível, aos olhos da URSS, se todo mundo sentir que o presidente é capaz de apertar o botão, em caso de urgência. Mas a única maneira de convencer o mundo disso é conduzir operações limitadas, que supostamente manifestam a nossa determinação, e que recaem sobre o terceiro mundo, e nos alienam ainda mais (donde o apoio incondicional à guerra das Malvinas, o equívoco de nossa situação no Líbano, a represália de Baalbek,[xiii] o apoio militar a Hissène Habré,[xiv] o armamento do Iraque...).

Estamos sempre encontrando os dois aspectos do superarmamento. Ele tem uma face dirigida contra o Leste e uma face dirigida para o Sul. Ele evidentemente aumenta os riscos de guerra com a URSS, mas também acresce necessariamente a dominação sobre o terceiro mundo. Antoine Sanguinetti observa, por exemplo, que os mísseis americanos que serão instalados na Sicília não podem tocar a URSS, mas, em contrapartida, alcançam facilmente o Egito, a Argélia e o Marrocos. De outra maneira, nossa força dissuasiva é colocada à prova na África, embora sem servir para nada, e é a África que deve testar nossa determinação. Certamente, por todas as partes a França é favorável a negociações. Mas apartando-se do movimento pacifista na Europa, e dos movimentos *[214]* terceiro-mundistas alhures, ela se condena a uma forma estreitamente técnica da negociação, esvaziada dos seus conteúdos políticos e dos seus objetivos de verdadeira mudança. Mais uma vez, porém, a crise europeia pode transformar as conjecturas da política francesa.

RODAPÉ DA TRADUÇÃO

[i] RFA é sigla para *Royal Fleet Auxiliary*, a Frota Real Auxiliar, frota civil pertencente ao Ministério da Defesa britânico.

[ii] O termo *gulag* se refere a uma sigla russa para *Administração Geral dos Campos de Trabalho Correcional e Colônias*, uma agência do governo soviético, durante os anos 1930 e 1940, na era Stálin, que comandava o sistema de campos de trabalho forçado, os quais continham desde simples ladrões até prisioneiros políticos. Por extensão, *gulag* pode se referir aos próprios campos.

iii Alusão à política antiarmamentista do sueco Olof Palme, assassinado no dia 28 de fevereiro de 1986 e que, desde 1968 até seu assassinato, foi diretor do Partido Social-Democrata Sueco dos Trabalhadores e, em duas ocasiões, ministro do Estado (1969-1976 e 1982-1986). No dia 21 de fevereiro de 1968, então ministro da Educação, Palme participou, junto com o embaixador norte-vietnamita da União Soviética, Nguyen Tho Chan, de um protesto em Estocolmo contra a participação norte-americana na Guerra do Vietnã, cuja resposta dos EUA foi a retirada de seu embaixador da Suécia. Em 23 de dezembro de 1972, já primeiro-ministro, em um pronunciamento à rádio nacional sueca, Palme relacionou os bombardeios norte-americanos de Hanói a atrocidades como o bombardeio de Guernica, os massacres de Oradour-sur-Glane, Babi Yar, Katyn, Lidice e Sharpeville, e a exterminação dos judeus e outros grupos em Treblinka. Os EUA chamaram a comparação de um "grosseiro insulto" e mais uma vez decidiram congelar relações diplomáticas com a Suécia.

iv Seán MacBride (1904-1988) foi ministro das Relações Exteriores irlandês de 1948 a 1951, tendo antes fundado o Partido Republicano Socialista *Cann na Poblachta* (*Família da República*), em 1946, e assumido, em 1936, a chefia geral do Exército Republicano Irlandês, IRA.

v O livro de Thompson, *The Making of the English Working Class* (Londres, Victor Gollancz, 1963), é uma grande referência da história social da Inglaterra.

vi Em francês, *faucons*, designando partidários de uma política dura, de soluções de força, beligerentes.

vii Sigla para República Democrática Alemã (ou DDR: *Deutsche Demokratik Republik*), também conhecida como Alemanha Oriental.

viii Antoine Sanguinetti (1917-2004) foi um almirante francês, com forte atuação política. Foi afastado do Partido Socialista em 1982 (por ter figurado em uma lista dissidente), e assinaria mais tarde, em 1996, junto com sessenta generais europeus, russos e norte-americanos, uma petição pelo desmantelamento das armas nucleares.

ix Helmut Schmidt (1918-2015) foi chanceler da Alemanha Ocidental de 1974 a 1982.

x Iúri Andropov (1914-1984), foi secretário-geral do Partido Comunista da União Soviética do dia 12 de novembro de 1982 até a sua morte.

xi Helmut Kohl (1930) foi chanceler da Alemanha Ocidental de 1982 a 1990, e da Alemanha reunificada, entre 1990 e 1998.

xii *Chez nous*, literalmente "em nossa casa", traz a ideia de pátria, terra da nação, nossa e não deles. É um grito nacionalista francês.

O pacifismo hoje em dia

[xiii] Provável alusão à criação do Hezbollah, em 1982, que mantinha na cidade de Baalbek um dos seus quartéis.

[xiv] Por meio de um golpe que destituiu o presidente eleito do Chade, Goukouni Oueddei, Hissène Habré (1942) tornou-se líder deste país, de 1982 até a sua deposição, em 1990. Contou com o apoio militar da França e dos Estados Unidos durante o conflito com a Líbia de Muammar Gaddafi (1942-2011), entre 1978 e 1987.

32
MAIO DE 68 NÃO OCORREU*
[1984] *[215]*

Em fenômenos históricos como a Revolução de 1789, a Comuna, a Revolução de 1917, sempre há uma parte de *acontecimento*, irredutível aos determinismos sociais, às séries causais. Os historiadores não gostam muito desse aspecto: eles restauram causalidades posteriormente. Mas o próprio acontecimento está em desengate ou em ruptura com as causalidades: é uma bifurcação, um meandro relativamente às leis, um estado instável que abre um novo campo de possíveis. Prigogine[i] falou desses estados em que, mesmo na física, as pequenas diferenças se propagam em vez de se anularem, e em que fenômenos totalmente independentes entram em ressonância, em conjunção. Neste sentido, um acontecimento pode ser contrariado, reprimido, recuperado, traído, e nem por isso deixa de comportar algo de inultrapassável. São os renegados que dizem: está ultrapassado. Mas o próprio acontecimento, por mais que seja antigo, não se deixa ultrapassar: ele é abertura de possível. Ele passa no interior dos indivíduos tanto quanto na espessura de uma sociedade.

E, ainda assim, os fenômenos históricos que invocamos eram acompanhados de determinismos ou de causalidades, mesmo que fossem de outra natureza. Maio de 68 pertence antes à ordem de um acontecimento puro, livre de toda causalidade normal ou normativa. Sua história é uma "sucessão de instabilidades e de flutuações amplificadas".[ii] Houve muitas agitações, gesticulações, discursos, besteiras, ilusões em 68, mas não é isso que conta. O que conta é que foi um fenômeno de vidência, como se uma sociedade visse de súbito o que ela continha de intolerável e visse também a

---

* Com Félix Guattari. *Les Nouvelles Littéraires*, 3-9 de maio de 1984, pp. 75-6.

Maio de 68 não ocorreu   245

[216] possibilidade de outra coisa. É um fenômeno coletivo sob a seguinte forma: "Um pouco de possível, senão eu sufoco...".[iii] O possível não preexiste, ele é criado pelo acontecimento. É uma questão de vida. O acontecimento cria uma nova existência, ele produz uma nova subjetividade (novos entrelaces com o corpo, o tempo, a sexualidade, o meio [milieu], a cultura, o trabalho...). Quando uma mutação social aparece, não basta tirar suas consequências ou seus efeitos, segundo linhas de causalidades econômicas e políticas. É preciso que a sociedade seja capaz de formar agenciamentos coletivos que correspondam à nova subjetividade, de tal maneira que ela queira a mutação. É isso: uma verdadeira "reconversão". O *New Deal* americano, a escalada[iv] japonesa foram exemplos muito diferentes de reconversão subjetiva, com ambiguidades e mesmo estruturas reacionárias de toda sorte, mas também com a parte de iniciativa e de criação, que constituía um novo estado social capaz de responder às exigências do acontecimento. Na França, ao contrário, depois de 68, os poderes sempre viveram com a ideia de que "tudo iria se ajeitar". E, com efeito, tudo se ajeitou, mas em condições catastróficas. Maio de 68 não foi a consequência de uma crise, tampouco a reação a uma crise. É antes o inverso. É a crise atual, são os impasses da crise atual na França que decorrem diretamente da incapacidade da sociedade francesa de assimilar o Maio de 68. A sociedade francesa mostrou uma impotência radical para operar uma reconversão subjetiva no nível coletivo, tal como 68 exigia: sendo assim, como poderia ela operar atualmente uma reconversão econômica em condições de "esquerda"? Ela nada soube *propor* às pessoas: nem no domínio da escola, nem do trabalho. Tudo o que era novo foi marginalizado ou caricaturizado. Hoje em dia, vemos pessoas de Longwy se aferrarem ao seu aço,[v] produtores leiteiros às suas vacas etc.: que outra coisa eles fariam, já que todo agenciamento de uma nova existência, de uma nova subjetividade coletiva foi antecipadamente esmagado pela reação contra 68, quase tanto à esquerda quanto à direita? Até mesmo as rádios livres. O possível foi continuamente fechado.

Topamos em toda parte com os filhos de Maio de 68, eles mesmos o ignoram, e cada país, à sua maneira, produz os seus. A situação deles não é brilhante. Não são *[217]* jovens executivos. São bizarramente indiferentes e, no entanto, estão por dentro. Deixaram de ser exigentes, ou narcisistas, mas sabem muito bem que nada responde atualmente à sua subjetividade, à sua capacidade de energia. Sabem até que todas as reformas atuais, na verdade, vão contra eles. Decidiram tocar seus próprios negócios, o tanto que puderem. Eles mantêm uma abertura, um possível. Seu retrato poetizado foi feito por Coppola, em *Rusty James*;[vi] o ator Mickey Rourke explica: "É um personagem que está um pouco no fim da linha, na corda bamba. Ele não faz o tipo Hells Angels.[vii] Ele tem massa cinzenta e, mais do que isso, tem bom-senso. Uma mistura de cultura que vem da rua e da universidade. E é essa mistura que o deixou louco. Ele não vê nada. Sabe que não há trabalho algum para ele, porque é mais malandro que qualquer sujeito que o contratasse..." (*Libération*, 15 de fevereiro de 1984).

Isso é verdade para o mundo inteiro. O que se institucionaliza, no desemprego, na aposentadoria ou na escola, são "situações de abandono" controladas, com os deficientes por modelo. As únicas reconversões subjetivas atuais, no nível coletivo, são as de um capitalismo selvagem à maneira americana, ou então de um fundamentalismo muçulmano, como no Irã, de religiões afro-americanas, como no Brasil: são as figuras opostas de um novo integrismo (seria preciso acrescentar a tudo isso o neopapismo europeu). A Europa nada tem a propor, e a França parece não ter outra ambição além de tomar a dianteira de uma Europa americanizada e superarmada, que operaria de cima a reconversão econômica necessária. O campo dos possíveis está, no entanto, em outro lugar: *seguindo o eixo Oeste-Leste*, o pacifismo, na medida em que ele se propõe a desagregar os entrelaços de conflito, de superarmamento, mas também de cumplicidade e de repartição entre os Estados Unidos e a URSS. *Seguindo o eixo Norte-Sul*, um novo internacionalismo, que não mais se funda apenas numa aliança com o terceiro mundo, mas nos fenômenos de terceiro-mundanização nos próprios países ricos (por exemplo, a evolução das metrópoles, a degradação dos centros urbanos, a ascensão de um terceiro mundo europeu, de acordo com as análises de Paul Virilio). Só há solução se for criativa. São essas reconversões criativas que contribuiriam para resolver a crise atual e assumiriam o resgate de um Maio de 68 generalizado, de uma bifurcação ou de uma flutuação amplificadas.

RODAPÉ DA TRADUÇÃO

[i] Ilya Prigogine (1917-2003) foi um químico de origem russa, naturalizado belga em 1949, autor de obras como: *Thermodynamics Theory of Structure, Stability and Fluctuations*, com o físico Paul Glansdorff (Londres, Wiley-Interscience, 1971); *Self-Organization in Non-Equilibrium Systems* (Londres, Wiley-Interscience, 1977); *La Nouvelle alliance*, com a filósofa Isabelle Stengers (Paris, Gallimard, 1979), no qual os autores dizem ter "encontrado inspiração" junto a "filósofos" que pertencem "à nossa época, tais como [Michel] Serres e [Gilles] Deleuze, e à história da filosofia, como Lucrécio, Leibniz, Bergson e Whitehead", filósofos que "nos ajudaram a pensar a metamorfose conceitual da ciência e suas implicações" (2ª ed., 1986, p. 387). Além disso, citavam várias vezes *Différence et répétition*, o livro de Deleuze publicado justamente em 1968, e que foi um grande acontecimento filosófico da segunda metade do século XX.

[ii] As noções de "instabilidade" e de "flutuação", de "amplificação de flutuações", junto às noções de "bifurcação" e de "estrutura dissipativa", são essenciais na obra de Prigogine, mormente em seus trabalhos sobre termodinâmica. Cf. a conferência de Prigogine, *Time, Structure and Fluctuations*, na ocasião do recebimento de seu Prêmio Nobel, em 8 de dezembro de 1977.

[iii] *Du possible, sinon j'étouffe* é uma frase a que Deleuze faz referência em outros momentos, e que remete à história do burguês de Kierkegaard. Sobre isso, ver por exemplo: *Logique du sens*, pp. 369-70 (Paris, Minuit, 1969), e a aula do dia 31 de maio de 1983, na Universidade Paris 8, em Saint-Denis, que pode ser lida e escutada no site www2.univ-paris8.fr/deleuze/.

[iv] Trata-se do milagre econômico japonês pós-Segunda Guerra Mundial, a que se costuma designar, mesmo entre falantes do português, com o termo norte-americano *boom*.

[v] Longwy é uma cidade do nordeste da França, na região de Lorraine, que concentra o essencial da produção francesa de aço.

[vi] Nome pelo qual foi exibido na França o filme *Rumble Fish*, de 1983. Rusty James é o nome do personagem interpretado por Matt Dillon.

[vii] Alusão à gangue de motociclistas fundada nos EUA em 1948.

33
CARTA A UNO:
COMO TRABALHAMOS A DOIS*
[1984] *[218]*

Caro Kuniichi Uno,

Você me pergunta como Félix Guattari e eu nos encontramos e como trabalhamos juntos. Posso te dar apenas o meu ponto de vista, o de Félix seria talvez diferente. O certo é que não existe receita ou fórmula geral para trabalhar junto.

Foi logo depois de 1968, na França. Não nos conhecíamos, mas um amigo em comum queria que nos conhecêssemos. Contudo, à primeira vista, não havia nada que nos pusesse de acordo. Félix sempre teve muitas dimensões, muitas atividades — psiquiátricas, políticas, trabalho de grupo. É uma "estrela" de grupo. Ou antes seria preciso compará-lo a um mar: sempre móvel em aparência, com brilhos de luz o tempo todo. Ele pode pular de uma atividade a outra, dorme pouco, viaja, não para. Ele nunca *cessa*. E tem velocidades extraordinárias. Quanto a mim, eu seria antes como uma colina: mexo-me muito pouco, sou incapaz de levar duas empreitadas, minhas ideias são ideias fixas e os raros movimentos que tenho são interiores. Gosto de escrever sozinho, mas não gosto muito de falar, exceto nas aulas, quando a palavra é submetida a outra coisa. Nós dois, Félix e eu, daríamos um bom lutador japonês.

Entretanto, olhando Félix mais de perto, percebe-se que ele é muito só. Entre duas atividades, ou no meio [*milieu*] de muita *[219]* gente, ele pode mergulhar numa grande solidão. Ele desaparece, para tocar piano, para ler, para escrever. Poucas vezes encon-

---

* Carta datada de 25 de julho de 1984 e publicada em japonês na *Gendai Shiso* (A Revista do Pensamento de Hoje), Tóquio, nº 9, 1984, pp. 8-11. Tradução para o japonês de Kuniichi Uno.

Carta a Uno: como trabalhamos a dois

trei um homem que fosse tão criativo e produzisse tantas ideias. E ele não cessa de modificar suas ideias, de revirá-las, mudar seus feitios. Ele é também totalmente capaz de se desinteressar delas, e até mesmo de esquecê-las, para melhor remanejá-las, redistribuí-las. Suas ideias são desenhos, ou até mesmo diagramas. O que me interessa são os conceitos. Parece-me que os conceitos têm uma existência própria, eles são animados, são criaturas invisíveis. Justamente, porém, eles têm necessidade de ser criados. Para mim, a filosofia é uma arte de criação, tanto quanto a pintura e a música: ela cria conceitos. Não são generalidades, nem mesmo verdades. São antes da ordem do Singular, do Importante, do Novo. Os *conceitos* são inseparáveis dos *afetos*, ou seja, dos potentes efeitos que eles têm sobre as nossas vidas, e dos *perceptos*, ou seja, de novas maneiras de ver ou de perceber que eles nos inspiram.

Entre os diagramas de Félix e os meus conceitos, articulados, tivemos vontade de trabalhar juntos, mas não sabíamos bem como. Líamos muito — etnologia, economia, linguística. Eram materiais, eu ficava fascinado por aquilo que Félix tirava deles, e ele, interessado pelas injeções de filosofia que eu tentava aplicar neles. Para *O anti-Édipo*, rapidamente já sabíamos o que queríamos dizer: uma nova apresentação do inconsciente como máquina, como fábrica, uma nova concepção do delírio ajustado ao mundo histórico, político e social. Mas como fazer isso? Começamos por longas cartas em desordem, intermináveis. Depois, reuniões a dois, de vários dias ou de várias semanas. Compreenda você que era, de uma vez só, um trabalho muito cansativo e que ríamos o tempo todo. E cada um no seu canto desenvolvia este ou aquele ponto, em direções diferentes; misturávamos as escritas, criando palavras cada vez que sentíamos necessidade. Às vezes, o livro ganhava uma forte coerência que não mais se explicava nem por um nem pelo outro.

É que nossas diferenças trabalhavam contra nós, porém ainda mais a nosso favor. Jamais tivemos o mesmo ritmo. Félix me censurava de não reagir às cartas que ele *[220]* me enviava: é que eu não estava à altura, naquele momento. Eu faria uso delas somente mais tarde, um ou dois meses depois, quando Félix já estava em outra. E, em nossas reuniões, jamais ficávamos falando junto: um falava e o outro escutava. Eu não *largava* do Félix, mesmo quando ele estava cheio; mas Félix me *perseguia*, mesmo quando eu não podia mais. Pouco a pouco, um conceito ganhava uma existência autônoma, que às vezes continuávamos a entender de maneira diferente (por exemplo, jamais entendemos da mesma maneira o "corpo sem órgãos"). O trabalho a dois nunca foi uma uniformização, mas antes uma proliferação, uma acumulação de bifurcações, um rizoma. Eu poderia dizer a quem remonta a origem desse ou daquele tema, dessa ou daquela noção: a meu ver, Félix tinha verdadeiros clarões e, quanto a mim, eu era um tipo de para-raios, enfiava aquilo na terra para que renascesse de outra maneira, mas Félix retomava etc., e assim avançávamos.

Com *Mil platôs* foi ainda diferente. A composição desse livro é muito mais complexa, os domínios tratados, muito mais variados, mas havíamos adquirido hábitos tais que um podia adivinhar para onde o outro ia. Nossas conversas comportavam elipses cada vez mais numerosas e podíamos estabelecer ressonâncias de toda sorte, não mais entre nós, mas entre os domínios que atravessávamos. Os melhores momentos desse livro, quando o estávamos fazendo, foram: o ritornelo e a música; a máquina de guerra e os nômades; o devir-animal. Lá, sob o impulso de Félix, eu tinha a impressão de territórios desconhecidos onde viviam estranhos conceitos. É um livro que me deixou feliz e que nunca chego a esgotar. Não veja nisso nenhuma vaidade, eu falo por mim, e não pelo leitor. Em seguida, foi realmente necessário que cada um de nós, Félix e eu, voltasse ao seu próprio trabalho, para recuperar o fôlego. Mas de uma coisa estou convencido: trabalharemos juntos novamente.

Aí está, caro Uno. Espero ter respondido a uma parte das suas questões. Fique bem.

34
GRANDEZA DE YASSER ARAFAT*
[1984] *[221]*

A causa palestina é, primeiramente, o conjunto das injustiças que esse povo sofreu e não para de sofrer. Essas injustiças são os atos de violência, mas também os ilogismos, os falsos raciocínios, as falsas garantias que pretendem compensá-los ou justificá-los. Arafat não tinha senão uma palavra para falar das promessas não mantidas, dos compromissos violados, quando dos massacres de Sabrá e Shatila: *shame, shame* [vergonha, vergonha]. Dizem que não é um genocídio. E todavia é uma história que contém muito de Oradour,[i] desde o início. O terrorismo sionista não se exercia apenas contra os ingleses, mas sobre aldeias árabes que deviam desaparecer; o Irgun foi muito ativo a este respeito (Deir Yassin).[a] De uma ponta à outra, tratar-se-á de fazer não apenas como se o povo palestino não devesse mais existir, mas como se jamais tivesse existido.

Os conquistadores eram aqueles mesmos que haviam sofrido o maior genocídio da história. Os sionistas fizeram daquele genocídio um *mal absoluto*. Transformar, porém, o maior genocídio da história em mal absoluto é uma visão religiosa e mística, não é uma

---

* *Revue d'Études Palestiniennes*, n° 10, inverno de 1984, pp. 41-3. O texto é datado de setembro de 1983.

[a] Braço armado do movimento extremista fundado por Vladimir Jabotinsky (igualmente fundador do Likud). O Irgun, então dirigido por Menahem Begin, conduzia ações tanto contra o movimento nacional árabe palestino quanto contra a administração britânica. Ele é particularmente responsável pelo massacre de uma aldeia palestina dos subúrbios de Jerusalém (Deir Yassin), em 1948, e pelo atentado contra o Hotel King David, então sede do Mandato britânico em Jerusalém.[ii]

visão histórica. Ela não interrompe o mal; pelo contrário, ela o propaga, faz com que ele recaia sobre outros inocentes, exige uma reparação, a qual faz com que esses outros sofram uma parte daquilo que os judeus sofreram *[222]* (a expulsão, o confinamento em guetos, o desaparecimento como povo). Com meios mais "frios" do que o genocídio, querem chegar ao mesmo resultado. Os EUA e a Europa deviam uma reparação aos judeus. E fizeram com que essa reparação fosse paga por um povo do qual o mínimo que se pode dizer é que ele não tinha nada a ver com aquilo, singularmente inocente de qualquer holocausto, não tendo sequer ouvido falar dele. É aí que começa o grotesco, assim como a violência. O sionismo e, depois, o Estado de Israel exigirão que os palestinos lhes reconheçam de direito. Mas ele, o Estado de Israel, não deixará de negar o próprio fato de um povo palestino. Nunca se falaria de palestinos, mas de árabes da Palestina, como se tivessem sido encontrados lá por acaso ou por erro. E, mais tarde, farão como se os palestinos expulsos viessem de fora, não se falará da primeira guerra de resistência que eles levaram a cabo completamente sozinhos. Farão deles os descendentes de Hitler, por não reconhecerem o direito de Israel. Israel, porém, reserva-se o direito de negar a eles sua existência de fato. É então que começa uma ficção que se estenderia mais e mais, pesando sobre todos aqueles que defendiam a causa palestina. Essa ficção, essa aposta de Israel era fazer com que todos aqueles que contestassem as condições de fato e as ações do Estado sionista se passassem por antissemitas. Essa operação encontra sua fonte na fria política de Israel a respeito dos palestinos.

Israel jamais escondeu seu objetivo, e isso desde o início: esvaziar o território palestino. E, melhor ainda, fazer como se o território palestino estivesse vazio, destinado desde sempre aos sionistas. Tratava-se certamente de colonização, mas não no sentido europeu do século XIX: os habitantes do país não seriam explorados, mas forçados a partir. Daqueles que permanecessem não se faria uma mão de obra dependente do território, mas antes uma mão de obra móvel e apartada, como se fossem imigrantes confinados em gueto. Desde o início, trata-se de comprar terras com a condição de que estejam vazias de ocupantes ou de que sejam es-

Grandeza de Yasser Arafat

vaziáveis. É um genocídio, mas um genocídio em que a exterminação física fica subordinada à evacuação geográfica: por serem apenas árabes em geral, os palestinos sobreviventes devem mesclar-se com os outros árabes. A exterminação física, quer seja ou não confiada a mercenários, está perfeitamente [223] presente. Mas não é um genocídio, diz-se, pois ela não tem o "objetivo final": com efeito, é um meio dentre outros.

A cumplicidade dos Estados Unidos com Israel não vem apenas da potência de um *lobby* sionista. Elias Sanbar mostrou muito bem como os Estados Unidos reencontravam em Israel um aspecto da sua própria história: a exterminação dos índios, que, lá também, apenas em parte foi diretamente física.[b] Tratava-se de fazer o vazio, e fazê-lo como se jamais tivessem existido índios, salvo em guetos, que fariam deles imigrantes internos como tantos outros. Sob vários aspectos, os palestinos são os novos índios, os índios de Israel. A análise marxista indica os dois movimentos complementares do capitalismo: impôr-se constantemente limites, no interior dos quais ele arranja e explora seu próprio sistema; expandir esses limites sempre para mais longe, ultrapassá-los para recomeçar sua própria fundação de maneira mais ampliada e mais intensa. Expandir os limites era o ato do capitalismo americano, do sonho americano, retomado por Israel e o sonho do Grande Israel no território árabe, nas costas dos árabes.

Como o povo palestino soube resistir e resiste. Como, de povo de mesma linhagem, ele deveio nação armada. Como deu a si um organismo que não o representa simplesmente, mas o encarna, fora de território e sem Estado: era preciso um grande personagem histórico que, de um ponto de vista ocidental, quase se diria ter saído de Shakespeare, e esse foi Arafat. Não era a primeira vez na história (os franceses podem pensar na França Livre, com a diferença de que no início ela contava com menos base popular). E o que também não é a primeira vez na história, são todas as ocasiões em que, deliberadamente, cientemente, uma solução, um elemento de solução possíveis foram destruídos pelos israelenses. Eles

[b] In *Palestine 1948, l'expulsion*, Paris, Les Livres de la Revue d'Études Palestiniennes, 1983.

254   Gilles Deleuze

se atinham à sua posição religiosa de negar, não somente o direito, mas o fato palestino. Lavavam-se do seu próprio terrorismo ao tratarem os palestinos como terroristas vindos de fora. E precisamente porque os palestinos não eram isso, mas um povo específico, *[224]* tão diferente dos outros árabes quanto os europeus podem ser entre si, é que só poderiam esperar dos próprios Estados árabes uma ajuda ambígua, que se convertia às vezes em hostilidade e extermínio, quando o modelo palestino devinha perigoso para eles. Os palestinos percorreram todos esses ciclos infernais da história: a falência das soluções cada vez que elas eram possíveis, as piores guinadas de aliança em que eles pagaram o pato, as mais solenes promessas não cumpridas. E sua resistência teve de se nutrir de tudo isso.

Pode ser que um dos objetivos dos massacres de Sabrá e Shatila tenha sido desconsiderar Arafat. Ele só havia consentido com a partida dos combatentes, cuja força permanecia intacta, à condição de que a segurança das suas famílias fosse absolutamente garantida, pelos Estados Unidos e mesmo por Israel. Após os massacres, não havia outra palavra a não ser *"shame"*. Se a crise que se seguiu para a OLP tinha por resultado, a longo ou curto prazo, seja uma integração num Estado árabe, seja uma dissolução no integrismo muçulmano, então se poderia dizer que o povo palestino efetivamente desapareceu. Mas isso se daria em condições tais que o mundo, os Estados Unidos e mesmo Israel não terminariam de se lamentar pelas ocasiões perdidas, inclusive aquelas que ainda continuam possíveis hoje em dia. À orgulhosa fórmula de Israel "Não somos um povo como os outros", um grito palestino sempre respondeu, aquele que o primeiro número da *Revue d'Études Palestiniennes* invocava: somos um povo como os outros, queremos ser apenas isso...

Ao liderar a guerra terrorista no Líbano, Israel acreditou suprimir a OLP e extirpar o apoio desta ao povo palestino, já privado de sua terra. E talvez ele o tenha conseguido, pois na Trípoli cercada nada existe além da presença física de Arafat entre os seus, todos numa espécie de grandeza solitária. Mas o povo palestino não perderá sua identidade sem suscitar em seu lugar um duplo terrorismo, de Estado e de religião, que se aproveitará do seu de-

Grandeza de Yasser Arafat 255

saparecimento e tornará impossível qualquer acordo pacífico com Israel. Da guerra no Líbano, Israel não sairá apenas moralmente desunido, economicamente desorganizado; ele irá se deparar com a imagem invertida de *[225]* sua própria intolerância. Uma solução política, um acordo pacífico só é possível com uma OLP independente, que não terá desaparecido em um Estado já existente, e que não se perderá dentre os diversos movimentos islâmicos. Um desaparecimento da OLP seria tão somente a vitória das forças cegas de guerra, indiferentes à sobrevivência do povo palestino.

Rodapé da tradução

[i] Oradour-sur-Glane era uma pequena cidade francesa da região de Limousin que, em 10 de junho de 1944, foi destruída pela companhia alemã Waffen-SS, resultando no massacre de mais de seiscentas pessoas. Seus escombros foram mantidos intactos como um memorial permanente, e a cidade foi reconstruída nos arredores.

[ii] Irgun, em hebraico, significa "organização", mas o nome completo do movimento é Organização Militar Nacional na Terra de Israel, cujo acrônimo em hebraico é Etzel, nome pelo qual ele também é conhecido.

35
SOBRE OS PRINCIPAIS CONCEITOS
DE MICHEL FOUCAULT*
[1984] *[226]*

para Daniel Defert

Foucault diz que faz "estudos de história", mas não um "trabalho de historiador". Ele faz um trabalho de filósofo que, no entanto, não é uma filosofia da história. O que significa pensar? Foucault nunca teve outro problema que não este (daí sua homenagem a Heidegger). O que é histórico, são todas as formações estratificadas, feitas de estratos. Mas pensar é atingir uma matéria não estratificada, entre os frisos ou nos interstícios. Pensar está num entrelace essencial com a história, porém não é mais histórico do que eterno. Está mais próximo daquilo que Nietzsche chama de intempestivo: pensar o passado *contra* o presente — o que seria um lugar-comum, uma nostalgia, um retorno, caso não se acrescentasse: "*Em favor*, assim o espero, de um tempo por vir".[i] Há um devir do pensamento que duplica as formações históricas e passa por elas, mas não se lhes assemelha. Pensar deve vir de fora para o pensamento, ao mesmo tempo se engendrar de dentro, sob os estratos e além. "Em que medida o trabalho de pensar sua própria história pode emancipar o pensamento daquilo que ele pensa si-

---

* Este texto, escrito após a morte de Foucault, em 1984, é possivelmente uma primeira versão do que daria lugar à redação de *Foucault* [livro de 1986]. O texto datilografado traz correções editoriais que dão testemunho da vontade que Deleuze tinha de vê-lo publicado. O curso consagrado a Foucault na Universidade de Saint-Denis, em 1985-86, assim como a obra que ele redige simultaneamente, vão dissuadi-lo de publicar o artigo. Na obra, os primeiros parágrafos são retomados, acrescidos substancialmente (capítulo sobre os estratos, pp. 55-75). A sequência do artigo não foi retomada, com exceção de algumas passagens disseminadas pela obra.

lenciosamente *[227]* e lhe permitir pensar outramente.[ii][a] O "pensar outramente" anima a obra de Foucault, seguindo três eixos distintos, descobertos sucessivamente: os estratos como formações históricas (arqueologia), o fora como além (estratégia), o dentro como substrato (genealogia). Amiúde, Foucault se comprouve em marcar os giros e rupturas em sua obra. Mas as mudanças de direção pertencem plenamente ao espaço dessa obra, as rupturas pertencem ao método, nessa construção dos três eixos: criação de novas coordenadas.

1. Os estratos ou formações históricas: o visível e o enunciável (Saber)

Os estratos são formações históricas, positividades ou empiricidades. São feitos de coisas e de palavras, de ver e de falar, de visível e de dizível, de rincões de visibilidade e campos de legibilidade, de conteúdos e de expressões. Pode-se emprestar esses últimos termos de Hjelmslev, caso não se confunda o conteúdo com um significado, nem a expressão com um significante. O conteúdo tem uma forma e uma substância: por exemplo, a prisão e os que nela estão confinados. A expressão também tem uma forma e uma substância: por exemplo, o direito penal e a "delinquência". Assim como o direito penal enquanto forma de expressão define um campo de dizibilidade (os enunciados de delinquência), a prisão como forma de conteúdo define um lugar de visibilidade (o "panoptismo", ver tudo a cada instante sem ser visto). Este exemplo remete à última grande análise de estrato, que Foucault conduz em *Vigiar e punir*. Já era o caso, porém, na *História da loucura*: o asilo como lugar de visibilidade e a medicina mental como campo de enunciados. Entre esses dois livros há *Raymond Roussel* e o *Nascimento da clínica*, escritos ao mesmo tempo: um mostra como a obra de Roussel se divide em duas partes — invenções

---

[a] *L'Usage des plaisirs*, Paris, Gallimard, 1984, col. "Bibliothèque des histoires", p. 15.

de visibilidades segundo máquinas, produções de enunciados segundo um "procedimento"; o outro, como a clínica e, depois, *[228]* a anatomia patológica, desencadeiam repartições variáveis entre o visível e o enunciável. É *A arqueologia do saber* que vai tirar as conclusões e fazer a teoria generalizada dos dois elementos de estratificação: as formas de conteúdo ou formações não discursivas, as formas de expressões ou formações discursivas. O que é estratificado constitui, neste sentido, um Saber, a lição de coisas e a lição de gramática, e uma arqueologia dele é justificável. A arqueologia não remete necessariamente ao passado, mas aos estratos, de modo que há uma arqueologia do nosso tempo. Presente ou passado, o visível é como o enunciável: ele é objeto, não de uma fenomenologia, mas de uma epistemologia.

Certamente, coisas e palavras são termos muito vagos para designar os dois polos do saber, e Foucault dirá que o título *As palavras e as coisas* deve ser entendido ironicamente. A tarefa da arqueologia é descobrir uma verdadeira forma de expressão que não pode ser confundida com unidades linguísticas, sejam elas quais forem, palavras, frases, proposições ou atos de linguagem. Sabe-se que Foucault descobrirá essa forma numa concepção muito original do "enunciado", como função que cruza as diversas unidades. Todavia, uma operação análoga se faz para a forma de conteúdo: tampouco as visibilidades se confundem com os elementos visuais, qualidades, coisas, objetos, complexos de ação e de reação, e Foucault constrói, a este respeito, uma função que não é menos original que a do enunciado. As visibilidades não são formas de objetos, nem mesmo formas que se revelariam ao contato da luz e da coisa, mas formas de luminosidade, criadas pela própria luz, e que deixam as coisas ou os objetos subsistirem apenas como clarões, resplendores, cintilações (*Raymond Roussel*, mas talvez também *Manet*).[iii] A tarefa da arqueologia, portanto, é dupla: "Extrair" das palavras e da língua os enunciados que correspondem a cada estrato, mas também "extrair" das coisas e da visão as visibilidades. É certo que, desde o início, Foucault marca o primado dos enunciados, veremos por quê. E *A arqueologia do saber* designará os rincões de visibilidade apenas de uma maneira negativa, "formações não discursivas", situadas num espaço que é apenas

Sobre os principais conceitos de Michel Foucault

complementar de um campo de enunciados. Só que, apesar do primado dos enunciados, as visibilidades se distinguem deles irredutivelmente. *[229]* Há tanto uma "arqueologia do olhar" quanto do enunciado, e o saber tem certamente dois polos irredutíveis. O primado não implica redução alguma. Esquecendo-se a teoria das visibilidades, mutila-se a concepção que Foucault tem da história, mas mutila-se também o seu pensamento, a concepção que ele tem do pensamento. Foucault nunca deixou de ficar fascinado por aquilo que via, como também pelo que escutava ou lia, e a arqueologia, tal como ele a concebe, é um arquivo audiovisual (a começar pela história das ciências). E em nossos tempos, Foucault só tem uma alegria secreta de enunciar porque também tem uma paixão de ver: os olhos, a voz.

É que os enunciados jamais são diretamente legíveis ou mesmo dizíveis, embora não sejam ocultos. Eles só devêm legíveis, dizíveis, se entrelaçados com condições que os tornam assim e que constituem sua inscrição sobre um "soclo enunciativo". A condição é a seguinte: "Há linguagem", ou seja, um modo de ser da linguagem sobre cada estrato, uma maneira variável pela qual linguagem é, é plena e se ajunta (*As palavras e as coisas*). Portanto, é preciso fender, abrir as palavras, as frases ou as proposições, para apreender a maneira pela qual a linguagem aparece em um certo estrato, a dimensão que dá *algo de* linguagem e condiciona os enunciados. Ao não se elevar a essa condição, não se encontrará os enunciados, sempre se tropeçará em palavras, frases e proposições que parecem ocultá-los (é assim para a sexualidade, segundo *A vontade de saber*). Pelo contrário, ao se elevar à condição, compreende-se que cada época diz tudo o que ela pode dizer, nada oculta, nada cala, em função da linguagem de que dispõe: mesmo e sobretudo em política, mesmo e sobretudo em sexualidade, o mais cínico e o mais cru. Todavia, o mesmo se dá para as visibilidades. Elas também nunca estão ocultadas, mas têm condições sem as quais não seriam visíveis, embora não ocultadas. Donde o tema, em Foucault, do visível invisível. A condição, desta vez, é a luz, um "há" da luz, que varia de acordo com cada estrato ou cada formação histórica: um modo de ser da luz, que faz surgir as visibilidades como clarões e cintilações, como "luz segunda" (*Ray-*

mond Roussel, mas também *Nascimento da clínica*). Portanto, é preciso abrir, por sua vez, as coisas e os objetos, para apreender a maneira pela qual a luz *[230]* aparece sobre tal estrato e condiciona o visível: segundo aspecto da obra de Raymond Roussel e, no mais geral, segundo polo da epistemologia. Uma época vê apenas aquilo que ela pode ver, mas ela vê tudo o que pode, independentemente de toda censura e repressão, em função das condições de visibilidade, assim como enuncia o conjunto daquilo que ela pode enunciar. Nunca há segredo, ainda que nada seja imediatamente visível, nem diretamente legível.

Essa busca das condições constitui um tipo de neokantismo em Foucault. Com pelo menos duas diferenças, que Foucault formula em *As palavras e as coisas*: as condições são as da experiência real e não da experiência possível, logo estão do lado do "objeto" e não de um "sujeito" universal; elas incidem sobre as formações históricas ou sobre as sínteses *a posteriori* como estratos, e não sobre a síntese *a priori* de toda experiência possível. Todavia, se há um neokantismo, é porque as visibilidades formam, com as suas condições, uma Receptividade, e os enunciáveis, com as suas, uma Espontaneidade. Espontaneidade da linguagem e receptividade da luz. Receptivo não quer dizer passivo, pois há tanta ação quanto paixão naquilo que a luz faz ver. Espontaneidade não quer dizer ativo, mas antes a atividade de um "Outro" que se exerce sobre a forma receptiva (é assim em Kant, onde a espontaneidade do "Eu penso" se exerce sobre seres receptivos, que a representam necessariamente como outra). Em Foucault, a espontaneidade do entendimento, *cogito*, dá lugar à espontaneidade da linguagem (o "há" da linguagem), enquanto a receptividade da intuição dá lugar à receptividade da luz (espaço-tempo). Que haja um primado do enunciado sobre o visível é, então, facilmente explicável: *A arqueologia do saber* pode reivindicar um papel "determinante" dos enunciados como formações discursivas. Porém, as visibilidades, por sua vez, são igualmente irredutíveis, já que remetem a uma forma do "determinável" que de modo algum se deixa reduzir à forma da determinação. Era o grande problema de Kant, a coadaptação das duas formas, ou dos dois tipos de condições, que diferem em natureza.

Sobre os principais conceitos de Michel Foucault 261

É que, em sua transformação do kantismo, uma das teses essenciais de Foucault nos parece ser a seguinte: desde o início, *diferença de natureza* entre o visível e o enunciável, embora estejam inseridos um no outro e nunca deixem de se penetrar para *[231]* compor cada estrato ou cada saber. Talvez seja este o aspecto, o primeiro aspecto sob o qual Foucault encontra Blanchot: "Falar não é ver". Mas, enquanto Blanchot insistia no primado do falar como determinante, Foucault (apesar de impressões por demais precipitadas) mantém a especificidade do ver, a irredutibilidade do ver como determinável. Entre os dois, não há isomorfismo, nenhuma conformidade, embora haja pressuposição recíproca e primado do enunciado sobre o visível. Mesmo *A arqueologia do saber*, que insiste no primado, dirá: nem causalidade de um ao outro, nem simbolização entre os dois. "É inútil dizer aquilo que se vê, pois *aquilo que se vê nunca reside naquilo que se diz*, e é inútil fazer com que se veja, por imagens, metáforas, comparações, aquilo que se está dizendo, pois o lugar em que elas resplandecem não é aquele que os olhos desdobram, mas aquele que as sucessões da sintaxe definem."[b] As duas formas não têm a mesma formação, a mesma "genealogia", no sentido arqueológico de *Gestaltung*. *Vigiar e punir* dará a última grande demonstração a este respeito: há encontro entre enunciados de "delinquência", que dependem de um novo regime de enunciado penal, e a prisão como forma de conteúdo, que depende de um novo regime de visibilidade; mas ambos diferem em natureza e não têm, de modo algum, a mesma gênese, a mesma história, embora se encontrem sobre um mesmo estrato, servindo-se e se reforçando um ao outro, mesmo podendo, em certos momentos, se desservirem e desatar suas alianças. É então que o método de Foucault ganha todo o seu sentido e desenvolvimento históricos: os "jogos de verdade" entre o que se vê e o que é dito, a delinquência como enunciado, a prisão como visibilidade. Porém, desde o início de sua obra, Foucault havia analisado isso em

---

[b] *Les Mots et les choses*, Paris, Gallimard, 1966, col. "Bibliothèque des sciences humaines", p. 25.

um outro caso (*História da loucura*): o asilo como lugar de visibilidade, a doença mental como objeto de enunciado, ambos tendo gêneses diferentes, uma heterogeneidade radical, mas entrando em pressuposição recíproca sobre um estrato, com o risco de desatarem suas alianças quando sobre um outro. Sobre cada estrato ou em cada formação histórica, há fenômenos de apertos ou de capturas: séries *[232]* de enunciados e segmentos de visibilidade se inserem uns nos outros, não sem violência, não sem forçar. Formas de conteúdo, como a prisão, ou o asilo, engendram enunciados segundos, os quais produzem ou reproduzem a delinquência, a doença mental; mas formas de expressão, como a delinquência, engendram conteúdos segundos, os quais renovam a prisão (*Vigiar e punir*). Entre o visível e sua condição luminosa, enunciados se imiscuem; entre o enunciável e sua condição linguageira, visibilidades se insinuam (*Raymond Roussel*). É que cada uma das duas condições tem pelo menos algo em comum: constituir um espaço de "raridade", de "disseminação", espargido de interstícios. Com efeito, a maneira particular pela qual a linguagem *se ajunta* sobre um estrato (o "há"...) é, ao mesmo tempo, um espaço de *dispersão* para os enunciados assim estratificados na linguagem. Outrossim, a maneira particular pela qual a luz se ajunta, espaço de dispersão para as visibilidades, os "clarões", os "golpes de vista" da luz segunda. É um erro acreditar que Foucault se interessa principalmente pelos meios [*milieux*] de confinamento: estes efetuam somente as condições de visibilidade numa certa formação histórica e não existiam anteriormente, não mais existirão em seguida. Todavia, confinamento ou não, são espaços ou formas de exterioridade, linguagem ou luz, nos quais os enunciados se disseminam e as visibilidades se dispersam. Eis por que os enunciados podem se imiscuir nos interstícios do ver, e as visibilidades, nos interstícios do falar. A gente fala e vê, ou faz com que se veja, ao mesmo tempo, ainda que não seja a mesma coisa e que ambas difiram em natureza (*Raymond Roussel*). E de um estrato a outro, os visíveis e os enunciáveis se transformam ao mesmo tempo, embora não seja de acordo com as mesmas regras (*Nascimento da clínica*). Em suma, cada estrato, formação histórica ou positividade, é feito do entrelaçamento dos enunciados determinantes e das visibilidades determináveis, enquanto são heterogêneos, mas essa heterogeneidade não impede sua mútua inserção. *[233]*

2. AS ESTRATÉGIAS OU O NÃO-ESTRATIFICADO (PODER): O PENSAMENTO DO FORA

Contudo, não basta que a coadaptação das duas formas não seja impedida, é preciso que ela seja positivamente engendrada por uma nova instância, comparável ao que Kant chamava de "esquematismo". Encontramo-nos em um novo eixo que concerne ao poder e não mais ao saber. E nesse novo eixo encontramos as determinações anteriores: pressuposição recíproca entre poder e saber, diferença de natureza e um certo primado do poder. Porém, trata-se agora de um *entrelaço de forças* [*rapport de forces*], e não mais de um entrelaço entre duas formas, como no saber. Com efeito, é da essência da força estar em entrelaço com outras forças: pertence à forma afetar outras formas e ser afetada por elas. De modo que "o poder não exprime uma classe dominante, nem mesmo depende de um aparelho de Estado, mas "se produz em cada ponto, ou antes em cada relação de um ponto com outro",[c] passando tanto pelos dominados quanto pelos dominantes, de tal maneira que as classes resultam disto e não o inverso, e que o Estado ou a lei operam apenas sua integração. As classes e o Estado não são forças, mas sujeitos que as alinham, integram-nas globalmente e efetuam seus entrelaços, sobre e dentro dos estratos. São agentes de estratificação, que supõem os entrelaços de forças antes de qualquer sujeito e objeto. Eis por que o poder se exerce antes de se possuir: assunto de estratégia, "estratégias anônimas quase mudas" e cegas. Não se dirá que um campo social se estrutura, nem mesmo que ele se contradiz: ele estrategia (daí uma sociologia das estraté-

[c] *La Volonté de savoir*, Paris, Gallimard, col. "Bibliothèque des histoires", p. 122.

gias, como a de Pierre Bourdieu). Eis por que também o poder nos faz entrar em uma "microfísica", ou se apresenta como um conjunto de micropoderes. Portanto, devemos distinguir a estratégia das forças e a estratificação das formas, pois esta apenas decorre daquela: de uma à outra, não há engrandecimento ou, inversamente, miniaturização, mas heterogeneidade.

Não haveria, nessa célebre tese de Foucault, um [234] tipo de retorno ao direito natural? Com a diferença de que não se trata de direito, ainda uma noção global, nem de Natureza, termo ainda global de uma alternativa grande demais. Trata-se antes de uma inspiração nietzschiana, como disso já é testemunho o artigo sobre Nietzsche. E se Foucault mais tarde se opõe a toda concepção repressiva do poder, julgada como fácil e apressada, é porque o entrelaço de forças não se deixa determinar como uma simples violência. O entrelaço da força com a força consiste na maneira pela qual uma força afeta outras e é afetada por outras; a este respeito, pode-se fazer listas de "funções": reter e subtrair, enumerar e controlar, compor e fazer crescer etc. A própria força se define por um duplo poder, o de afetar e o de ser afetada, e isso porque ela não pode estar separada do entrelaço com outras forças, que, a cada vez, determina ou preenche esses poderes. Portanto, há como que uma receptividade da força (poder de ser afetado) e uma espontaneidade (poder de afetar). Justamente, porém, espontaneidade e receptividade não têm mais o mesmo sentido que há pouco tinham sobre os estratos. Sobre os estratos era o ver e o falar que comportavam cada uma das substâncias formadas e das funções formalizadas: prisioneiros, escolares, soldados, operários não eram a mesma "substância", assim como punir, instruir, adestrar, elaborar não eram a mesma função. Ao contrário, os entrelaços de forças remexem matérias não formadas e funções não formalizadas: por exemplo, um corpo qualquer, uma população qualquer, sobre os quais se exerce uma função geral de controle ou de enquadramento[iv] (independentemente das formas concretas que os estratos lhes darão). É neste sentido que Foucault pôde dizer certa vez, num texto essencial de *Vigiar e punir*, que um "diagrama" exprime um entrelaço de forças ou de poder: "funcionamento abstrato de todo obstáculo, resistência ou atrito [...] o qual se deve destacar de

Sobre os principais conceitos de Michel Foucault   265

todo uso específico".[d] Por exemplo, é um diagrama disciplinar que define as sociedades modernas. Todavia, outros diagramas agem nas sociedades estratificadas de outro jeito: o diagrama de soberania, que procede por retenção em vez de enquadramento; ou [235] então o diagrama pastoral, que trata de um rebanho e toma por função "apascentar"... Com efeito, uma das originalidades do diagrama é ser um lugar de mutações. Ele não está exatamente fora dos estratos, *mas é o fora deles*. Ele está entre dois estratos como o lugar das mutações que nos faz passar de um ao outro. Os entrelaços de forças constituem, portanto, o poder em um diagrama, ao passo que as relações de formas definiam o saber em um arquivo. A genealogia deixa de ser uma simples arqueologia das formas que aparecem num estrato, para devir uma estratégia das forças de que o próprio estrato depende.

O estudo das relações estratificadas de saber culminava na *Arqueologia*; o dos entrelaços estratégicos de forças ou de poder começa por si mesmo em *Vigiar e punir* e se desenvolve na *Vontade de saber*. Há entre os dois, de uma só vez, irredutibilidade, pressuposição recíproca e um certo primado dos segundos. É que o "diagramatismo" vai desempenhar um papel análogo ao do esquematismo kantiano, mas de um jeito totalmente outro: a espontaneidade receptiva das forças vai dar conta da receptividade das formas visíveis, da espontaneidade dos enunciados dizíveis e da correlação entre ambas. Os entrelaços de forças *se efetuam* nos estratos, e estes sem eles nada teriam para encarnar ou atualizar; porém, inversamente, sem os estratos que os atualizam, os entrelaços de forças continuariam transitivos, instáveis, evanescentes, quase virtuais, e não tomariam forma. Compreende-se isto caso se reporte à *Arqueologia do saber*, que já invocava uma "regularidade" como propriedade do enunciado. Ora, a regularidade não indica de modo algum, segundo Foucault, uma frequência ou probabilidade, mas uma curva unindo pontos singulares entre elas. Precisamente, os entrelaços de forças determinam pontos singulares, singularidades como afetos, de modo que um diagrama é sem-

---

[d] *Surveiller et punir*, Paris, Gallimard, 1975, col. "Bibliothèque des histoires", p. 207.

pre uma emissão de singularidades. O mesmo se dá na matemática, em que a determinação das singularidades (nós de forças, focos, selas[v] etc.) se distingue da feição da curva que passa avizinhando. A curva efetua os entrelaços de força ao regularizá-los, alinhá-los, fazendo com que suas séries convirjam, traçando uma "linha de força geral" que religa os pontos singulares. Quando ele define o enunciado por uma regularidade, Foucault observa que as curvas ou os gráficos são *[236]* enunciados, e os enunciados, equivalentes de curvas e gráficos. Além disso, o enunciado se entrelaça essencialmente a "outra coisa", de uma outra natureza, que não se reduz nem ao sentido da frase nem ao referente da proposição: são pontos singulares do diagrama, na vizinhança dos quais a *curva-enunciado* é traçada na linguagem e devém regular ou legível. E talvez seja preciso dizer o mesmo das visibilidades: aqui, são *quadros* que organizam as singularidades do ponto de vista da receptividade, traçando linhas de luz, que os tornam visíveis. Não apenas o pensamento de Foucault, mas também seu estilo procedem, assim, por curvas-enunciados e por quadros-descrições (*As Meninas*, ou então a descrição do Panóptico: todas as grandes descrições que Foucault introduz em seus textos). De modo que uma teoria das descrições lhe é tão indispensável quanto a dos enunciados. E os dois elementos decorrem do diagrama das forças que se atualiza neles.

As coisas poderiam ser apresentadas assim: se a força está sempre em entrelaço com outras forças, as forças remetem necessariamente a um Fora irredutível, feito de distâncias indecomponíveis, pelo qual uma força age sobre outra ou é agida por outra. É sempre de fora que uma força confere a outras, ou recebe de outras, a afetação variável que só existe a tal distância ou sob tal entrelaço. Portanto, há um perpétuo devir das forças, que duplica a história, ou melhor, envolve-a, seguindo uma concepção nietzschiana: "a emergência designa um lugar de enfrentamento", dizia o artigo sobre Nietzsche, "não um campo fechado onde se desenrolaria uma luta", mas antes "um não-lugar, uma pura distância" que age apenas no interstício.[e] Um fora mais distante do que

---

[e] "Nietzsche, la généalogie, l'histoire", in *Dits et écrits, 1970-1975*, Pa-

qualquer mundo exterior, inclusive mais do que qualquer forma de exterioridade. O diagrama é um não-lugar desses, perpetuamente agitado pelas mudanças de distância ou pela variação das forças em entrelaço. É um lugar apenas para as mutações. Se ver e falar são formas de exterioridade, elas mesmas exteriores uma à outra, pensar se dirige a um fora que já não tem nem mesmo forma. Pensar é chegar ao não-estratificado. Ver é pensar, falar é pensar, mas pensar se faz no interstício, na [237] disjunção entre ver e falar. É o segundo encontro de Foucault com Blanchot: pensar pertence ao Fora, na medida em que este, "tempestade abstrata",[vi] precipita-se no interstício entre ver e falar. O artigo de Blanchot dá sequência ao artigo sobre Nietzsche. O apelo ao fora é um tema constante de Foucault e significa que pensar não é o exercício inato de uma faculdade, mas deve advir ao pensamento. Pensar não depende de uma interioridade que reuniria o visível e o enunciável, mas é feito sob a intrusão de um fora que escava o intervalo: "*o pensamento do fora*", como lance de dados, como emissão de singularidades.[f] Entre dois diagramas, entre dois estados de diagrama, há mutação, remanejamento dos entrelaços de forças. Não é porque qualquer coisa se encadeia com coisa qualquer. São antes como que sorteios sucessivos, cada um operando ao acaso, mas nas condições extrínsecas determinadas pelo sorteio anterior. É um misto de aleatório e de dependente, como numa cadeia de Márkov.[vii] Não é o composto que se transforma, mas as forças componentes, quando entram em entrelaço com novas forças. Portanto, não há encadeamento por continuidade nem interiorização, mas reencadeamento por cima dos cortes e descontinuidades. A fórmula do fora é aquela de Nietzsche, citada por Foucault: "aquela mão de ferro da necessidade que sacode o copinho de dados do acaso".[g]

ris, Gallimard, 1994, col. "Bibliothèque des sciences humaines", vol. 2, p. 144.

[f] "La pensée du dehors", in *Dits et écrits, 1954-1969*, Paris, Gallimard, 1994, col. "Bibliothèque des sciences humaines", vol. 1, pp. 518-39.

[g] *Ibid.*, vol. 2, p. 148. A citação de Nietzsche se encontra em *Aurora*, § 130.

É assim que se explica o tema da "morte do homem", em *As palavras e as coisas*. Não é somente o conceito de homem que desaparece, tampouco é o homem que "se" ultrapassa, mas são as forças componentes do homem que entram em novas combinações. Elas nem sempre compuseram o homem, mas durante muito tempo, na idade clássica,[viii] estiveram em entrelaço com outras forças, de maneira a compor Deus e não o homem, sendo o infinito primeiro relativamente ao finito, e o pensamento, pensamento do infinito. Depois, elas haviam composto o homem, mas na medida em que tinham entrado em entrelaço com um outro tipo ainda de forças, forças obscuras de organização da "vida", de "produção" das riquezas, de "filiação" da *[238]* língua, capazes de assentar o homem sobre sua própria finitude e de lhe comunicar uma História que ele tornaria sua. Porém, quando novas forças aparecem num terceiro sorteio, são novas composições que devem surgir e a morte do homem deve se encadear com a de Deus, para dar lugar a outros clarões, a outros enunciados. Em suma, o homem existe apenas sobre um estrato, em função dos entrelaços de forças que aí se efetuam. Assim, o fora é sempre abertura de um porvir, com o qual nada se finda, porque nada começou, mas tudo se metamorfoseia. *O diagrama como determinação de um conjunto de entrelaços de força* não esgota a força, que pode entrar sob outros entrelaços e em outras composições. O diagrama é oriundo do fora, mas o fora não se confunde com diagrama algum, nunca deixando de "tirar"[ix] novos diagramas. Neste sentido, a força dispõe de um potencial relativamente ao diagrama no qual ela é tomada, como de um terceiro poder que não se confunde com o seu poder de afetar nem de ser afetado. É a *resistência*. E, com efeito, um diagrama de forças apresenta, ao lado das singularidades de poder que correspondem aos seus entrelaços, singularidades de resistência, "pontos, nós, focos", que são efetuados, por sua vez, sobre os estratos, de maneira a tornar a mudança destes possível. Mais do que isso, a última palavra da teoria do poder é que a resistência é primeira, estando em entrelaço direto com o fora. Desse modo, um campo social mais resiste do que estrategia, e o pensamento do fora é um pensamento da resistência (*A vontade de saber*).

3. Os dobramentos
ou o dentro do pensamento (Desejo)

Seria preciso, pois, distinguir as relações formalizadas sobre os estratos (Saber), os entrelaços de forças ao nível do diagrama (Poder) e o entrelaço com o Fora, esse entrelaço absoluto, como diz Blanchot, que é também não-entrelaço (Pensamento). É o mesmo que dizer que não há dentro? Foucault não deixa de submeter a interioridade a uma crítica radical. Porém, um dentro que seria mais profundo que qualquer mundo interior, assim como o fora é mais distante que qualquer mundo exterior. Foucault volta com frequência ao tema do *duplo*. Ora, o duplo *[239]* não lhe parece ser uma projeção do interior, mas, ao contrário, um dobramento do fora, algo como a invaginação de um tecido na embriologia. Em Foucault, assim como em Raymond Roussel, o duplo é sempre uma "dobradura", em todos os sentidos da palavra. Se o pensamento não deixa de se "firmar" no fora, como é que este não surgiria por dentro, como aquilo que o pensamento não pensa e não pode pensar: um impensado no pensamento, como dizia *As palavras e as coisas*?[x] Esse impensado, para a idade clássica, é o infinito, porém, a partir do século XIX, serão as dimensões da finitude a dobrar o fora e a constituir uma "profundeza", uma "espessura retirada em si", um dentro da vida, do trabalho e da linguagem. À sua maneira, Foucault recupera o tema heideggeriano da Dobra, do Dobramento. Orienta-o numa direção totalmente outra: um dobramento do fora, ora a dobra do infinito, ora as redobras da finitude, impõe uma curvatura aos estratos e constitui o dentro deles. Ser a dobradura do fora ou, como já dizia a *História da loucura*, estar "no interior do exterior".[h]

Talvez não haja, nos livros recentes de Foucault, a ruptura que se acredita ver com os anteriores e que ele próprio sugere. Existe antes uma reavaliação do conjunto a partir deste eixo ou desta

[h] *Histoire de la folie à l'âge classique*, reed., Paris, Gallimard, 1972, p. 22.

dimensão, o dentro. A questão do impensado havia sido levantada já em *As palavras e as coisas*, assim como a do sujeito: "O que é preciso que eu seja, eu que penso e que sou meu pensamento, para que eu seja o que não penso, para que meu pensamento seja o que não sou?".[i] O dentro é uma operação do fora, é uma *subjetivação* (o que não quer dizer necessariamente uma interiorização). Se o fora é um entrelaço, o absoluto do entrelaço, o dentro também é um entrelaço, o entrelaço que deveio sujeito. *O uso dos prazeres* lhe nomeia, é o "entrelaço de si a si". Se a força pega do fora um duplo poder, o de afetar (outras forças) e de ser afetada (por outras forças), como não decorreria disso um entrelaço da força consigo mesma? Talvez seja esse o elemento da "resistência". Neste ponto, Foucault reencontra a afecção de si por si como o mais elevado paradoxo do pensamento: o entrelaço consigo constitui um dentro que não deixa de derivar do fora. *[240]*

Ainda aí, é preciso mostrar como o entrelaço com o fora tem o primado e, no entanto, como o entrelaço consigo é irredutível e se faz segundo um eixo específico. O sujeito é sempre constituído, produto de uma subjetivação, mas aparece numa dimensão que se opõe a toda estratificação ou codificação. Consideremos a formação histórica dos gregos: sob a luz que lhes é própria e pelos enunciados que inventam, eles atualizam os entrelaços de forças do seu diagrama, e isto se dá na cidade, na família, mas também na eloquência, nos jogos, em toda parte onde, naquele momento, pode ser efetuada a dominação de um sobre o outro. Ora, à primeira vista, a dominação de si sobre si, ou seja, a Virtude como moral é apenas um caso a mais: "Assegurar a direção de si mesmo, exercer a gestão de sua casa, participar no governo da cidade são três práticas do mesmo tipo".[j] E, no entanto, o entrelaço consigo *não se deixa alinhar* sobre as formas concretas de poder, nem subsumir por uma função diagramática abstrata. Diríamos que ela só se desenvolve *ao se destacar* dos entrelaços com as outras, ao "se desengatar" de uma vez só das formas de poder e das funções de vir-

[i] *Les Mots et les choses, op. cit.*, pp. 335-6.

[j] *L'Usage des plaisirs, op. cit.*, p. 88.

tude. É como se os entrelaços do fora se dobrassem para fazer uma dobradura e para deixar que surja um entrelaço a si, que se desenvolve segundo uma nova dimensão: a *enkrateia* [ἐγκράτεια] é "um poder que se exerce sobre si mesmo *no* poder que se exerce sobre os outros"[k] (como se poderia pretender governar os outros, caso não se governasse a si mesmo?), a ponto de que o entrelaço a si devenha o princípio regulador interno, relativamente aos poderes constituintes da política, da família, da eloquência ou dos jogos, e da própria virtude. O governo dos outros se reflete, se duplica ou se dobra num governo de si que entrelaça a força a ela mesma, e não mais a uma outra força: talvez tenham sido os gregos que inventaram essa dimensão, ao menos como parcialmente autônoma (uma concepção estética da existência).

A tese de Foucault parece ser a seguinte: é na sexualidade, entre os gregos, que o entrelaço a si encontra a ocasião de se efetuar. É que o entrelaço[xi] ou afeto sexual não está separado *[241]* dos dois polos que constituem os seus termos, espontaneidade-receptividade, determinante-determinável, ativo-passivo, papel masculino-papel feminino. Porém, em razão de sua violência e de seu dispêndio, a atividade sexual somente exercerá seu papel determinante caso devenha capaz de se regular, de ela própria se afetar. Daí a sexualidade como matéria e prova do entrelaço a si. Deste ponto de vista, o entrelaço a si se efetua sob três formas: um entrelaço simples, com o corpo, como Dietética dos prazeres ou dos afetos (governar-se sexualmente para estar apto a governar os outros); um entrelaço desenvolvido, com a esposa, como Economia da casa (governar-se para estar apto a governar a esposa, e que a mulher alcance uma boa receptividade); enfim, um entrelaço ele mesmo *desdobrado*, com o jovem rapaz, como Erótica de homossexualidade ou pederastia (não apenas governar-se, mas fazer com que o próprio rapaz se governe, resistindo ao poder dos outros). O que nos parece essencial, nesta apresentação dos gregos, é que não há liame necessário, mas apenas encontro histórico entre o entrelaço a si, que se reputa sobretudo por um modelo alimentar, e o entrelaço sexual, que fornece os termos e a matéria. Donde a di-

[k] *Ibid.*, p. 93.

ficuldade que Foucault teve de superar: ele diz que havia começado por escrever um livro sobre a sexualidade, *A vontade de saber*, mas sem chegar ao Si; então, escreve um livro sobre o entrelaço a si, mas que não alcançava a sexualidade. De fato, seria preciso atingir o ponto ou o momento em que as duas noções entram em equilíbrio, entre os gregos. E, a partir disso, toda a história do Dentro se desenvolveria: como o liame entre o entrelaço a si e o entrelaço sexual tende a ser cada vez mais "necessário", com a condição de que mude o valor do entrelaço a si, os termos do entrelaço sexual, a natureza da prova e a qualidade da matéria. Isso se dará com o cristianismo, a substituição da carne pelo corpo, do desejo pelos prazeres... Certamente, não faltava aos gregos nem individualidade nem interioridade. Mas é uma longa história, a dos modos de subjetivação, enquanto constituem a genealogia sempre retomada de um sujeito desejante.

O dentro assume muitas figuras ou modos, de acordo com o jeito pelo qual é feita a dobra. Não seria o desejo o dentro em geral, ou então o liame movente do dentro com as duas outras instâncias, fora e estratos? Se é verdade que o dentro *[242]* se constitui por dobramento do fora, há entre eles uma *relação topológica*, o entrelaço a si é homólogo ao entrelaço com o fora e todo conteúdo do dentro está em entrelaço com o fora. "O interior do exterior e inversamente", dizia a *História da loucura*. E *O uso dos prazeres* falará aqui de isomorfismo. Tudo é feito por intermédio dos estratos, que são meios *[milieux]* relativamente exteriores, logo relativamente interiores: são as formações estratificadas que colocam em contato o fora absoluto e o dentro que dele deriva ou, inversamente, que desdobram o dentro sobre o fora. Sobre o limite dos estratos, é todo o dentro que se encontra ativamente presente no fora. Pensar reúne os três eixos, é uma unidade que não para de se diferenciar. Nisso há três tipos de problemas ou três figuras do tempo. É inútil aos estratos mergulharem no passado, pois dele extraem presentes sucessivos, eles estão no presente (o que se vê, o que se diz num momento desses?). Todavia, o entrelaço com o fora é o porvir, a possibilidade de porvir segundo as chances de mutação. Quanto ao dentro, é ele que condensa o passado, sob modos que não são necessariamente contínuos (por exemplo,

Sobre os principais conceitos de Michel Foucault

a subjetividade grega, a subjetividade cristã...). *A arqueologia do saber* já colocava o problema das durações curtas e longas, mas Foucault parecia considerar sobretudo durações relativamente curtas no domínio do saber e do poder. É com *O uso dos prazeres* que ele descobre as longas durações, a partir dos gregos e dos Pais da Igreja. A razão disto é simples: não conservamos os conhecimentos que não mais nos servem, nem os poderes que não mais se exercem, mas continuamos servindo morais nas quais não mais acreditamos. A cada momento, o passado se amontoa no entrelaço a si, ao passo que os estratos trazem o presente cambiante, e o porvir se agita no entrelaço com o fora. Pensar é alojar-se no estrato, ao presente que serve de limite; mas é pensar o passado tal como ele é condensado no dentro, no entrelaço consigo. Pensar o passado contra o presente, resistir ao presente, não para um retorno, o retorno aos gregos, por exemplo, mas "em favor, assim o espero, de um tempo por vir". Toda a obra de Foucault se cria ao criar uma topologia que coloca ativamente em contato o dentro e o fora sobre as formações estratificadas da história. Cabe, então, aos estratos *[243]* produzir camadas que fazem ver e dizer algo de novo, mas também cabe ao entrelaço com o fora recolocar em questão os poderes estabelecidos e, finalmente, cabe ao entrelaço consigo inspirar novos modos de subjetivação. É neste último ponto que a obra de Foucault se interrompe brutalmente. Se as entrevistas de Foucault fazem plenamente parte de sua obra, é porque fazem, a cada vez, a operação topológica que nos entrelaça aos nossos problemas atuais. Essa obra fez com que o pensamento descobrisse todo um sistema de coordenadas anteriormente desconhecidas. Ela pinta na filosofia os mais belos quadros de luz e traça curvas inauditas de enunciados. Ela se reencadeia com as grandes obras que mudaram, para nós, o significado de pensar. Ela não terminou de marcar uma mutação da filosofia.

RODAPÉ DA TRADUÇÃO

[i] Nietzsche, *Da utilidade e da inconveniência da história para a vida* (1874), a segunda das *Considerações intempestivas*.

[ii] A frase de Foucault em francês obtém uma rima e um ritmo interessantes com *silencieusement* e *autrement* encerrando seus dois períodos: *"Dans quelle mesure le travail de penser sa propre histoire peut affranchir la pensée de ce qu'elle pense silencieusement et lui permettre de penser autrement"*. O termo *autrement* pode muito bem ser traduzido por "de outro jeito", é um novo jeito de pensar. Mas só uma inovação bastante bizarra ao português poderia recriar essa rima, esse advérbio de modo "outramente", que traz o indício de um "outro", de algo outro.

[iii] Foucault trabalhava em uma obra sobre Manet desde a década de 1960, cujo título inicialmente seria "Le Noir et la couleur", e cujas anotações resultaram em algumas conferências (em 1967, em Milão; Tóquio e Florença, em 1970; e Túnis, em 1971). Deleuze provavelmente tinha em suas mãos uma cópia do texto de "La Conférence" de 1971, uma transcrição publicada apenas em 2004 (Paris, Éditions de Minuit).

[iv] O termo francês *quadrillage* significa uma operação militar ou policial que consiste em dividir um território e sua população em parcelas a fim de assegurar um controle ou uma proteção mais eficazes. Franceses e norte--americanos respondem por dois reconhecidos casos desse enquadramento militar: os primeiros, na guerra da Argélia e, os segundos, na guerra do Vietnã. — Há outras traduções possíveis: "Enquadrilhagem", ou "enquadrilhamento", de "enquadrilhar".

[v] Deleuze escreve *col*, referindo-se a *point-col*, um outro nome que os franceses dão para o *point-selle*, ou seja, o ponto sela que, em matemática, no domínio de uma função, é um ponto estacionário, cujo nome deriva do exemplo prototípico em duas dimensões: a partir deste ponto, uma superfície encurvando para cima numa direção, para baixo noutra, ganhando a aparência de uma sela, ou de um desfiladeiro.

[vi] Do capítulo quarto ("A grande recusa") da primeira parte (*A palavra plural*) do livro *L'Entretien infini* (Paris, Gallimard, 1969): "Mas o que significa um tal turbilhão de noções rarefeitas, essa tempestade abstrata? É que estamos sendo o joguete dessa reinversão indefinida que é 'a atração' da conexão impossível [...]" (p. 67).

[vii] A ideia de sorteio e a cadeia de Márkov já haviam aparecido em *O anti-Édipo*, p. 47 da edição francesa. Na tradução de Luiz B. L. Orlandi, para esse livro de 1972, lê-se uma nota a esse respeito: há uma "propriedade markoviana segundo a qual um evento presente depende apenas do estado presente e não de eventos passados" (*O anti-Édipo*, São Paulo, Editora 34, 2010, p. 58).

[viii] A idade clássica, *l'âge classique*, entre os franceses, refere-se principalmente ao século XVI. É neste sentido que o título da obra de Foucault de-

ve ser entendido, *Histoire de la folie à l'âge classique* (*A história da loucura na idade clássica*).

[ix] Em francês, *tirer*, que é o verbo usado em jogos de sorteio, como quando dizemos "tirar a sorte", ou "tirar uma carta".

[x] Acrescentou-se este ponto de interrogação, que não consta na edição francesa, conquanto a frase o peça: "*Si la pensée ne cesse de 'tenir' au dehors, comment celui-ci ne surgirait-il pas au dedans...*".

[xi] Em francês, *rapport sexuel*, que se traduz corriqueiramente por "relação sexual".

36
OS RINCÕES DE IMANÊNCIA*
[1985] *[244]*

Amiúde se descreveu o "universo em escada", que corresponde a toda uma tradição platônica, neoplatônica e medieval. É um universo suspenso no Uno como princípio transcendente, e que procede por uma série de emanações e de conversões hierárquicas. Nele, o Ser é equívoco ou analógico. Com efeito, os seres têm mais ou menos ser, mais ou menos realidade, segundo sua distância ou sua proximidade relativamente ao princípio. Porém, ao mesmo tempo, uma inspiração totalmente outra atravessa esse cosmos. Como se rincões de imanência se embrenhassem através dos andares e dos degraus, tendendo a se juntar entre níveis. Ali, o Ser é unívoco, igual: isto é, os seres são igualmente ser, no sentido em que cada um efetua sua própria potência numa vizinhança imediata com a causa primeira. Não há mais causa distante: o rochedo, o lírio, o bicho e o homem cantam igualmente a glória de Deus, num tipo de an-arquia coroada. Substitui-se, às emanações-conversões dos níveis sucessivos, a coexistência de dois movimentos na imanência, a *complicação* e a *explicação*, em que Deus "complica todas as coisas" ao mesmo tempo em que "cada coisa explica Deus". O múltiplo está no uno que o complica, enquanto que o uno, no múltiplo que o explica.

E talvez a teoria não deixará de conciliar esses dois aspectos ou esses dois universos e, sobretudo, de subordinar *[245]* a ima-

---

* *L'Art des confins: mélanges offerts à Maurice de Gandillac*, Paris, PUF, 1985, pp. 79-81.

Maurice de Gandillac [1906-2006], filósofo, especialista do pensamento medieval, tradutor do latim e do alemão, professor na Sorbonne de 1946 a 1977, responsável pelo Centro Cultural Internacional de Cerisy-la-Salle, foi professor de Deleuze e, depois, seu orientador em *Diferença e repetição*.

nência à transcendência, de medir o Ser de imanência pela Unidade de transcendência. Todavia, sejam quais forem os compromissos teóricos, nos embrenhamentos de imanência algo tende a transbordar o mundo vertical, tomá-lo de revés, como se a hierarquia engendrasse uma anarquia particular, ou o amor de Deus, um ateísmo interno que lhe fosse próprio: a cada momento a heresia passa triscando. E o Renascimento não deixará de desenvolver, de expandir esse mundo imanente, que não se concilia com a transcendência sem ameaçá-la de um novo dilúvio.

É isto que nos parece ser tão importante na obra histórica de Maurice de Gandillac: a maneira pela qual ele valorizou esse jogo da imanência e da transcendência, esses embrenhamentos de imanência da Terra através das hierarquias celestes. *A filosofia de Nicolau de Cusa* é um grande livro e é de espantar que seja inencontrável, que não tenha sido reeditado.[a] Nele se assiste à eclosão de um conjunto de conceitos, lógicos e ontológicos, que caracterizarão a filosofia dita moderna, através de Leibniz e dos românticos alemães. Tal como a noção de *Posest*, que exprime a identidade imanente do ato e da potência. E essa aventura da imanência, essa concorrência da imanência com a transcendência, já é o que atravessa a obra de Eckhart, a dos místicos renanos ou, de um outro jeito, a de Petrarca. Porém, mais do que isso, desde o início do neoplatonismo, Gandillac insiste nesses germes e nesses espelhos de imanência. Em seu livro sobre Plotino, um dos mais belos que já foram escritos sobre Plotino, ele mostra como o Ser procede do Uno, não deixando, contudo, de complicar todos os seres em si mesmo, ao mesmo tempo em que se explica em cada um deles.[b] Imanência da imagem no espelho e da árvore no germe, essas são as duas bases de uma filosofia expressionista. E o mesmo se dá no Pseudo-Dionísio [o Areopagita]: o rigor das hierarquias deixa um espaço virtual para rincões de igualdade, de univocidade, de anarquia.

[a] *La Philosophie de Nicolas de Cues*, Paris, Aubier, 1942.

[b] *La Sagesse de Plotin*, Paris, Hachette, 1952.

Os conceitos filosóficos são também, para aquele que os inventa ou os resgata, modos de vida e modos de atividade. Reconhecer o mundo das hierarquias, mas ao mesmo tempo *[246]* fazer com que passem esses rincões de imanência que o abalam bem mais do que o seria caso fosse diretamente colocado em causa: eis certamente uma imagem de vida inseparável de Maurice de Gandillac. Há nele como que um homem do Renascimento. Há nele um humor vivo, que se confunde precisamente com a tecedura de uma imanência: complicar as coisas ou as pessoas mais diversas numa única e mesma teia, ao mesmo tempo em que cada coisa, cada pessoa, explica o todo. Tolstói dizia que, para alcançar a alegria, era preciso apanhar como numa teia de aranha, e sem lei alguma, "uma velha, uma criança, uma mulher, um comissário de polícia".[i] É uma arte de viver e de pensar que Gandillac sempre exerceu e reinventou. E é este o seu sentido concreto da amizade.[1] Encontramo-lo também numa outra atividade de Gandillac, a de "debatedor": se, com Geneviève de Gandillac, ele deu uma nova vida aos colóquios de Cerisy, foi ao inspirar, através da sobreposição das sucessivas conferências, um tipo de debates que traçam, precisamente, rincões de imanência ou as partes de uma única e mesma teia. As intervenções explícitas de Gandillac podem ser breves, elas têm um estranho teor e riqueza, que fazem com que devessem ser reunidas como pedaços escolhidos. Esse teor vem do fato de serem, com muita frequência, *filológicas*, e tocamos ainda em outra das atividades de Gandillac: se ele é profundamente filólogo e, por isso mesmo, germanista e tradutor, é porque o pensamento originário de um autor deve compreender, de certo modo, tanto o texto original quanto o texto derivado, ao mesmo tempo em que o texto derivado deve, à sua maneira, explicar o original (contudo, sem desenvolvimento suplementar algum). As traduções de Gandillac[ii] — especialmente seu *Zaratustra*[c] puderam suscitar controvérsias, pela sua própria força: é que implicam toda uma

---

[1] Cf. "Approches de l'amitié", in *L'Existence*, Paris, Gallimard, 1946.

[c] *Ainsi parlait Zarathoustra*, tradução francesa de Maurice de Gandillac, in *Oeuvres complètes*, vol. 6, Paris, Gallimard, 1971.

teoria e uma concepção novas da tradução, sobre as quais Gandillac, até agora, deu apenas algumas indicações demasiado escassas. Mas é uma única e mesma empreitada que Gandillac leva adiante como filósofo, como historiador da filosofia, como professor, como tradutor e como homem.

RODAPÉ DA TRADUÇÃO

[i] Do diário pessoal de Tolstói: "Um meio poderoso para atingir a verdadeira felicidade é abrir-se a partir de si próprio, em todas as direções, como uma aranha, uma teia de aranha inteira de amor, e nela pegar tudo que passar por perto — seja uma velha ou uma criança, uma garota ou um policial" (encontrado em Tatyana A. Kuzminskaya, *Tolstoy as I Knew Him: My Life at Home and at Yasnaya Polyana*, Nova York, Macmillan, 1948).

[ii] Pôde-se encontrar, numa sondagem em bancos de dados bibliográficos, as seguintes traduções de Gandillac: obra reunida de Nicolau de Cusa (Paris, Aubier, 1942); de Reinhold Schneider, *Grandeur de Corneille et de son temps* (Paris, Alsatia, 1943), *L'Homme devant le jugement de l'histoire* (Paris, Éditions de Flore, 1947), *Le Missionaire et l'empereur* (Paris, Seuil, 1952); de F. Brentano, *Psychologie du point de vue empirique* (Paris, Aubier, 1944); de Pedro Abelardo, obras escolhidas (Paris, Aubier-Montaigne, 1945), *Conférences: Dialogue d'un philosophe avec un juif et un chrétien*, *"Connais-toi toi-même": éthique* (Paris, Éd. du Cerf, 1993); de Gertrud von Le Fort, *Les noces de Magdebourg* (Paris, Seuil, 1954); de Max Scheler, *Le Formalisme en éthique et l'éthique matériale des valeurs* (Paris, Gallimard, 1955); de Ludwig Dehio, *Équilibre ou hégémonie, de l'Europe d'hier au monde de demain* (Paris, Seuil, 1959); de G. Lukács, *La Signification présente du réalisme critique* (Paris, Gallimard, 1960); de Hegel, *Propédeutique philosophique* (Paris, Éditions de Minuit, 1963), *Encyclopédie des sciences philosophiques en abrégé* (Paris, Gallimard, 1970); de E. Bloch, *Thomas Münzer: théologie de la révolution* (Paris, Les Lettres Nouvelles, 1964), *Sujet-objet: éclaicissements sur Hegel* (Paris, Gallimard, 1977); de Novalis, *Encyclopédie, notes et fragments* (Paris, Éditions de Minuit, 1966); textos escolhidos de Dante (Paris, Seghers, 1968); de Friedrich Heer, *L'Univers du Moyen Âge* (Paris, Fayard, 1970); de W. Benjamin, *L'Homme, le langage et la culture* (Paris, Denoël-Gonthier, 1974), *L'Oeuvre d'art à l'époque de sa reproductibilité technique* (Paris, Éd. Alia, 2003); do Pseudo-Dionísio, o Aeropagita, *Obras completas* (Paris, Aubier, 1990); de Hans Urs von Balthasar, *Le chrétien Bernanos* (Paris, Parole et science, 2004); de Josef Pieper, *De la divine folie: sur le* Phèdre *de Platon* (Genebra, Ad Solem, 2006).

37
ELE ERA UMA ESTRELA DE GRUPO*
[1985] *[247]*

Fico com uma frase dele, bem no final, logo antes de que fosse para o hospital, pois isso diz muito. Ele me disse: "Minha doença devém difícil demais de gerir". É muito bonito, é uma morte muito bonita. Com efeito, fazia um ou dois meses que devinha muito difícil de gerir, e gerir sua doença não é pouca coisa. É uma doença minuciosa e cotidiana. De certa maneira, ele nunca deixou de saber gerir. Minhas lembranças mais antigas veem François como um tipo de centro de atração. Estudante (juntos, éramos estudantes durante a Liberação), François é uma espécie de estrela de grupo. Ele é sempre uma estrela, não no sentido de *"star"* [celebridade], mas no sentido de constelação. Havia muita gente naquela época, estudantes formidáveis e professores, que gravitavam em torno dele.

Mistérios obscurecem a vida de François, pois ele era muito discreto: espécies de pequenas rupturas que só se percebem anos depois. Penso que, por exemplo, quando estudante, uma grande parte de seu prestígio vinha de um saber formidável em lógica formal. Ele era considerado, até mesmo por professores, como um futuro lógico de grande promessa, alguém que iria preencher as la-

---

* *Libération*, 27 de dezembro de 1985, pp. 21-2.

A grande amizade de Deleuze e François Châtelet data do tempo em que ambos estudaram na Sorbonne; eles formam um grupo que compreende especialmente Jean-Pierre Bamberger, Michel Butor, Armand Gatti, Jacques Lanzmann, Michel Tournier e Olivier Revault d'Allones. Sobre esse período, ver os testemunhos de Tournier, *Le vent Paraclet*, Paris, Gallimard, 1977, e de Châtelet, *Chronique des idées perdues*, Paris, Stock, 1977. Em 1969, Deleuze e Châtelet se reencontram no polo experimental da Universidade de Vincennes, onde Châtelet dirige o departamento de filosofia.[i]

cunas de um Cavaillès ou de um Lautman.[ii] E então isso desapareceu completamente. *[248]*

Uma primeira ruptura: sua conversão à filosofia da história. E acredito que ele tenha feito isso sob a influência de alguém que teve muita importância para ele: Éric Weil, com o que isso representava como prolongamento com Kojève. Éric Weil era a introdução de Hegel ou o retorno a um tipo de neo-hegelianismo, do qual não é falso dizer que era um neo-hegelianismo de direita. E François fazia, reconhecendo inteiramente a influência de Éric Weil, um neo-hegelianismo de esquerda.

Isso tinha muita importância e levou a duas coisas: por um lado, seu grande livro sobre *O nascimento da história*[a] e, por outro, sua entrada no PC. Todavia, essa entrada jamais foi feita no modo do entusiasmo, da decepção ou da saída-decepção. Foi sobretudo um segmento, e mil coisas se deram para que ele saísse.

O último período de sua obra é muito mais orientado para um questionamento do *logos*, quer dizer, uma nova filosofia política que, ao invés de ser um retorno a Hegel, um retorno ao *logos*, é um novo tipo de crítica do *logos* e da racionalidade histórica ou política. Quando digo que há mistérios, é que o outro aspecto (pois é um homem: a obra, a vida se acompanharam continuamente) também é acompanhado de um grande romance, que até o momento não foi absolumente notado.

Talvez agora sejamos instados a reler *Os anos de demolição*.[b] Vou me lançar nisso novamente pensando nele. É um grandiosíssimo romance que, a meu ver, não tem equivalente senão em Fitzgerald. Em François, há todo um lado fitzgeraldiano; tanto mais posso dizê-lo porque, para mim, Fitzgerald é um dos maiores autores que há, e *Os anos de demolição* é um grande romance sobre a ideia de que toda vida criativa é, ao mesmo tempo, um processo de autodestruição, o tema do cansaço como processo vital. Devo dizer que ele se juntava aos temas de Blanchot sobre o pensamento e o cansaço, e o romance é deveras um comentário dos

---

[a] *La Naissance de l'histoire*, Paris, Éditions de Minuit, 1961, reed., Paris, 10/18, 1974.

[b] *Les Années de démolition*, Paris, Éditions Hallier, 1975.

entrelaces entre a vida e a autodestruição. É um livro extremamente bonito e emocionante.

Sua obra, como acredito, é realmente uma obra considerável: *[249]* e se ela é vista, foi menos vista ou ainda não foi bem-vista, é porque ele fez o que todos dizemos querer fazer, mas não fizemos. Todos dissemos, a começar por Foucault, que "autor" era uma função: não era um nome e que, finalmente, não era a única função, e que sem dúvida havia, no domínio da criação, outra coisa que não a função autor, o que vem um pouco do cinema: existe a função produtor, a função encenador e muitas outras funções. Na última frase de François, "Minha doença devém difícil demais de gerir", gerir é verdadeiramente uma função. Assim como dirigir é uma função. Para mim, ele é um grandiosíssimo produtor no sentido que o cinema deu ao termo. Não se trata daqueles que financiam, mas de outra coisa. É uma função distinta.

Era um grandiosíssimo negociador também, e isso fazia uma unidade com seu sentido político. A negociação, para ele, era tudo o que se quisesse, exceto uma arte do compromisso. De meu conhecimento, é um homem que nunca fez o menor compromisso, mas ele sabia conduzir uma negociação. Isso era visto mesmo em pequenos níveis. O departamento de filosofia na Paris VIII se manteve por causa dele. Ele foi quem verdadeiramente gerou esse departamento difícil, e seu sentido da política passava sempre por um sentido da negociação dura, ou seja, de modo algum um compromisso.

Se ele estava no cruzamento de toda sorte de funções (autor, pois ele era verdadeiramente autor, negociador, produtor, gestor etc.), acima de tudo acredito que era fundamentalmente produtor-autor. Era um grandiosíssimo diretor de trabalho e, finalmente, a atividade de criação, para ele, passava menos pelo fato de fazer um livro pessoal que de orientar um trabalho coletivo em vias novas. Foi dito dele que era um grande pedagogo.

Mas, o que é notável, não é simplesmente sua preocupação e seu gosto pedagógicos. Que ele tenha sido um grandiosíssimo professor, é certo; mas o importante é que a direção de trabalho coletivo lhe permitia traçar vias novas. Não era história o que ele fazia, eram realmente novos traçados. A esse respeito, acredito que

Ele era uma estrela de grupo

só se possa medir sua obra recente entrelaçando-a a uma renovação da filosofia política. Em que consistiria essa renovação? Acredito que seja preciso se ater aos dois extremos.

O ponto de partida de François foi um grande livro de filosofia da história, a saber, *O nascimento da história* na Grécia, que é um grandiosíssimo livro e foi o primeiro. Deveio, em seguida, um tema clássico, mas foi inicialmente ele quem lançou esta direção de uma reflexão sobre a história tal como os gregos a concebiam e que, logo depois, produziu seus rebentos. Por necessidade, não mais se referiu a essa obra-prima, mas é uma obra-prima. E, caso pulemos para o outro extremo (falo de cada vez em que François interveio), qual seria, por exemplo, o melhor texto sobre o ateísmo marxista e Marx: é o artigo de François.[c] Caso nos refiramos aos seus últimos trabalhos, acredito que, para retomar o título de Debray, tratava-se de fazer, no sentido de Kant, uma *Crítica da razão política*, isto é, como se François tivesse se recuperado de sua adesão ao *logos* e fosse preciso fazer uma crítica do *logos* político, uma crítica da racionalidade política, uma crítica da racionalidade histórica. E essa tentativa de uma nova crítica seria acompanhada — era esse o lado direção de trabalho coletivo — de um grande trabalho que tiraria seu modelo um pouco dos linguistas, um grande vocabulário político. É por isso que ele é produtor criador. Era apto a conduzir a crítica da razão política, mas ela não era separável do trabalho coletivo de um vasto vocabulário político, um vocabulário das instituições políticas. A importância do seu pensamento, do seu trabalho é absolutamente fundamental, e é a de um criador: não apenas um grande professor, mas um criador que passa pela produção, pela gestão.

RODAPÉ DA TRADUÇÃO

[i] Acrescenta-se referência bibliográfica ao belo opúsculo que Deleuze dedicou ao pensamento de Châtelet, *Périclès et Verdi: la philosophie de François Châtelet* (Paris, Éditions de Minuit, 1988), três anos mais tarde.

[c] In *Questions, objections*, Paris, Denoël-Gonthier, 1979.

[ii] Jean Cavaillès (1903-1944) e Albert Lautman (1908-1944), filósofos e matemáticos, ambos combatentes de grupos que resistiam à ocupação alemã na França, foram fuzilados pelo regime nazista.

38
PREFÁCIO À EDIÇÃO AMERICANA DE *A IMAGEM-MOVIMENTO**
[1986] *[251]*

Este livro não se propõe a constituir uma história do cinema, mas a resgatar certos conceitos cinematográficos. Tais conceitos não são técnicos (como os diversos planos ou os diferentes movimentos de câmera), nem críticos (por exemplo, os grandes gêneros, faroeste, policial, filme de época etc.). Tampouco linguísticos, no sentido em que foi dito do cinema que era a língua universal, ou então no sentido em que ainda é dito que o cinema é uma linguagem. O cinema nos parece ser uma composição de imagens e de signos, isto é, uma matéria inteligível pré-verbal (semiótica pura), ao passo que a semiologia de inspiração linguística abole a imagem e tende a prescindir do signo. O que chamamos de conceitos cinematográficos, portanto, são os tipos de imagens e os signos que correspondem a cada tipo. Assim, já que a imagem de cinema é "automática" e se apresenta, primeiramente, como imagem-movimento, buscamos as condições nas quais ela se especificava em tipos diferentes. Esses tipos são, principalmente, a imagem-percepção, a imagem-afecção e a imagem-ação. Sua distribuição determina certamente uma representação do tempo, mas é preciso observar que o tempo continua sendo o objeto de uma representação indireta, na medida em que depende da montagem e decorre das imagens-movimento.

É possível que, depois da guerra, uma imagem-tempo direta tenha se formado e sido imposta ao cinema. Não queremos dizer

---

* Título do editor francês. "Preface to the English Edition", in Gilles Deleuze, *Cinema 1: The Movement-Image*, Minneapolis, University of Minnesota Press, 1986, pp. ix-x. Tradução inglesa de Hugh Tomlinson e Barbara Habberjam.

286   Gilles Deleuze

que não haveria mais movimento, mas que, assim como *[252]* havia ocorrido há muito tempo na filosofia, uma inversão foi produzida no entrelace movimento-tempo: não é mais o tempo que se entrelaça ao movimento, são as anomalias de movimento que dependem do tempo. Em vez de uma representação indireta do tempo que decorre do movimento, é a imagem-tempo direta do tempo que decorre do movimento, é a imagem-tempo direta que comanda o falso movimento. Por que a guerra tornou possível essa inversão, essa emergência de um cinema do tempo, com Welles, com o neorrealismo, com a *Nouvelle Vague*...? Ainda aí, será preciso buscar quais tipos de imagens correspondem à nova imagem-tempo e quais signos se combinam com esses tipos. Talvez tudo surja numa explosão do esquema sensório-motor: esse esquema, que havia encadeado as percepções, as afecções e as ações, não entra numa crise profunda sem que o regime geral da imagem seja alterado. Em todo caso, o cinema sofreu, aqui, uma mutação muito mais importante da que ele conheceu com os filmes falados.

Não se trata de dizer que o cinema moderno da imagem-tempo "vale mais" que o cinema clássico da imagem-movimento. Estamos falando apenas de obras-primas às quais nenhuma hierarquia de valor se aplica. O cinema é sempre tão perfeito quanto pode ser, tendo em vista as imagens e os signos que inventa e de que ele dispõe em tal momento. Eis por que este estudo deve entrelaçar as análises concretas de imagens e de signos com monografias de grandes autores que criaram e renovaram tais imagens e signos.

O primeiro volume trata da imagem-movimento, o segundo tratará da imagem-tempo. Se, no fim deste primeiro volume, tentamos compreender toda a importância de Hitchcock, um dos maiores cineastas ingleses, é porque nos parece que ele inventou um tipo extraordinário de imagem: a imagem das relações mentais. As relações, como exteriores aos seus termos, foram sempre o objeto do pensamento filosófico inglês. Quando uma relação sucumbe, ou muda, o que ocorre aos seus termos? Assim, Hitchcock se pergunta, numa comédia menor, *Mr. and Mrs. Smith*:[i] o que ocorre a um homem e a uma mulher que subitamente ficam sabendo que jamais estiveram casados, pois seu casamento não foi legalizado? Hitchcock faz um cinema da relação, como a filosofia

Prefácio à edição americana de A *imagem-movimento*

inglesa fazia *[253]* uma filosofia da relação. Neste sentido, talvez ele esteja no engancho entre os dois cinemas, o clássico, que ele arremata, e o moderno, que ele prepara. Sob todos esses aspectos, não basta confrontar os grandes autores de cinema com pintores, arquitetos ou mesmo músicos, mas também com pensadores. Fala-se frequentemente de uma crise do cinema, sob a pressão da televisão, depois da imagem eletrônica. Todavia, as capacidades criadoras de uma e de outra já são inseparáveis daquilo que os grandes autores de cinema lhes forneceram. Um pouco como Varèse,[ii] na música, os cineastas estão pedindo pelos novos meios e materiais que o porvir torna possíveis.

RODAPÉ DA TRADUÇÃO

[i] Filme com roteiro de Norman Krasna (1909-1984), estreado no dia 31 de janeiro de 1941, nos EUA.

[ii] Edgard Varèse (1883-1965), compositor francês cujas obras fazem uso, por exemplo, da fita magnética, do teremim, das ondas Martenot, materiais até então inauditos no mundo da música ou relegados a simples curiosidade e bizarrice sonora. Suas peças *Déserts*, de 1954, para sopro, percussão e fita magnética, e *Poème électronique*, de 1958, para fita magnética, são belos exemplos da música desse compositor.

39
FOUCAULT E AS PRISÕES*
[1986] *[254]*

History of the Present — Antes de abordar questões mais gerais sobre os intelectuais e o domínio político, você poderia nos explicar seus vínculos com Foucault e o GIP?[a]
Gilles Deleuze — Então, começaremos pelo GIP. Tudo o que vou lhe dizer, será preciso que você corrija. Não tenho memória alguma, é como se eu lhe contasse uma espécie de sonho, é muito vago. Depois de 68, havia muitos grupos, de natureza bem diferente, mas forçosamente acanhados. Era depois de 68. Eles sobreviviam, todos tinham um passado. Foucault insistia sobre o fato de que 68 não tinha tido importância para ele. Ele já tinha um passado de grande filósofo, mas não carregava um passado de 68. Sem dúvida, foi isso que lhe deu a possibilidade de fazer um grupo de um tipo tão novo. E esse grupo lhe deu uma espécie de igualdade com os outros grupos. Ele não teria deixado que lhe arrebatassem,

---

* Título do editor francês. O texto foi inicialmente publicado com o título: "The Intellectual and Politics: Foucault and the Prison", conversa registrada por Paul Rabinow e Keith Gandal, in *History of the Present*, 2, primavera de 1986, pp. 1-2, 20-1. Tradução inglesa de Paul Rabinow. A versão apresentada aqui foi estabelecida a partir da retranscrição do documento sonoro original, e às vezes distancia-se da apresentação americana.

[a] O GIP (Grupo Informação Prisão) foi criado em fevereiro de 1971 pela iniciativa de Daniel Defert e Michel Foucault. Eles tinham como objetivo conduzir questionários de "intolerância" (introduzidos clandestinamente nas prisões por intermédio das famílias), para colher e revelar as condições de vida dos detentos. A partir do mês de maio, aparecem brochuras anônimas que apresentam os testemunhos colhidos. Sobre a história do GIP, pode-se consultar a obra de referência *Le Groupe d'Information sur les Prisons: archives d'une lutte (1970-1972)*, Paris, Éditions de l'IMEC, 2003.

mas isso lhe permitiu guardar sua independência diante de outros grupos, como a Esquerda Proletária. Havia reuniões constantes, trocas, mas ele manteve absolutamente a independência total do GIP. A meu ver, Foucault foi o [255] único, não a ter sobrevivido de um passado, mas a ter inventado algo de novo, em todos os níveis. Era algo muito preciso, do jeito que Foucault era. O GIP é uma imagem de Foucault, uma invenção Foucault-Defert. É um caso em que a colaboração deles foi íntima e fantástica. Na França, era a primeira vez que se criava esse gênero de grupo, que nada tinha a ver com um partido (havia partidos aterrorizantes, do tipo da Esquerda Proletária), nem com uma empresa (por exemplo, as empresas para renovar a psiquiatria).

Tratava-se de fazer um "Grupo Informação Prisão". Era evidentemente outra coisa além de informação. Era uma espécie de pensamento-experimentação. Há todo um aspecto pelo qual Foucault não deixou de considerar o processo do pensamento como uma experimentação. É sua descendência Nietzsche. Não se tratava de modo algum de experimentar acerca da prisão, mas de apreender a prisão como um lugar onde certa experiência era vivenciada pelos prisioneiros, e que intelectuais, tais como Foucault os concebia, deviam também pensá-lo. O GIP é quase tão bonito quanto um livro de Foucault. Eu acompanhei do fundo do coração porque aquilo me fascinou. Quando ambos começaram, eles partiam numa espécie de escuridão. Haviam visto alguma coisa, mas aquilo que se vê está sempre no escuro. Como fazer? Acredito que tenham começado da seguinte maneira: Defert começou a distribuir folhetos nas filas de espera das famílias, no momento das visitas. Eles eram vários, Foucault às vezes participava. Foram rapidamente apontados como "agitadores". O que eles queriam não era de modo algum a agitação, mas estabelecer um questionário ao qual as famílias e os próprios detentos respondessem. Lembro que os primeiros questionários giravam em torno da alimentação, dos cuidados médicos. Foucault deve ter ficado, de uma só vez, bastante aliviado, bastante motivado e bastante surpreendido com as respostas. Encontrava-se nelas algo de muito pior, a saber: as humilhações constantes. Como resultado, o Foucault vidente passou o bastão ao Foucault pensante.

O GIP foi, como acredito, um terreno de experimentação até *Vigiar e punir*. O que o sensibilizou imediatamente foi a diferença enorme entre o estatuto teórico e jurídico da prisão; a prisão como privação de liberdade, e a *[256]* prática da prisão, que é toda uma outra coisa, pois não se está contente apenas em privar alguém de sua liberdade, o que já é muita coisa, mas acrescenta-se a isso todo o sistema das humilhações, todo o sistema pelo qual as pessoas são prostradas e que não faz parte da privação de liberdade. Descobriu-se, coisa que todo mundo sabia, que havia uma justiça sem controle algum que era feita na prisão, pois havia uma prisão dentro da prisão, uma prisão por trás da prisão, que se chamava bailéu.[i] Ainda não havia os QHS.[b] O prisioneiro podia ser condenado a penas, sem possibilidade alguma de se defender. Aprendíamos diversas coisas. O GIP trabalhava ao lado das famílias dos detentos, dos antigos detentos. Como tudo o que é belo, havia momentos de muita risada, por exemplo, os primeiros contatos com os antigos prisioneiros, cada um querendo ser mais prisioneiro que os outros. Cada um havia tido uma vida sempre mais dura que a do outro.

H.P. — *Qual era o vínculo com a política?*

G.D. — Foucault tinha uma intuição política que foi para mim algo muito importante. O que chamo de intuição política é ter o sentimento de que algo vai se passar e que esse algo se passará *ali*, e não em outro lugar. É coisa bem rara, uma intuição política. Foucault sentiu que havia pequenos movimentos, pequenos tumultos nas prisões. Não buscava se aproveitar deles, nem precipitá-los. Ele *viu* alguma coisa. Para ele, o pensamento nunca deixou de ser um processo de experimentação, que vai até a morte. De uma certa maneira, ele era um pouco *vidente*. O que ele via lhe era propriamente intolerável. Era um vidente extraordinário, a maneira pela qual via as pessoas, pela qual via tudo, no cômico ou no pavoroso. Tinha uma potência de ver que estava entrelaçada à sua potência de escrever. Quando se vê algo e se vê muito profundamente, aquilo que se vê é intolerável. Não são as palavras dele,

---

[b] QHS: *Quartier Haute Securité*, destinado a isolar o prisioneiro numa cela de condições particularmente duras.

Foucault e as prisões

isso não está na conversa dele, mas em sua reflexão. Finalmente, pensar era, para ele, reagir ao intolerável, ao intolerável que foi vivenciado. Jamais era alguma coisa de visível. Fazia parte do gênio de Foucault. Isso completa o outro *[257]* aspecto. O pensamento como experimentação, mas também o pensamento como visão, como que apreendido de um intolerável.

H.P. — Algo de ético?

G.D. — Penso que isso lhe servia como ética. Esse intolerável não era da ética. A ética dele era ver ou apreender alguma coisa como intolerável. Não era em nome da moral. Era o seu jeito de pensar. Se o pensamento não fosse até o intolerável, não valeria a pena pensá-lo. Pensar era sempre pensar no limite de alguma coisa.

H.P. — As pessoas dizem que é intolerável porque é injusto.

G.D. — Foucault não dizia isso. Se era intolerável, não é porque era injusto, mas porque ninguém via, era imperceptível. Contudo, todo mundo sabia. Não era um segredo. Essa prisão dentro da prisão, todo mundo sabia dela, mas ninguém a via. Ele sim, ele a *via*. Ele vivia assim. O que não lhe impedia de fazer o intolerável virar um grande humor. Mais uma vez, nós rimos muito. Não era a indignação. Não nos indignávamos. Eram duas coisas: ver algo de não visível e pensar algo que estivesse quase no limite.

H.P. — Como você entrou no GIP?

G.D. — Eu estava, de antemão, absolutamente convencido de que ele tinha razão e de que havia encontrado, com efeito, o único grupo de um tipo novo. Era novo porque bastante localizado. E, como tudo que Foucault fez, quanto mais localizado, mais alcance tem. Era como que uma oportunidade que Foucault soube não perder. Havia pessoas totalmente inesperadas que nada tinham a ver com a prisão. Estou pensando, por exemplo, na viúva de Paul Éluard, que nos ajudou bastante em certo momento, sem nenhuma razão especial. Havia pessoas constantes, como Claude Mauriac,[ii] que era muito próximo de Foucault. Quando aproximações foram feitas, na época do caso Jackson,[c] com o problema

---

[c] George Jackson era um militante negro americano, detido na prisão de San Quentin, depois na de Soledad, onde foi assassinado em agosto de

das prisões na América, Genet surgiu. Foi formidável. Era muito animado. Desenvolvia-se um movimento *[258]* interior às prisões. Revoltas se formavam. No exterior, partia de todos os sentidos, do lado dos psiquiatras de prisões, dos médicos de prisões, das famílias de prisioneiros. Era preciso fazer brochuras. Eram tarefas infinitas de que Foucault e Defert se encarregavam. Eram eles que tinham as ideias. A gente seguia. Seguíamos com paixão. Lembro-me de um dia louco, típico do GIP, em que os bons momentos e os momentos trágicos se alternavam. Tínhamos ido a Nancy, creio. De manhã até a noite, tomados. Na parte da manhã, tudo começava com uma delegação até a prefeitura; em seguida, devíamos ir à prisão, depois, devíamos fazer uma conferência de imprensa. Aconteciam umas coisas na prisão e, então, uma manifestação para encerrar o dia. Mal começava o dia e eu dizia para mim mesmo que não aguentaria o tranco. Jamais tive a energia de Foucault, nem sua força. Foucault tinha uma força de vida enorme.

H.P. — *Como se deu o desaparecimento do GIP?*

G.D. — Aquilo com que todos os outros sonhavam, foi Foucault quem fez: ao cabo de certo tempo, ele dissolveu o GIP. Lembro-me de que Foucault via bastante os Livrozet. Livrozet era um antigo prisioneiro. Ele escreveu um livro para o qual Foucault fez um prefácio muito bonito.[d] A senhora Livrozet também era muito ativa. Quando o GIP se dissolveu, eles deram continuidade criando o CAP, "Comitê de Ação dos Prisioneiros", que devia ser conduzido pelos antigos prisioneiros. Acredito que Foucault reteve apenas o fato de que havia perdido; ele não viu o que tinha ganho. Sempre foi extremamente modesto, de um certo ponto de vista. Pensou que havia perdido porque tudo fora fechado. Tinha a impressão de que tudo aquilo não havia servido para nada. Foucault dizia que não se tratava de repressão, mas pior: alguém fala,

---

1971. Gilles Deleuze colaborou de perto, com membros do GIP, numa edição especial, *L'Assassinat de George Jackson*, Paris, Gallimard, col. "Intolérable", 1971.

[d] In Serge Livrozet, *De la prison à la révolte*, Paris, Mercure de France, 1973, pp. 7-14.

Foucault e as prisões

mas é como se não dissesse nada. Três ou quatro anos depois, tudo deveio exatamente igual.

E, ao mesmo tempo, ele devia saber, sim, que aquilo havia servido enormemente. O GIP tinha conseguido muitas coisas, o movimento dos prisioneiros tinha se desenvolvido. Foucault tinha o direito de pensar que alguma coisa mudara, mesmo que não fosse algo fundamental. Estou dizendo muito simplificadamente: o GIP *[259]* tinha por objetivo que os próprios prisioneiros e as famílias dos prisioneiros pudessem falar, falar por sua conta. O que antes não era o caso. Quando havia um programa sobre as prisões, você tinha todos os representantes daquilo que tocava às prisões, de perto ou de longe, juízes, advogados, agentes penitenciários, visitantes de prisões, filantropos, qualquer coisa, mas não havia prisioneiros, nem mesmo antigos prisioneiros, exatamente o mesmo de quando se faz um colóquio sobre a escola maternal: tem de tudo, mas não tem crianças, embora elas tenham algo a dizer. O objetivo do GIP era menos o de fazer com que falassem, mas o de delinear um local no qual todos seriam obrigados a ouvi-los, um local que não consiste simplesmente em se fazer uma rebelião no teto da prisão, mas em fazer com que fosse aceito aquilo que eles tinham a dizer. O que havia para ser dito era exatamente o que Foucault revelara, a saber: somos privados de liberdade, isso é uma coisa, mas aquilo que sofremos é totalmente outra coisa. Somos possuídos. Todo mundo sabe muito bem disso, mas todo mundo deixa isso ser feito.

H.P. — Uma das funções do intelectual, segundo Foucault, não seria abrir um espaço em que outros pudessem falar?

G.D. — Era algo bastante novo para a França. Era a grande diferença Sartre/Foucault. Foucault tinha uma concepção, uma maneira de viver a posição política do intelectual bastante diferente da que viveu Sartre, de forma alguma teórica. Sartre, quaisquer que fossem sua força e seu gênio, tinha uma concepção clássica do intelectual. Ele intervinha em nome de valores superiores, o Bem, o Justo, o Verdadeiro. Entre Voltaire, Zola e Sartre, vejo uma grande linha comum que termina com Sartre. É o intelectual que intervém em nome dos valores de verdade e de justiça. Foucault era muito mais funcional, sempre foi funcionalista. Falando de um jei-

294   Gilles Deleuze

to simples, ele inventou um funcionalismo próprio. E esse funcionalismo era ver e dizer. O que há para ser visto, ali? O que há para ser dito ou pensado? Não era o intelectual enquanto garantidor de certos valores. Sei que, mais tarde, ele se exprimiu em nome de sua concepção da verdade, mas era outra coisa. "Informação" não era, no fim das contas, uma boa palavra. Não se tratava de encontrar a verdade sobre a prisão, mas de produzir enunciados sobre *[260]* a prisão, uma vez dito que nem os prisioneiros, nem as pessoas de fora da prisão souberam produzi-los. Soube-se fazer discursos sobre a prisão etc., mas não produzi-los. Nisso também, se há comunicação entre sua ação e sua obra filosófica, é porque ele vivia desse jeito. O que havia de prodigioso nas frases de Foucault, quando ele falava? Não há homem algum no mundo que eu tenha ouvido falar daquele jeito. Tudo o que ele dizia era *decisivo*, mas não no sentido autoritário. Quando ele entrava num recinto, já era decisivo, a atmosfera mudava. E, quando falava, o que ele dizia era decisivo. Foucault considerava que um enunciado era uma coisa bastante particular. Não é qualquer discurso, qualquer frase que faz um enunciado. Eram necessárias as duas dimensões, ver e falar. Em suma, as palavras, as coisas. As palavras são a produção dos enunciados; as coisas são as formações visíveis, é ver. Trata-se de ver algo de imperceptível naquilo que é visível.

H.P. — Produzir enunciados seria dar a palavra a alguém?

G.D. — Em parte, mas não é só isso. Dizia-se (era esse o tema), dizia-se como os outros: é preciso dar a palavra aos outros, mas não era essa a questão. Dou um exemplo político. Para mim, uma das importâncias fundamentais de Lênin foi ele ter produzido novos enunciados, antes e depois da Revolução Russa, um tipo de enunciados como que assinados, são enunciados leninistas. Será possível falar de um tipo de enunciado novo ou que sobrevém num espaço tal, em tal circunstância e que são enunciados leninistas? É um novo tipo de enunciação. Trata-se não de buscar a verdade à maneira de Sartre, mas de produzir novas condições de enunciação. 68 havia produzido novos enunciados. Havia um tipo de enunciado que ninguém antes sustentara. Novos enunciados podem ser diabólicos e bastante deploráveis, contra os quais todos somos levados a lutar. Hitler foi um grande produtor de novos enunciados.

H.P. — *Na época, você achou isso tudo politicamente suficiente?*

G.D. — Será que aquilo era suficiente para nos ocupar? Certamente. Nossos dias eram totalmente preenchidos. Foucault proporcionava uma espécie de prática que comportava dois aspectos *[261]* fundamentalmente novos. Como isso não teria sido suficiente? Em um sentido, a sua questão é terrível. Foucault teria dito: não foi suficiente porque, sob um aspecto, falhou. O estatuto das prisões não foi alterado. Já eu, daria a resposta inversa: foi duplamente suficiente. Teve muita repercussão. A principal foi o movimento nas prisões. Não foi Foucault nem Defert que o inspiraram. O GIP deu a ele uma reverberação porque também elaborávamos artigos, passávamos nosso tempo aborrecendo as pessoas do Ministério da Justiça, do Ministério do Interior. Agora, há um tipo de enunciado sobre a prisão que é sustentado normalmente pelos prisioneiros ou pelos não-prisioneiros, e que antes era inimaginável. Neste sentido, houve sucesso.

H.P. — *Você tem uma visão do mundo social muito mais fluida do que Foucault. Estou pensando no Mil platôs. Em Foucault, encontra-se muitas metáforas arquiteturais. Você concorda com essa descrição?*

G.D. — Totalmente. Sinto um enorme pesar por não tê-lo visto em seus últimos anos de vida; é muito duro, para mim, muito forte, pois é um dos homens que amo e que mais profundamente admiro. Lembro-me de que falamos sobre isso no momento em que ele publicou *A vontade de saber*. Não tínhamos a mesma concepção da sociedade. Para mim, uma sociedade é algo que não para de fugir por todos os cantos. Quando você diz que sou mais fluido, sim, você tem toda a razão. Foge monetariamente, foge ideologicamente. Verdadeiramente, é feita de linhas de fuga. De modo que o problema de uma sociedade é o seguinte: como impedir que fuja? Para mim, os poderes vêm depois. A surpresa de Foucault seria sobretudo esta: mas com todos esses poderes, tão dissimulados que são, com toda sua hipocrisia, ainda assim se consegue resistir. A minha surpresa já é inversa. Foge para todo lado e os governos

296   Gilles Deleuze

conseguem ficar tapando. Encarávamos o problema em sentido inverso. Você tem razão em dizer que a sociedade é um fluido ou, pior, um gás. Para Foucault, é uma arquitetura.

H.P. — Você falou disso com ele?

G.D. — Lembro-me de que, na época da *Vontade de saber*, que eu acredito ter sido o início de algo como uma crise intelectual, *[262]* ele se questionava muito. Na verdade, ele estava numa espécie de melancolia e, naquele momento, falamos largamente sobre essa maneira de ver a sociedade.

H.P. — Quais foram as suas conclusões? Vocês dois se distanciaram um do outro...

G.D. — Sempre tive uma admiração e uma afeição enormes por Foucault. Eu não apenas o admirava, mas além disso ele me fazia rir. Ele era muito engraçado. Tenho apenas uma semelhança com ele: ou trabalho, ou digo coisas insignificantes. Há pouquíssimas pessoas no mundo com as quais se pode dizer coisas insignificantes. Passar duas horas com alguém não dizendo nada é o ápice da amizade. Isso só existe entre grandes amigos, isso de falar sobre coisas insignificantes. Com Foucault, era sobretudo uma frase aqui e acolá. Um dia, durante uma conversa, ele disse: eu gosto muito de Péguy, porque ele é um louco. Eu perguntei: por que você diz que ele é um louco? Ele me disse: basta olhar como escreve. Aqui também há algo muito interessante relativamente a Foucault. Isso queria dizer que alguém que sabe inventar um novo estilo, produzir novos enunciados, esse alguém é um louco. A gente trabalhava separadamente, cada um no seu canto. Tenho certeza de que ele lia o que eu fazia, eu lia com paixão o que ele fazia, mas não nos falávamos muito. E tive o sentimento, mas sem tristeza alguma, de que eu finalmente tinha necessidade dele, e que ele não tinha necessidade de mim. Foucault era um homem muito, muito misterioso.

RODAPÉ DA TRADUÇÃO

[i] O termo francês em questão é *mitard*, que designa uma estreita cela de prisão, baixa e escura, existente nas prisões francesas àquela época (em-

bora ainda possam existir), algo como um calabouço, ou o que chamamos de solitária. Ao traduzir por "bailéu", termo antigo no português, que designa um "pequeno compartimento para alojamento de presos num navio" (Houaiss), e que funciona como sinônimo de cela, buscou-se oferecer um termo cuja estranheza pudesse preservar a peculiaridade de *mitard*, termo também antigo que deriva do mundo do *argot*, da gíria francesa.

[ii] Claude Mauriac (1914-1996), escritor com enorme produção jornalística. Sua ação militante a favor dos prisioneiros, como também dos sem-teto (*mal-logés*) ou dos imigrantes, encontra-se com minúcia em seu livro *Une certaine rage*, Paris, Robert Laffont, 1977.

40
O CÉREBRO É A TELA*
[1986] *[263]*

Cahiers du Cinéma — *Como o cinema entrou em sua vida, ao mesmo tempo enquanto espectador e, é claro, enquanto filósofo? Quando foi que você passou a gostar dele e quando você começou a pensar que era um domínio digno da filosofia?*

Gilles Deleuze — Tenho uma experiência privilegiada, pois tive dois períodos muito separados. Antes da guerra, criança, eu ia com bastante frequência ao cinema: acredito que havia uma estrutura familiar do cinema, salas por assinatura, como a sala Pleyel,[i] em que era possível mandar as crianças sozinhas. Eu não tinha, portanto, como escolher o programa; ora havia Harold Lloyd ou Buster Keaton, ora *Les Croix de bois*, que me angustiava, e até mesmo *Fantômas* era reexibido, e eu sentia muito medo.[ii] Seria interessante pesquisar quais salas desapareceram, depois da guerra, num quarteirão específico: novas salas surgiram, mas muitas desapareceram.

E então, depois da guerra, voltei ao cinema, mas de um outro jeito. Eu era estudante de filosofia e não era besta a ponto de querer fazer uma filosofia do cinema, mas foi um encontro que me impressionou: eu gostava dos autores que exigiam que o movimento fosse introduzido no pensamento, o "verdadeiro" movimento (eles denunciavam a dialética hegeliana como um movimento abstrato). Como não encontrar o cinema, ele que introduzia o "ver-

---

* *Cahiers du Cinéma*, n° 380, fevereiro de 1986, pp. 25-32.
Este texto, formatado por Deleuze, é oriundo de uma mesa-redonda com Alain Bergala, Pascal Bonitzer, Marc Chevrie, Jean Narboni, Charles Tesson e Serge Toubiana, na ocasião do lançamento de *Cinéma 2: L'Image--temps*, Paris, Éditions de Minuit, 1985.

dadeiro" movimento na imagem? Não se tratava de aplicar a filosofia ao cinema, mas passava-se diretamente da filosofia ao cinema. E inversamente *[264]* também, passava-se diretamente do cinema à filosofia. É que algo bizarro me impressionou no cinema: sua aptidão inesperada para manifestar, não o comportamento, mas a vida espiritual (e ao mesmo tempo os comportamentos aberrantes). A vida espiritual não é o sonho ou a fantasia, que sempre foram impasses do cinema, mas sobretudo o domínio da fria decisão, da obstinação absoluta, da escolha da existência. Como pode o cinema ser tão apto para vasculhar a vida espiritual? Disto pode vir o pior, um catolicismo, um sulpicismo[iii] próprio ao cinema, mas também o mais elevado: Dreyer, Sternberg, Bresson, Rossellini e, hoje em dia, Rohmer. É curioso como Rohmer atribui ao cinema o estudo das esferas de existência, a existência estética de *La Collectionneuse*, a existência ética de *Le Beau mariage*, a existência religiosa de *Ma nuit chez Maud*:[iv] isso está próximo de Kierkegaard, o qual já experimentava, bem antes do cinema, a necessidade de escrever estranhas sinopses. Em suma, o cinema não põe o movimento apenas na imagem, mas também no espírito. A vida espiritual é o movimento do espírito. É com muita naturalidade que se vai da filosofia ao cinema, mas também do cinema à filosofia.

É o cérebro, ele é a unidade. O cérebro é a tela. Não acredito que a linguística, a psicanálise sejam de grande ajuda para o cinema. Em compensação, a biologia do cérebro, a biologia molecular... O pensamento é molecular, há velocidades moleculares que compõem os seres lentos que somos. A frase de Michaux: "O homem é um ser lento, que só é possível graças a velocidades fantásticas".[a] Os circuitos e os encadeamentos cerebrais não preexistem aos estímulos, corpúsculos ou grãos que os traçam. O cinema não é um teatro; ele compõe os corpos com grãos. Os encadeamentos são frequentemente paradoxais e transbordam de todas as partes as simples associações de imagens. O cinema, precisamente porque coloca a imagem em movimento, ou então por dotar a

---

[a] [Henri] Michaux, *Les Grandes épreuves de l'esprit*, Paris, Gallimard, 1966, p. 33.

imagem de um automovimento, não para de traçar e retraçar circuitos cerebrais. Ainda assim, é para o melhor ou para o pior. A tela, ou seja, nós mesmos, pode ser um cerebelo deficiente de idiota, assim *[265]* como um cérebro criativo. Veja os videoclipes: a potência deles estava em novas velocidades, novos encadeamentos e reencadeamentos, mas antes mesmo de desenvolverem sua potência, soçobraram em lamentáveis cacoetes e caricaturas, com cortes distribuídos de qualquer jeito. O cinema ruim sempre passa por circuitos já prontos, feitos pelo cérebro-baixo, violência e sexualidade naquilo que é representado, uma mistura de crueldade gratuita e de debilidade organizada. O verdadeiro cinema alcança uma outra violência, uma outra sexualidade, moleculares, não localizáveis: as personagens de Losey, por exemplo, são comprimidos de violência estática, tanto mais violentas quanto menos se mexem. Esses papos de velocidades do pensamento, precipitações ou petrificações, são inseparáveis da imagem-movimento: veja a velocidade em Lubitsch, como ele coloca verdadeiros raciocínios na imagem, relâmpagos, a vida do espírito.[v]

O encontro de duas disciplinas não é feito quando uma se põe a refletir sobre a outra, mas quando uma se apercebe de que deve resolver, por sua conta e com seus próprios meios, um problema semelhante àquele que é também colocado em uma outra disciplina. Problemas semelhantes, em momentos diferentes, em ocasiões e condições diferentes, agitam diversas ciências, a pintura, a música e a filosofia, a literatura, e o cinema. São as mesmas agitações em terrenos totalmente diferentes. Só existe crítica se comparada (e a crítica de cinema devém ruim quando se fecha no cinema como num gueto), pois, num domínio, toda obra é, ela mesma, autocomparativa. Godard enfrenta a pintura em *Passion* e a música em *Prénom Carmen*, fazendo um cinema serial, mas também um cinema da catástrofe, num sentido que responde à concepção matemática de René Thom.[vi] Não há obra que não tenha sua sequência ou seu início em outras artes. Pude escrever sobre o cinema, não por direito de reflexão, mas quando problemas de filosofia me incitaram a buscar respostas no cinema, com o risco de que elas aventassem outros problemas. Todo trabalho se insere num sistema de revezamento.

O cérebro é a tela

C. — O que nos impressiona nos seus dois livros sobre o cinema é algo que já se encontra em seus outros [266] livros, mas nunca a esse ponto: a taxonomia, o amor pela classificação. Você tinha essas disposições desde há muito ou elas vieram ao longo de sua pesquisa? A classificação tem um liame particular com o cinema?

G.D. — Sim, não há nada mais divertido do que as classificações, as tabelas. É como o esqueleto de um livro, ou seu vocabulário, seu dicionário. Não é o essencial, que vem em seguida, mas é um trabalho preparatório indispensável. Nada mais belo do que as classificações de história natural. A obra de Balzac é construída sobre classificações impressionantes. Borges propunha uma classificação chinesa dos animais, que deliciava Foucault: pertencentes ao imperador, embalsamados, domesticados, leitões, sereias etc. Todas as classificações são deste gênero: elas são móveis, variam seus critérios segundo os casos, são retroativas e remanejáveis, ilimitadas. Certos casos são bastante povoados, outros, vazios. Numa classificação, trata-se sempre de aproximar coisas muito diferentes em aparência e de separar aquelas que são muito chegadas. É a formação dos conceitos. Às vezes é dito que "clássico", "romântico", ou então *"nouveau roman"*, ou então "neorrealismo", são abstrações insuficientes. Acredito que sejam categorias bem fundamentadas, com a condição de que se as entrelace, não a formas gerais, mas a signos ou sintomas singulares. Uma classificação é sempre uma sintomatologia, e aquilo que se classifica são signos, para então sacar um conceito que se apresenta como acontecimento, e não como essência abstrata. A esse respeito, as diferentes disciplinas são verdadeiramente matérias signaléticas. As classificações irão variar, tendo em vista a matéria, mas elas também se entrosarão, tendo em vista afinidades variáveis entre matérias. Por mover e temporalizar a imagem, o cinema é, de uma só vez, uma matéria muito particular que possui, no entanto, um alto grau de afinidade com outras matérias, pictural, musical, literária... É preciso compreender o cinema, não como linguagem, e sim como matéria signalética.

Por exemplo, ensaio uma classificação das luzes no cinema. Existe a luz como meio [*milieu*] físico composto e cuja composição dá o branco, algo como uma luz newtoniana, que encontramos no cinema americano, e talvez *[267]* também, de outra maneira, em Antonioni. Depois, a luz goethiana, como força indecomponível que se choca com as trevas, tirando destas as coisas (expressionismo; mas não estariam Ford, Welles, também deste lado?). Há ainda uma luz que se define, não mais em seu enfrentamento com as trevas, mas com o branco, desta vez o branco como primeira opacidade (é um outro aspecto de Goethe, é Sternberg). Há também uma luz que não mais se define nem pela composição nem pelo enfrentamento, mas pela alternância, pela produção de figuras lunares (é a luz da escola francesa do pré-guerra, especialmente Epstein e Grémillon, talvez também Rivette, hoje em dia: isso está próximo das concepções e da prática de Delaunay).[vii] E a lista não deve terminar, pois é sempre possível criar novos acontecimentos de luz, por exemplo Godard em *Passion*. É possível, igualmente, fazer uma classificação aberta dos espaços no cinema: poder-se-ia distinguir os espaços orgânicos ou englobantes (os faroestes, mas também Kurosawa, que dá ao englobante uma imensa amplidão); as linhas de universo, funcionais (o neofaroeste, mas sobretudo Mizoguchi); os espaços rasos de Losey, terraços, falésias ou platôs, que fizeram com que ele descobrisse, em seus dois últimos filmes,[viii] o espaço japonês; os espaços desconectados, de continuidades não determinadas, à maneira de Bresson; os espaços vazios, à maneira de Ozu, ou então de Antonioni; os espaços estratigráficos, que valem por aquilo que encobrem, a ponto de "lermos" o espaço, como nos Straub;[ix] os espaços topológicos de Resnais etc. Aqui, mais uma vez, há tantos espaços quanto inventores. E as luzes e os espaços se combinam de maneira muito variada. Em todos os casos, vemos que estas classificações de signos luminosos ou espaciais são próprias do cinema e, no entanto, remetem a outros domínios, ciências ou artes, Newton ou Delaunay, que as tomariam noutra ordem, noutros contextos e relações, noutras divisões.

C. — *Há uma "crise" da noção de autor no cinema. O discurso atual, dentro do cinema, poderia ser o seguinte: "Não há mais autores, todo mundo é autor, e os que continuam sendo nos aborrecem".*

G.D. — Existem hoje muitas forças que se propõem a negar toda distinção entre o comercial e o *[268]* criativo. Quanto mais se nega tal distinção, mais se pensa estar sendo engraçado, compreensivo e entendido. Na realidade, meramente se traduz uma exigência do capitalismo: a rotação rápida. Quando os publicitários explicam que a publicidade é a poesia do mundo moderno, esta proposição descarada esquece que não há arte que se proponha a compor ou revelar um produto que responde à expectativa do público. A publicidade pode chocar ou querer chocar, todavia ela responde a uma expectativa pressuposta. Ao contrário, uma arte produz necessariamente o inesperado, o não-reconhecido, o não--reconhecível. Não há arte comercial, é um não-sentido. Existem artes populares, com certeza. Existem também artes que necessitam, mais ou menos, de investimentos financeiros, há um comércio das artes, mas não artes comerciais. Aparentemente, o que complica tudo é que a mesma forma serve ao criativo e ao comercial. Isso já está sendo visto ao nível da forma-livro: é a mesma para a coleção Harlequin[x] e para um romance de Tolstói. É sempre possível fazer com que concorram livros de estação e um grande romance, e o livro de estação ou o *best-seller* forçosamente ganharão num mercado único da rotação rápida ou, pior, são eles que irão pretender às qualidades do outro, que tomarão o outro como refém. É o que se passa na televisão, onde o juízo estético devém algo assim como "é gostoso", como uma pequena refeição, ou "é indefensável", como um pênalti no futebol. É uma promoção para baixo, um alinhamento de toda a literatura sobre o grande consumo. "Autor" é uma função que remete à obra de arte (e, em outras condições, ao crime). Para os outros produtos, há outros nomes, igualmente respeitáveis, redatores, programador, diretor, produtor... As pessoas que dizem "não há mais autores hoje" supõem que teriam sido capazes de reconhecer os de ontem, quando ainda não eram conhecidos. Isto é de uma enorme vaidade. Não há arte que possa viver sem a condição de um duplo setor, sem a distinção sempre atual do comercial e do criativo.

Os *Cahiers* fizeram muito para mostrar que esta distinção existe no próprio cinema, e para mostrar o que é um autor de filmes (mesmo que seja um domínio onde também há produtores, redatores, agentes comerciais etc.). Recentemente, Païni disse coisas muito interessantes sobre todos esses *[269]* pontos.[1] Hoje em dia, acreditam ser astutos ao negarem a distinção do comercial e do criativo: é porque têm interesse nisto. É difícil fazer uma obra, mas é fácil encontrar os critérios. Não há obra, mesmo curta, que não implique uma grande empreitada ou uma longa duração interna (por exemplo, a empreitada de contar suas lembranças de família não é uma grande empreitada). Uma obra é sempre a criação de espaços-tempos novos (não se trata de contar uma história num espaço e num tempo determinados, é preciso que os ritmos, as luzes, os espaços-tempos devenham, eles próprios, verdadeiras personagens). Uma obra deve fazer jorrar problemas e questões nos quais somos tomados, mais do que dar respostas. Uma obra é uma nova sintaxe, o que é muito mais importante que o vocabulário e que vai escarafunchando uma língua estrangeira na língua. A sintaxe, no cinema, são os encadeamentos e reencadeamentos de imagens, mas também entrelace som-imagem visual (há um liame íntimo entre esses dois aspectos). Se fosse preciso definir a cultura, poderíamos dizer que ela não é, de modo algum, a conquista de um domínio difícil ou abstrato, mas sim aperceber-se de que as obras de arte são muito mais concretas, engraçadas, emocionantes que os produtos comerciais: nas obras criativas, há uma multiplicidade da emoção, uma liberação da emoção, a invenção de novas emoções, que se distinguem dos modelos emotivos pré-fabricados do comércio. Isto pode ser singularmente visto em Bresson, em Dreyer: são os próprios mestres de um novo cômico. A questão do cinema de autor é, com certeza, assegurar a distribuição dos filmes que existem e que não podem aguentar a concorrência com o comercial, já que solicitam outra duração, mas é também tornar possível a criação de filmes que ainda não existem. Talvez o cinema ainda não seja capitalista o bastante. Existem circuitos de dinheiro de duração muito diferente: seria preciso que a longa, a média e a curta duração chegassem a se distinguir no investimento cinematográfico. Na ciência, o capitalismo consegue

---

[1] Numa entrevista a *Cahiers du Cinéma*, n° 357, março de 1984.[xi]

O cérebro é a tela

redescobrir muito bem, de tempos em tempos, o interesse da pesquisa fundamental.

C. — *No seu livro, há uma tese aparentemente [270] "escandalosa", que se opõe a tudo que foi escrito sobre o cinema e que concerne precisamente à imagem-tempo. A análise filmológica sempre teve como argumento que, num filme, apesar da presença de flashbacks, de sonhos, de lembranças ou mesmo de cenas de antecipação, seja qual for o tempo evocado, o movimento se cumpre diante de você no presente. Ora, você afirma que a imagem cinematográfica não está no presente.*

G.D. — É curioso, com efeito, pois me parece evidente que a imagem não está no presente. No presente está aquilo que a imagem "representa", mas não a própria imagem. A imagem mesma é um conjunto de entrelaces de tempo dos quais o presente apenas decorre, seja como múltiplo comum, seja como menor divisor. Os entrelaces de tempo nunca são vistos na percepção ordinária, mas sim na imagem, desde que esta seja criadora. Ela torna sensíveis, visíveis, os entrelaces de tempo irredutíveis ao presente. Por exemplo, uma imagem mostra um homem andando ao longo de um curso d'água, numa paisagem de montanha: existem aí pelo menos três "durações" coexistentes, três ritmos, e o entrelace de tempo é a coexistência das durações na imagem, que não se confunde absolutamente com o presente naquilo que a imagem representa. É neste sentido que Tarkovski recusa a distinção entre a montagem e o plano, já que define o cinema pela "pressão do tempo" no plano.[b] Isto é evidente se pegarmos alguns exemplos: uma natureza-morta de Ozu, um *travelling* de Visconti, uma profundidade de campo de Welles. Atendo-se ao representado, é uma bicicleta imóvel, ou uma montanha, é um carro, ou um homem, que percorrem um espaço. Porém, do ponto de vista da imagem, a natureza-morta de Ozu é a forma do tempo e ela mesma não muda, ainda que tudo mude nela (entrelace daquilo que está no tempo com o tempo). Da mesma maneira, o carro de Sandra, no filme de Visconti,[xiii] afunda-se no passado, e isto é visto ao mesmo tempo em que ele

[b] [Andrei] Tarkovski, "De la figure cinématographique", *Positif*, n° 249, dezembro de 1981.[xii]

306   Gilles Deleuze

percorre um espaço no presente. Isso nada tem a ver com o *flashback*, nem com a lembrança, pois a lembrança é apenas um antigo presente, ao passo que a personagem, na imagem, literalmente se afunda no passado, ou emerge do *[271]* passado. Em regra geral, desde que um espaço deixe de ser "euclidiano", desde que haja criação de espaços, à maneira de Ozu, de Antonioni, de Bresson, o espaço não dá mais conta de seus próprios caráteres, que apelam a entrelaces de tempo. Resnais seguramente é um dos autores cuja imagem é a que menos está no presente, pois ela é inteiramente fundada sobre a coexistência de durações heterogêneas. A variação dos entrelaces de tempo é o próprio tema de *Je t'aime Je t'aime*,[xiv] independemente de qualquer *flashback*. O que é uma falsa continuidade [*faux-raccord*], ou então uma disjunção ver-falar como nos Straub ou em Marguerite Duras, ou então a tela plumosa de Resnais,[xv] os cortes negros ou brancos de Garrel? A cada vez, é "um pouco de tempo em estado puro",[xvi] e não no presente. O cinema não reproduz corpos, ele os produz com grãos, que são grãos de tempo. Quando se diz que o cinema está morto, isto é particularmente estúpido, pois o cinema está bem no início de uma exploração dos entrelaces som-visual, que são entrelaces de tempo, e ele renova completamente seu entrelace com a música. A grande inferioridade da televisão é ela se ater a imagens no presente, ela presentifica tudo, salvo se for manejada por grandes cineastas. A ideia da imagem no presente qualifica apenas as obras medíocres ou comerciais. É uma ideia já pronta e falsa, o tipo mesmo de uma falsa evidência. Ao que eu saiba, só Robbe-Grillet a retoma. Justamente, porém, se ele a retoma, é com uma malícia diabólica. É que ele é um dos únicos autores a efetivamente produzir imagens no presente, mas graças a entrelaces de tempo muito complexos e que lhe são próprios. Ele é a prova viva de que tais imagens são muito difíceis de criar, caso não se esteja contente com o representado, e de que elas não são, de modo algum, um dado natural da imagem.

O cérebro é a tela

Rodapé da tradução

[i] Sala de concerto em Paris, inaugurada em 1839, tendo sido lugar de estreia de grandes composições, como o quinto concerto para piano de Saint-Saëns (em 1896), a *Pavane pour une infante défunte* e os *Jeux d'eau* de Ravel (5 de abril de 1902). Originalmente com trezentos assentos, sofreu uma reforma em 1927 e sua capacidade foi elevada a 3 mil lugares. O concerto de reabertura teve Robert Casadesus como solista, Stravinsky, Ravel e Philippe Gaubert como regentes.

[ii] Harold Lloyd (1893-1971) e Buster Keaton (1895-1966), dois grandes atores cômicos do cinema mudo norte-americano. — *Les Croix de bois* é um filme de Raymond Bernard, de 1931, adaptação do romance homônimo de Roland Dorgelès, que se passa na Primeira Guerra Mundial. — *Fantômas* é um personagem fictício, um mestre do crime criado em 1910-1911 por Pierre Souvestre e Marcel Allain. Muitos foram os filmes produzidos para ele, mas os anteriores à Segunda Guerra Mundial são os seguintes: *Fantômas* (abr. 1913), *Juve contre Fantômas* (set. 1913), *La mort qui tue* (nov. 1913), *Fantômas contre Fantômas* (fev. 1914), *Le Faux Magistrat* (maio 1914), todos estes dirigidos por Louis Feuillade; *Fantômas* (1932), dirigido por Paul Fejos; e *Monsieur Fantômas* (1937), uma versão poético-surrealista de Ernst Moerman.

[iii] Ao que tudo indica, termo cunhado por Deleuze. Em francês, o adjetivo *sulpicien*, daquilo que pertence à congregação dos padres de Saint-Sulpice, ganha um tom pejorativo, geralmente relacionado às artes, daquilo que é caracterizado por um aspecto piegas, convencional e dum gosto bem duvidoso. Neste sentido, o grande historiador da arte Élie Faure, certa vez, para distanciar Courbet do que era apreciado pelo vulgo, diz o seguinte: "Tendo a multidão se voltado para as imagens sulpicianas, Courbet deixa os deuses por uma bela jovem adormecida no feno" (*L'Esprit des formes*, Paris, Éditions G. Grès et Cie., 1927, p. 200).

[iv] Carl Theodor Dreyer (1889-1968), Josef von Sternberg (1894-1969), Robert Bresson (1901-1999), Roberto Rossellini (1906-1977), Éric Rohmer (1920-2010). Os filmes de Rohmer são de 1967 (*La Collectionneuse*), de 1969 (*Ma nuit chez Maud*) e de 1982 (*Le Beau mariage*).

[v] Joseph Losey (1909-1984), cineasta norte-americano que foi discípulo de Brecht. Após uma carreira em Hollywood nas décadas de 1930 e 1940, depois de ter se tornado membro do Partido Comunista, em 1946, estando sob investigação do FBI (era suspeito, por exemplo, de ser um agente stalinista), seu nome é a tal ponto rebaixado que ele não consegue mais emprego e se exila na Europa, estabelecendo-se em Londres no ano de 1953. — Ernst Lubitsch (1892-1947), cineasta alemão, cuja carreira excepcional, principal-

mente como diretor de distintas comédias, foi glorificada em Hollywood, onde ele trabalhou de 1922 até sua morte.

[vi] *Passion*, filme de 1982, e *Prénom Carmen*, de 1983. — René Thom (1923-2002), matemático francês, fundador da teoria das catástrofes. Cf. seu livro *Stabilité structurelle et morphogenèse* (Paris, Interéditions, 1972), que é uma introdução à teoria das catástrofes para não matemáticos, ou melhor, de acordo com as próprias palavras do autor, no prefácio da obra: "Este livro, escrito por um matemático, gostaria de se dirigir aos especialistas de disciplinas que foram, até o presente momento, rebeldes a toda matematização, como a Biologia e as Ciências Humanas" (p. 9).

[vii] Jean Epstein (1897-1953), Jean Grémillon (1901-1959), Jacques Rivette (1928). — Robert Delaunay (1885-1941), artista francês que, junto com sua esposa Sonia Delaunay (1885-1979) e František Kupka (1871-1957), foi pioneiro do movimento conhecido pelo nome de orfismo.

[viii] São eles: *La Truite*, de 1982, e *The Steaming*, que foi lançado postumanente no Festival de Cannes de 1985; Losey havia falecido em 1984.

[ix] Os Straub a que Deleuze se refere é o casal de diretores Jean-Marie Straub (1933) e Danièle Huillet (1936-2006).

[x] Famosa editora de novelas ditas femininas, como as que se conhece no Brasil sob o nome "Sabrina", "Júlia", "Angélica", "Bianca", "Jéssica", "Sissi", "Darling", sempre acompanhadas de alcunhas atrativas na capa: "romances envolventes", "romances com coração", "apaixonada por romances", "adoro romances". São os famosos romances de banca de jornal. Deleuze, em seguida, falará em "livros de estação [de trem]", referindo-se a esse tipo de publicação.

[xi] Dominique Païni, crítico e produtor de cinema. Ele produziu filmes de consagrados diretores franceses, como Straub e Huillet, Juliet Berto, Philippe Garrel.

[xii] Os pensamentos de Tarkovski a este respeito podem ser também conhecidos em seu livro *Esculpir o tempo*, principalmente no cap. 3, "O tempo impresso": "Em que forma o cinema imprime o tempo? Digamos que na forma de evento concreto. E um evento concreto pode ser constituído por um acontecimento, uma pessoa que se move ou qualquer objeto material; além disso, o objeto pode ser apresentado como imóvel e estático, contanto que essa imobilidade exista no curso real do tempo" (tradução de Jefferson Luiz Camargo, 2ª ed., São Paulo, Martins Fontes, 1998, p. 71).

[xiii] Trata-se do filme *Vaghe Stelle dell'Orsa* (*Vagas Estrelas da Ursa*), de 1965, cuja personagem Sandra é interpretada por uma soturnamente bela Claudia Cardinale.

O cérebro é a tela

[xiv] Filme de Alain Resnais, lançado em 1968.

[xv] Alusão às cenas em que plumas caem em um fundo escuro, no filme *L'amour à mort*, de 1984.

[xvi] Famosa frase de Marcel Proust, no início da segunda parte de *O tempo reencontrado*.

41
OCUPAR SEM CONTAR:
BOULEZ, PROUST E O TEMPO*
[1986] *[272]*

Amiúde, Boulez colocou o problema de seus entrelaces com escritores, poetas: Michaux, Char, Mallarmé... Se é verdade que o corte não é o contrário da continuidade, se o contínuo se define pelo corte, dir-se-á que o mesmo gesto constrói a continuidade do texto literário e do texto musical, fazendo os cortes passarem entre ambos. Não há solução geral: a cada vez, é preciso medir os entrelaces, seguindo medidas variáveis e amiúde irregulares. Todavia, eis que Boulez entretém todo um outro entrelace com Proust. Não um entrelace mais profundo, porém de outra natureza, e tácita, implícita (embora em seus escritos ele cite Proust com frequência). É como se Boulez o soubesse de "cor",[i] por vontade e por acaso. Boulez definiu uma grande alternativa: contar para ocupar o espaço-tempo, ou então ocupar sem contar.[1] Medir para efetuar os entrelaces, ou então preencher os entrelaces sem medida. Seu liame com Proust não seria precisamente desse segundo tipo: atormentar ou ser atormentado ("que você quer de mim?"), ocupar ou ser ocupado sem contar, sem medida?

A primeira coisa que Boulez apreende em Proust é a maneira pela qual ruídos e sons descolam das personagens, dos lugares e dos nomes aos quais estavam inicialmente ligados, para formar "motivos" autônomos que não param de se transformar no tempo, diminuindo ou aumentando, acrescentando ou suprimindo, variando sua velocidade e sua lentidão. O motivo, primeiramente, era associado a uma paisagem ou a uma pessoa, *[273]* algo co-

---

* In Claude Samuel (org.), *Éclats/Boulez*, Paris, Centre Georges Pompidou, 1986, pp. 98-100.

[1] *Penser la musique aujourd'hui* (PM), Éd. Gonthier [1963], p. 107.

Ocupar sem contar: Boulez, Proust e o tempo   311

mo um painel, mas é ele que agora devém a única paisagem, variada, a única personagem, cambiante. É mister que Proust invoque a pequena frase e a música de Vinteuil para dar conta dessa alquimia, presente por toda parte na *Busca*, prestando, assim, homenagem a Wagner (ainda que Vinteuil supostamente seja bem diferente de Wagner). Boulez, por sua vez, homenageia Proust por ele ter compreendido profundamente a vida autônoma do motivo wagneriano, na medida em que este passa por velocidades variáveis, atravessa alterações livres, entra numa variação contínua que supõe uma nova forma do tempo para "os seres musicais".[2] Toda a obra de Proust é feita desse jeito: os amores sucessivos, os ciúmes, os sonos etc., destacam-se tão bem das personagens que eles próprios devêm personagens infinitamente cambiantes, individuações sem identidade, Ciúme I, Ciúme II, Ciúme III... Uma variável dessas, que se desenvolve na dimensão autônoma do tempo, será chamada de "bloco de duração", "bloco sonoro variando sem parar". E a dimensão autônoma, não preexistente, que é traçada ao mesmo tempo em que o bloco varia, chama-se *diagonal*, para melhor marcar o fato de que ela não se reduz nem à vertical harmônica nem à horizontal melódica como coordenadas preexistentes.[3] Não é através da diagonal que consiste, segundo Boulez, o ato musical por excelência, a cada vez em condições diferentes, desde as combinações polifônicas, passando pelas resoluções de Beethoven, as fusões da harmonia e da melodia em Wagner, até Webern, que abole qualquer fronteira entre a horizontal e a vertical, produzindo blocos sonoros pela série, movendo-os sobre uma diagonal como função temporal única que distribui a obra inteira?[4] A cada vez a diagonal é como um vetor-bloco de harmonia e de melodia, uma função de temporalização. E a composição musical da *Bus-*

[2] *Points de repère* (PR), Seuil-Bourgois [1981], "Le temps re-cherché", pp. 236-57.[ii]

[3] Sobre a diagonal e o bloco, cf. *Relevés d'apprenti* (RA), Seuil [1966], artigos "Contrepoint" e "Webern". E PM, pp. 137, 59 ("eu teria constituído um bloco de duração e introduzido uma dimensão diagonal que não pode ser confundida com a vertical, tampouco com a horizontal"); PR, p. 159.

[4] Sobre Wagner, PR, pp. 243-6. Sobre Webern, RA, pp. 372, 376-7.

ca, segundo Proust, aparece do seguinte *[274]* jeito: blocos de duração sempre cambiantes, de velocidade variável e alteração livre, sobre uma diagonal que consiste na única unidade da obra, a transversal de todas as partes. A unidade da viagem não estará nem nas ruas verticais da paisagem, que são como cortagens harmônicas, nem na linha melódica do percurso, mas na diagonal, "de uma janela a outra", que permite fundir num bloco de transformação ou de duração a sucessão dos pontos vistos e o movimento do ponto de vista.[5]

Todavia, os blocos de duração, visto que eles passam por velocidades e lentidões, aumentos e diminuições, acréscimos e supressões, são inseparáveis de entrelaces métricos e cronométricos que definem divisibilidades, comensurabilidades, proporcionalidades: a "pulsação" é um mínimo múltiplo comum (ou um múltiplo simples) e o "tempo",[iv] a inscrição de um certo número de unidades num tempo determinado. É um espaço-tempo *estriado*, um tempo pulsado, porquanto os cortes são aí determináveis, ou seja, de tipo racional (primeiro aspecto do contínuo), e as medidas, regulares *ou não*, determinadas como grandezas entre cortes. Portanto, os blocos de duração seguem um espaço-tempo estriado, no qual traçam suas diagonais, de acordo com a velocidade de suas pulsações e com a variação de suas medidas. Do estriado, porém, destaca-se, por sua vez, um espaço-tempo *liso* ou não pulsado, que não mais se refere à cronometria a não ser de maneira global: aí, os cortes são indeterminados, de tipo irracional, e as medidas são substituídas por distâncias e vizinhanças indecomponíveis, que exprimem a densidade ou a rareza daquilo que lá aparece (repartição estatística de acontecimentos). Um índice de ocupação substitui o índice de velocidade.[6] É então que se ocupa sem contar, ao invés de se contar para ocupar. Não se poderia reservar o termo

---

[5] Cf. La Pléiade, I, p. 655 (a unidade da *Busca* é apresentada sempre como uma diagonal).[iii]

[6] Sobre os cortes, o estriado e o liso, PM, pp. 95-108. Parece-nos que, de um lado, a distinção dos cortes irracionais e racionais, segundo Dedekind, e, de outro, a distinção das distâncias e das grandezas, segundo Russell, convêm com a diferença do liso e do estriado, de acordo com Boulez.[v]

Ocupar sem contar: Boulez, Proust e o tempo   313

de Boulez, "bolhas de tempo", a essa nova figura distinta dos blocos de duração? O número não desapareceu, mas deveio independente *[275]* dos entrelaces métricos e cronométricos, deveio cifra, número numerador, número nômade ou mallarmiano, Nomos musical e não mais medida, e, em vez de repartir um espaço-tempo fechado, *levando em conta* elementos que fazem bloco, ele, ao contrário, distribui num espaço-tempo aberto os elementos circunscritos numa bolha. É como a passagem de uma temporalização a outra: não mais uma Série do tempo, mas uma Ordem do tempo. Essa grande distinção de Boulez, o estriado e o liso, vale menos como separação do que como perpétua comunicação: há alternância e superposição de dois espaços-tempos, troca entre as duas funções de temporalização, quanto mais não seja no sentido de que uma repartição homogênea, num tempo estriado, dá a impressão de um tempo liso, enquanto uma distribuição bem desigual em tempo liso introduz *direções* que evocam um tempo estriado, por densificação ou acumulação de vizinhanças. Caso se recapitule o conjunto das diferenças enunciadas por Proust entre a sonata e o séptuor de Vinteuil, haverá todas aquelas que distinguem um plano fechado e um espaço aberto, um bloco e uma bolha (o séptuor é banhado em uma névoa violeta que faz com que uma semibreve seja vista como que "numa opala"), e também aquelas que entrelaçam a pequena frase da sonata a um índice de velocidade, ao passo que as frases do séptuor remetem a índices de ocupação. Porém, o mais das vezes, é cada tema, cada personagem da *Busca* que é sistematicamente suscetível de uma dupla exposição: uma, como "caixa" de onde se tira toda sorte de variações de velocidade e de alteração de qualidade, seguindo as épocas e as horas (cronometria); a outra, como nebulosa ou multiplicidade, que tem apenas graus de densidade e de rarefação, segundo uma distribuição estatística (mesmo os dois "caminhos", de Méséglise e de Guermantes, são apresentados, então, como duas direções estatísticas). Albertine é ambos de uma só vez, ora estriada, ora lisa, ora bloco de transformação, ora nebulosa de difusão, mas segundo duas temporalizações distintas. E é toda a *Busca* que deve ser lida em liso e em estriado, dupla leitura de acordo com a distinção de Boulez.

Quão secundário parece o tema da memória relativamente a esses motivos mais profundos. Boulez pode retomar "o elogio da amnésia", em Stravinski, ou a frase de Desormière, *[276]* "tenho horror da lembrança", sem deixar de ser, à sua maneira, proustiano.[vi] Segundo Proust, mesmo a memória involuntária ocupa uma zona bem restrita, de que a arte transborda para toda parte, e tem apenas um papel condutor. É que o problema da arte, o problema correlativo à criação, é o da *percepção* e não da memória: a música é pura presença e ela exige um ampliamento da percepção até os limites do universo. Uma percepção alargada, esta é a finalidade da arte (ou da filosofia, segundo Bergson). Ora, um objetivo deste só pode ser atingido se a percepção quebrar com a identidade a que a memória lhe rebita. A música teve sempre este objeto: individuações sem identidade, que constituem os "seres musicais". E talvez a linguagem tonal restaurasse um princípio de identidade específico, com a oitava ou com o acorde de primeiro grau. Mas o sistema dos blocos e das bolhas desencadeia uma recusa generalizada de todo princípio de identidade nas variações e distribuições que definem a ambos.[7] A partir daí, o problema da percepção se redobra: como perceber esses indivíduos cuja variação é incessante e cuja velocidade, inanalisável, ou, melhor ainda, que escapam a qualquer demarcação em meio *[milieu]* liso?[8] As cifras ou números numerantes, escapando tanto à pulsação como aos entrelaces métricos, não aparecem como tais no fenômeno sonoro, ainda que engendrem fenômenos reais, mas precisamente sem identidade. Será possível que este imperceptível, que esses buracos na percepção sejam preenchidos pela escrita, e que o ouvido seja revezado por um olho que lê, funcionando como "memória"? Mas o problema

---

[7] PM, p. 48: "[...] no sistema serial, em contrapartida, nenhuma função se manifesta assim idêntica de uma série a outra [...] um objeto composto dos mesmos elementos absolutos pode, pela evolução de seu alocamento, assumir funções divergentes".

[8] PM, pp. 44, 96: "[...] quando o corte for livre para ser efetuado onde se quiser, o ouvido perderá qualquer demarcação e qualquer conhecimento absoluto dos intervalos, comparável ao olho que deve estimar distâncias numa superfície idealmente lisa".

Ocupar sem contar: Boulez, Proust e o tempo

ainda retine, pois como *perceber* a escrita "sem a obrigação de compreendê-la"? Boulez encontrará a resposta ao definir um terceiro meio [*milieu*], um terceiro espaço-tempo *adjacente* aos do liso e do estriado, encarregado de fazer com que a escrita seja percebida: é o universo dos Fixos, que opera ora por espantosa simplificação, como em Wagner ou na figura de três sons de *[277]* Webern, ora por suspensão, como os doze toques de Berg, ora por acentuação insólita, como em Beethoven ou ainda Webern, e que se apresenta à maneira de um gesto fazendo com que aflore a estrutura formal, ou de um invólucro isolando um grupo de elementos constitutivos. Entrelace dos invólucros entre si, que cria a riqueza da percepção e mantém vigilantes a sensibilidade e a memória.[9] Na pequena frase de Vinteuil, a nota alta sustentada durante duas medidas, e "estendida como uma cortina sonora para esconder o mistério de sua incubação", é um exemplo privilegiado de Fixo. Quanto ao séptuor, a amiga da srta. Vinteuil precisou das demarcações fixas para *escrever* a obra. E é este o papel da memória involuntária, em Proust: constituir invólucros de fixos.

Não se pode acreditar que a memória involuntária, ou os fixos, restabeleçam um princípio de identidade. Proust, tanto quanto Joyce ou Faulkner, é daqueles que destituíram todo princípio de identidade em literatura. Mesmo na repetição, o fixo não se define pela identidade de um elemento que se repete, mas por uma *qualidade comum* aos elementos, que não se repetiriam sem ela (por exemplo, o célebre sabor comum aos dois momentos, ou então, em música, uma altura comum...). O fixo não é o Mesmo e ele não descobre uma identidade sob a variação, muito pelo contrário. Ele vai permitir *identificar* a variação, ou seja, a individuação sem identidade. É por isso que ele amplia a percepção: torna perceptíveis as variações em meio [*milieu*] estriado, as distribuições em meio [*milieu*] liso. Longe de reduzir o diferente ao Mesmo, ele permite identificar o diferente como tal: é assim em Proust, o sabor como qualidade comum a dois momentos identifica Com-

---

[9] Cf. o artigo essencial "L'Écriture du musicien: le regard du sourd?", *Critique*, n° 408, maio de 1981. E sobre as demarcações em Wagner, PR, p. 249 ("elementos de fixação").

bray como sempre diferente de si mesma. Tanto na música quanto na literatura, o jogo funcional da repetição e da diferença substituiu o jogo orgânico do idêntico e do variado. Eis por que os fixos não implicam permanência alguma, mas antes *instantaneizam* a variação ou a disseminação que eles forçam a perceber. E os próprios invólucros não param *[278]* de entreter entre si um "entrelace movente", numa mesma obra ou num mesmo bloco, numa mesma bolha.

Ampliar a percepção quer dizer tornar sensíveis, sonoras (ou visíveis) forças ordinariamente imperceptíveis. Quiçá tais forças não sejam necessariamente o tempo, mas entrecruzam-se e se unem às do tempo. "O tempo que habitualmente não é visível..." Percebemos facilmente e, às vezes, dolorosamente aquilo que está no tempo, percebemos também a forma, unidades e entrelaces da cronometria, mas não o tempo como *força*, o próprio tempo, "um pouco de tempo em estado puro". Fazer do som o intérprete, o intermediário que torna o tempo sensível, os Números do tempo perceptíveis, organizar o material para captar as forças do tempo e torná-lo sonoro: é o projeto de Messiaen, retomado por Boulez em novas condições (especialmente seriais). Mas as condições musicais de Boulez repercutem, em alguns aspectos, com as condições literárias de Proust: tornar sonora a força muda do tempo. É desenvolvendo funções de temporalização a se exercerem no material sonoro que o músico captura e torna sensíveis as forças do tempo. As forças do tempo e as funções de temporalização se unem para constituir os Aspectos do *tempo implicado*. Em Boulez ou em Proust, estes aspectos são múltiplos e não se reduzem simplesmente a "perdido-reencontrado". Há o tempo perdido, que não é uma negação, mas uma plena função do tempo: em Boulez, ele será a pulverização do som, ou então a extinção, que é uma questão de timbre, *a extinção dos timbres*, no sentido em que o timbre é como o amor, e que antes repete seu próprio fim do que sua origem. E, então, há "o tempo re-buscado", *a constituição de blocos de duração*, sua caminhada em diagonal: não são acordes (harmônicos), mas verdadeiros corpo a corpo, amiúde rítmicos, apertões sonoros e vocais em que um dos lutadores triunfa sobre o outro, turno a turno, como na música de Vinteuil; é a força estriada do

Ocupar sem contar: Boulez, Proust e o tempo   317

tempo. E, então, há o tempo re-encontrado, identificado, mas no instante: é o "gesto" do tempo ou o *invólucro dos fixos*. Finalmente, "*o tempo da utopia*", diz Boulez em homenagem a Messiaen: reencontrar a si próprio depois de ter penetrado o segredo das Cifras, frequentado as gigantescas bolhas de tempo, enfrentado o liso — descobrindo, conforme a análise de *[279]* Proust, que os homens ocupam, "no tempo, um lugar considerado de um outro jeito que não aquele, tão restrito, que lhes é reservado no espaço" ou, antes, que lhes retorna quando eles contam, "um lugar, pelo contrário, prolongado sem medida"...[10] Em seu encontro com Proust, Boulez cria um conjunto de conceitos filosóficos fundamentais, que se erguem de sua própria obra musical.

RODAPÉ DA TRADUÇÃO

[i] Em francês, "saber de cor" é "savoir par coeur", ou seja, "pelo coração". Ainda que tenhamos o coração latino em nosso cor, são os franceses que podem remeter imediatamente essa expressão ao suposto órgão dos sentimentos e dos afetos. Boulez sabe Proust afetuosamente.

[ii] Esse livro de Boulez foi feito com a colaboração do musicólogo e semiólogo Jean-Jacques Nattiez.

[iii] Inclui-se aqui a tradução de Mário Quintana correspondente à página da *Busca*, mencionada na nota 5, mas acrescentando-se também a p. 654 da edição La Pléiade, de maneira a incluir todo o trecho em questão: "As alvoradas são um acompanhamento das longas viagens de trem, como os ovos cozidos, os jornais ilustrados, os jogos de cartas, os rios onde barcos se esforçam sem avançar. Num momento em que eu passava em revista os pensamentos que me haviam enchido o espírito durante os minutos precedentes, para ver se tinha dormido ou não (e quando a mesma incerteza que me inspirava a pergunta me dava a resposta afirmativa), vi no quadro da janela, acima de um bosquezinho negro, nuvens recurvadas cuja suave penugem era de um róseo estabilizado, morto, imutável, como o que tinge as penas da asa que o assimilou ou o pastel sobre o qual o depôs a fantasia do pintor. Mas sentia pe-

---

[10] La Pléiade, III, p. 1.048: Proust estabelece uma distinção explícita entre este aspecto do tempo e o tempo reencontrado, que é um outro aspecto. (Sobre a "utopia", Messiaen e Boulez, cf. PR, pp. 331-8.)

lo contrário que aquela cor não era nem inércia, nem capricho, mas necessidade e vida. Por detrás dela em breve se amontoaram reservas de luz. Ela avivou-se, o céu se tornou de um encarnado que eu, colando os olhos à vidraça, procurava distinguir melhor, pois o sentia em relação com a existência profunda da natureza, mas, tendo a linha férrea mudado de direção, o trem fez uma volta, o cenário matinal foi substituído no quadro da janela por uma aldeia noturna de telhados azuis de luar, com um lavadouro cheio do nácar opalino da noite, sob um céu ainda semeado de todas as suas estrelas, e eu me desolava por haver perdido a minha faixa de céu rósea, quando a avistei de novo, mas vermelha desta vez, na janela fronteira, que ela abandonou, a um segundo cotovelo da linha férrea; de modo que eu passava o tempo a correr de uma janela a outra, para aproximar, para enquadrar os fragmentos intermitentes e opostos de minha bela madrugada escarlate e fugidia, e ter dela uma vista total e um quadro contínuo" (Marcel Proust, *À sombra das raparigas em flor*, 2ª ed., 14ª reimpressão, São Paulo, Globo, 1999).

[iv] Exatamente assim no original, *tempo* em italiano, como a velocidade de execução de uma peça musical.

[v] No platô 14, *O liso e o estriado*, de *Mil platôs*, pode-se ver com mais minúcia essa dupla conveniência: Russel, junto com Meinong, é explicitamente mencionado a partir da distinção entre distância e grandeza, e Dedekind é indiretamente aludido pelos espaços de Riemann, aos quais ele aplicou uma prova algébrica (Paris, Éditions de Minuit, 1980, pp. 602-9).

[vi] Cf. Pierre Boulez, "Style ou Idée: Éloge de l'amnésie; sur Stravinsky", in *Musique en Jeux*, nº 4, Paris, Seuil, 1971; e "J'ai horreur du souvenir", in *Roger Desormière et son temps*, Paris, Éd. du Rocher, 1966. Cf. também, em *Mil platôs* (Paris, Éditions de Minuit, 1980), as páginas 356-80, o platô 11: *1837 — Do ritornelo*, e o platô 14: *1440 — O liso e o estriado*.

Ocupar sem contar: Boulez, Proust e o tempo

42
PREFÁCIO À EDIÇÃO AMERICANA
DE *DIFERENÇA E REPETIÇÃO**
[1986] *[280]*

1) Há uma grande diferença entre escrever em história da filosofia e em filosofia. Em um caso, estuda-se a flecha ou os instrumentos de um grande pensador, suas presas e seus troféus, os continentes que ele descobriu. No outro, talha-se sua própria flecha, ou então apanham-se aquelas que lhe parecem mais bonitas, mas para tentar enviá-las noutras direções, mesmo se a distância transposta é relativamente pequena ao invés de ser estelar. Ter-se--á tentado falar em nome próprio, e se terá aprendido que o nome próprio podia apenas designar o resultado de um trabalho, ou seja, os conceitos que foram descobertos, sob condição de ter sabido fazê-los viver e exprimi-los com todas as possibilidades da linguagem.

2) Após ter estudado Hume, Espinosa, Nietzsche, Proust, que me encheram de entusiasmo, *Diferença e repetição* era o primeiro livro em que eu tentava "fazer filosofia". Tudo o que fiz em seguida encadeava-se com este livro, mesmo o que escrevemos com Guattari (falo evidentemente do meu ponto de vista). É muito difícil dizer o que une alguém a este ou àquele problema: por que era a diferença e a repetição que me assombravam antes de qualquer coisa, e não separadamente, mas as duas reunidas? Não eram exatamente problemas novos, pois a história da filosofia, e sobretudo a filosofia contemporânea, deles se ocupavam constantemen-

---

* Título do editor francês. Esse texto foi publicado com o título "Preface to the English Edition", em *Difference and Repetition*, Nova York, Columbia University Press, 1994, pp. xvi-xvii. Tradução inglesa de Paul Patton. O texto datilografado é datado de 1986.

Gilles Deleuze

te. Mas talvez a maior parte dos filósofos [281] tinha subordinado a diferença à identidade ou ao mesmo, ao Semelhante, ao Oposto ou ao Análogo: eles tinham introduzido a diferença na identidade do conceito, tinham colocado a identidade no conceito, tinham alcançado uma diferença conceitual, mas não um conceito da diferença.

3) Para pensar a diferença, temos tendência a subordiná-la à identidade (do ponto de vista do conceito ou do sujeito: por exemplo, a diferença específica supõe um gênero como conceito idêntico). Temos tendência também a subordiná-la à semelhança (do ponto de vista da percepção), à oposição (do ponto de vista dos predicados), ao análogo (do ponto de vista do juízo). Isso quer dizer que não pensamos a diferença nela mesma. A filosofia pôde fazer-se uma representação orgânica da diferença com Aristóteles, ou mesmo uma representação orgíaca, infinita, com Leibniz e Hegel: nem por isso ela alcançou a diferença nela mesma.

E talvez a situação não estivesse melhor também para a repetição: de uma outra maneira, nós a pensamos como o idêntico, o semelhante, o igual ou o oposto. Desta vez, fazemos dela uma diferença sem conceito: duas coisas se repetem quando, tendo exatamente o mesmo conceito, elas diferem. Sendo assim, tudo o que vem variar a repetição nos parece, ao mesmo tempo, recobri-la ou ocultá-la. Ainda aí não alcançamos um conceito da repetição. Ao contrário, não será que o formávamos quando nos apercebemos que a variação não se junta à repetição para ocultá-la, mas que é a condição desta ou seu elemento constitutivo, sua interioridade por excelência? O disfarce não pertence menos à repetição do que o deslocamento, à diferença: um comum transporte, *diaphora* [διαφορά]. No limite, haveria uma única e mesma potência, de diferença ou de repetição, mas que se exerceria somente no múltiplo e determinaria as multiplicidades?

4) Cada filosofia deve conquistar sua maneira de falar das ciências e das artes, assim como de estabelecer alianças com elas. É muito difícil, pois a filosofia não pode pretender, [282] evidentemente, à menor superioridade, mas apenas cria e expõe seus pró-

Prefácio à edição americana de *Diferença e repetição*

prios conceitos em entrelace com aquilo que eles podem apreender das funções científicas e das construções artísticas. Um conceito filosófico nunca se confunde com uma função científica ou uma construção artística, mas encontra-se em afinidade com elas, em tal domínio de ciência e de estilo de arte. O conteúdo científico ou artístico de uma filosofia pode ser bastante elementar, pois ela não tem que fazer a arte e a ciência avançarem, mas ela mesma só pode avançar formando os conceitos propriamente filosóficos de tal função ou de tal construção, mesmo que elementares. A filosofia não pode ser feita independentemente da ciência e da arte. É nesse sentido que tentamos constituir um conceito filosófico da diferenciação como função matemática e da diferenciação como função biológica, buscando se não havia entre os dois conceitos um entrelace enunciável, o qual não podia aparecer no nível de seus respectivos objetos. A arte, a ciência e a filosofia nos parecem estar em entrelaces moventes onde cada uma deve responder à outra, mas por seus próprios meios.

5) Finalmente, neste livro, parecia-me que só se podia alcançar as potências da diferença e da repetição colocando em questão a imagem que se fazia do pensamento. Quero dizer que não pensamos somente a partir de um método, ao passo que há uma imagem do pensamento, mais ou menos implícita, tácita e pressuposta, que determina nossos objetivos e nossos meios quando nos esforçamos para pensar. Por exemplo, supõe-se que o pensamento possui uma boa natureza, e o pensador, uma boa vontade (querer "naturalmente" o verdadeiro); dá-se como modelo a recognição, ou seja, o senso comum, o uso de todas as faculdades sobre um objeto supostamente o mesmo; designa-se o inimigo a ser combatido, o erro, nada além do erro; e supõe-se que o verdadeiro concerne às soluções, ou seja, proposições capazes de servir como respostas. Esta é a imagem clássica do pensamento e, enquanto a crítica não incidir sobre o coração desta imagem, será difícil levar o pensamento até os problemas que transbordam o modo proposicional, fazer com que ele opere encontros que se furtam a toda recognição, fazer com que ele afronte seus [283] verdadeiros inimigos (que não são o erro, mas totalmente outros), e alcançar aqui-

lo que força a pensar, ou que arranca o pensamento de seu torpor natural, de sua notória má vontade. Uma nova imagem do pensamento, ou antes uma liberação do pensamento relativamente às imagens que o aprisionam, é isso o que eu já havia buscado em Proust.[a] Mas aqui, em *Diferença e repetição*, essa busca devém autônoma e devém a condição para a descoberta dos dois conceitos. Assim, é o capítulo III, que agora me parece o mais necessário e o mais concreto, e que serve para introduzir os livros seguintes,[i] até as buscas com Guattari, quando invocávamos para o pensamento um modelo vegetal de rizoma por oposição ao modelo da árvore, um pensamento-rizoma ao invés de arborescente.

Rodapé da tradução

[i] Foi necessário, nessa frase, fazer recurso à tradução norte-americana (mencionada em nota acima, "Preface to the English Edition", p. xvi), já que a edição francesa não parecia fazer sentido: "Aussi est-ce le chapitre 3 qui me paraît maintenant le plus nécessaire et le plus concret, et introduire aux livres suivants...", enquanto o "Preface" nos dava essa versão: "It is therefore the third chapter which now seems to me the most necessary and the most concrete, and which serves to introduce subsequent books up to..." (p. xvii).

[a] *Proust et les signes*, Paris, PUF, 1970.

Prefácio à edição americana de *Diferença e repetição*

43
PREFÁCIO À EDIÇÃO AMERICANA DE *DIÁLOGOS**
[1987] *[284]*

Sempre me senti empirista, ou seja, pluralista. Mas o que significa essa equivalência empirismo-pluralismo? Ela deriva de dois caráteres pelos quais Whitehead definia o empirismo: o abstrato não explica, mas ele próprio deve ser explicado; não se busca reencontrar o eterno ou o universal, mas encontrar as condições sob as quais se produz algo de novo (*creativeness*). É certo que, nas filosofias ditas racionalistas, o abstrato é encarregado de explicar e é ele que se realiza no concreto. Fala-se de abstrações tais como o Uno, o Todo, o Sujeito, e busca-se por qual processo se encarnam num mundo que elas tornam conforme às suas exigências (esse processo pode ser o conhecimento, ou a Virtude, ou a história...). Com o risco de conhecer uma terrível crise a cada vez que se perceber que a unidade ou a totalidade racionais viram seu contrário, ou que o sujeito engendra monstros.

O empirismo parte de uma avaliação totalmente outra: analisar os estados de coisas, de tal maneira que se possa resgatar deles conceitos não preexistentes. É que os estados de coisas não são nem unidades nem totalidades, mas multiplicidades. Isso não quer simplesmente dizer que há vários estados de coisas (em que cada um seria ainda um só); nem que cada estado de coisas é, ele próprio, múltiplo (o que seria marcar apenas sua resistência que se opõe à unificação). O essencial, do ponto de vista do empirismo, é o substantivo "multiplicidade", que *[285]* designa um conjunto de linhas ou de dimensões irredutíveis umas às outras. Toda "coi-

---

* Título do editor francês. "Preface to the English-Language Edition", in Gilles Deleuze e Claire Parnet, *Dialogues*, Nova York, Columbia University Press, 1987, pp. vii-x.

sa" é feita desse jeito. Certamente, uma multiplicidade comporta focos de unificação, centros de totalização, pontos de subjetivação, mas todos estes são como que os fatores que podem impedir seu crescimento e interromper suas linhas. Tais fatores estão na multiplicidade à qual pertencem, e não o inverso. O que conta numa multiplicidade não são os termos ou os elementos, mas o que há "entre", o *between*, um conjunto de relações não separáveis umas das outras. Toda multiplicidade cresce pelo meio [*milieu*], como o raminho de grama ou o rizoma. Nunca deixamos de opor o rizoma à árvore, como duas concepções e até mesmo dois exercícios bem diferentes do pensamento. Uma linha não vai de um ponto a outro, mas passa entre os pontos, sem parar de bifurcar e de divergir, como uma linha de Pollock.

Resgatar conceitos que correspondem a uma multiplicidade é, mais exatamente, traçar as linhas que a compõem, determinar a natureza dessas linhas, ver como elas se enredam, se conectam, bifurcam, evitam ou não os focos. Essas linhas são verdadeiros devires, que não apenas se distinguem das unidades, mas da história na qual estas se desenvolvem. As multiplicidades são feitas de devires sem história, de individuação sem sujeito (a maneira pela qual se individualiza um rio, um clima, um acontecimento, um dia, uma hora do dia...). Isso é dizer que o conceito não tem menos existência no empirismo do que no racionalismo, mas ele tem todo um outro uso e uma outra natureza: é um ser-múltiplo, em vez de um ser-uno, de um todo-ser ou do ser como sujeito. O empirismo está fundamentalmente ligado a uma lógica, lógica das multiplicidades (em que as relações são apenas um de seus aspectos).

Este livro (1977) se propunha a marcar a existência e a ação de multiplicidades em domínios bem diversos. Um dia, aconteceu de Freud pressentir que o psicopata experimenta e pensa multiplicidades: a pele é um conjunto de poros, a meia, um campo de malhas, o osso é extraído de um ossuário... Todavia, ele nunca deixou de se assentar sobre a visão mais calma de um inconsciente neurótico que lidava com eternas abstrações (e até os objetos parciais de Melanie Klein ainda remetem [286] a uma unidade, ainda que perdida, a uma totalidade, ainda que por vir, a um sujeito clivado). É bem difícil alcançar um pensamento do múltiplo como

Prefácio à edição americana de *Diálogos*

tal, que deveio substantivo e não tem necessidade de se referir a outra coisa que não a Si: o artigo indefinido como partícula, o nome próprio como individuação sem sujeito, o verbo no infinitivo como puro devir, "um Hans devir cavalo"... Pareceu-nos que a literatura anglo-americana tinha uma grande vocação para aproximar tais multiplicidades: talvez seja nessa literatura que a questão "O que é escrever?" recebeu a resposta mais próxima da própria Vida, da vida vegetal e animal. Pareceu-nos também que a ciência, a matemática e a física não tinham objeto mais elevado do que esse, e que a teoria dos conjuntos ainda estava em seu começo, assim como a teoria dos espaços. Pareceu-nos que a política também estava em jogo e que, por toda parte, num campo social, rizomas se estendiam sob os aparelhos arborescentes. Este livro é feito de um tal conjunto de devaneios sobre as formações do inconsciente, as formações literárias, científicas, políticas.

Este livro, ele mesmo estava "entre", e de jeitos vários. Ele estava entre dois livros, O anti-Édipo, que havíamos terminado, Guattari e eu, e Mil platôs, que havíamos começado e que foi nosso trabalho mais ambicioso, o mais desmedido e, também, o mais mal recebido. Não era, portanto, apenas entre dois livros que este livro se passava, mas entre Félix Guattari e eu. E como eu o escrevia com Claire Parnet, eis então que esse novo ponto permitia uma nova linha-entre. O que contava não eram os pontos, Félix, Claire Parnet, eu e muitos outros, os quais funcionavam somente como pontos de subjetivação temporários, transitórios, evanescentes, mas sim o conjunto das linhas bifurcantes, divergentes, emaranhadas que constituíam este livro como uma multiplicidade, e que passava entre os pontos, arrastando-os sem jamais ir de um a outro. Sendo assim, o primeiro projeto, de uma conversa entre duas pessoas, uma delas colocando questões e a outra dando respostas, não mais podia valer. Era preciso que as repartições incidissem sobre as dimensões crescentes da multiplicidade, segundo devires inatribuíveis a pessoas, pois estas não eram banhadas por eles sem mudar de natureza. Poderíamos tanto mais saber o que é escrever quanto menos sabíamos o que pertencia a um, [287] ao outro ou ainda a um outro. São as linhas que se responderiam umas às outras, como os caules subterrâneos de um rizoma, por

326   Gilles Deleuze

oposição à unidade da árvore e sua lógica binária. Este foi verdadeiramente um livro sem sujeito, sem início nem fim, mas não sem meio [*milieu*] (*middle*), respondendo à fórmula de Miller: "A grama cresce entre [...], é um transbordamento, uma lição de moral".[a]

Rodapé da tradução

[i] Da correspondência entre Henry Miller e Michael Fraenkel, publicada em dois volumes, em 1939 e 1941, *Hamlet* (Nova York, Carrefour), cuja citação completa é a seguinte, traduzida do inglês: "A gramínea existe apenas para preencher os espaços vagos deixados pelas áreas cultivadas. Ela cresce entre, em meio a outras coisas. O lírio é bonito, o repolho é próvido, a papoula endoidece — mas a gramínea é um crescimento viçoso cujo único valor humano é simbólico: *aponta para uma moral*" (p. 55 da 3ª impr., Londres, Édition du Laurier, Carrefour). — O mesmo trecho aparece em *Mil platôs*, na introdução (Paris, Éditions de Minuit, 1980, pp. 28-9), e no próprio livro *Diálogos*, cap. 1 (Paris, Flammarion, 1977, p. 37).

[a] Henry Miller, *Hamlet*, Paris, Corrêa, 1956, pp. 48-9.[i]

Prefácio à edição americana de *Diálogos*

44
PREFÁCIO À EDIÇÃO ITALIANA DE *MIL PLATÔS**
[1987] *[288]*

a Giorgio Passerone

Os anos passam, os livros envelhecem ou, pelo contrário, recebem uma segunda juventude. Ora se empastam e empolam, ora modificam seus traços, acusam suas arestas, fazem com que novos planos subam à superfície. Não cabe aos autores determinar um destino objetivo desses. Cabe-lhes, porém, refletir sobre o lugar que tal livro tomou com o tempo no conjunto de seu projeto (destino subjetivo), ao passo que ele ocupava todo o projeto no momento em que estava sendo escrito.

Mil platôs (1980) dá sequência a *O anti-Édipo* (1972). Objetivamente, porém, tiveram destinos bem diferentes. Talvez em razão do contexto: a época agitada de um, que ainda faz parte de 68, e a calmaria já rasa, a indiferença em que o outro surgiu. *Mil platôs* foi o mais mal recebido dos nossos livros. Contudo, se o preferimos, não é como uma mãe que prefere seu filho desgraçado. *O anti-Édipo* tivera muito sucesso, mas este sucesso se emparelha com um fracasso mais profundo. Ele pretendia denunciar os estragos de Édipo, do "papai-mamãe", na psicanálise, na psiquiatria e mesmo na antipsiquiatria; na crítica literária e na imagem geral que se faz do pensamento. Sonhávamos em acabar com Édipo. Mas era uma tarefa grande demais para nós. A reação contra 68 devia mostrar a que ponto o Édipo familiar se mantinha de pé e continuava a impor seu regime de choradeira pueril em psicanálise, *[289]* em literatura e por toda parte no pensamento. De mo-

---

* Com Félix Guattari. In Gilles Deleuze e Félix Guattari, *Capitalismo e schizophrenia 2: Mille piani*, Roma, Bibliotheca Bibliographica, 1987. Tradução italiana de Giorgio Passerone.

do que Édipo continuava sendo nosso estorvo. Ao passo que *Mil platôs*, apesar de seu aparente fracasso, nos fazia dar um passo adiante, ao menos para nós, e abordar terras desconhecidas, virgens de Édipo, que *O anti-Édipo* havia visto apenas de longe, sem nelas penetrar.

Os três temas do *Anti-Édipo* eram os seguintes:

1) O inconsciente funciona como uma fábrica e não como um teatro (assunto de produção e não de representação);

2) O delírio, ou o romance, é histórico-mundial e não familiar (deliram-se as raças, as tribos, os continentes, as culturas, as posições sociais...);

3) Precisamente, há uma história universal, mas é a da contingência (como os fluxos, que são o objeto da História, passam por códigos primitivos, sobrecodificações despóticas, e por descodificações capitalistas que tornam possível uma conjunção de fluxos independentes?).

O anti-Édipo tinha uma ambição kantiana, era preciso tentar um tipo de *Crítica da razão pura* no nível do inconsciente. Donde a determinação de sínteses próprias ao inconsciente; o desenrolar da história como efetuação dessas sínteses; a denúncia do Édipo como ilusão inevitável que falsifica toda produção histórica.

Mil platôs, pelo contrário, reivindica uma ambição pós-kantiana (ainda que resolutamente anti-hegeliana). O projeto é "construtivista". É uma teoria das multiplicidades por elas mesmas, lá onde o múltiplo passa ao estado de substantivo, ao passo que *O anti-Édipo* ainda o considerava em sínteses e sob as condições do inconsciente. Em *Mil platôs*, o comentário sobre o Homem dos Lobos ("um só lobo ou mais de um") constitui nosso adeus à psicanálise e tenta mostrar como as multiplicidades transbordam a distinção da consciência e do inconsciente, da natureza e da história, do corpo e da alma. As multiplicidades são a realidade mesma e não supõem unidade alguma, não entram em totalidade alguma e tampouco remetem a um sujeito. As subjetivações, as totalizações, as unificações são, ao contrário, processos que se produzem e aparecem nas multiplicidades. As principais características das multiplicidades concernem aos seus *[290]* elementos, que são *singularidades*; às suas relações, que são *devires*; aos seus aconteci-

Prefácio à edição italiana de *Mil platôs*   329

mentos, que são *hecceidades* (isto é, individuações sem sujeito); aos seus espaços-tempos, que são espaços e tempos *lisos*; ao seu modelo de realização, que é o *rizoma* (por oposição ao modelo da árvore); ao seu plano de composição, que constitui *platôs* (zonas de intensidade contínua); aos vetores que os atravessam e que constituem *territórios* e graus de *desterritorialização*.

Com isso, a história universal da contingência ganha maior variedade. Em cada caso, a questão é a seguinte: onde e como se faz tal encontro? Em vez de seguir, como no *Anti-Édipo*, a sucessão tradicional Selvagens-Bárbaros-Civilizados, encontramo-nos agora diante de formações coexistentes de toda sorte: os grupos primitivos, que operam por séries e por avaliação do "último" termo, num estranho marginalismo; as comunidades despóticas, que constituem, ao contrário, conjuntos submetidos a processos de centralização (aparelhos de Estado); as máquinas de guerra nômades, que não irão se apossar dos Estados sem que estes se apropriem da máquina de guerra que inicialmente não comportavam; os processos de subjetivação que se exercem nos aparelhos estatais e guerreiros; a convergência posta entre esses processos, no capitalismo e através dos Estados correspondentes; as modalidades de uma ação revolucionária; os fatores comparados, em cada caso, do território, da terra e da desterritorialização.

Aqui, podemos ver os três fatores brincando livremente, ou seja, esteticamente, no *ritornelo*. As pequenas canções territoriais ou o canto dos pássaros; o grande canto da terra, quando a terra urrou; a potente harmonia das esferas ou a voz do cosmos? Este livro teria almejado realmente isto: agenciar ritornelos, *lieder*,[i] que correspondessem a cada platô, pois a filosofia, também ela, não é outra coisa, da cançoneta ao mais potente dos cantos, senão um tipo de *sprechgesang* [canto falado] cósmico. O pássaro de Minerva (para falar como Hegel) tem seus gritos e seus cantos; em filosofia, os princípios são gritos, em torno dos quais os conceitos desenvolvem verdadeiros cantos.

Gilles Deleuze

Rodapé da tradução

i Em alemão, *lied* (plural: *lieder*), é um poema estrófico feito para ser cantado, e ao mesmo tempo a canção que é feita desse poema. Franz Schubert e Robert Schumann estão entre os grandes compositores de *lieder*.

Prefácio à edição italiana de Mil platôs

45
O QUE É O ATO DE CRIAÇÃO?*
[1987] *[291]*

Eu também gostaria de colocar algumas questões. Colocá-las para vocês e para mim mesmo. Seriam do seguinte gênero: o que vocês fazem, rigorosamente, vocês que fazem cinema? E eu, o que faço, rigorosamente, quando faço ou espero fazer filosofia? Eu poderia colocar a questão de outro jeito: o que é ter uma ideia no cinema? Fazendo ou querendo fazer cinema, o que significa ter uma ideia? O que se passa quando se diz: "Opa, tenho uma ideia"? Porque, por um lado, todo mundo sabe que ter uma ideia é um acontecimento que ocorre raramente, é uma espécie de festa, pouco corrente. E depois, por outro lado, ter uma ideia não é algo de geral. Não se tem uma ideia em geral. Uma ideia — assim como aquele que tem a ideia —, já está consagrada a este ou àquele domínio. É tanto uma ideia em pintura, tanto uma ideia em romance, tanto uma ideia em filosofia, tanto uma ideia em ciência. E não é evidentemente o mesmo, quem pode ter tudo isso. É preciso tratar as ideias como potenciais já engajados neste ou naquele modo de expressão e inseparáveis do modo de expressão, tanto que não posso dizer que tenho uma ideia em geral. Em função das

---

* Este texto é a retranscrição da conferência filmada, pronunciada na FEMIS [Fondation Européenne pour les Métiers de l'Image et du Son], no dia 17 de março de 1987, a convite de Jean Narboni e transmitida por FR3/Océaniques no dia 18 de maio de 1989. Charles Tesson, com a permissão de Deleuze, realizou a transcrição parcial do texto, publicada com o título "Avoir une idée en cinéma", no contexto de uma homenagem ao cinema de Jean-Marie Straub e Danièle Huillet (*Jean-Marie Straub, Danièle Huillet*, Aigremont, Éditions Antigone, 1989, pp. 63-77). A versão integral da conferência foi publicada pela primeira vez em *Trafic*, nº 27, outono de 1998.

Gilles Deleuze

técnicas que conheço, posso ter uma ideia em tal domínio, uma ideia em cinema, ou então uma ideia em filosofia. *[292]*

Parto, portanto, do princípio de que faço filosofia e de que vocês fazem cinema. Isso uma vez admitido, seria fácil demais dizer que a filosofia, pronta para refletir sobre qualquer coisa, por que não refletiria sobre o cinema? É estúpido. A filosofia não é feita para refletir sobre seja lá o que for. Ao tratar a filosofia como uma potência de "refletir-sobre", tem-se o ar de lhe dar muito, quando na verdade tudo lhe é retirado, pois ninguém precisa da filosofia para refletir. As únicas pessoas capazes de refletir efetivamente sobre o cinema são os cineastas ou os críticos de cinema, ou então aqueles que amam o cinema. Tais pessoas não têm necessidade da filosofia para refletir sobre o cinema. A ideia de que os matemáticos teriam necessidade da filosofia para refletir sobre a matemática é uma ideia cômica. Se a filosofia tivesse de servir para refletir sobre alguma coisa, razão nenhuma teria ela para existir. Se a filosofia existe, é porque tem seu próprio conteúdo.

É bem simples: a filosofia é uma disciplina tão criadora, tão inventiva quanto qualquer outra disciplina, e ela consiste em criar, ou então, inventar conceitos. E os conceitos não existem prontinhos numa espécie de céu, onde esperariam que um filósofo os apreendesse. É preciso fabricar os conceitos. Certamente, não é de qualquer jeito que se os fabrica. Não é que um belo dia se diz: "Opa, vou inventar esse conceito", assim como um pintor não diz, um belo dia: "Opa, vou fazer um quadro desse jeito", ou um cineasta: "Opa, vou fazer este filme!". É preciso haver uma necessidade, tanto em filosofia quanto alhures, caso contrário nada há. Um criador não é um padre que trabalha pelo prazer. Um criador só faz aquilo de que ele tem absolutamente necessidade. Acontece que essa necessidade — que é uma coisa bem complexa, caso exista — faz com que um filósofo (eu pelo menos sei do que ele se ocupa) se proponha a inventar, a criar conceitos, e não a se ocupar em refletir, mesmo que seja sobre o cinema.

Digo que faço filosofia, ou seja, tento inventar conceitos. Se digo, vocês que fazem cinema, o que é que vocês fazem? O que vocês inventam não são conceitos — não é assunto de vocês —, mas blocos de movimentos/duração. Caso se fabrique um bloco de mo-

O que é o ato de criação?

vimentos/duração, talvez se esteja fazendo cinema. Não se trata *[293]* de invocar uma história ou de recusá-la. Tudo tem uma história. A filosofia também conta histórias. Histórias com conceitos. O cinema conta histórias com blocos de movimentos/duração. A pintura inventa todo um outro tipo de bloco. Não são nem blocos de conceitos, nem blocos de movimentos/duração, mas blocos linhas/cores. A música inventa um outro tipo de bloco, tão particular quanto. Ao lado de tudo isso, a ciência não é menos criadora. Não vejo tanta oposição entre as ciências e as artes.

Se pergunto a um cientista o que ele faz, também ele inventa. Ele não descobre — a descoberta existe, mas não é com isso que se define uma atividade científica enquanto tal —, mas cria tanto quanto um artista. Não é complicado, um cientista é alguém que inventa ou cria funções. E há somente ele para tanto. Um cientista enquanto cientista nada tem a fazer com conceitos. É mesmo por conta disso — e felizmente — que existe a filosofia. Em contrapartida, há uma coisa que apenas um cientista sabe fazer: inventar e criar funções. O que é uma função? Há função desde que sejam regradamente postos em correspondência dois conjuntos, pelo menos. A noção de base da ciência — e não desde ontem, mas desde há muito tempo — é a noção de conjunto. Um conjunto nada tem a ver com um conceito. Desde que você ponha conjuntos em correlação regrada, você obtém funções e pode dizer: "Faço ciência".

Se qualquer um pode falar a qualquer um, se um cineasta pode falar a um homem de ciência, um homem de ciência pode ter algo a dizer a um filósofo, e inversamente, isso se dá na medida e em função da atividade criadora de cada um. Não convém falar da criação — a criação, na verdade, é algo bem solitário —, mas é em nome da minha criação que tenho algo a dizer para alguém. Se eu alinhasse todas essas disciplinas que se definem por sua atividade criadora, diria que há um limite que lhes é comum. O limite que é comum a todas essas séries de invenções, invenções de funções, invenções de blocos duração/movimentos, invenções de conceitos, é o espaço-tempo. Se todas as disciplinas comunicam-se juntas, é no nível daquilo que nunca se desengaja por si mesmo, mas *[294]* que está como que *engajado* em toda disciplina criadora, a saber, a constituição dos espaços-tempos.

334   Gilles Deleuze

Em Bresson — isso é bem conhecido —, raramente existem espaços inteiros. São espaços que se podem chamar de desconectados. Por exemplo, há um canto, o canto de uma cela. Depois, vê--se um outro canto, ou então uma região da parede. Tudo se passa como se o espaço bressoniano se apresentasse como uma série de pequenos pedaços cuja conexão não é predeterminada. Existem grandes cineastas que empregam, ao contrário, espaços de conjunto. Não estou dizendo que seja mais fácil manejar um espaço de conjunto. Todavia, o espaço de Bresson constitui um tipo de espaço particular. Ele foi, sem dúvida, retomado em seguida, serviu de uma maneira muito criativa a outros, que o renovaram. Mas Bresson foi um dos primeiros a fazer um espaço com pequenos pedaços desconectados, ou seja, pequenos pedaços cuja conexão não é predeterminada. E eu diria o seguinte: no limite de todas as tentativas de criação, há espaços-tempos. Apenas isso. Os blocos de duração/movimento de Bresson vão tender para esse tipo de espaço, entre outros.

A questão então é a seguinte: esses pedacinhos de espaço visual, cuja conexão não é dada antecipadamente, são conectados pelo quê? Pela mão. Isso não é teoria nem filosofia. Não é desse jeito que isso é deduzido. Estou dizendo: o tipo de espaço de Bresson é a valorização cinematográfica da mão na imagem. A juntura das beiradinhas de espaço bressoniano — pelo próprio fato de que são beiradas, pedaços desconectados de espaço — só pode ser uma juntura manual. Donde a exaustão da mão em todo o cinema dele. Com isso, o bloco de extensão/movimento de Bresson recebe, portanto, como caráter próprio a esse criador, a esse espaço, o papel da mão, que sai diretamente dele. Há tão somente a mão que possa efetivamente operar conexões de uma parte à outra do espaço. E Bresson talvez seja o maior cineasta a ter reintroduzido no cinema os valores táteis. Não simplesmente porque ele sabe, em imagens, tomar as mãos de maneira admirável. Se ele sabe, em imagens, tomar as mãos de maneira admirável, é porque tem necessidade delas. Um criador não é um ser que trabalha pelo prazer. Um criador só faz aquilo de que tenha absolutamente necessidade. *[295]*

Uma vez mais, ter uma ideia em cinema não é a mesma coisa que ter uma ideia alhures. Contudo, há ideias em cinema que poderiam valer também em outras disciplinas, que poderiam ser excelentes em romance, por exemplo. De modo algum, porém, teriam a mesma feição. Além disso, há ideias em cinema que só podem ser cinematográficas. Ainda assim, mesmo em se tratando de ideias em cinema que poderiam valer em romance, elas já estão engajadas num processo cinematográfico, que faz com que já estejam de antemão consagradas. É uma maneira de colocar uma questão que me interessa: o que faz com que um cineasta tenha verdadeiramente vontade de adaptar, por exemplo, um romance? Parece-me evidente que isso se dá porque ele tem ideias em cinema que ressoam com o que o romance apresenta como ideias em romance. É aí que são feitos, com frequência, grandes encontros. Não estou colocando o problema do cineasta que adapta um romance notoriamente medíocre. Ele pode estar precisando do romance medíocre, e isso não exclui que o filme seja genial; seria interessante tratar desse problema. Mas coloco uma questão diferente: o que se passa quando o romance é um grande romance e quando se revela essa afinidade pela qual alguém tem *em cinema* uma ideia que corresponde ao que a ideia era *em romance*?

Um dos mais belos casos é o de Kurosawa. Por que ele se encontra em familiaridade com Shakespeare e Dostoiévski? Por que foi preciso um japonês para estar em tamanha familiaridade com Shakespeare e Dostoiévski? Eu proporia uma resposta e acredito que ela também toque um pouco a filosofia. Nos personagens de Dostoiévski se produz com muita frequência algo bastante curioso, que pode ficar como um pequeno detalhe. Geralmente, eles são muito agitados. Um personagem sai, desce para a rua e diz: "Tânia, a mulher que amo, está me pedindo ajuda. Vou correr, ela vai morrer se eu não for até lá". Ele desce pela escada e encontra um amigo, ou então vê um cão atropelado, prestes a morrer, e ele esquece, ele esquece completamente que Tânia o está esperando. Ele esquece. Põe-se a falar, cruza com outro camarada, vai tomar chá na casa dele e, de repente, diz mais uma vez: "Tânia me espera, preciso ir até lá". O que isso quer dizer? Em Dostoiévski, os personagens são perpetuamente tomados por urgências e, ao mesmo tempo em que são tomados por estas urgências, que são questões de vida ou morte, eles *[296]* sabem que há uma questão ainda mais urgente — e não sabem qual é. E é isso que os detém. Tudo se passa como se, na pior urgência — "Há fogo, eu preciso sair daqui" —, eles dissessem consigo: "Não, há algo mais urgente. Não vou me mexer enquanto não souber o que é". É o Idiota. É a fórmula do Idiota: "Quer saber, há um problema mais profundo. Qual problema... não vejo tão bem qual seria. Mas me deixem. Que tudo queime... é preciso encontrar esse problema mais urgente". Não é de Dostoiévski que Kurosawa aprende isso. Todos os personagens de Kurosawa são desse jeito. Eis um belo encontro. Se Kurosawa pode adaptar Dostoiévski, ao menos é porque ele pode dizer: "Tenho um negócio em comum com ele, um problema comum, este daqui". Os personagens de Kurosawa estão em situações impossíveis, mas atenção, há um problema mais urgente. E é preciso que saibam que problema é esse. *Viver* talvez seja um dos filmes de Kurosawa que vai mais longe neste sentido. Mas todos os seus filmes vão neste sentido. *Os sete samurais*, por exemplo: todo o espaço de Kurosawa depende disso, é necessariamente um espaço oval, fustigado pela chuva. Em *Os sete samurais*, os personagens são tomados por uma situação de urgência — aceitaram defender o vilarejo — e, de uma ponta à outra do filme, são trabalhados por uma questão mais profunda, que será dita no final, pelo chefe dos samurais, quando estão indo embora: "O que é um samurai? O que é um samurai, não em geral, mas nesta época?". Alguém que não é bom para mais nada. Os senhores já não precisam mais deles e os camponeses logo saberão se defender sozinhos. Durante todo o filme, apesar da urgência da situação, os samurais são assombrados por essa questão, digna do Idiota: nós outros, samurais, o que somos?

Uma ideia em cinema é desse tipo, uma vez que já está engajada num processo cinematográfico. Aí, vocês podem dizer: "Tenho uma ideia", mesmo que a tomem emprestada de Dostoiévski.

Uma ideia é muito simples. Não é um conceito, não é filosofia. Mesmo que talvez se possa tirar de toda ideia um conceito. Penso em Minnelli, que tem uma ideia extraordinária sobre o sonho. Ela é bem simples — dá para dizê-la — e está engajada num processo cinematográfico, *[297]* que é a obra de Minnelli. A grande ideia de Minnelli sobre o sonho é que este diz respeito, antes de

O que é o ato de criação?　　　　337

tudo, àqueles que não sonham. O sonho daqueles que sonham diz respeito àqueles que não sonham. Por que diria respeito a eles? Porque, havendo sonho do outro, há perigo. O sonho das pessoas é um sempre um sonho devorador, que ameaça nos engolir. Que os outros sonhem é muito perigoso. O sonho é uma terrível vontade de potência. Cada um de nós é mais ou menos vítima do sonho dos outros. Mesmo quando se trata da moça mais graciosa, é uma terrível devoradora, não por sua alma, mas pelos seus sonhos. Desconfiem do sonho do outro, porque se forem pegos no sonho do outro, estarão ferrados.

Uma ideia cinematográfica, por exemplo, é a famosa dissociação ver-falar, num cinema relativamente recente, quer seja — estou pegando os casos mais comuns — Syberberg, os Straub,[i] Marguerite Duras. O que há de comum e em quê é uma ideia propriamente cinematográfica, isso de fazer uma disjunção do visual e do sonoro? Por que não pode ser feito no teatro? Em todo caso, pode ser feito, mas então, se for feito no teatro, salvo exceção, e se o teatro encontra meios para tanto, poderá ser dito que o teatro tomou isso emprestado do cinema. O que não é forçosamente mal, mas é uma ideia a tal ponto cinematográfica — assegurar a disjunção do ver e do falar, do visual e do sonoro —, que isso responderia à questão de saber o que, por exemplo, é uma ideia em cinema.

Uma voz fala sobre alguma coisa. Fala-se sobre alguma coisa. Ao mesmo tempo, fazem com que vejamos outra coisa. E, enfim, aquilo que nos é falado está *sob* o que nos fazem ver. Esse terceiro ponto é muito importante. É aqui que sentimos que o teatro não poderia acompanhar. O teatro poderia assumir as duas primeiras proposições: falam de algo para nós e nos fazem ver outra coisa. Mas que aquilo de que nos falam se ponha ao mesmo tempo *sob* o que nos fazem ver — e é necessário, senão as duas primeiras operações não teriam sentido algum e pouco interesse —, isso pode ser dito de outra maneira: a palavra se eleva no ar, ao mesmo tempo em que a terra que se vê afunda-se cada vez mais. Ou melhor, ao mesmo tempo em que essa palavra se eleva no ar, aquilo de que ela nos falava afunda-se sob a terra. *[298]*

O que é isso, se apenas o cinema pode fazê-lo? Não estou dizendo que ele deva fazê-lo, mas tendo o cinema feito isso duas ou três vezes, posso dizer simplesmente que são grandes cineastas os que tiveram essa ideia. Eis uma ideia cinematográfica. É prodigioso, pois assegura ao nível do cinema uma verdadeira transformação dos elementos, um ciclo que, bruscamente, faz com que o cinema ecoe junto a uma física qualitativa dos elementos. Isso produz uma espécie de transformação, uma grande circulação dos elementos no cinema, a partir do ar, da terra, da água e do fogo. Isso tudo que estou dizendo não suprime uma história. A história sempre está lá, mas o que nos espanta é o porquê da história ser tão interessante, a não ser que seja porque há tudo aquilo por trás e junto dela. Nesse ciclo que acabo de definir tão rapidamente — a voz se eleva ao mesmo tempo em que aquilo de que a voz fala se afunda sob a terra —, vocês reconheceram a maior parte dos filmes dos Straub, o grande ciclo dos elementos nos Straub. O que se vê é unicamente a terra deserta, mas essa terra deserta está como que pesada daquilo que há por baixo. E vocês me dirão: mas o que há por baixo, o que sabemos disso? É justamente aquilo de que a voz nos fala. Como se a terra se contorcesse com aquilo que a voz nos diz e que vem se instalar sob a terra, em sua hora e lugar. E se naquele momento a voz nos fala de cadáveres, de toda a linhagem de cadáveres que vêm se instalar sob a terra, o menor frêmito de vento sobre a terra deserta, sobre o espaço vazio que vocês têm sob os olhos, o menor buraco naquela terra, tudo isso ganha todo o seu sentido.

Digo a mim mesmo que ter uma ideia, em todo caso, não é da ordem da comunicação. É nisso que eu estava querendo chegar. Tudo de que falamos é irredutível a qualquer comunicação. Isso não é grave. Quer dizer o quê? Num primeiro sentido, a comunicação é a transmissão e a propagação de uma informação. Ora, uma informação, o que é? Não é tão complicado, todo mundo sabe, uma informação é um conjunto de palavras de ordem. Quando lhes informam, estão dizendo aquilo em que vocês supostamente devem acreditar. Em outros termos, informar é fazer circular uma palavra de ordem. As declarações de polícia são chamadas, com razão, de comunicados. Comunicam-nos informação, dizem-nos aquilo em que *[299]* supostamente somos capazes de acreditar, ou em que devemos acreditar, ou em que somos obrigados a

O que é o ato de criação?

acreditar. Nem mesmo acreditar, mas fazer como que se acreditássemos. Não nos exigem acreditar, mas que nos comportemos como se acreditássemos. É isso a informação, a comunicação e, independentemente dessas palavras de ordem e de sua transmissão, não há informação, não há comunicação. O que equivale a dizer que a informação é exatamente o sistema do controle. Isso é evidente e, hoje em dia, particularmente, nos diz respeito.

É verdade que entramos numa sociedade que pode ser chamada de sociedade de controle. Um pensador como Michel Foucault analisara dois tipos de sociedade bastante próximas de nós. A umas, ele chamava sociedades de soberania, a outras, sociedades disciplinares. A passagem típica de uma sociedade de soberania a uma sociedade disciplinar, ele a fazia coincidir com Napoleão. A sociedade disciplinar definia-se — as análises de Foucault permaneceram, com razão, célebres — pela constituição de meios [*milieux*] de confinamento: prisões, escolas, oficinas, hospitais. As sociedades disciplinares tinham necessidade disso. Tal análise engendrou ambiguidades em certos leitores de Foucault, pois acreditaram que se tratava de seu último pensamento. É evidente que não. Foucault jamais acreditou, e ele disse muito claramente, que essas sociedades disciplinares fossem eternas. Mais do que isso, ele evidentemente pensava que entrávamos num tipo novo de sociedade. Seguramente, existe toda sorte de vestígios de sociedades disciplinares, a perdurarem por anos e anos, mas já sabemos que estamos em sociedades de um outro tipo, às quais seria preciso chamar, de acordo com o termo proposto por Burroughs — e Foucault sentia uma fervorosa admiração por ele —, sociedades de controle. Entramos em sociedades de controle que são definidas muito diferentemente das sociedades de disciplina. Os que velam pelo nosso bem não têm ou não terão mais necessidade de meios [*milieux*] de confinamento. Isso tudo, as prisões, as escolas, os hospitais, já são locais permanentes de discussão. Não seria melhor expandir os atendimentos a domicílio? Sim, esse é sem dúvida o futuro. As oficinas, as fábricas, isso tudo começa a desmoronar pelas beiradas. Não seriam melhor os regimes de terceirização e o trabalho em domicílio? Não haveria outros meios para punir as pessoas, tirando as prisões? As sociedades de controle não mais passarão por *[300]* meios [*milieux*] de confinamento. Nem mesmo pela escola. É realmente preciso vigiar os temas que nascem, que serão desenvolvidos em quarenta ou cinquenta anos, e que nos explicam que o bacana mesmo seria fazer, ao mesmo tempo, a escola e a profissão. Será interessante saber qual será a identidade da escola e da profissão através da formação permanente, que é nosso futuro, e que não mais implicará forçosamente o agrupamento de escolares num meio [*milieu*] de confinamento. Um controle não é uma disciplina. Com uma autoestrada você não confina as pessoas, mas, fazendo autoestradas, você multiplica os meios de controle. Não estou dizendo que seja este o único objetivo da autoestrada, mas as pessoas podem rodar ao infinito e "livremente" sem de modo algum estarem confinadas, e ainda assim sendo perfeitamente controladas. Esse é o nosso futuro.

Vamos supor que a informação seja isso, o sistema controlado das palavras de ordem que têm curso em uma dada sociedade. O que a obra de arte pode ter a ver com isso? Não falemos de obra de arte, mas pelo menos digamos que haja contrainformação. Há países sob ditadura onde, em condições particularmente duras e cruéis, existe contrainformação. No tempo de Hitler, os judeus que chegavam da Alemanha, e que eram os primeiros a nos contarem que havia campos de extermínio, faziam contrainformação. O que é preciso constatar é que a contrainformação nunca foi suficiente para fazer o que quer que seja. Uma contrainformação nunca incomodou Hitler. Exceto em um caso. Qual é o caso? Isso é que é importante. A única resposta seria que a contrainformação apenas devém efetivamente eficaz quando ela é — e ela o é por natureza —, ou devém, ato de resistência. E o ato de resistência não é nem informação nem contrainformação. A contrainformação só é efetiva quando devém um ato de resistência.

Qual o entrelace da obra de arte com a comunicação? Nenhum. A obra de arte não é um instrumento de comunicação. A obra de arte nada tem a fazer com a comunicação. A obra de arte não contém, estritamente, a menor informação. Em contrapartida, há uma afinidade fundamental entre a obra de arte e o ato de resistência. Aí, sim. Ela tem algo a fazer com a informação e com a comunicação, a título de ato de resistência. Que entrelace miste-

O que é o ato de criação?

rioso é esse entre uma *[301]* obra de arte e um ato de resistência, visto que os homens que resistem não têm nem o tempo nem, às vezes, a cultura, ambos necessários para se ter o menor entrelace com a arte? Não sei. Malraux desenvolve um belo conceito filosófico, ele diz uma coisa bem simples sobre a arte, diz que é a única coisa que resiste à morte. Voltemos ao início: o que se faz quando se faz filosofia? Inventam-se conceitos. Taí, acho que isto é a base de um belo conceito filosófico. Considerem... o que resiste à morte? Basta ver uma estatueta de 3 mil anos antes de nossa era para achar que a resposta de Malraux é uma tremenda de uma boa resposta. Poderíamos então dizer, não tão bem quanto ele, do ponto de vista que nos ocupa, que a arte é aquilo que resiste, mesmo que não seja a única coisa que resista. Daí o entrelace tão estreito entre o ato de resistência e a obra de arte. Nem todo ato de resistência é uma obra de arte, embora, de uma certa maneira, ela seja um. Nem toda obra de arte é um ato de resistência e, no entanto, de uma certa maneira, ela o é.

Peguem o caso, por exemplos, dos Straub, quando eles operam aquela disjunção voz sonora e imagem visual, a qual abordam da seguinte maneira: a voz se eleva, se eleva, se eleva e aquilo de que ela nos fala passa sob a terra nua, deserta, que a imagem visual estava nos mostrando, imagem visual que não tinha nenhum entrelace direto com a imagem sonora. Ora, que ato de fala é esse que se eleva no ar enquanto seu objeto passa sob a terra? Resistência. Ato de resistência. E, em toda a obra dos Straub, o ato de fala é um ato de resistência. De *Moisés* ao último Kafka, passando por — não cito na ordem — *Não reconciliados* ou Bach.[ii] O ato de fala de Bach... É sua música o ato de resistência, luta ativa contra a repartição do profano e do sagrado. Esse ato de resistência na música culmina em um grito. Assim como há um grito em *Wozzeck*,[iii] há um grito em Bach: "Fora! fora! vá embora, não quero ver você!". Quando os Straub valorizam esse grito, o de Bach ou da velha esquizofrênica de *Não reconciliados*, tudo isso deve dar conta de um duplo aspecto. O ato de resistência tem duas faces. Ele é humano e é também o ato da arte. Apenas o ato de resistência resiste à morte, quer sob a forma de uma obra de arte, quer sob a forma de uma luta dos homens.

342   Gilles Deleuze

Que entrelace há entre a luta dos homens e a obra de arte? O mais estreito entrelace, e, para mim, o mais misterioso. Exatamente o que Paul Klee queria dizer quando dizia: "Quer saber, o povo está faltando". O povo está faltando e, ao mesmo tempo, não está. O povo está faltando, isso quer dizer que essa afinidade fundamental entre a obra de arte e um povo que ainda não existe não é, e nunca será, clara. Não há obra de arte que não faça apelo a um povo que ainda não existe.

RODAPÉ DA TRADUÇÃO

[i] Jean-Marie Straub (1933) e Danièle Huillet (1936-2006).

[ii] Trata-se dos seguintes filmes (em ordem cronológica): *Nicht versöhnt, oder Es hilft nur Gewalt wo Gewalt herrscht* (Não reconciliados, ou Apenas a violência ajuda onde reina a violência) (1965); *Chronik der Anna Magdalena Bach* (Crônica de Anna Magdalena Bach) (1968); *Moses und Aron* (Moisés e Arão) (1973); *Klassenverhältnisse* (Relações de classe) (1984), baseado na novela *Amerika* de Kafka.

[iii] Trata-se da ópera *Wozzeck* de Alban Berg, 1922, e o grito é dado pela personagem Marie, ao morrer.

O que é o ato de criação?

46
O QUE A VOZ TRAZ AO TEXTO...*
[1987] *[303]*

O que um texto, principalmente quando é filosófico, espera da voz do ator? É certo que um texto filosófico pode se apresentar como um diálogo: os conceitos, então, remetem a personagens que os sustentam. Porém, mais profundamente, a filosofia é a arte de inventar os próprios conceitos, de criar novos conceitos de que temos necessidade para pensar nosso mundo e nossa vida. Deste ponto de vista, os conceitos têm velocidades e lentidões, movimentos, dinâmicas que se expandem ou que se contraem através do texto: já não remetem a personagens, mas eles próprios são personagens, personagens rítmicas. Completam-se ou se separam, afrontam-se, apertam-se como lutadores ou como amantes. É a voz do ator que traça tais ritmos, tais movimentos do espírito no espaço e no tempo. O ator é o operador do texto: ele opera uma dramatização do conceito, a mais precisa, a mais sóbria, a mais linear também. Quase linhas chinesas, linhas vocais.

O que a voz revela é que os conceitos não são abstratos. As coisas que correspondem a eles, eles as recortam e as contrapõem de jeito variável, sempre de um novo jeito. Assim, os conceitos não são separáveis de um jeito de perceber as coisas: um conceito impõe-nos que percebamos as coisas de outro jeito. Um conceito filosófico de espaço nada seria caso não nos desse uma nova percepção do espaço. E os conceitos são outrossim inseparáveis de afetos, de novas maneiras de sentir, todo um *páthos*, alegria e cólera, que constitui os sentimentos do pensamento como tal. É *[304]* esta trindade filosófica, conceito-percepto-afeto, que anima o tex-

---

* In *Théâtre National Populaire: Alain Cuny "Lire"*, Lyon, Théâtre National Populaire, novembro de 1987.[i]

to. Cabe à voz do ator fazer com que novas percepções e novos afetos surjam, ambos a rodear o conceito lido e dito.

Quando a voz do ator é a de Alain Cuny... Talvez seja a contribuição mais bonita a um teatro de leitura.

Sonha-se com a *Ética* de Espinosa lida por Alain Cuny. A voz é como que arrastada por um vento que impele as ondas de demonstrações. A lentidão potente do ritmo dá lugar, aqui e ali, a precipitações inauditas. Torrentes, mas traços de fogo também. O que então se levanta são todas as percepções sob as quais Espinosa nos faz apreender o mundo e todos os afetos sob os quais apreender a alma. Um imenso desacelerar capaz de medir todas as velocidades de pensar.

RODAPÉ DA TRADUÇÃO

[i] Alain Cuny (1908-1994), grande ator francês, de cinema e de teatro.

O que a voz traz ao texto...

47

CORRESPONDÊNCIA COM DIONYS MASCOLO*
[1988] *[305]*

Paris, 23 de abril de 1988

Caro Dionys Mascolo,

Estou profundamente agradecido por você ter me enviado *Autour d'un effort de mémoire* [*Em torno de um esforço de memória*]. Eu o li e reli. Depois que li *Le Communisme*,[a] acredito que você é um dos autores que mais intensamente renovou os entrelaces do pensamento e da vida. Você consegue definir as situações-limite por suas sequências internas. Tudo que você escreve me parece ser da maior importância, da maior exigência, e uma frase como esta daqui: "Uma tal reviravolta da sensibilidade geral não pode deixar de conduzir a novas disposições de pensamento...",[b] parece-me conter, em sua pureza, algo como um segredo. Declaro minha admiração e, se você permitir, minha amizade.

Gilles Deleuze [306]

---

* "Correspondência D. Mascolo — G. Deleuze", *Lignes*, n° 33, março de 1998, pp. 222-6.

Esta breve troca de cartas segue a publicação do livro de Dionys Mascolo (1916-1997), *Autour d'un effort de mémoire: sur une lettre de Robert Antelme*, Paris, Maurice Nadeau, 1987. A obra começa com uma carta de Robert Antelme [1917-1990] endereçada a Mascolo, o primeiro texto que Antelme teve a força de redigir após seu retorno dos campos nazistas.

[a] Dionys Mascolo, *Le Communisme*, Paris, Gallimard, 1953.

[b] *Autour d'un effort de mémoire*, p. 20.

30 de abril de 1988

Caro Gilles Deleuze,
Sua carta me foi entregue ontem. Além do elogio que nela se encontra, de que não ouso acreditar-me merecedor, e sem abster-me de lhe agradecer pela generosidade de que você dá provas, preciso lhe dizer o quanto suas palavras me tocaram. Um momento verdadeiramente feliz, ao mesmo tempo que uma feliz surpresa, essa de ver-se não apenas aprovado, levado a sério, mas de certa forma *adivinhado* ou, justamente, surpreso. Isso a respeito de uma frase que você cita (onde se tratava da "reviravolta da sensibilidade geral"), e que conteria, de acordo com você, um segredo. O que (naturalmente!) de pronto me fez indagar: o que poderia ser tal segredo? E quero lhe dizer em duas palavras o esboço de resposta que me ocorreu.

Parece-me que esse aparente segredo, outro talvez não seja, em seu bojo (porém, há sempre o risco, então, de querer tirar algo da penumbra), que o de um pensamento que desconfia do pensamento. Coisa que não se dá sem acabrunhamentos. Segredo, portanto — se o que ele tem de acabrunhamento não buscar refúgio na atitude da vergonha ou da afetação do humor, como acontece —, sempre justificável em princípio; segredo sem segredo, ou sem vontade de segredo, em todos os casos. E de maneira que, enfim, caso se reconheça (e se adivinhe novamente em um outro), basta para fundar toda amizade possível. Hipótese, espero, não redutora, em resposta àquilo que percebi como uma questão que se colocava.

Saúdo-lhe, em amizade de pensamento, com toda a gratidão.

Dionys

6 de agosto de 1988

Caro Dionys Mascolo,
Escrevi a você, faz já alguns meses, pois admirava *Autour d'un effort de mémoire* e porque tinha o sentimento de um "segre-

do", daqueles que um texto raramente dá. Você me *[307]* respondeu com muita gentileza e atenção: se há segredo, é o de um pensamento que desconfia do pensamento, logo de um *"acabrunhamento"* que, no caso de se reconhecer em um outro, constitui a amizade. E eis que escrevo novamente a você, não para lhe importunar nem para solicitar outra vez uma resposta, mas na verdade *<para continuar>*, como que em surdina, uma conversa latente que as cartas não interrompem, ou então como um monólogo interior sobre esse livro que não cessou de me assombrar. Será que não se poderia inverter a ordem? Para você, o que viria primeiro é a amizade. É evidente que a amizade não seria uma circunstância exterior mais ou menos favorável, e sim, por mais concreta que permaneça, uma condição interior ao pensamento como tal. Não que se vá falar com o amigo, relembrar-se com ele etc., mas, ao contrário, é com ele que se atravessa provas como a amnésia, a afasia, necessárias a todo pensamento. Já não sei mais qual poeta alemão fala da hora, entre cão e lobo, em que é preciso desconfiar *"mesmo do amigo"*.[c] Daria para chegar até aí, até a desconfiança para com o amigo, e é tudo isso que, com a amizade, colocaria o "acabrunhamento" no pensamento, de maneira essencial.

Penso que existem muitas maneiras, nos autores que admiro, de introduzir categorias e situações concretas como condição do puro pensamento. Em Kierkegaard, é a esposa, o noivado; em Klossowski (e talvez em Sartre, de outro jeito), é o casal; em Proust, é o amor ciumento, pois ele é constitutivo do pensamento e ligado ao signo. Em você, também em Blanchot, é a amizade. O que implica uma reavaliação total da "filosofia", pois vocês são os únicos a literalmente retomar a palavra *philos*. Contudo, não é que vocês estejam voltando a Platão. E o sentido platônico já era extremamente complexo e jamais foi esclarecido, mas adivinha-se fa-

---

[c] Trata-se provavelmente do poema de Eichendorff [1788-1857], retomado no *lied* de Schumann *Zwielicht* [Penumbra] (do *Liederkreis*, op. 39): "Se tens um amigo por aqui, não lhe dê confiança nesta hora, mesmo que seja gentil pelo olho ou pela boca, seu sonho é de guerra numa paz insidiosa", que Deleuze e Guattari citam em *Mil platôs*, Paris, Éditions de Minuit, 1908, 11, p. 420.

cilmente que o de vocês é totalmente diferente. Talvez *Philos* tenha se deslocado de Atenas para Jerusalém, mas também se enriquecido com a Resistência, com a rede, que tanto são afetos do pensamento quanto situações históricas *[308]* e políticas. Nisso haveria uma extraordinária história do *Philos* em "filosofia", de que vocês já fazem parte, ou de que são, através de bifurcações de toda sorte, a figura moderna. Isso está no coração da filosofia, é seu pressuposto concreto (onde se ligam uma história pessoal e um pensamento singular). Ei-las todas as minhas razões para voltar ao seu texto e repetir-lhe minha admiração, mas principalmente com o cuidado de não lhe aborrecer em sua própria pesquisa.

Creia-me profundamente seu e perdoe-me por tão longa carta.

Gilles Deleuze

Paris, 28 de setembro de 1988

Caro Gilles Deleuze,
Deparei-me com sua carta e seu livro em meu retorno. Obrigado.

Sua atenção toca-me profundamente. Malgrado toda confiança que tenho em seu juízo, ele também me deixa, sem fazer volteios, bastante confuso, confesso a você. De modo que uma vergonha talvez ruim tenha me impedido de lhe responder, se você mesmo não tivesse me liberado um pouco — ao falar em *monólogo*.

O que eu tentava dizer, em reação à sua primeira carta (foram suas as observações que conduziam a essa situação), é que, se num pensamento há desconfiança a respeito do pensamento mesmo, um início de confiança (é dizer muito, mas pelo menos a tentação de baixar a guarda) só devém possível na *partilha de pensamento*. É preciso ainda que essa partilha de pensamento declare-se sobre um fundo de mesma desconfiança, ou de igual "acabrunhamento", para constituir a amizade. (Com efeito, que importa encontrar-se "de acordo" pontualmente com este ou aquele, se ele próprio está numa tal segurança intelectual, que deve permanecer

Correspondência com Dionys Mascolo   349

a distâncias infinitas de sensibilidade? Como aqueles acordos, tão facilmente obtidos, tão nulos, nos diálogos em que Sócrates, sozinho, administra o verdadeiro.) *[309]*

Você sugere inverter a proposição, colocar a amizade primeiro. Seria ela a colocar o *"acabrunhameno"* no pensamento. Ainda em razão de uma desconfiança, mas desta vez para com o amigo. Mas então, de onde é que ela teria vindo, ela, a amizade? Isso, para mim, é um mistério. E não consigo conceber qual *desconfiança* (pelo contrário, o desacordo ocasional, sim, sem dúvida — e este em todo um outro sentido, que exclui o *maléfico*) seria possível para com o amigo, uma vez que ele assim foi recebido em amizade.

Cheguei a chamar isso de *comunismo de pensamento*. E de colocá-lo sob o signo de Hölderlin, que talvez só tenha fugido para fora do pensamento por não ter conseguido vivê-lo: "A vida do espírito entre amigos, o pensamento que se forma na troca de palavras, por escrito ou de viva voz, são necessários àqueles que buscam. Fora disso, é por nós mesmos que estamos fora do pensamento". (Essa tradução, cumpre-me dizê-lo, é devida a M. Blanchot, e foi publicada anonimamente em *Comité*, em outubro de 1968.)

A você, com toda e reconhecida amizade. E desculpe pelo que há de elementar nesta resposta.

Dionys Mascolo

No fundo, devia ter me restringido a dizer-lhe o seguinte: e se a amizade fosse precisamente a possibilidade da partilha de pensamento, a partir de, e até numa comum desconfiança a respeito do pensamento? E o pensamento que se desconfia dele próprio, a busca dessa partilha de pensamento entre amigos? Isso, que já é feliz, talvez vise ainda a outra coisa, quase inominável. Caso se ouse enunciá-la, seria a vontade obscura, a necessidade de aproximar-se a uma inocência do pensamento. De perseguir, em suma, esse "desbotamento dos traços do pecado original", único pecado que existe, segundo Baudelaire.[i]

Decididamente (digo isso rindo um pouco), suas questões me impelem a tais confissões de meios-pensamentos — como quando às vezes retomamos por conta própria atos cumpridos em sonho. Desculpe. *[310]*

6 de outubro de 1988

Caro Dionys Mascolo,
Obrigado por sua carta tão preciosa. Minha questão era: como o amigo, sem nada perder de sua singularidade, pode inscrever-se como condição do pensamento? Sua resposta é muito bonita. Em causa está aquilo que chamamos e vivemos como *philosophia*. Colocar novas questões só lhe seria um atraso, a você que acaba de me dar muito.
Transmito-lhe reconhecimento e amizade.

Gilles Deleuze

Rodapé da tradução

[i] Paráfrase do diário íntimo de Baudelaire, *Mon coeur mis à nu* [Meu coração desnudado], de 1887, cujo trecho completo é o seguinte: "Teoria da verdadeira civilização. Não está no gás, nem no vapor, nem nas mesas girantes. Ela está na diminuição dos traços do pecado original. Povos nômades, pastores, caçadores, agricultores e até mesmo antropófagos, todos podem ser superiores pela energia, pela dignidade pessoal, às nossas raças do Ocidente./ Estas serão talvez destruídas./ Teocracia e comunismo".

48
AS PEDRAS*
[1988] *[311]*

A Europa não começou a pagar a dívida infinita que ela tinha para com os judeus, mas fez com que um povo inocente a pagasse, os palestinos.

O Estado de Israel foi construído pelos sionistas com o passado recente de seu suplício, o inolvidável horror europeu — mas também sobre o sofrimento desse outro povo, com as pedras desse outro povo. O Irgun[a] foi chamado de terrorista, não apenas porque detonavam o quartel general inglês, mas porque destruíam aldeias, aniquilavam <populações>.[b]

Os americanos faziam disso uma superprodução hollywoodiana, de altos orçamentos. O Estado de Israel supostamente devia se instalar numa terra vazia que o antigo povo hebreu esperava há muito tempo, e cujos fantasmas eram alguns árabes, vindos de outro lugar, guardiões de pedras adormecidas. Os palestinos eram lançados ao esquecimento. Eram intimidados a reconhecer em direito o Estado de Israel, mas os israelenses não paravam de negar o fato concreto de um povo palestino.

Este sustenta sozinho, desde o início, uma guerra que não acabou, para defender sua própria terra, suas próprias pedras, sua própria vida: aquela primeira guerra de que não se fala, já que tan-

---

* O texto manuscrito data de junho de 1988. Aparece, em árabe, na revista *Al-Karmel*, n° 29, 1988, pp. 27-8, com o título "De là où ils peuvent encore la voir" [Lá de onde ainda podem vê-la]. Este texto foi redigido a pedido dos diretores da revista, pouco depois do começo da primeira Intifada, em dezembro de 1987.

[a] Ver a nota a do texto n° 34.

[b] Texto faltante.[i]

352   Gilles Deleuze

to importa fazer com que acreditem que os palestinos são árabes vindos de outro lugar, para lá podendo voltar. Quem desemaranhará todas essas Jordânias? Quem dirá que, entre um palestino e outro árabe, *[312]* o liame pode ser forte, porém não mais do que entre dois países da Europa? E qual palestino pode esquecer o que os outros árabes lhe fizeram sofrer, o mesmo tanto que os israelenses? Qual é o nó desta nova dívida? Enxotados de sua terra, os palestinos instalavam-se ali de onde ainda podiam pelo menos vê-la, guardar sua visão como um último contato com o ser alucinado deles. Nunca que os israelenses poderiam expulsá-los longe o bastante, afundá-los na noite, no esquecimento.

Destruição das aldeias, dinamitação das casas, expulsões, assassinatos de pessoas, uma horrível história recomeçava às custas de novos inocentes. Os serviços secretos israelenses provocam, como é dito, a admiração do mundo. Mas o que é uma democracia cuja política se confunde tão bem com a ação desses serviços secretos? "Todas aquelas pessoas se chamam Abu", declara um oficial israelense após o assassinato de Abu Jihad.[c] Será que ele se lembra da voz atroz dos que diziam: todas aquelas pessoas se chamam Levi...?

Como Israel sairá disso, e dos territórios anexados, e dos territórios ocupados, e de seus colonos e de suas colônias, e de seus loucos rabinos? Ocupação, ocupação infinita: as pedras lançadas vêm de dentro, elas vêm do povo palestino para lembrar que, num lugar do mundo, por pequeno que seja, a dívida foi invertida. O que os palestinos lançam são suas próprias pedras, as pedras vivas do seu país. Ninguém pode pagar uma dívida com homicídios, um, dois, três, sete, dez por dia, tampouco entendendo-se com terceiros. Os terceiros se afastam, cada morto pede pelos vivos e os pa-

---

[c] Bem próximo de Arafat, Abu Jihad foi um dos fundadores do Fath [mais conhecido por Fatah, partido político palestino], um dos principais adjuntos da OLP [Organização para a Libertação da Palestina] e um dos chefes históricos da resistência palestina. Teve um papel importante, enquanto dirigente político, no curso da Intifada. Foi assassinado em Túnis por um comando israelense, no dia 16 de abril de 1988.[ii]

As pedras

lestinos se infiltraram na alma de Israel, trabalham esta alma como algo que a cada dia a sonda e a fura.

RODAPÉ DA TRADUÇÃO

[i] A versão árabe do trecho é a seguinte: "Chamei o Irgun de terrorista, não apenas porque atacou o centro geral de comando inglês, mas porque destruíram aldeias inteiras e também porque suprimiram a existência de Deir Yassin" (encontrado em www.grenc.com/show_article_main.cfm?id=12092). Deleuze, com efeito, já associava o Irgun a um terrorismo sionista no texto 34, "Grandeza de Yasser Arafat".

[ii] Abu Jihad ("pai da luta") é um segundo nome — que os árabes chamam de *kunyah* —, uma espécie de epíteto. O nome de nascimento de Abu Jihad era Khalil al-Wazir.

354   Gilles Deleuze

49
POSFÁCIO À EDIÇÃO AMERICANA:
"UM RETORNO A BERGSON"*
[1988] *[313]*

Um "retorno a Bergson" não significaria apenas uma admiração renovada por um grande filósofo, mas sim uma retomada ou um prolongamento, hoje, de sua tentativa, em entrelace com as transformações da vida e da sociedade, concomitante com as transformações da ciência. É o próprio Bergson que estimava ter feito da metafísica uma disciplina rigorosa, capaz de ser continuada segundo vias novas que aparecem constantemente no mundo. Parece-nos que, assim compreendido, o retorno a Bergson repousa em três caráteres principais.

1. — *A intuição*: Bergson concebe a intuição, não como um chamado inefável, uma participação sentimental ou uma identificação vivida, mas como um verdadeiro método. Este método se propõe, primeiramente, a determinar as condições dos problemas, ou seja, denunciar os falsos problemas ou questões mal colocadas, e descobrir as variáveis sob as quais este ou aquele problema deve ser enunciado como tal. Os meios empregados pela intuição são, por um lado, um recorte ou uma divisão da realidade em um domínio dado, seguindo linhas de natureza diferente, e, por outro, uma intersecção[i] de linhas emprestadas de domínios diversos e que convergem umas com as outras. É esta operação linear complexa, consistindo em recortar seguindo as articulações e em interseccionar segundo as convergências, que leva à boa formula-

---

* Título do editor francês. Este texto foi publicado com o título "A Return to Bergson", in Gilles Deleuze, *Bergsonism*, Nova York, Zone Books, 1991, pp. 115-8. Traduzido por Hugh Tomlinson. O texto datilografado, datado de julho de 1988, traz o título "Posfácio para *O bergsonismo*".

ção de um problema, de tal maneira que a solução mesma dependa disso. [314]

2. — A *ciência e a metafísica*: Bergson não se contentou em criticar a ciência como se ela se ativesse ao espaço, ao sólido, ao imóvel. Ele pensava, na verdade, que o Absoluto tinha duas "metades", às quais a ciência e a metafísica correspondiam. É num único impulso que o pensamento se divide em duas vias, uma em direção à matéria, seus corpos e seus movimentos, outra em direção ao espírito, suas qualidades e suas mudanças. Desde a Antiguidade é assim: enquanto a física entrelaçou o movimento a posições e momentos privilegiados, a metafísica constituiu formas transcendentes eternas, de que decorriam aquelas posições. Mas a ciência dita moderna começa, ao contrário, quando se entrelaça o movimento ao "instante qualquer": ela pede por uma nova metafísica que nada mais considere senão durações imanentes, variando incessantemente. A duração será, para Bergson, o correlato metafísico da ciência moderna. Sabe-se que ele escreveu um livro, *Duração e simultaneidade*, em que se confrontava com a relatividade de Einstein: se tal livro suscitou tantos mal-entendidos, é porque se acreditou que Bergson buscava refutar ou corrigir Einstein, ao passo que queria dar à teoria da relatividade a metafísica que lhe faltava, graças a novos caráteres da duração. E na obra-prima *Matéria e memória*, Bergson tira de uma concepção científica do cérebro, à qual, por sua vez, ele muito contribui, as exigências de uma nova metafísica da memória. Para Bergson, a ciência jamais é "reducionista", mas reclama, ao contrário, a metafísica, sem a qual permaneceria abstrata, privada de sentido ou de intuição. Continuar Bergson hoje em dia é, por exemplo, constituir uma imagem metafísica do pensamento que corresponda aos novos traçados, trilhas, saltos, dinamismos descobertos por uma biologia molecular do cérebro: novos encadeamentos e reencadeamentos no pensamento.

3. — As *multiplicidades*: desde os *Dados imediatos*,[ii] Bergson define a duração como uma multiplicidade, um tipo de multiplicidade. É uma palavra insólita, pois já não faz do múltiplo um

adjetivo, mas um verdadeiro substantivo: assim, ele denuncia como um falso problema o tema tradicional do uno e do mútiplo. A origem da palavra, Multiplicidade ou Variedade, é físico-matemática *[315]* (Riemann). É difícil acreditar que Bergson ignore tanto sua origem científica quanto a novidade de seu uso metafísico. Bergson se orienta para uma distinção de dois grandes tipos de multiplicidades: umas, discretas ou descontínuas, outras, contínuas; umas espaciais, outras, temporais; umas atuais, outras, virtuais. Este será um motivo fundamental na confrontação com Einstein. Ainda aqui, Bergson tenciona dar às multiplicidades a metafísica exigida pelo tratamento científico delas. Este talvez seja um dos aspectos mais desconhecidos de seu pensamento, a constituição de uma lógica das multiplicidades.

Reencontrar Bergson é seguir e perseguir nessas três direções. Notar-se-á que a fenomenologia também apresentava esses três motivos, da intuição como método, da filosofia como ciência rigorosa e da nova lógica como teoria das multiplicidades. É verdade que tais noções são compreendidas muito diferentemente nos dois casos. Tanto menos convergência possível não há, como pôde ser visto na psiquiatria, em que o bergsonismo inspirava os trabalhos de Minkowski (*O tempo vivido*),[a] e a fenomenologia, os de Binswanger (*O Caso Suzanne Urban*),[b] para uma exploração dos espaços-tempos nas psicoses. O bergsonismo torna possível toda uma patologia da duração. Num artigo exemplar sobre a "paramnésia" (falso reconhecimento), Bergson invoca a metafísica para mostrar como a lembrança não se constitui *após* a percepção presente, mas lhe é estritamente contemporânea, pois a duração se divide, a cada instante, em duas tendências simultâneas, uma indo para o porvir e a outra recaindo no passado.[c] Ele também in-

[a] Eugène Minkowski, *Le Temps vécu*, Neuchâtel, Delachaux & Niestlé, 1968; reed., Paris, PUF, col. "Quadrige", 1995.

[b] Ludwig Binswanger, *Le Cas Suzanne Urban: étude sur la schizophrénie*, tradução francesa de Jacqueline Verdeaux, Bruges, Desclée de Brouwer, 1957.

[c] In *L'Énergie spirituelle*, Paris, PUF, 1919, pp. 110-52.

voca a psicologia, para então mostrar como uma falha da adaptação pode fazer com que a lembrança invista o presente como tal. A hipótese científica e a tese metafísica não param de combinar-se, em Bergson, para retraçar uma experiência integral.

RODAPÉ DA TRADUÇÃO

[i] O termo traduzido aqui é *recoupement*, como o "fato de uma linha entrar em intersecção com outras" (cf. o dicionário virtual cnrtl.fr/definition/recoupement). No texto, *recoupement* e seu verbo *recouper* (que se traduziu por "interseccionar") ressoam com *découpage* ("decupagem") e seu verbo *découper* ("decupar").

[ii] *Os dados imediatos da consciência*, livro de Bergson, publicado em 1889. *Matéria e memória* é de 1896; *Duração e simultaneidade*, de 1922.

50
O QUE É UM DISPOSITIVO?*
[1988] *[316]*

A filosofia de Foucault é frequentemente apresentada como uma análise dos "dispositivos" concretos. Mas o que é um dispositivo? Primeiramente, é uma meada, um conjunto multilinear. Ele é composto de linhas de natureza diferente. E essas linhas, no dispositivo, não cercam nem rodeiam sistemas, dos quais cada um seria, por sua vez, homogêneo — o objeto, o sujeito, a linguagem etc. —, mas seguem direções, traçam processos sempre em desequilíbrio e ora se aproximam, ora se distanciam umas das outras. Cada linha é rompida, submetida a *variações de direções*, bifurcante e forquilhada, submetida a *derivações*. Os objetos visíveis, os enunciados formuláveis, as forças em exercício, os sujeitos em posição são como vetores ou tensores. Assim, as três grandes instâncias que Foucault distinguirá sucessivamente, Saber, Poder e Subjetividade, de modo algum têm elas contornos definidos de uma vez por todas, mas são cadeias de variáveis que se disputam entre si. É sempre numa crise que Foucault descobre uma nova dimensão, uma nova linha. Os grandes pensadores são um pouco sísmicos, eles não evoluem, mas procedem por crises, por abalos. Pensar em termos de linhas moventes era a operação de Herman Melville, e nele haviam linhas de pesca, linhas de mergulho, perigosas,

---

* In *Michel Foucault philosophe. Rencontre Internationale, Paris, 9, 10, 11 janvier 1988*, Paris (coletivo), Seuil, 1989, pp. 185-95. Uma versão parcial desse texto tinha primeiramente aparecido na revista *Magazine Littéraire*, n° 257, setembro de 1988, pp. 51-2. Aposentado desde 1987, a participação de Gilles Deleuze nesse colóquio é sua última intervenção pública. A ata das discussões — de que o editor apresenta apenas um resumo — não foi conservada.

até mesmo mortais. Há linhas de sedimentação, diz Foucault, mas também linhas de "fissura", de "fratura". Desemaranhar as *[317]* linhas de um dispositivo, em cada caso, é montar um mapa, mapografar, agrimensar terras desconhecidas, e é isso que ele chama de "trabalho de campo". É preciso instalar-se sobre as próprias linhas, que não se contentam em compor um dispositivo, mas o atravessam e o arrastam, de norte a sul, leste a oeste, ou em diagonal.

As duas primeiras dimensões de um dispositivo, ou aquelas que Foucault resgata primeiro, são curvas de visibilidade e curvas de enunciação. É que os dispositivos são como as máquinas de Raymond Roussel, tais como Foucault as analisa, são máquinas para fazer ver e para fazer falar. A visibilidade não remete a uma luz em geral que viria iluminar objetos preexistentes; ela é feita de linhas de luz que formam figuras variáveis inseparáveis deste ou daquele dispositivo. Cada dispositivo tem seu regime de luz, a maneira pela qual esta incide, se esfuma e se espalha, distribuindo o visível e o invisível, fazendo nascer ou desaparecer o objeto que não existe sem ela. Não é apenas a pintura, mas a arquitetura: tal o "dispositivo prisão" como máquina óptica, para ver sem ser visto. Se há uma historicidade dos dispositivos, é a dos regimes de luz, mas também a dos regimes de enunciado. Pois os enunciados, por sua vez, remetem a linhas de enunciação sobre as quais se distribuem as posições diferenciais dos seus elementos; e, se as próprias curvas são enunciados, é porque as enunciações são curvas que distribuem variáveis, e porque uma ciência em certo momento, ou um gênero literário, ou um estado de direito, ou um movimento social, definem-se precisamente por regimes de enunciados que eles fazem nascer. Não são nem sujeitos nem objetos, mas regimes, que é preciso definir, para o visível e para o enunciável, com suas derivações, suas transformações, suas mutações. E, em cada dispositivo, as linhas transpõem limiares, em função dos quais elas são estéticas, científicas, políticas etc.

Em terceiro lugar, um dispositivo comporta linhas de forças. Dir-se-ia que vão de um ponto singular a outro nas linhas precedentes; de certa forma, elas "retificam" as curvas precedentes, tiram tangentes,[i] envolvem os trajetos de uma linha à outra, operam vaivéns do ver ao dizer e inversamente, agindo como flechas que não param *[318]* de entrelaçar as coisas e as palavras, sem deixar de tocar suas próprias batalhas. A linha de forças se produz "em toda relação de um ponto a outro" e passa por todos os lugares de um dispositivo. Invisível e indizível, está estreitamente emaranhada aos outros, sendo, portanto, desemaranhável. É ela que Foucault tira, e cuja trajetória ele encontra igualmente em Roussel, em Brisset, nos pintores Magritte ou Rebeyrolle. É a "dimensão do poder", e o poder é a terceira dimensão do espaço, dimensão interior ao dispositivo variável com os dispositivos. Ela se compõe, assim como o poder, com o saber.

Foucault, enfim, descobre as linhas de subjetivação. Esta nova dimensão já suscitou tantos mal-entendidos que é duro tornar suas condições precisas. Mais que qualquer outra, sua descoberta nasce de uma crise no pensamento de Foucault, como se lhe tivesse sido preciso remanejar o mapa dos dispositivos, encontrar uma nova orientação possível para eles, para não deixar que se fechassem simplesmente em linhas de força intransponíveis, impondo contornos definitivos. Leibniz exprimia de maneira exemplar essa crise que relança o pensamento quando se acredita que tudo está quase resolvido: acreditava-se no porto, mas somos jogados novamente em alto-mar. E Foucault, por sua vez, pressente que os dispositivos que está analisando não podem ser circunscritos por uma linha envolvente, sem que outros vetores passem novamente por baixo ou por cima: "transpor a linha", diz ele, como "passar para o outro lado"?[a] Essa ultrapassagem da linha de forças é o que se produz quando ela se recurva, faz meandros, afunda-se e devém subterrânea, ou então, quando a força, em vez de entrar em entrelaço linear com outra força, revolteia sobre si, se exerce sobre si mesma, ou afeta a si mesma. Essa dimensão do Si de modo algum é uma determinação preexistente que se encontraria já pronta. Aqui também, uma linha de subjetivação é um processo, uma produção de subjetividade em um dispositivo: fazer-se é o que ela de-

---

[a] In "La vie des hommes infâmes", in *Dits et écrits*, III, Paris, Gallimard, 1994, p. 241.

O que é um dispositivo?

ve, na medida em que o dispositivo permita ou torne isso possível. É uma linha de fuga. Ela escapa das linhas precedentes, *delas se* escapa. O Si não é nem um saber nem um poder. É um processo de individuação que incide sobre grupos ou pessoas e que *[319]* subtrai-se dos entrelaços de forças, entrelaços estabelecidos como saberes constituídos: um tipo de mais-valia. Não é certo que todo dispositivo comporte uma.

Foucault assinala o dispositivo da cidade ateniense como primeiro lugar de invenção de uma subjetivação: é que, de acordo com a definição original que ele dá para isso, a cidade inventa uma linha de forças que passa pela *rivalidade dos homens livres*. Ora, desta linha sobre a qual um homem livre pode comandar outros, destaca-se uma bem diferente, segundo a qual aquele que comanda homens livres deve também ser mestre de si. São estas regras facultativas da mestria de si que constituem uma subjetivação, autônoma, mesmo que ela seja, por conseguinte, requisitada para fornecer novos saberes e para inspirar novos poderes. Perguntar-se-á se as linhas de subjetivação não são a borda extrema de um dispositivo, e se não esboçam a passagem de um dispositivo a outro: elas preparariam, neste sentido, as "linhas de fratura". E não mais que as outras linhas, estas linhas de subjetivação não têm fórmula geral. Brutalmente interrompida, a pesquisa de Foucault devia mostrar que os processos de subjetivação ganhavam, eventualmente, outros modos que não o modo grego, por exemplo, nos dispositivos cristãos, nas sociedades modernas etc. Não se poderia invocar dispositivos em que a subjetivação já não passe pela vida aristocrática ou pela existência estetizada do homem livre, mas pela existência marginalizada do "excluído"? Assim, o sinólogo Tökei explica como o escravo alforriado perdia, de certa forma, seu estatuto social, e encontrava-se relegado a uma subjetividade isolada, lamentosa, existência *elegíaca*, de onde ia ele tirar novas formas de poder e de saber.[ii] O estudo das variações dos processos de subjetivação parece muito bem ser uma das tarefas fundamentais que Foucault deixou àqueles que lhe seguiriam. Acreditamos na extrema fecundidade desta pesquisa, que as atuais empreitadas a respeito de uma história da vida privada corroboram apenas parcialmente. Quem (se) subjetiva, estes são os nobres, aqueles que dizem, segundo Nietzsche, "nós, os bons..."; porém, noutras condições, são os excluídos, os ruins, os pecadores, ou bem os eremitas, ou bem as comunidades monásticas, ou bem os hereges: toda uma tipologia das formações subjetivas em dispositivos moventes. E, *[320]* por toda parte, emaranhados a serem desemaranhados: produções de subjetividade escapam dos poderes e dos saberes de um dispositivo, para se reinvestirem nos de um outro, sob outras formas a nascer.

Os dispositivos, pois, têm por componentes linhas de visibilidade, de enunciação, linhas de forças, linhas de subjetivação, linhas de rachadura, de fissura, de fratura, todas as quais se entrecruzam e se emaranham, umas que dão mais uma vez noutras, ou que suscitam outras, através das variações ou mesmo das mutações de agenciamento. Disso decorrem duas consequências importantes para uma filosofia dos dispositivos. A primeira é o repúdio dos universais. O universal, com efeito, nada explica, é ele que deve ser explicado. Todas as linhas são linhas de variação, que nem mesmo têm coordenadas constantes. O Uno, o Todo, o Verdadeiro, o objeto, o sujeito, não são universais, mas processos singulares, de unificação, de totalização, de verificação, de objetivação, de subjetivação, imanentes a este ou aquele dispositivo. Assim, cada dispositivo é uma multiplicidade, na qual operam certos processos em devir, distintos daqueles que operam num outro. É neste sentido que a filosofia de Foucault é um pragmatismo, um funcionalismo, um positivismo, um pluralismo. Talvez seja a Razão que coloca o mais elevado dos problemas, já que processos de racionalização podem operar sobre segmentos ou regiões de todas as linhas consideradas. Foucault homenageia Nietzsche com uma historicidade da razão; e marca toda a importância de uma pesquisa epistemológica sobre as diversas formas de racionalidade no saber (Koyré, Bachelard, Canguilhem), de uma pesquisa sociopolítica dos modos de racionalidade no poder (Max Weber). Talvez ele reserve para si próprio a terceira linha, o estudo dos tipos do "racional" em eventuais sujeitos. Porém, o que ele recusa essencialmente é a identificação desses processos numa Razão por excelência. Ele contesta toda restauração de universais de reflexão, de comunicação, de consenso. Pode-se dizer, a esse respeito, que

O que é um dispositivo?

seus entrelaçamentos com a Escola de Frankfurt, e com os sucessores de tal escola, são uma longa sequência de mal-entendidos de que ele não é responsável. E, tanto não há universalidade de um sujeito fundador ou de uma Razão por excelência, que permitiria com que os dispositivos fossem julgados, como não há universais da catástrofe, onde *[321]* a razão se alienaria, se desmoronaria de uma vez por todas. Como disse Foucault a Gérard Raulet, não há uma bifurcação da razão, mas ela não para de bifurcar, há tantas bifurcações e entroncamentos quanto instaurações, tantos desabamentos quanto construções, seguindo os recortes operados pelos dispositivos, e "não há sentido algum na proposição segundo a qual a razão é uma longa narrativa, agora terminada".[b] Deste ponto de vista, a questão que se objeta a Foucault, de saber como é possível estimar o valor relativo de um dispositivo, se não se pode invocar valores transcendentes enquanto coordenadas universais, é uma questão que arrisca reconduzir-nos para trás e, ela também, faltar com sentido. Será então dito que todos os dispositivos se equivalem (niilismo)? Já faz muito tempo que pensadores como Espinosa ou Nietzsche mostraram que os modos de existência deviam ser ponderados segundo critérios imanentes, segundo seu teor em "possibilidades", em liberdade, em criatividade, sem apelo algum a valores transcendentais. Foucault fará inclusive alusão a critérios "estéticos", compreendidos como critérios de vida, e que a cada vez substituem uma avaliação imanente às pretensões de um juízo transcendente. Quando lemos os últimos livros de Foucault, devemos compreender o programa que ele propõe a seus leitores o melhor que pudermos. Uma estética intrínseca dos modos de existência, como última dimensão dos dispositivos?

A segunda consequência de uma filosofia dos dispositivos é uma mudança de orientação, que se desvia do Eterno para apreender o novo. O novo não deve designar a moda, mas, ao contrário, a criatividade variável segundo os dispositivos, em conformidade com a questão que começara a nascer no século XX: como é pos-

---

[b] "Structuralisme et poststructuralisme", in *Dits et écrits*, IV, Paris, Gallimard, 1994, pp. 431-58, especialmente pp. 440 e 448.

sível a produção de algo de novo no mundo? É verdade que, em toda sua teoria da enunciação, Foucault recusa explicitamente a "originalidade" de um enunciado como critério pouco pertinente, pouco interessante. Ele quer considerar apenas a "regularidade" dos enunciados. Porém, o que ele entende por regularidade é *[322]* a feição da curva que passa pelos pontos singulares ou pelos valores diferenciais do conjunto enunciativo (do mesmo jeito, definirá ele os entrelaços de forças por distribuições de singularidades num campo social). Quando recusa a originalidade do enunciado, ele quer dizer que a eventual contradição de dois enunciados não basta para distingui-los, nem para marcar a novidade de um relativamente ao outro. Pois o que conta é a novidade do próprio regime de enunciação, enquanto ele puder compreender enunciados contraditórios. Por exemplo, perguntarão qual regime de enunciados aparece com o dispositivo da Revolução Francesa ou da Revolução bolchevique: é a novidade do regime que conta, e não a originalidade do enunciado. Todo dispositivo se define, assim, por seu teor de novidade e criatividade, que ao mesmo tempo marca sua capacidade de transformar-se, ou de fissurar-se já em proveito de um dispositivo do porvir; a menos que, pelo contrário, haja um abatimento de força sobre suas linhas mais duras, as mais rígidas ou sólidas. Enquanto escapam das dimensões de saber e de poder, as linhas de subjetivação parecem particularmente capazes de traçar caminhos de criação, que não param de abortar, mas também de ser retomados, modificados, até a ruptura do antigo dispositivo. Quiçá os estudos ainda inéditos de Foucault, sobre os diversos processos cristãos, abram vias numerosas a este respeito. Não se acreditará, contudo, que a produção de subjetividade seja prerrogativa da religião: as lutas antirreligiosas também são criativas, assim como os regimes de luz, de enunciação ou de dominação passam pelos mais diversos domínios. As subjetivações modernas não se parecem mais com as dos gregos, tampouco com as dos cristãos; e quanto à luz o mesmo, e os enunciados e os poderes.

Pertencemos a tais dispositivos e agimos neles. A novidade de um dispositivo relativamente aos anteriores, chamamo-la sua atualidade, nossa atualidade. O novo é o atual. O atual não é o que somos, mas antes o que devimos, o que estamos em via de devir, ou

O que é um dispositivo? 365

seja, o Outro, nosso devir-outro. Em todo dispositivo, é preciso distinguir o que somos (o que já nem somos mais) e o que estamos em via de devir: *a parte da história e a parte do atual*. A história é o arquivo, o desenho do que somos e deixamos de ser, *[323]* ao passo que o atual é o esboço do que devimos. De modo que a história ou o arquivo é o que ainda nos separa de nós mesmos, ao passo que o atual é este Outro com o qual já coincidimos. Às vezes se acreditou que Foucault levantava o quadro das sociedades modernas como outros tantos dispositivos disciplinares, por oposição aos velhos dispositivos de soberania. Mas não é nada disso: as disciplinas descritas por Foucault são a história do que pouco a pouco deixamos de ser, e nossa atualidade se desenha em disposições de *controle* aberto e contínuo, bem diferentes das recentes disciplinas fechadas. Foucault concorda com Burroughs, que anuncia nosso futuro controlado em vez de disciplinado. A questão não é de saber se está pior. Pois também evocamos produções de subjetividade capazes de resistir a essa nova dominação, bem diferentes daquelas que outrora se exerciam contra as disciplinas. Uma nova luz, novas enunciações, uma nova potência, novas formas de subjetivação? Em todo dispositivo, devemos desemaranhar as linhas do passado recente e as do futuro próximo: a parte do arquivo e a do atual, a parte da história e a do devir, *a parte da analítica e a do diagnóstico*. Se Foucault é um grande filósofo, é porque se serviu da história em proveito de outra coisa: como dizia Nietzsche, agir contra o tempo e, assim, sobre o tempo, em favor, eu o espero, de um tempo por vir. Pois o que aparece como o atual ou o novo, segundo Foucault, é o que Nietzsche chamava de intempestivo, inatual, esse devir que bifurca com a história, esse diagnóstico que, com outros caminhos, sucede à análise. Não predizer, mas estar atento ao desconhecido que bate à porta. Nada mostra isso melhor do que uma passagem fundamental da *Arqueologia do saber*, válida para toda a obra (p. 172):

> "A análise do arquivo comporta, pois, uma região privilegiada: a uma só vez próxima de nós e porém diferente de nossa atualidade, é a bordura do tempo que cerca nosso presente, que dele se sobressai e que o indi-

ca em sua alteridade; é aquilo que, fora de nós, delimita-nos. A descrição do arquivo desdobra suas possibilidades (e o manejo de suas possibilidades) a partir dos discursos que *[324]* justamente acabaram de deixar de ser os nossos; seu limiar de existência é instaurado pelo corte que nos separa daquilo que já não podemos dizer, e daquilo que tomba para fora de nossa prática discursiva; ela começa com o fora de nossa própria linguagem; seu lugar é a distância de nossas próprias práticas discursivas. Neste sentido, ela vale para o nosso diagnóstico. De modo algum porque nos permitiria montar o quadro dos nossos traços distintivos, e esboçar, de antemão, a figura que teremos no porvir. Mas ela nos resgata de nossas continuidades; dissipa esta identidade temporal em que adoramos ficar nos olhando para conjurar as rupturas da história; ela rompe o fio das teleologias transcendentais; e lá onde o pensamento antropológico interrogava o ser do homem ou sua subjetividade, ela não só faz explodir o outro, como também o fora. O diagnóstico assim entendido não estabelece a constatação de nossa identidade pelo jogo das distinções. Ele estabelece que somos diferença, que nossa razão é a diferença dos discursos, nossa história, a diferença dos tempos, nosso eu, a diferença das máscaras."

As diferentes linhas de um dispositivo se repartem em dois grupos: linhas de estratificação ou de sedimentação; linhas de atualização ou de criatividade. A última consequência deste método diz respeito a toda a obra de Foucault. Na maioria de seus livros, ele determina um arquivo preciso, com meios históricos extremamente novos: sobre o Hospital geral no século XVII, sobre a clínica no XVIII, sobre a prisão no XIX, sobre a subjetividade na Grécia antiga, depois no cristianismo. É a metade de sua tarefa, porém. É que ele, zelando pelo rigor, por vontade de não emaranhar tudo, por confiança no leitor, não formula a outra metade. Ele a formula somente e explicitamente nas entrevistas contemporâneas a cada um de seus grandes livros: o que é da loucura, da prisão,

O que é um dispositivo?

da sexualidade, hoje? Quais novos modos de subjetivação vemos aparecer hoje em dia, que, certamente, não são gregos nem cristãos? Esta última questão, especialmente, assombra Foucault até o final (nós, que não somos mais gregos, tampouco cristãos...). Se Foucault, até *[325]* o fim de sua vida, deu tanta importância às suas entrevistas, na França e ainda mais no exterior, não é por gostar de ser entrevistado, é porque nelas traçava tais linhas de atualização, que exigiam um outro modo de expressão que não as linhas assimiláveis nos grandes livros. As entrevistas são diagnósticos. É como em Nietzsche, cujas obras são difíceis de ler sem que se some o *Nachlass*[iii] contemporâneo de cada uma. A obra completa de Foucault, tal como a concebem Defert e Ewald,[iv] não pode separar os livros, que nos marcaram a todos, das entrevistas, que nos empurravam para um porvir, para um devir: os estratos e as atualidades.

Rodapé da tradução

[i] "Traçar uma linha no papel" e "tirar uma segunda sobre ela" são exemplos de frases em que os verbos *tirar* e *traçar* têm o mesmo sentido. Linhas abaixo no texto, o mesmo verbo vem acompanhado de Foucault e da linha de forças: "É ela que Foucault tira, e cuja trajetória ele encontra etc.".

[ii] Ferenc Tökei (1930-2000), nascido em Budapeste, grande estudioso da China, suas formas poéticas, sua filosofia e, de um ponto de vista marxista, o modo de produção asiático. Em nosso caso, Deleuze parece estar se referindo a um texto de Tökei citado em *Mil platôs*, pp. 560-1, "Les conditions de la propriété foncière dans la Chine de l'époque Tcheou", *Acta antiqua*, 1958. Todavia, imagina-se que também o livro *Naissance de l'élégie chinoise: K'iu Yuan et son époque* (traduzido pelo autor, Paris, Gallimard, 1967) esteja envolvido nesta alusão ao trabalho de Tökei.

[iii] Geralmente traduzido por "espólio", a palavra *Nachlass* se refere aos escritos deixados para trás por um autor, aqueles que ele não publicou, esboços, rascunhos etc. Muitas são as edições da obra de Nietzsche, incluindo seu espólio, mas a edição crítica dos italianos Giorgio Colli e Mazzino Montinari é tida como definitiva pelos estudiosos (Berlim/Nova York, de Gruyter, 1967). É a mesma edição que foi publicada pela editora Gallimard, cuja tradução foi dirigida por Deleuze e Foucault.

[iv] Daniel Defert (1937) e François Ewald (1946), coeditores da coletânea *Dits et écrits* (*Ditos e escritos*), de 1994, que reúne os textos pequenos, os ensaios e as entrevistas de Michel Foucault. François Ewald é também responsável, com Alessandro Fontana, pela publicação dos cursos de Foucault no Collège de France.

O que é um dispositivo?

51
RESPOSTA A UMA QUESTÃO SOBRE O SUJEITO*
[1988] *[326]*

Um conceito filosófico preenche uma ou várias *funções*, em campos de pensamento que são, eles próprios, definidos por *variáveis interiores*. Enfim, há variáveis exteriores (estados de coisas, momentos da história), num entrelace complexo com as variáveis internas e as funções. É o mesmo que dizer de um conceito que ele nasce e morre, não por prazer, mas na medida em que novas funções, em novos campos, destituem-no relativamente. Eis também por que nunca é muito interessante criticar um conceito: mais vale construir as novas funções e descobrir os novos campos que o tornam inútil ou inadequado.

O conceito de sujeito não escapa a essas regras. Ele preencheu por muito tempo duas funções: primeiro, uma função de universalização, num campo onde o universal não era mais representado por essências objetivas, mas por atos noéticos ou linguísticos. Neste sentido, Hume marca um momento principal numa filosofia do sujeito, pois invoca atos que ultrapassam o dado (o que se passa quando eu digo "sempre" ou "necessário"?). O campo correspondente, então, de modo algum continua a ser o do conhecimento, mas antes o da "crença" como nova base do conhecimento: em que condições uma crença é legítima, segundo a qual eu digo *mais* do que me está dado? Em segundo lugar, o sujeito preenche uma função de individuação, num campo onde o indivíduo já

---

* O texto original datilografado é datado de fevereiro de 1988. Ele foi publicado pela primeira vez em inglês, numa tradução de Julien Deleuze para a revista *Topoï*, setembro de 1988, pp. 111-2, com o título "A Philosophical Concept...", antes de ser retraduzido para uma revista francesa (o texto original tinha se perdido).

não pode mais ser uma coisa, tampouco uma alma, mas uma pessoa, viva e vivida, falante e falada *[327]* ("eu-tu"). Esses dois aspectos do sujeito, o Eu universal e o mim individual,[i] estariam necessariamente ligados? Mesmo que ligados, não haveria conflito entre eles, e como resolver esse conflito? Todas essas questões animam aquilo que se pôde chamar de filosofia do sujeito, já em Hume, mas também em Kant, que confronta um Eu como determinação do tempo e um Mim como determinação no tempo. Ainda em Husserl, questões análogas serão colocadas na última das *Meditações cartesianas*.

Será possível atribuir novas funções e variáveis capazes de acarretar uma mudança? Em favor de novas variáveis de espaço--tempo, são funções de singularização que invadiram o campo do conhecimento. Por singularidade, não se há de entender algo que se opõe ao universal, mas um elemento qualquer que pode ser prolongado até a vizinhança de um outro, de maneira a obter um ajuste: é uma singularidade no sentido matemático. O conhecimento e mesmo a crença tendem, então, a ser substituídos por noções como "agenciamento" ou "dispositivo", que designam uma emissão e uma repartição de singularidades. São essas emissões, do tipo "lance de dados", que constituem um campo transcendental sem sujeito. O múltiplo devém o substantivo, multiplicidade, e a filosofia é a teoria das multiplicidades, as quais não se entrelaçam a sujeito algum como unidade prévia. O que conta não é mais o verdadeiro nem o falso, mas o singular e o regular, o notável e o ordinário. É a função de singularidade que substitui a de universalidade (num novo campo, que não tem mais uso para o universal). Isso é visto até no direito: a noção jurídica de "caso", ou de "jurisprudência", destitui o universal em proveito das emissões de singularidades e das funções de prolongamento. Uma concepção do direito fundada sobre a jurisprudência prescinde de todo "sujeito" de direitos. Inversamente, uma filosofia sem sujeito apresenta, do direito, uma concepção fundada sobre a jurisprudência.

Correlativamente, talvez, impuseram-se tipos de individuação que não eram mais pessoais. Indaga-se sobre aquilo que faz a individualidade de um acontecimento: *uma* vida, *uma* estação, um vento, uma batalha, cinco horas da tarde... Pode-se chamar hecceidade ou ecceidade essas individuações que não mais constituem *[328]* pessoas ou *mins*. E nasce a questão de saber se não somos tais hecceidades, em vez de *mins*. A esse respeito, a filosofia e a literatura anglo-americana são particularmente interessantes, pois com frequência se distinguiram por sua incapacidade de encontrar um sentido atribuível à palavra "mim", salvo aquele de uma ficção gramatical. Os acontecimentos colocam questões de composição e de decomposição, de rapidez e de lentidão, de longitude e de latitude, de potência e de afeto bastante complexas. Contra todo personalismo, psicológico ou linguístico, eles acarretam a promoção de uma terceira pessoa, e mesmo de uma "quarta" pessoa do singular, não-pessoa ou *Ele*, onde nos reconhecemos melhor, a nós mesmos e à nossa comunidade, do que nas frívolas trocas entre um Eu e um Você. Em suma, acreditamos que a noção de sujeito perdeu muito do seu interesse *em proveito das singularidades pré-individuais e das individuações não-pessoais*. Porém, precisamente, não basta opor conceitos uns aos outros para saber qual é o melhor, é preciso confrontar os campos de problemas aos quais eles respondem, para descobrir sob quais forças os próprios problemas se transformam e exigem, eles mesmos, a constituição de novos conceitos. Nada envelhece daquilo que os grandes filósofos escreveram sobre o sujeito, mas é esta a razão pela qual temos, graças a eles, outros problemas para descobrir, em vez de operar "retornos" que mostrariam apenas nossa insuficiência em segui-los. Com isso, a situação da filosofia não se distingue fundamentalmente da situação das ciências e das artes.

RODAPÉ DA TRADUÇÃO

[i] Optou-se por traduzir, em suas formas maiúscula e minúscula, *je* por "eu" e *moi* por "mim", a fim de manter a distinção conceitualmente importante entre ambos. Na obra *Différence et répétition* (Paris, PUF, 1968), encontram-se páginas que lidam com essa distinção, por exemplo, pp. 330-5.

52
PREFÁCIO À EDIÇÃO AMERICANA
DE *A IMAGEM-TEMPO**
[1988] *[329]*

Em filosofia, operou-se uma revolução por vários séculos, dos gregos a Kant: a subordinação do tempo ao movimento foi invertida, o tempo deixa de ser a medida do movimento normal, ele se manifesta cada vez mais por si mesmo e cria movimentos paradoxais. O tempo está fora dos gonzos:[i] a frase de Hamlet significa que o tempo não está mais subordinado ao movimento, mas o movimento ao tempo. É possível que o cinema tenha refeito, por conta própria, a mesma experiência, a mesma inversão, em condições mais velozes. A imagem-movimento do cinema dito "clássico" deu lugar, depois da guerra, a uma imagem-tempo direta. Tal ideia geral, evidentemente, deve ser nuançada, corrigida, adaptada aos casos concretos.

Por que a guerra como corte? É que o pós-guerra na Europa fez com que proliferassem situações às quais já não sabíamos como reagir, em espaços que já não sabíamos como qualificar. Eram espaços "quaisquer", desertos todavia povoados, entrepostos desafetados,[ii] terrenos baldios, cidades em demolição ou reconstrução. E, nesses espaços quaisquer, agitava-se uma nova raça de personagens, um pouco mutantes: elas mais viam do que agiam, eram Videntes.[iii] Assim, a grande trilogia de Rossellini, *Europa 51*, *Stromboli*, *Alemanha Ano Zero*:[iv] uma criança na cidade destruída, uma estrangeira na ilha, uma burguesa que começa a "ver" em torno de si. As situações podiam *[330]* ser extremas ou, pelo con-

---

* Título do editor francês. O texto manuscrito é datado de julho de 1988. "Preface to the English Edition", in Gilles Deleuze, *Cinema 2: The Time-Image*, Minneapolis, University of Minnesota Press, 1989, pp. xi-xii. Tradução inglesa de Hugh Tomlinson e Robert Galeta.

Prefácio à edição americana de *A imagem-tempo* 373

trário, de banalidade cotidiana, ou as duas de uma vez: o que tende a desmoronar-se ou, ao menos, a desqualificar-se é o esquema sensório-motor tal como ele constituiu a imagem-ação do antigo cinema. E, em favor deste relaxamento do liame sensório-motor, é o Tempo, "um pouco de tempo em estado puro", que sobe à superfície da tela. O tempo deixa de decorrer do movimento, ele se manifesta em si mesmo e ele mesmo suscita *falsos movimentos*. Donde a importância da *falsa continuidade* no cinema moderno: as imagens já não se encadeiam por cortes e continuidades racionais, mas se reencadeiam sobre falsas continuidades ou cortes irracionais. Até mesmo o corpo já não é exatamente o móvel, sujeito do movimento e instrumento da ação; ele antes devém o revelador do tempo, dando testemunho do tempo por suas fadigas e suas esperas (Antonioni).

Não é exato que a imagem cinematográfica esteja no presente. O que está no presente é aquilo que a imagem "representa", mas não a própria imagem, que nunca se confunde com o que ela representa, tanto no cinema quanto na pintura. A própria imagem é o sistema dos entrelaces entre seus elementos, isto é, um conjunto de entrelaces de tempo cujo presente variável nada faz além de escoar. É neste sentido, acredito, que Tarkovski recusa a distinção da montagem e do plano, definindo o cinema pela "pressão do tempo" no plano.[a] O que é próprio à imagem, contanto que seja criativa, é tornar sensíveis, visíveis, entrelaces de tempo que não se deixam ver no objeto representado e que não se deixam reduzir ao presente. Seja uma profundidade de campo de Welles, um *travelling* de Visconti: afundamo-nos no tempo mais do que percorremos o espaço. O carro de Sandra, no início do filme de Visconti, move-se já no tempo, e as personagens de Welles ocupam no tempo um lugar de gigantes, mais do que se estivessem mudando de lugar no espaço.

É o mesmo que dizer que a imagem-tempo nada tem a ver com um *flashback*, nem mesmo com uma lembrança. A lembrança é apenas um antigo presente, ao passo que as personagens am-

---

[a] [Andrei] Tarkovski, "De la figure cinématographique", *Positif*, nº 249, dezembro de 1981.

nésicas do cinema moderno afundam-se literalmente no passado, ou *[331]* dele emergem, para fazer ver aquilo que se furta mesmo à lembrança. O *flashback* é apenas um letreiro e, quando utilizado por grandes autores, só está lá para manifestar estruturas temporais muito mais complexas (por exemplo, em Mankiewicz, o tempo que "bifurca": recuperar o momento em que o tempo poderia ter tomado outro curso...). De toda maneira, o que chamamos de estrutura temporal, ou imagem-tempo direta, evidentemente transborda a sucessão puramente empírica do tempo, passado--presente-futuro. É, por exemplo, uma coexistência de durações distintas, ou de níveis de duração, um mesmo acontecimento que pode pertencer a vários níveis: as camadas de passado coexistem numa ordem não-cronológica; isto é visto em Welles, com sua poderosa intuição da Terra, e em Resnais, com personagens que retornam do país dos mortos.

Existem sim, ainda, outras estruturas temporais: todo o objeto deste livro é resgatar aquelas que a imagem cinematográfica soube apreender e revelar, e que podem fazer eco ao que a ciência nos ensina, àquilo que as outras artes nos desvelam, ou àquilo que a filosofia nos faz compreender, com toda respectiva independência. Quando se fala de uma morte do cinema, isto é uma besteira, pois o cinema está ainda no início de suas pesquisas: tornar visíveis estes entrelaces de tempo que só podem aparecer numa criação da imagem. Não é o cinema que tem necessidade da televisão, ela, cuja imagem permanece deploravelmente no presente, caso não seja fecundada pela arte do cinema. Os entrelaces e as disjunções entre o visual e o sonoro, entre o que é visto e o que é dito, relançam ainda mais o problema e dão ao cinema novas potências para capturar o tempo na imagem (de maneira bem diferente, Pierre Perrault, Straub, Syberberg...). Sim, o cinema, se não for violentamente morto, guarda a potência de um começo. Inversamente, devemos buscar, já no cinema do pré-guerra, e mesmo no mudo, o trabalho de uma imagem-tempo puríssima, que não deixou de furar, reter ou englobar a imagem-movimento: uma natureza-morta de Ozu, como forma imutável do tempo? Que Robert Galeta seja agradecido pelo cuidado que ele dedicou ao traduzir esta aventura do movimento e do tempo.[v]

Prefácio à edição americana de *A imagem-tempo*

Rodapé da tradução

[i] No primeiro ato da peça *Hamlet*: *"The time is out of joint"* ("O tempo está fora dos gonzos"), cuja interpretação usual é a de encontrar-se fora de prumo. No início do texto "Sur quatre formules poétiques qui pourraient résumer la philosophie kantienne", em *Critique et clinique* (Paris, Minuit, 1993, pp. 40-9), esta mesma frase é usada por Deleuze, tratando-se da inversão kantiana em que o movimento se subordina ao tempo.

[ii] Que sofreram desafetação, ou deixaram de prestar para certa finalidade e estão sem destinação. É da terminologia jurídica relativa aos bens públicos de um Estado.

[iii] "Vidente" traduz *voyant*, não remetendo, porém, ao sentido corrente dessa palavra em português, como alguém que prevê o futuro e profetiza, e sim no sentido do visionário, de quem vê algo tão imenso e grandioso a ponto de ser insuportável tal visão. Cf. o livro *L'Image-temps* (Paris, Minuit, 1985), principalmente o cap. 1, no qual se desenvolve o conceito de "devir visionário", ou "devir vidente" no cinema.

[iv] As datas de lançamento destes filmes são, respectivamente: 1952, 1950 e 1948.

[v] Na versão em inglês deste prefácio, conforme aparece na edição norte-americana supramencionada, encontra-se, em novo parágrafo, um agradecimento de Deleuze aos dois tradutores do livro, e não apenas a Galeta, o que parece mais conveniente: "Eu gostaria de agradecer a Robert Galeta e Hugh Tomlinson pelo cuidado que eles dedicaram ao traduzir esta aventura do movimento e do tempo".

53

OS TRÊS CÍRCULOS DE RIVETTE*
[1989] *[332]*

Um primeiro círculo aparece (ou um segmento de círculo). Nós o nomeamos A, pois ele aparece primeiro, mas não cessa durante todo o filme. É um antigo teatro, que serve de escola, onde garotas ensaiam papéis, Marivaux, Racine, Corneille, sob a direção de Constance (Bulle Ogier). O difícil é as alunas conseguirem exprimir o sentimento justo, cólera, amor, desespero, mas com palavras que não são as suas, que são as de um autor. É o primeiro sentido de atuar: *Os Papéis*.

Uma delas, Cécile, deixou um casarão de subúrbio para quatro moças: ela vai viver noutro lugar com o homem que ama. As quatro moças vão coabitar no casarão: lá vivem a reincidência de seus papéis, mas também seus humores e posturas pessoais de fim de tarde, os efeitos de seus amores privados, que só se conhece por alusão, suas atitudes umas relativamente às outras. É como se ricocheteassem no muro do teatro para levar, no casarão, uma vida vagamente comum; levam para lá pedaços de papéis, tomados porém em suas próprias palavras, distribuídos em suas próprias vidas, cada uma cuidando de seus próprios afazeres. Já não é uma sucessão de papéis seguindo um programa, e sim um encadeamento casual de atitudes e de posturas, seguindo várias histórias de uma vez só, que não se entrosam. É o segundo sentido de atuar: as Atitudes e Posturas em vidas cotidianas entrecruzadas. É, a uma só vez, o grupo das quatro moças e sua individuação, as cômicas e as trágicas, as deprimidas e as tônicas, as descoordenadas e as hábeis, e, *[333]* principalmente, *as Solares e as Lunares*, que não

---

* *Cahiers du Cinéma*, n° 416, fevereiro de 1989, pp. 18-9. A propósito do filme *La Bande des quatre*, de Jacques Rivette.

param de inspirar Rivette. É um segundo círculo, B, interior ao primeiro, pois deste depende por um lado, pois colhe seus efeitos, redistribuindo-os contudo à sua maneira, e se distancia do teatro para voltar incessantemente a ele.

As quatro moças são perseguidas por um homem indeterminado, trapaceiro, espião, policial, que procura o amante de Cécile (talvez um bandido). Será um caso de carteiras de identidade falsas, de quadros furtados, de tráfico de armas, de escândalo judicial? Ele busca as chaves de um cofre. Tenta seduzir uma moça por vez e faz com que uma delas o ame. As outras três tentarão matá-lo, uma teatralmente, outra friamente, outra impulsivamente. A terceira consegue, com pauladas. Beleza das três cenas, que são grandes momentos de Rivette. É um terceiro sentido de atuar: as Máscaras, num complô político-policial que nos ultrapassa e no qual todo mundo é pego, um tipo de complô mundial. É um terceiro círculo, C, que está num entrelace complexo com os outros dois: ele prolonga o segundo, mistura-se intimamente a ele, porque polariza mais e mais a atitude das moças, dá a elas uma medida comum e as enfeitiça. Todavia, ele também se expande pelo teatro inteiro, recobre-o, reúne talvez todas as peças de um repertório infinito, e Constance, a diretora, parece muito bem ser, desde o início, um elemento essencial do complô. (Não há, em sua vida, um buraco de vários anos? Ela não mora no teatro sem jamais sair, receptando o malfeitor de Cécile, que talvez seja seu próprio amante?) E as próprias moças: uma tem um amigo americano de mesmo nome que o policial, outra carrega o nome de sua irmã misteriosamente desaparecida, e Lúcia, a portuguesa, a Lunar por excelência, encontrou de repente as chaves e possui um quadro que talvez seja [334] verdadeiro... Em suma, os três círculos se misturam, progridem um pelo outro, reagem um no outro e se organizam sem jamais perder seu enigma.

Atuamos em peças que ainda não sabemos (nossos papéis). Insinuamo-nos em caráteres que não dominamos (nossas atitudes e posturas). Servimos a um complô de que ignoramos tudo (nossas máscaras). Rivette soube fornecer uma visão do mundo. Ele precisa do teatro para que o cinema exista: é que as atitudes e as posturas das moças formam uma teatralidade de cinema, que não para de se comparar à teatralidade de teatro, confrontando-a para dela se distinguir. E se todos os complôs políticos, jurídicos, policiais, que pesam sobre nós, bastam para mostrar que o mundo real se pôs a fazer um cinema horrível, então cabe ao cinema devolver-nos um pouco de real, um pouco de mundo, enfim. Um cinema que opõe sua teatralidade à do teatro, sua realidade à do mundo que deveio irreal: Rivette manteve esse projeto, para salvar o cinema do teatro e dos complôs que o destruíam.

Se os três círculos se comunicam, isto se dá nos lugares que são os de Rivette: assim é com os fundos do teatro, ou com o casarão das moças. São lugares onde a Natureza não vive, mas sobrevive com uma graça estranha. Lá onde sobrevive a Natureza, são regiões de subúrbio ainda não regulamentadas, ou em plena cidade, nas passagens ainda campestres ou nas ruas sem saída pouco visíveis de fora. As revistas de moda puderam tirar fotos perfeitas e gélidas destes locais, mas já ninguém mais sabia que elas vinham de Rivette e que estavam impregnadas do sonho dele. Lá, complôs são urdidos, moças coabitam, são instaladas escolas. Mas é lá que o sonhador ainda pode apreender o dia e a noite, o sol e *[335]* a lua, como um *grande Círculo exterior que comanda todos os outros* e reparte as sombras e as luzes.

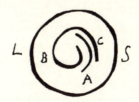

De certa maneira, Rivette filmou apenas uma coisa: a luz e sua transformação, ora lunar, ora solar, Lúcia e Constance. Não são pessoas, mas forças. Uma não é o bem e a outra, o mal, mas Rivette vai nesses lugares de sobrevivência, subúrbio ou passagens, para verificar o estado em que ambas ainda subsistem. O cinema de Rivette não deixou de estar próximo da poesia de Gérard de Nerval, como se Rivette fosse habitado por Nerval. Ele revisita os restos de uma Île-de-France alucinada,[i] põe em cena as novas Moças do fogo;[ii] ele sente chegar o complô de uma loucura indeterminável. Não é uma influência, mas aquilo que faz de Rivette o autor mais inspirado do cinema, um de seus maiores poetas.

RODAPÉ DA TRADUÇÃO

[i] Uma das regiões da França, onde se encontra a cidade de Paris. Em *Cinéma 2: L'image-temps* (Paris, Éditions de Minuit, 1985), Deleuze já havia escrito sobre essa inspiração de Nerval em Rivette: "Se ele [Rivette] é o mais francês dos cineastas, é no sentido em que Gérard de Nerval podia ser dito poeta francês por excelência, podia até mesmo ser chamado de 'gentil Gérard', cantador da ilha de França, assim como Rivette, cantador de Paris e de suas ruas campestres" (p. 20).

[ii] Alusão ao livro de contos de Gérard de Nerval, *Les Filles du feu*, publicado em janeiro de 1854. Este título pode ser ainda traduzido, como geralmente o fazem, por *As filhas do fogo*.

54
A ENGRENAGEM*
[1989] *[336]*

Libération — *Você está surpreso com a amplidão do debate sobre o uso do véu islâmico nos estabelecimentos escolares?*

Gilles Deleuze — A questão do lenço de cabeça,[i] a guerra que está acontecendo na escola a respeito da cabeça coberta ou descoberta das garotas, tem um aspecto humorístico irresistível. Desde Swift e o conflito entre aqueles que queriam abrir os ovos cozidos pela extremidade grossa e seus adversários, jamais se havia imaginado um motivo de guerra desses. Como sempre, o anseio espontâneo das moças parece ser singularmente reforçado pela pressão de pais antilaicos. Não dá para ter certeza se as moças estão totalmente seguras quanto a isso. É aí que as coisas devém menos engraçadas.

— Para além da anedota, você estima que o caso possa ter consequências, que ele corresponda a um verdadeiro debate na sociedade francesa?

G.D. — Trata-se de saber até onde vão os anseios ou as reivindicações das associações islâmicas. Será que, numa segunda etapa, vão exigir um direito à prece islâmica nas próprias salas de aula? E depois, numa terceira etapa, será que discutirão o ensino literário, entre outros, acusando certo texto de Racine ou de Voltaire de ofender a dignidade muçulmana? Em suma, o importante seria saber até onde as associações islâmicas querem ir, o que elas

---

* Título do editor francês. "Gilles Deleuze craint l'engrenage" [Gilles Deleuze desconfia da engrenagem], *Libération*, 26 de outubro de 1989. Entrevista registrada por Francis Zamponi. Este artigo dá sequência aos debates suscitados, quando da volta às aulas, pela exclusão temporária das garotas que haviam se recusado a retirar seus véus islâmicos durante as aulas.

aceitam ou não da escola laica. Para saber isso, é preciso perguntar a elas, e que elas eventualmente se comprometam a esse respeito. Será preciso lembrar a existência de um movimento laico entre os próprios árabes? Não *[337]* se há de pensar que os árabes, ou que os franceses de origem árabe, tenham apenas a religião para saber sua identidade. As religiões valem tão somente pelo tanto de nobreza e de coragem dos ateísmos que elas inspiram.

— *Você parece situar este caso no âmbito de uma ofensiva religiosa dirigida à sociedade civil.*

G.D. — Haveria, então, um plano armado, em que o lenço seria apenas a primeira etapa? Finalmente nos explicariam que, não podendo a escola laica satisfazer aos direitos dos muçulmanos, devem existir escolas corânicas financiadas pelo Estado laico, já que ele financia escolas cristãs. Como faço parte daqueles que não deixaram de achar inadmissível a manutenção, pelo Estado, de escolas confessionais cristãs, e os pretextos invocados para que isto seja feito, sinto-me à vontade para protestar contra um eventual financiamento de escolas corânicas. Uma aliança entre religiões não está excluída, hoje em dia, para que ainda seja recolocada em causa uma laicidade vacilante. A menos, certamente, que isto seja apenas uma história de lenços.

RODAPÉ DA TRADUÇÃO

[i] "Lenço de cabeça" (doravante apenas "lenço") traduz o termo francês *foulard*, que é um pedaço de tecido usado em torno do pescoço ou sobre a cabeça, para se proteger do frio ou como adorno. Quando estoura a polêmica do véu islâmico em 1989 na França, toda a imprensa passa a se referir a essa vestimenta como *foulard*, e a polêmica é conhecida como *affaire de foulard* ("caso do lenço de cabeça"). De acordo com a terminologia árabe própria, a vestimenta em questão chama-se *hijab*, usada pelas mulheres em torno da cabeça e ao longo do busto, de modo a deixar apenas a face descoberta. Para um aprofundamento maior dessa questão, bem como da evolução da ideia de laicidade na França, relativamente às liberdades religiosas (e à repressão a elas), cf. Anne-Sophie Lamine, "Les foulards et la République", in *Revue des Sciences Sociales*, nº 35, 2006, pp. 154-65 (encontrado em www.revue-des-sciences-sociales.com/pdf/rss35-lamine.pdf).

55
CARTA-PREFÁCIO A JEAN-CLET MARTIN*
[1990] *[338]*

Lendo você, regozijo-me por estar se ocupando de meu trabalho, tanto é o rigor e a compreensão que você demonstra. Tentarei responder a algumas de suas observações, mas a diferença entre nós, no mais das vezes, é antes uma questão de palavras.

1. Acredito na filosofia como sistema. É a noção de sistema que me desapraz quando a entrelaçam às coordenadas do Idêntico, do Semelhante e do Análogo. É Leibniz, creio, quem primeiro identifica sistema e filosofia. No sentido em que ele o faz, eu adiro. Assim, as questões "ultrapassar a filosofia", "morte da filosofia" nunca me tocaram. Sinto-me um filósofo bem clássico. Para mim, o sistema não deve apenas estar em perpétua heterogeneidade, ele deve ser uma *heterogênese*, o que jamais foi tentado, ao que me parece.

2. Deste ponto de vista, o que você diz sobre a metáfora, ou antes contra ela, parece-me justo e profundo. Acrescento apenas algo que não contradiz em nada o que você diz, mas vai num sentido próximo: o duplo desvio,[i] a traição me parecem operações que instauram uma imanência radical, é um traçado de imanência — donde o entrelace essencial com a *Terra*.

3. Você vê muito bem a importância, para mim, de definir a filosofia pela invenção ou pela criação dos conceitos, ou seja, co-

---

* Título do editor francês. "Lettre-préface de Gilles Deleuze", in Jean-Clet Martin, *Variations: la philosophie de Gilles Deleuze*, Paris, Payot & Rivages, 1993, pp. 7-9. A carta é datada de 13 de junho de 1990.

mo não sendo nem contemplativa nem reflexiva, nem *[339]* comunicativa etc., mas como atividade criadora. Acredito que ela sempre foi isso, mas eu ainda não soube me explicar sobre este ponto. Eis por que eu gostaria tanto de fazer, como próximo livro, um texto curto sobre O *que é a filosofia?*.

4. Você vê muito bem a importância, para mim, da noção de multiplicidade: é o essencial. E, como você diz, multiplicidade e singularidade estão essencialmente ligadas (sendo que "singularidade" é, a uma só vez, diferente de "universal" e de "individual"). "Rizoma" é a melhor palavra para designar as multiplicidades. Em contrapartida, parece-me que abandonei completamente a noção de simulacro, que não vale grande coisa. Finalmente, é *Mil platôs* que se consagra às multiplicidades por elas mesmas (devires, linhas etc.).

5. Empirismo transcendental não quer dizer efetivamente nada, se as condições não forem tornadas precisas. O "campo" transcendental não deve ser *decalcado* do empírico, como faz Kant: por esta razão, ele deve ser explorado por conta própria, logo "experimentado" (mas um tipo de experiência muito particular). É esse tipo de experiência que permite descobrir as multiplicidades, mas também o exercício do pensamento ao qual remete o terceiro ponto. Pois acredito que, além das multiplicidades, o mais importante para mim foi a imagem do pensamento tal como tentei analisá-la em *Diferença e repetição*, daí em *Proust*, e por toda parte.

6. Permita-me, por fim, um conselho de trabalho: sempre há interesse, nas análises de conceito, em partir de situações bem concretas, bem simples, e não dos antecedentes filosóficos *nem mesmo dos problemas* enquanto tais (o uno e o múltiplo etc.); por exemplo, para as multiplicidades, aquilo de que se deve partir é o seguinte: o que é uma *matilha*? (diferente de um só animal), o que é um *ossuário*?, ou como você tão bem fez, o que é uma *relíquia*? Para os acontecimentos: o que é cinco horas da tarde? A crítica possível da mímesis, é no entrelace concreto do homem e do animal, por exemplo, que ela deve ser abordada. Portanto, tenho ape-

384   Gilles Deleuze

nas uma coisa a lhe dizer: não perca o concreto, volte constantemente a ele. Multiplicidade, ritornelo, sensação etc., desenvolvem-se em puros *[340]* conceitos, mas são estritamente inseparáveis da passagem de um concreto a outro. Eis por que é preciso que se evite dar a uma noção qualquer um primado sobre as outras: cada noção é que deve arrastar as demais, por sua vez e no momento propício <...>. Acredito que, quanto mais um filósofo seja dotado, mais ele terá tendência, *no início*, a deixar o concreto. Ele deve impedir-se disto, mas apenas de tempos em tempos, o tempo de voltar a percepções, a afetos, que devem reduplicar os conceitos.

Perdoe-me a imodéstia destas observações. Era para ir rápido. Meus melhores votos para o seu trabalho, e peço que me creia como sinceramente seu.

Rodapé da tradução

[i] O termo *détournement*, traduzido aqui por "desvio", está vinculado ao modo de existência da traição e, por conseguinte, no livro *Mil platôs*, ao conceito de *rostidade (visagéité)*: "A rostidade sofre uma profunda transformação. O deus desvia seu rosto, que ninguém deve ver; mas inversamente o sujeito desvia o seu, tomado por um verdadeiro medo de deus. Os rostos que se desviam, e se colocam de perfil, substituem o rosto irradiante visto de frente. É nesse duplo desvio que se traça a linha de fuga positiva" ("Sobre alguns regimes de signos", *Mil platôs*, São Paulo, Editora 34, 1995, vol. 2, p. 76, tradução ligeiramente modificada). Um desvio do rosto ou, numa bela palavra italiana: *voltafaccia*.

56
PREFÁCIO À EDIÇÃO AMERICANA
DE *EMPIRISMO E SUBJETIVIDADE**
[1991] *[341]*

Às vezes, sonhamos com uma história da filosofia que se contentaria com enumerar os novos conceitos trazidos por um grande filósofo, sua contribuição criadora mais essencial. No caso de Hume, o seguinte poderia ser dito:

— Ele impôs o conceito de *crença* e colocou-o no lugar do conhecimento. Laicizou a crença, fazendo do conhecimento uma crença legítima. Ele perguntou: em que condições uma crença é legítima? E assim esboçou toda uma teoria das *probabilidades*. A consequência é importantíssima: se o ato de pensamento é crença, o pensamento tem que defender-se menos contra o erro do que contra a *ilusão*. As crenças ilegítimas cercam o pensamento como uma nuvem de ilusões talvez inevitáveis. Hume, a este respeito, anuncia Kant. E será preciso toda uma arte, toda sorte de regras para resgatar as crenças legítimas das ilusões que as acompanham.

— Ele deu à *associação das ideias* seu verdadeiro sentido, que de modo algum é uma teoria do espírito humano, mas uma prática das formações culturais e *convencionais* (convencionais, e não contratuais). Assim, a associação das ideias existe para o Direito, para a Economia política, para a Estética... Pergunta-se, por exemplo, se basta atirar uma flecha sobre um lugar para devir possuidor dele, ou se é preciso tocá-lo com a mão: trata-se de saber qual deve ser a associação entre alguém e alguma coisa, para que este alguém devenha possuidor da coisa. *[342]*

---

* Título do editor francês. "Preface to the English-Language Edition", in Gilles Deleuze, *Empiricism and Subjectivity: An Essay on Hume's Theory of Human Nature*, Nova York, Columbia University Press, 1991, pp. ix-x. Tradução inglesa de Constantin V. Boundas.[i]

— Ele fundou a primeira grande lógica das relações, mostrando que toda *relação* (não apenas as *"matters of fact"* [questões de fato], mas as relações de ideias) era exterior aos seus termos. Assim, ele constitui um mundo da experiência extremamente diverso, segundo um princípio de exterioridade das relações: partes atômicas, mas com transições, passagens, "tendências" que vão de umas às outras. Essas tendências engendram *hábitos*. Mas não é esta a resposta à questão: Que somos? Somos hábitos, nada além de hábitos, o hábito de dizer Eu [*Moi*]... Talvez não haja resposta mais surpreendente ao problema do Eu.

Ainda poderíamos estender este arrolamento, que dá testemunho do gênio de Hume.

RODAPÉ DA TRADUÇÃO

[i] Contudo, nesta mesma edição norte-americana, ao final do prefácio de Deleuze, aposto a seu nome, está a data de 1989.

Prefácio à edição americana de *Empirismo e subjetividade*

57
PREFÁCIO: UMA NOVA ESTILÍSTICA*
[1991] *[343]*

Este livro vem de uma dupla reflexão sobre a literatura italiana e a literatura francesa. Sua fonte está na fronteira dos dois países, embora se estenda para longe. No entanto, Giorgio Passerone não nos propõe um tratado geral do estilo, mas o estudo de certos processos em literatura. É possível que tais processos se desenvolvam e passem para outras artes, transformando-se. Mas esta transformação se fará tanto mais facilmente quanto mais o autor tiver se aprofundado somente na literatura. Eis por que todo o livro gira em torno de duas ideias literárias. Em primeiro lugar, o estilo não é uma figuração retórica, mas uma produção sintática, uma produção de sintaxe e pela sintaxe. Perguntar-se-á, então, que ideia de sintaxe Passerone tem, que não é a de Chomsky, por exemplo. Em segundo lugar, o estilo é como que uma língua estrangeira na língua, segundo uma célebre fórmula de Proust.[i] E se perguntará que ideia da língua Passerone tem, para que esta fórmula não seja uma simples metáfora, uma figura retórica, mas que ao contrário deva ser compreendida literalmente.

A linguística considera uma língua, num momento dado, como um sistema homogêneo, próximo do equilíbrio. Passerone está mais perto da sociolinguística; não que ele invoque a ação de

---

* In Giorgio Passerone, *La linea astratta: pragmatica dello stile*, Milão, Edizioni Angelo Guerini, 1991, pp. 9-13. O texto manuscrito é datado de setembro de 1990. Tradução italiana de Giorgio Passerone.

No fim dos anos 1970, Passerone, jovem pesquisador italiano, acompanha os cursos de Deleuze na Universidade de Vincennes, depois na de Saint-Denis. Amigo de Deleuze, Passerone traduzirá *Mil platôs* para o italiano. *La linea astratta* retoma o essencial da tese de Passerone defendida na Universidade Paris-VIII sob a direção de Deleuze e René Scherer.

fatores sociais externos, mas porque *[344]* trata cada língua como um conjunto heterogêneo, longe do equilíbrio e perpetuamente bifurcante: um tipo de *black english* ou de *chicano*. Não que se esteja pulando de uma língua a outra, como num bilinguismo ou num plurilinguismo; é que, na verdade, em uma língua há sempre outra língua ao infinito. Não uma mistura, mas uma heterogênese. Sabe-se que o *discurso indireto livre* (riquíssimo no italiano, no alemão, no russo) é uma forma sintática singular: em um enunciado que dependa de um sujeito de enunciação dado, ela consiste em incutir outro sujeito de enunciação. "Dei-me conta de que ela ia partir. Ela tomaria todas as precauções para não ser seguida...": o segundo "ela" é um novo sujeito de enunciação surgindo no enunciado que depende de um primeiro sujeito "eu". É como se todo sujeito de enunciação contivesse outros que falam, cada qual, uma língua *diversa*, umas nas outras. É o discurso indireto livre que conduz Bakhtin à sua concepção polifônica ou contrapontística da língua no romance, ou que inspira a reflexão de Pasolini sobre a poesia. Mas não se trata de teoria: é nos grandes autores, de Dante a Gadda, que Passerone apreende o processo prático do discurso indireto livre. Este processo pode ficar oculto em uma língua muito centralizada e uniformizada, como o francês. Ele é, todavia, coextensivo a toda língua, elemento determinante da sintaxe: ele cava, na língua, outras tantas línguas que bifurcam e se respondem. Mesmo no francês, Balzac quebra a língua em tantas línguas quanto personagens, tipos e meios [*milieux*]. A tal ponto que se poderá dizer: "Não há estilo", mas esse não-estilo é precisamente o grande estilo ou a criação do estilo em estado puro.

A linguística objetará que não se trata de línguas, propriamente falando. Porém, somos sempre reconduzidos à questão prévia: a língua é um sistema homogêneo ou um agenciamento heterogêneo em perpétuo desequilíbrio? Se a segunda hipótese é justa, uma língua não se decompõe em elementos, mas em línguas ao infinito, que não são outras línguas, mas com as quais o estilo (ou o não-estilo) comporá uma língua estrangeira na língua. Aquilo que a linguística considera como sendo determinações secundárias — a estilística, a pragmática — devêm aqui fatores primeiros *[345]* da língua. O mesmo problema se encontra noutro nível: a linguís-

Prefácio: Uma nova estilística

389

tica considera constantes ou universais da língua, elementos e entrelaçamentos; mas, para Passerone e os teóricos a quem ele recorre, a língua não tem constantes, ela tem apenas variáveis, e o estilo é o colocar as variáveis em variação. Cada estilo é um colocar em variação que deve ser seguido e definido concretamente. Foi o estranho e profundo linguista Gustave Guillaume quem substituiu as oposições distintivas dos fonemas (constantes) pela ideia de *posições diferenciais* dos morfemas: são variáveis-pontos que percorrem uma língua ou um movimento de pensamento determinável. Por exemplo, o artigo indefinido "um" é uma variável que opera cortagens ou que pega pontos de vista sobre um movimento de particularização; outrossim, o artigo definido "o", sobre um movimento de generalização. Guillaume resgatará, para os verbos em geral, movimentos de incidência e de decadência (poder-se-ia acrescentar a isso a "procadência"),[ii] relativamente aos quais os tempos verbais são cortagens, pontos de vista ou posições diferenciais. Por exemplo, o imperfeito de Flaubert. E, sem dúvida, cada verbo envolverá dinamismos ou percursos especiais sobre os quais seus tempos e seus modos tomam posições e operam cortagens. As variáveis percorrem, então, zonas de variação finitas ou infinitas, contínuas ou descontínuas, que constituem o estilo como modulação da língua.

A célebre fórmula de Buffon, "o estilo é o próprio homem",[iii] não significa que o estilo remeta à personalidade do autor. Buffon permanece aristotélico: o estilo é a forma que se atualiza numa matéria linguística; é um molde. Porém, conforme mostrado pela teoria do organismo em Buffon, o molde goza de uma propriedade paradoxal: ele não se contenta em formar a sobreface ou a superfície,[iv] mas age em toda a espessura daquilo que ele forma ("molde interior"). É mais que um molde, é uma modulação, ou seja, uma moldagem de ação interna e transformação temporal. Passando do molde à modulação, Passerone mostra como se desenvolve uma concepção melódica do estilo: em Rousseau, que busca restaurar uma prática monofônica da melodia pura; mas já no mundo barroco, depois romântico, onde a polifonia e a harmonia, os acordes consonantes e dissonantes *[346]* formam uma modulação cada vez mais fina e autônoma, até o pós-romantismo de Nietzsche, o maior filósofo-estilista. Talvez esteja aí o segredo da modulação: a maneira pela qual ela traça uma linha sempre bifurcante e quebrada, rítmica, como uma nova dimensão capaz de fundir harmonia e melodia. E isso talvez permeie as páginas mais fortes de Passerone: é certo que a linguagem faz *ver* algo, e o que ela faz ver são as figuras de retórica; mas tais figuras são apenas o efeito superficial daquilo que constitui o estilo, ou seja, a polifonia dos sujeitos de enunciação, a modulação dos enunciados. Como diz Proust, as figuras ou metáforas são apenas a apreensão de objetos diferentes pelos e nos "anéis necessários de um belo estilo".[v] A imaginação depende sempre de uma sintaxe.

As variáveis de uma língua são como posições ou pontos de vista sobre um movimento de pensamento, um dinamismo, uma linha. Cada variável passa e repassa por posições diversas sobre uma linha de modulação particular: daí o estilo, que vai sempre por repetição-progressão. Passerone analisa três casos decisivos na literatura francesa: a linha-dobra de Mallarmé, a linha desdobrada de Claudel, a linha vibratória e turbilhonante de Artaud. Mais geralmente, diríamos que o estilo *tensiona* a língua, faz com que nela brinquem verdadeiros tensores que tendem para limites. É que a linha ou o movimento de pensamento são, em cada caso, como que o limite de todas as posições das variáveis consideradas. Este limite não está fora da língua, nem da linguagem, mas ele é o fora dela. Um fora da linguagem que não está fora dela. Outrossim, quando se diz que o estilo é como que uma língua estrangeira, não é uma outra língua daquela que falamos, é uma língua estrangeira *na* língua que se fala. Tendida para um limite interno ou para esse fora da língua, esta se põe a gaguejar, a balbuciar, a gritar, a cochichar. Ainda aí, e de um segundo jeito, o estilo aparece como não-estilo e constitui a loucura da língua, seu delírio. Mandelstam diz: "Sobre mim e sobre muitos de meus contemporâneos, pesa a gagueira de nascença. Aprendemos, não a falar, mas a balbuciar, e é só ouvindo o rumor crescente do século, e uma vez lavados pela espuma de sua crista, *[347]* que nós adquirimos uma língua".[a]

---

[a] In *Le Bruit du temps* [tradução francesa de Édith Scherrer], Lausanne, L'Âge d'Homme, [1982], p. 77.[vi]

Prefácio: Uma nova estilística

Como nomear essa linha de crista para a qual toda a língua é tensionada, modulante? Mais ela se aproxima, mais o estilo se faz sóbrio, "não-estilo", como em Tolstói, como em Beckett. Os grandes escritores não gostam de ser parabenizados por sua obra passada, nem mesmo pela presente: é que sabem, somente eles, a que ponto ainda estão longe do que desejam, do que buscam. Uma "linha abstrata", diz Céline, que não forma um contorno ou uma figura, mas que pode ser encontrada nesta ou naquela figura, sob a condição de desfazê-la, de extraí-la: "essa famosa linha, alguns a encontram na natureza, nas árvores, nas flores, no mistério japonês...".[b] Ou então numa hora do dia (Lorca, Faulkner), ou então num acontecimento que virá ou que tanto mais tarda quanto já tenha vindo, ou então numa postura do corpo ou num movimento de dança: tensão de toda a linguagem para a pintura, para a música, mas música e pintura que são as da língua e que apenas a ela pertencem.

A língua como conjunto heterogêneo; o discurso indireto livre como coextensivo à língua; as variáveis, e elas colocadas em variação, modulação; as tensões que atravessam uma língua; a linha abstrata como fora ou limite da linguagem... Receamos, precisamente, termos tornado o livro de Passerone muito abstrato. Cabe agora ao leitor aperceber-se a que ponto este livro é concreto, através da variação dos casos considerados, constituindo uma das mais novas, das mais belas análises de uma noção difícil, o estilo.

Rodapé da tradução

[i] "Os belos livros são escritos numa espécie de língua estrangeira", no texto *Contre Sainte-Beuve*, publicado postumamente em 1954, frase que servirá também de epígrafe ao livro de Deleuze *Critique et clinique*, de 1993.

[ii] Cf. as páginas que Deleuze dedicou ao cineasta Fellini, em *Cinéma 2: L'Image-temps*: "A seleção é tão complexa, e o intrincamento tão cerrado, que Fellini cria uma palavra, algo como 'procadência', para designar ao mes-

[b] In Marc Hanrez, *Céline*, Gallimard, 1969, p. 219.[vii]

mo tempo o curso inexorável da decadência e a possibilidade de frescor ou de criação que necessariamente o acompanha (é neste sentido que ele se diz plenamente 'cúmplice' da decadência e do apodrecimento)" (Paris, Éditions de Minuit, 1985, p. 121). Deleuze está aludindo a uma cena do filme *A cidade das mulheres*, de 1980, em que um grupo de feministas marcha segurando um grande cartaz, não com a palavra "procadência", mas sim "progressência" (*progressenza*). No livro *L'arte della visione*, que reúne longas conversas entre Fellini e a dupla Goffredo Fofi e Gianni Volpi, Fellini comenta a respeito dessa palavra: "É um grande cartaz das feministas. É uma cambalhota filológica. São dois elementos que procedem inevitavelmente pareados, apenas porque a própria ideia de progresso já em si contém seu decair. Era uma deixa, uma facécia desenvolta que 'liquidava' argumentos que mereceriam ser aprofundados de outro jeito" (pp. 8-9).

[iii] Extraído do discurso que Buffon proferiu na Academia Francesa em 25 de agosto de 1753, conhecido como *Discurso sobre o estilo*.

[iv] A frase em francês usa dois termos com nuanças sinonímicas, *surface* e *superficie*, que conseguem percorrer o âmbito coloquial, passando por um arcaísmo especializado (a superfície [*surface*] da Terra, subir à superfície [*surface*] do lago, a superfície [*superficie*] batida de um terreno, a superfície [*superficie*] mensurável de uma extensão de água). O próprio Buffon usa ambos os termos em sentidos bem próximos, por exemplo: "A Terra antiga e originária teve necessariamente esta figura que ela tomou enquanto era fluida, ou antes liquefeita pelo fogo: porém, logo após sua formação e seu esfriamento, os vapores, que estavam expandidos e rarefeitos, como vemos na atmosfera e na cauda de um cometa, foram condensados, caindo sobre a superfície [*surface*] da Terra, e formaram o ar e a água; e quando essas águas, que estavam na superfície [*surface*], foram agitadas pelo movimento do fluxo e do refluxo, as matérias foram arrastadas pouco a pouco dos polos para o equador, de sorte que é possível que as partes dos polos tenham baixado cerca de uma légua, e que as partes do equador tenham se elevado à mesma quantidade" (*Preuves de la théorie de la Terre*, artigo 1, "*De la formation des planètes*", in *Oeuvres complètes de Buffon*, tomo I, Paris, Rapet et Cie., 1817, p. 127); e: "Após este primeiro estabelecimento, ainda subsistente das matérias vitrificáveis e dos minerais em grande massa, de que se poderia atribuir apenas a ação do fogo, a água, que até então só formava um vasto volume de vapores com o ar, começou a tomar seu estado atual, até que a superfície [*superficie*] do globo estivesse suficientemente esfriada para não mais repelir a água e dissipá-la em vapores" (*Introduction à l'histoire des minéraux, Des Éléments*, Segunda parte, *De l'air, de l'eau et de la terre*, in *Oeuvres complètes de Buffon*, tomo I, p. 575). Foram traduzidas, no texto de Deleuze, *surface* por "sobreface", e *superficie* por "superfície", pelo escrúpulo da distinção.

Prefácio: Uma nova estilística   393

[v] Marcel Proust, *À la recherche du temps perdu*, vol. 8, *Le Temps retrouvé*, tomo II (Paris, Gallimard, 1927, p. 40).

[vi] Leia-se a tradução brasileira de Paulo Bezerra para este trecho, em *O rumor do tempo* e *Viagem à Armênia* (São Paulo, Editora 34, 2000, pp. 92-93): "Sobre mim e sobre muitos contemporâneos paira uma gagueira de nascença. Aprendemos não a falar mas a balbuciar, e só depois que prestamos atenção ao rumor crescente do século e fomos alvejados pela espuma da crista da sua onda obtivemos linguagem".

[vii] Essa frase de Louis-Ferdinand Céline pode ser encontrada nos *Cahiers Céline, 2: Céline et l'actualité littéraire (1957-1961)* (Paris: Gallimard, 1976, p. 111).

58
PREFÁCIO: AS ANDADURAS DO TEMPO*
[1991] *[348]*

Éric Alliez não se propõe a expor concepções do tempo, nem mesmo analisar estruturas temporais. Ele fala de *condutas* do tempo: dir-se-ia que o pensamento só pode apreender o tempo através de várias *andaduras*, que compõem precisamente uma conduta, como se se passasse de uma andadura a outra, seguindo ocorrências determináveis. E mais ainda, passar-se-á de uma conduta a outra, em meios [*milieux*] e em épocas diferentes, que colocam em entrelace o tempo da história e o pensamento do tempo. Em suma, condutas múltiplas do tempo, cada uma reunindo várias andaduras. Em cada conduta, certas andaduras tornam-se estranhas, aberrantes, quase patológicas. Mas é possível que, na conduta seguinte, sejam normalizadas ou encontrem um novo ritmo que não tinham anteriormente. Talvez seja essa introdução de ritmos profundos no pensamento, em entrelace com as coisas e as sociedades, que inspira o trabalho de Alliez: referiremo-nos, por exemplo, às belas páginas que analisam a diferença histórica e noética entre o Cosmos e o Mundus.

Pegue-se uma conduta do tempo como número do movimento extensivo do mundo. É evidente que as andaduras mudam segundo o móvel considerado e a natureza do movimento. O que se terá é um encaixe dos tempos, que vai do originário ao derivado,

---

* Título do editor francês. "Préface", in Éric Alliez, *Les Temps capitaux, Récits de la conquête du temps*, tomo I, Paris, Éditions du Cerf, 1991, pp. 7-9.[i]

Nascido em 1957, amigo de Guattari e estudioso de Deleuze, sob orientação deste Éric Alliez defenderá sua tese de doutorado na Universidade Paris 8. *Les Temps capitaux* retoma o essencial dela.

conforme o móvel seja mais ou menos perfeito, sua matéria mais ou menos leve, seu movimento mais ou menos redutível a *[349]* composições circulares. Mas também um desencaixe dos tempos, conforme a matéria pesada afronte a contingência ou o acidente linear. No limite, um tempo aberrante irá se desfazer para devir cada vez mais retilíneo, autônomo, abstrato das outras andaduras e, por vezes, tombando e tropeçando. Com a meteorologia, um tempo desses não se introduziria nas coisas? E com o dinheiro, com a "crematística",[ii] um tempo assim não se introduziria na comunidade?

Talvez haja uma alma do mundo e a própria alma é mundo. É preciso, contudo, uma mutação do pensamento para definir o tempo como a cifra do movimento intensivo da alma: é uma nova conduta do tempo, com outras andaduras. O tempo originário remete a uma síntese operada pela alma que distingue, a cada instante, presente, passado, futuro. Essa diferenciação do tempo implica o duplo movimento da alma que pende para o que vem depois (processão) e se volta para aquilo que está antes (conversão). A conduta é menos o movimento de uma esfera do que a tensão de uma espiral. Do tempo será dito que ele cai, um pouco como a luz, numa queda ideal (quantidade intensiva ou distância do instante ao zero), que não para de ser retomada num retorno à fonte. Igualmente, porém, quanto mais se aproxima de zero, mais a andadura muda, mais a queda devém real: um novo tempo aberrante se delineia, onde na espuma a espiral desaparece, um tempo derivado da distensão que já não se deixa converter.

Talvez seja preciso inverter a ordem e partir do derivado para melhor visar o originário, seguindo ainda outra conduta: o intensivo devém uma espécie de intencionalidade. Reintegra-se o aberrante na medida em que o pecado fundou um tempo da distensão, da diversão, do desvio. A possibilidade de instaurar uma "intenção", que restitui o originário, depende de novas andaduras que mobilizem as faculdades da alma, inspirando-as com outros ritmos: não apenas a memória, mas a percepção, a imaginação, o entendimento. Que nova aberração sairá disto?

A história da filosofia é uma viagem espiritual; mas a originalidade de Alliez está em marcar as mudanças de condutas e de andaduras a cada etapa. Há um horizonte provisório da viagem, e é o tempo kantiano: não como algo de previsto, um escopo, mas como uma linha que se *[350]* descobre no fim e da qual inicialmente só se havia percebido este ou aquele segmento furtivo. A pura linha do tempo que deveio autônomo... O tempo abalou sua dependência a respeito de todo movimento extensivo, que já não é determinação de objeto, mas descrição de espaço, espaço que devemos precisamente abstrair para descobrir o tempo como condição do ato. O tempo não depende tanto do movimento intensivo da alma; pelo contrário, é a produção intensiva de um grau de consciência no instante que depende do tempo. É com Kant que o tempo deixa de ser originário ou derivado, para devir a pura forma de interioridade, ela que a nós mesmos cava, que a nós mesmos cinde, ao preço de uma vertigem, de uma oscilação que constitui o tempo: a síntese do tempo muda de sentido ao constituí--lo como a inultrapassável aberração. "O tempo está fora dos gonzos":[iii] não será preciso ver nisso a ascensão de um tempo linear urbano, que passa a se entrelaçar apenas ao instante qualquer? Alliez nunca separa os processos de pensamento, de coisas e de sociedades (comunidades rurais, cidades comerciantes, impérios, municípios, Estados). Ou antes, as coisas, as sociedades e os pensamentos são pegos em processos, sem os quais as condutas e as andaduras permaneceriam arbitrárias; e é a força do livro de Alliez descobrir e analisar tais processos de extensão, de intensificação, de capitalização, de subjetivação..., que devêm como que as condições de uma história do tempo.

Rodapé da tradução

[i] A tradução brasileira de Maria Helena Rouanet inclui este prefácio de Deleuze (*Tempos capitais: relatos da conquista do tempo*, São Paulo, Siciliano, 1991).

[ii] Do grego χρῆμα, "aquilo de que nos servimos, de que precisamos; as riquezas; o dinheiro".

[iii] Cf. a nota de tradução i do texto nº 52.

Prefácio: As andaduras do tempo

59
A GUERRA IMUNDA*
[1991] *[351]*

Essa guerra é imunda. Será mesmo que os americanos acreditaram que fariam uma guerra precisa, rápida e sem vítimas inocentes? Ou será que se serviram da ONU como de um escudo, o tempo de habituar e de mobilizar a opinião para uma guerra de extermínio? Sob pretexto de libertar o Kuwait e, depois, sob pretexto de derrubar Saddam Hussein, seu regime e seu exército, é a destruição de uma nação. Sob pretexto de alvos estratégicos, são os civis que morrem sob os bombardeios em massa, as comunicações, as pontes, as estradas que são destruídas bem longe do fronte, um patrimônio histórico prestigioso que se encontra ameaçado e comprometido. Hoje em dia, é o Pentágono que comanda, órgão de um terrorismo de Estado que faz experimentos com suas armas. A bomba rajada incendeia o ar e calcina os homens no fundo de seus abrigos: é uma arma química prontinha.

Nosso governo não para de renegar suas declarações e, cada vez mais, precipita-se numa guerra à qual tinha o poder de se opor. Bush nos cumprimenta como se cumprimenta um empregado doméstico.

Nosso objetivo supremo: fazer bem a guerra para que nos deem o direito de participar das conferências de paz... Muitos jornalistas se consideram como soldados dos Estados Unidos e rivalizam em declarações entusiasmadas e cínicas que ninguém lhes pede para dar. Descobre-se um mundaréu de gente que não quer ser privada de sua guerra e que considera uma esperança de paz

---

* Com René Schérer. *Libération*, 4 de março de 1991, p. 11. Trata-se da guerra do Golfo, deslanchada pelos Estados Unidos no dia 16 de janeiro de 1991 contra o Iraque.

Gilles Deleuze e René Schérer

como uma catástrofe. O silêncio da maioria dos intelectuais é tanto mais inquietante. *[352]* Será que verdadeiramente acreditam na legitimidade dessa guerra, em virtude da ONU? Na identificação Saddam Hussein-Hitler? Na pureza redescoberta do Estado de Israel que, por sua vez, descobriu tarde os méritos da ONU, mesmo assimilando uma conferência de paz que levaria os palestinos em conta no horror de uma "solução final" nazista? Se essa guerra não for interrompida, por esforços aos quais a França permanece singularmente alheia, não é apenas a submissão do Oriente Médio que se está delineando, mas o risco de uma hegemonia americana que já não tem contrapartida, a cumplicidade da Europa e, uma vez mais, toda uma lógica da renegação socialista que pesará sobre nosso próprio regime.[i]

Rodapé da tradução

[i] Várias foram as bombas usadas pelos EUA e pelo restante das nações (Arábia Saudita, Reino Unido, Egito, França etc.) da coalizão formada para a guerra do Golfo Pérsico, bombas usadas para acarpetar (*"carpet bombing"*) as terras do Iraque e do Kuwait. Dentre as bombas ditas convencionais (ou *"dumb-bombs"*, de queda livre) e bombas termobáricas, foguetes lançados por navios de guerra e obuses de artilharia, até mísseis guiados a laser — antitanques; bombas próprias para arrasar complexos químicos e industriais, pontes, depósitos nucleares; um tipo de bomba especificamente criada para a guerra contra o Iraque (GBU-28, apelidada de *"bunker busting"*), "num esforço para destruir *bunkers* iraquianos de controle e de comando que estivessem extremamente fortalecidos e profundamente aterrados, para matar oficiais de alta patente e, possivelmente, para matar Saddam Hussein" —, ao todo havia um número superior a 130 mil toneladas de material explosivo sob poder do Pentágono. Em especial, um tipo de bombas que carregavam o bojo dos aviões B-52, os quais soltavam entre quarenta e sessenta por vez: bombas de tipo FAE (*Fuel Air Explosives*). São poderosas bombas termobáricas (calor e pressão combinados), compostas de um combustível de etileno óxido que, explodida a bomba, forma uma nuvem escura, uma névoa de aerossol; esta névoa é, então, detonada pelo oxigênio do ar, desencadeando altíssimas sobrepressões e uma violenta rajada de fogo, uma onda funesta que destrói qualquer coisa numa área de aproximadamente 15 mil m² (para uma bomba de 900 kg). Imagina-se que Deleuze e René Schérer estejam se referindo a esta específica bomba quando usam o termo, algo antiquado, de *"bom-*

be soufflante" (traduzido no texto por "bomba rajada"), termo que foi objeto de intensa pesquisa, por exemplo, do grande estrategista francês Camille Rougeron (1893-1980), que publicara em 1936 dois tomos dedicados ao domínio aéreo em guerras (*L'Aviation de bombardement*, Paris, Berger-Levrault, 1936). — Só foi possível aprender a respeito de toda esta questão, do armamento em poder dos EUA durante a guerra do Golfo e seu uso criminoso, em virtude de um relatório escrito por Paul Walker, diretor do Instituto pela Paz e pela Segurança Internacional do Instituto de Tecnologia de Massachusetts (MIT), e entregue no dia 11 de maio de 1991 a uma audição da Comissão de Nova York para o Tribunal Internacional para Crimes de Guerra. O relatório pode ser encontrado em www.deoxy.org/wc-myth.htm, a que somos gratos.

Em 3 de março de 1991, Saddam Hussein aceita um cessar-fogo por parte do Conselho de Segurança norte-americano, de uma guerra que conseguiu, em pouquíssimos meses, arrasar a infraestrutura de dois países, aniquilar a população iraquiana e arrastar consigo imagens terríveis de destruição (cf. "Highway of Death"). Em 6 de março, o presidente George H. W. Bush pronuncia afamado discurso em que é decretada vitória com palavras tidas por anunciadoras da política de administração externa doravante levada a cabo pelos EUA (chamada "New World Order"): "Devemos fazer tudo que pudermos", dizia o presidente, "para fechar a lacuna entre Israel e os Estados árabes — e entre israelenses e palestinos". Ao fim do mesmo ano, acontece na Espanha a Conferência de Madri, tendo durado três dias a partir de 30 de outubro, sendo esta a primeira vez em que representantes do Estado de Israel e dos Estados árabes (com exclusão da OLP) encontraram-se cara a cara, diplomaticamente. Este acontecimento se conflagra para complicar as relações em todo aquele território que, ainda hoje, permanece ofensivamente militarizado.

400   Gilles Deleuze e René Schérer

60
INVENTAMOS O RITORNELO*
[1991] *[353]*

— *A definição que vocês dão da filosofia é bastante ofensiva. Vocês não receiam ser criticados por quererem, com isso, manter — ou restaurar — o privilégio que a tradição parecia conceder à filosofia?*

— Pode-se dar muitas definições inofensivas da filosofia: conhecer-se, espantar-se, refletir, bem conduzir seu pensamento... São inofensivas porque são vagas: não constituem muito bem uma ocupação definida. Definimos a filosofia pela criação de conceitos. Fica a nosso cargo mostrar que a ciência, por sua vez, não procede por conceitos, mas por funções. Disso a filosofia não tira privilégio algum: um conceito não tem superioridade alguma sobre uma função.

— *Fiz esta pergunta porque vocês confrontam a filosofia com a arte e a ciência, mas não com as ciências humanas. O livro de vocês quase não trata da história, por exemplo.*

— Falamos muito da história. Só que o devir se distingue da história. Entre os dois, existe toda sorte de correlações e de remissões: o devir nasce na história e recai nela, mas não é ela. É o devir, e não o eterno, que se opõe à história. A história considera certas funções de acordo com as quais um acontecimento se efetua, mas o acontecimento enquanto ultrapassa sua própria efetuação, ele é o devir como substância do conceito. O devir sempre foi assunto da filosofia.

---

* Com Félix Guattari. Conversa registrada por Didier Eribon, in *Le Nouvel Observateur*, setembro de 1991, pp. 109-10. Na ocasião da publicação de *Qu'est-ce que la philosophie?*, Paris, Éditions de Minuit, 1991.

— *Vocês, ao elaborarem sua definição da filosofia como criação de conceitos, atacam particularmente a ideia de que [354] a filosofia seria ou deveria ser "comunicação".* Tem-se a impressão de que os últimos livros de Jürgen Habermas e sua teoria da "atividade comunicacional" são um dos seus principais alvos.

— Não, não atacamos particularmente Habermas, nem ninguém mais. Habermas não é o único a querer indexar a filosofia na comunicação. Uma espécie de moral da comunicação. Primeiramente, a filosofia se pensou como contemplação e isso deu lugar a obras esplêndidas, por exemplo com Plotino. Depois, como reflexão, com Kant. Justamente, porém, primeiro foi preciso, nos dois casos, criar um conceito de contemplação ou de reflexão. Não estamos seguros de que a comunicação tenha, por sua vez, encontrado um bom conceito, isto é, um conceito realmente crítico. Não é o "consenso", não são nem as "regras de uma conversa democrática", à maneira de Rorty, que bastam para formar um conceito.

— *Contra essa ideia da comunicação, da filosofia como "diálogo", vocês propõem a "imagem do pensamento" e a integram num quadro bem mais geral. É o que vocês chamam de "geofilosofia". Este capítulo está no cerne do livro de vocês. É, ao mesmo tempo, uma filosofia política e quase uma filosofia da natureza.*

— Há um bocado de razões para que a filosofia nasça nas cidades gregas e prossiga nas sociedades capitalistas ocidentais. Mas são razões contingentes, o princípio de razão é um princípio de razão contingente, e não necessária. É porque essas formações são focos de imanência, apresentam-se como sociedades de "amigos" (competição, rivalidade) e acarretam uma promoção da opinião. Ora, esses três traços fundamentais apenas definem as condições históricas da filosofia; a filosofia como devir está em relação com eles, mas não se reduz a eles; ela é de outra natureza. Ela não para de colocar em questão suas próprias condições. Se tais questões de geofilosofia têm muita importância, é porque pensar não se faz nas categorias do sujeito e do objeto, mas num entrelace variável do território e da terra.

— *Nessa "geofilosofia", vocês reivindicam o filósofo "revolucionário" e a necessidade das "revoluções". [355] É quase um manifesto político o que vocês propõem. E isto pode parecer paradoxal, no contexto atual.*

— A situação atual está bem atarantada. Tende-se a confundir a conquista das liberdades com a conversão ao capitalismo. É pouco provável que as alegrias do capitalismo bastem para libertar os povos. Canta-se o fracasso sangrento do socialismo. Porém, não parece que se está considerando como um fracasso o estado do mercado mundial capitalista, com as sangrentas desigualdades que o condicionam, as populações postas para fora do mercado etc. Faz muito tempo que a "revolução" americana fracassou, bem antes da soviética. As situações e tentativas revolucionárias são engendradas pelo próprio capitalismo e não correm o risco de desaparecer, o que é uma pena. A filosofia continua ligada a um devir revolucionário que não se confunde com a história das revoluções.

— *Fiquei pasmo diante de um ponto do livro de vocês: o filósofo, vocês dizem, não discute. E sua atividade criadora só existe se isolada. É uma grande ruptura com todas as representações tradicionais. Vocês pensam que ele nem mesmo deva discutir com seus leitores, com seus amigos?*

— Já é difícil compreender o que alguém diz. Discutir é um exercício narcísico onde cada um por seu turno fica se gabando: às rápidas já não se sabe mais do que se está falando. O que é bem difícil, é determinar o problema a que tal ou qual proposição responde. Ora, caso se compreenda o problema colocado por alguém, não se tem vontade alguma de discutir com essa pessoa: ou se coloca o mesmo problema, ou então se coloca um outro e, na verdade, há mais vontade de se avançar para o seu próprio lado. Como discutir quando não se tem um fundo comum de problemas, e por que discutir caso se tenha um? Temos sempre as soluções que merecemos a partir dos problemas que colocamos. As discussões representam muito tempo perdido para problemas indeterminados. As conversas, isso é outra coisa. É certamente preciso conversar. Mas a menor das conversas já é um exercício altamente esquizofrênico, que se passa entre indivíduos que têm um fundo comum e um grande gosto pelas elipses e pelos laconismos. A conversa é repouso cortado por longos silêncios, ela pode dar ideias. Mas a

Inventamos o ritornelo 403

discussão de modo algum faz parte do trabalho filosófico. Terror da fórmula "vamos discutir um pouco". *[356]*

— *Aos olhos de vocês, quais são os conceitos criados por filósofos do século XX?*

— Quando Bergson fala da "duração", ele emprega esta palavra insólita por não querer que a confundam com o devir. Ele cria um novo conceito. O mesmo com a memória, determinada como coexistência das camadas do passado. Ou o elã vital como conceito da diferenciação. Heidegger cria um novo conceito de Ser, sob dupla componente do velamento e do desvelamento. Por vezes, um conceito exige uma palavra estranha, com etimologias quase loucas, por vezes uma palavra corrente, mas da qual se tira harmônicos os mais remotos. Quando Derrida escreve "diferança", com um *a*, é evidente que se trata de propor um novo conceito de diferença. Em *A arqueologia do saber*, Foucault cria um conceito de enunciado que não se confunde com o de frase, o de proposição, o de ato de fala etc. O primeiro caráter do conceito é operar um recorte inédito das coisas.

— *E quanto a vocês, quais conceitos pensam ter criado?*

— O ritornelo, por exemplo. Formamos um conceito de ritornelo em filosofia.

61
PARA FÉLIX*
[1992] *[357]*

Até o fim, meu trabalho com Félix foi, para mim, fonte de descobertas e de alegrias. Não quero, contudo, falar dos livros que fizemos juntos, mas daqueles que ele escreveu sozinho. Pois me parecem ser de uma riqueza inesgotável. Eles atravessam três domínios, onde abrem caminhos de criação.

Em primeiro lugar, no domínio psiquiátrico, Félix introduz, do ponto de vista da análise institucional, duas noções principais: os grupos-sujeitos e as relações transversais (não hierarquizadas). Observa-se que tais noções são tão políticas quanto psiquiátricas. É que o delírio como realidade psicótica é uma potência que assombra imediatamente o campo social e político: longe de ater-se ao pai-mãe da psicanálise, o delírio deriva os continentes, as raças e as tribos. Ele é, de uma só vez, processo patológico a ser curado, mas também fator de cura a ser determinado politicamente.

De um jeito geral, em segundo lugar, Félix talvez sonhava com um sistema em que certos segmentos teriam sido científicos, outros filosóficos, outros vividos, ou artísticos etc.

Félix eleva-se a um nível estranho, que conteria a possibilidade de funções científicas, de conceitos filosóficos, de experiências vividas, de criação de arte. É esta possibilidade mesma que é homogênea, ao passo que os possíveis são heterogêneos. Assim é com o maravilhoso sistema de quatro cabeças em *Mapografias:*[a] "Os territórios, os fluxos, as máquinas e os universos". Enfim, em terceiro lugar, como não ser sensível precisamente a certas análises

---

* *Chimères*, inverno de 1992-1993, pp. 209-10. Texto redigido após a morte de Félix Guattari, sobrevinda no dia 29 de agosto de 1992.

[a] Félix Guattari, *Cartographies schizonalytiques*, Paris, Galilée, 1989.

artísticas de Félix, sobre Balthus, *[358]* sobre Fromanger, ou análises literárias, como o texto essencial sobre o papel dos ritornelos em Proust (do grito dos comerciantes à pequena frase de Vinteuil), ou o texto patético sobre Genet e o *Cativo apaixonado*. A obra de Félix está para ser descoberta ou redescoberta. É uma das maneiras mais bonitas de manter Félix vivo. O que há de dilacerante na lembrança de um amigo morto são os gestos e os olhares que ainda nos alcançam, que nos chegam mesmo depois de ele ter desaparecido. A obra de Félix dá a esses gestos e a esses olhares uma nova substância, um novo objeto, capazes de nos transmitir a força deles.

62
A IMANÊNCIA: UMA VIDA...*
[1995] *[359]*

O que é um campo transcendental? Ele se distingue da experiência, enquanto não remete a um objeto nem pertence a um sujeito (representação empírica). Por conseguinte, apresenta-se como pura corrente a-subjetiva de consciência, consciência pré-reflexiva impessoal, duração qualitativa da consciência sem eu [*moi*]. Pode parecer curioso que o transcendental se defina por tais dados imediatos: falar-se-á de empirismo transcendental, por oposição a tudo o que faz o mundo do sujeito e do objeto. Há algo de selvagem e de poderoso num empirismo transcendental como este. Não é, certamente, o elemento da sensação (empirismo simples), pois a sensação é apenas uma cortagem na corrente de consciência absoluta. É antes, por mais próximas que estejam duas sensações, a passagem de uma à outra como devir, como aumento ou diminuição de potência (quantidade virtual). Sendo assim, será que é preciso definir o campo transcendental pela pura consciência imediata sem objeto nem eu, enquanto movimento que não começa nem termina? (Até mesmo a concepção espinosista da passagem ou da quantidade de potência apela à consciência).

---

* *Philosophie*, nº 47, setembro de 1995, pp. 3-7.
Trata-se do último texto publicado por Deleuze antes que ele tirasse a própria vida, no dia 4 de novembro de 1995. A continuação deste texto foi publicada em anexo na reedição de bolso dos *Dialogues* (com Claire Parnet), Paris, Flammarion, col. "Champs", 1996. Esses textos pertenciam a um projeto sobre "Conjuntos e multiplicidades", do qual constam apenas esses dois textos. Deleuze queria, com isso, aprofundar o conceito de virtual, sobre o qual estimava ter se explicado pouco.

Porém, o entrelace do campo transcendental com a consciência é somente de direito. A consciência só devém um fato caso um sujeito seja produzido ao mesmo tempo que seu objeto, ambos fora do campo e aparecendo como "transcendentes". Ao *[360]* contrário, enquanto a consciência atravessa o campo transcendental a uma velocidade infinita, difusa por toda parte, nada há que a possa revelar.[1] De fato, ela se exprime apenas ao se refletir sobre um sujeito que a remete a objetos. Eis por que o campo transcendental não pode se definir por sua consciência, que embora sendo-lhe coextensiva, subtrai-se contudo a qualquer revelação.

O transcendente não é o transcendental. Na falta de consciência, o campo transcendental se definiria como um puro plano de imanência, já que escapa a qualquer transcendência do sujeito, assim como do objeto.[2] A imanência absoluta é em si mesma: ela não está em algo, *a* algo, não depende de um objeto e não pertence a um sujeito. Em Espinosa, a imanência não é *à* substância, mas a substância e seus modos estão na imanência. Quando o sujeito e o objeto, que tombam para fora do plano de imanência, são tomados como sujeito universal ou objeto qualquer *aos quais* a própria imanência é atribuída, é toda uma desnaturação do transcendental que nada mais faz além de redobrar o empírico (é assim em Kant), e uma deformação da imanência, que se acha, então, contida no transcendente. A imanência não se entrelaça a um Algo como unidade superior a todas as coisas, nem a um Sujeito como ato que opera a síntese das coisas: é quando a imanência já não é imanência a outra coisa que não a si que se pode falar de um plano de imanência. Assim como o campo transcendental não se define pe-

---

[1] Bergson, *Matière et mémoire*: "[...] como se refletíssemos sobre as superfícies a luz que delas emana, luz que, sempre se propagando, nunca havia sido revelada", *Oeuvres*, PUF, p. 186.

[2] Cf. Sartre, *La Transcendance de l'ego*, Paris, Vrin [1936]: Sartre fixa um campo transcendental sem sujeito, que remete a uma consciência impessoal, absoluta, imanente: relativamente a ela, o sujeito e o objeto são "transcendentes" (pp. 74-87). — Sobre James, cf. a análise de David Lapoujade, "Le Flux intensif de la conscience chez William James" [O fluxo intensivo da consciência em William James], *Philosophie*, n° 46, junho de 1995.

la consciência, o plano de imanência não se define por um Sujeito ou um Objeto capazes de contê-lo.

Dir-se-á da pura imanência que ela é UMA VIDA, e nada além disso. Ela não é imanência à vida, mas a imanência que em nada é, ela própria é uma vida. Uma vida é a imanência da imanência, a imanência absoluta: ela é potência, beatitude completas. É na medida em que ultrapassa as aporias do sujeito e do objeto que Fichte, em sua última *[361]* filosofia, apresenta o campo transcendental como *uma vida*, que não depende de um Ser e não está submetido a um Ato: consciência imediata absoluta cuja atividade mesma já não remete a um ser, mas que não cessa de se colocar numa vida.[3] O campo transcendental devém, então, um verdadeiro plano de imanência que reintroduz o espinosismo no mais profundo da operação filosófica. Não seria uma aventura semelhante o que sobrevinha a Maine de Biran, em sua "última filosofia" (aquela que ele estava cansado demais para levar a cabo), quando ele descobria sob a transcendência do esforço uma vida imanente absoluta? O campo transcendental se define por um plano de imanência, e o plano de imanência por uma vida.

O que é a imanência? uma vida... Ninguém melhor que Dickens contou o que é *uma* vida, ao considerar o artigo indefinido como indício do transcendental. Um canalha, um sujeito ruim, desprezado por todos, é recolhido morrendo e, aqueles que estão cuidando dele, eis que manifestam um tipo de desvelo, de respeito, de amor para com o menor signo de vida do moribundo. Todo mundo se precipita para salvá-lo, a ponto de o próprio vilão sentir, no mais profundo de seu coma, algo de doce a penetrá-lo. Porém, à medida que retorna à vida, seus salvadores ficam mais frios e ele reencontra toda a sua grosseria, sua maldade. Entre sua vida e sua morte, há um momento que nada mais é do que *uma* vida jogan-

---

[3] Já na segunda introdução à *Doutrina da ciência*: "a intuição da atividade pura que não é nada fixa, e sim progresso, não um ser, mas uma vida" (p. 274, *Oeuvres choisies de philosophie première*, Paris, Vrin [tradução francesa de A. Philonenko, 1964]). Sobre a vida segundo Fichte, cf. *Initiation à la vie bienheureuse*, Paris, Aubier [tradução francesa de Max Rouché, 1944] (e o comentário de Gueroult, p. 9).

A imanência: uma vida...

do com a morte.[4] A vida do indivíduo deu lugar a uma vida impessoal e, contudo, singular, que resgata um puro acontecimento liberado dos acidentes da vida interior e exterior, ou seja, da subjetividade e da objetividade daquilo que ocorre. *"Homo tantum"*[ii] de que todo mundo se compadece e que alcança um tipo de beatitude. É uma hecceidade, que já não é de individuação, mas de singularização: vida de pura imanência, neutra, para além do bem e do mal, pois o sujeito apenas, que a encarnava no meio [*milieu*] das coisas, é que a tornava boa ou ruim. A vida de tal individualidade se apaga em proveito da vida singular imanente [362] a um homem que não tem mais nome, embora não se confunda com nenhum outro. Essência singular, uma vida...

Nem seria preciso conter uma vida no simples momento em que a vida individual afronta a universal morte. *Uma* vida está em toda parte, em todos os momentos que atravessa este ou aquele sujeito vivo e aos quais certos objetos vividos dão a medida: vida imanente levando consigo os acontecimentos ou singularidades que nada fazem senão atualizar-se nos sujeitos e nos objetos. Esta vida indefinida, ela mesma não tem momentos, por mais próximos que estejam uns dos outros, mas apenas entre-tempos, entre-momentos. Ela não sobrevém nem sucede, mas apresenta a imensidão do tempo vazio em que se vê o acontecimento ainda por vir e já tendo chegado, no absoluto de uma consciência imediata. A obra romanesca de Lernet-Holenia[iii] coloca o acontecimento num entre-tempo que pode engolir regimentos inteiros. As singularidades ou os acontecimentos constitutivos de *uma* vida coexistem com os acidentes d'*a* vida correspondente, mas não se agrupam nem se dividem do mesmo jeito. Eles se comunicam entre si de toda um outro jeito que não o dos indivíduos. Parece mesmo que uma vida singular pode prescindir de toda individualidade, ou de todo outro concomitante que a individualize. Por exemplo, todas as crianças pequerruchas se assemelham, e elas não têm tanta individualidade; mas têm singularidades, um sorriso, um gesto, uma careta, acontecimentos que não são caráteres subjetivos. As crianças pequerruchas são atravessadas por uma vida imanente que é pura

---

[4] Dickens, *L'Ami commun*, III, cap. 3, Pléiade.[i]

potência, e até mesmo beatitude, através dos sofrimentos e das fraquezas. Os indefinidos de uma vida perdem toda indeterminação na medida em que preenchem um plano de imanência ou, o que dá estritamente no mesmo, constituem os elementos de um campo transcendental (a vida individual, pelo contrário, permanece inseparável das determinações empíricas). O indefinido como tal não marca uma indeterminação empírica, mas uma determinação de imanência ou uma determinabilidade transcendental. O artigo indefinido não é a indeterminação da pessoa sem ser a determinação do singular. O Uno não é o transcendente que pode conter até a imanência, mas o imanente contido em um campo transcendental. Uno é sempre o indício de uma multiplicidade: um acontecimento, uma singularidade, uma vida... Pode-se sempre invocar um transcendente que tombe para fora do plano de imanência, *[363]* ou até mesmo que se lhe atribua, só que toda transcendência se constitui unicamente na corrente de consciência imanente própria a este plano.[5] A transcendência é sempre um produto de imanência.

Uma vida contém apenas virtuais. Ela é feita de virtualidades, acontecimentos, singularidades. O que se diz virtual não é algo a que falta realidade, mas que se engaja num processo de atualização, seguindo o plano que lhe dá sua realidade própria. O acontecimento imanente se atualiza num estado de coisas e num estado vivido que fazem com que ele ocorra. O plano de imanência, ele mesmo se atualiza num Objeto e num Sujeito aos quais se atribui. Porém, por menos separáveis que sejam de sua atualização, o plano de imanência é ele mesmo virtual, tanto quanto são virtualidades os acontecimentos que o povoam. Os acontecimentos ou singularidades dão ao plano toda sua virtualidade, assim como o pla-

---

[5] Até mesmo Husserl reconhece isto: "O ser do mundo é necessariamente transcendente à consciência, mesmo na evidência originária, e nela permanece necessariamente transcendente. Mas isto em nada muda o fato de que toda transcendência se constitui unicamente na *vida da consciência*, como que inseparavelmente ligada a esta vida..." (*Méditations cartésiennes*, Paris, Vrin, p. 52 [tradução francesa de Gabrielle Peiffer e Emmanuel Levinas, 1ª ed., 1931]). Este será o ponto de partida do texto de Sartre.

no de imanência dá aos acontecimentos virtuais uma realidade plena. O acontecimento considerado como não-atualizado (indefinido) de nada carece. Basta colocá-lo em entrelace com seus concomitantes: um campo transcendental, um plano de imanência, uma vida, singularidades. Uma ferida se encarna ou se atualiza em um estado de coisas e em um vivido; mas ela própria é um puro virtual sobre o plano de imanência que nos arrasta numa vida. Minha ferida existia antes de mim...[6] Não uma transcendência da ferida como atualidade superior, mas sua imanência como virtualidade sempre no seio de um meio [*milieu*] (campo ou plano). Há uma grande diferença entre os virtuais que definem a imanência do campo transcendental e as formas possíveis que os atualizam e que transformam o campo em algo de transcendente.

RODAPÉ DA TRADUÇÃO

[i] *Our Mutual Friend* foi o último romance escrito por Charles Dickens, publicado como livro em 1865 (Londres, Chapman & Hall). A tradução referida por Gilles Deleuze é de Lucien Carrive, Sylvère Monod e Renée Villoteau (Paris, Gallimard, 1991).

[ii] *Homo tantum*, expressão latina que poderia ser traduzida por "meramente homem"; ou "homem, simplesmente"; ou ainda "homem sem qualidades".

[iii] Alexander Lernet-Holenia (1897-1976). "Suas peças, pelas quais foi premiado com o Prêmio Kleist em 1926, trouxeram-lhe uma fama precoce. Ele era um dos últimos representantes literários da antiga Áustria e tinha um olhar agudo para o presente. Similar a Graham Greene, sua obra pode ser dividida em entretenimento, textos escritos principalmente para ganhar dinheiro, e trabalhos literários mais sérios. O próprio Lernet-Holenia considerava sua poesia como sendo sua maior realização. Isso não deve desviar-nos da grandeza de seus melhores romances — *Die Standarte, Mars im Widder, Beide Sizilien, Der Gaf von Saint-Germain* e *Der Graf Luna* — e seus contos de mestre, como *Der Baron Bagge* e *Der blinde Gott*, reunidos em *Mayerling*. E não pode haver dúvida de que alguns de seus trabalhos mais leves, como *Der Mann im Hut, Die Auferstehung des Maltravers* ou *Ich war Jack Mortimer*

[6] Cf. Joë Bousquet, *Les Capitales*, Le Cercle du Livre [1955].

— escritos na inconfundível prosa de Lernet-Holenia, reminiscente de Heinrich von Kleist — permanecem ainda hoje fonte de entretenimento cheio de suspense." (Esta breve apresentação foi traduzida do site www.jbeilharz.de/autores/lernet). Infelizmente, não há traduções para o português, até onde foi possível saber, para nenhum de seus textos.

BIBLIOGRAFIA GERAL DOS ARTIGOS (1975-1998)
[365-374]

Esta bibliografia retoma a de Timothy S. Murphy, ligeiramente acrescida e modificada. Indicamos, para cada caso, o livro em que o artigo foi retomado ou refeito. Os que não foram retomados em obra alguma, inclusive no presente volume, estão precedidos de um asterisco. Não figuram aqui nem as transcrições de cursos nem os registros em áudio. Também não figuram os fragmentos de entrevistas inseridos em artigos, nem os textos cuja publicação não foi autorizada. [Após a referência de cada texto publicado no presente volume foi indicado entre colchetes o seu número.]

1975

"Deux régimes de fous", in Armando Verdiglione (org.), *Psychanalyse et sémiotique: Actes du colloque de Milan*, Paris, 10/18, pp. 165-70. [Texto 1]

"Schizophrénie et société", in *Encyclopaedia Universalis*, vol. 14, Paris, Encyclopaedia Universalis, pp. 733-5. [Texto 2]

"Table ronde" (com Roland Barthes, Serge Doubrovsky, Gérard Genette, Jean Ricardou, Jean-Pierre Richard), *Cahiers de Marcel Proust*; nova série, Gallimard, n° 7, pp. 87-115. [Texto 3]

"À propos du département de psychanalyse à Vincennes" (com Jean-François Lyotard), *Les Temps modernes*, n° 342, janeiro, pp. 862-3. [Texto 4]

"Écrivain non: un nouveau cartographe", in *Critique*, n° 343, dezembro, pp. 1207-27. Retomado, modificado, em *Foucault*, Paris, Éditions de Minuit, 1986.

1976

"Nota dell'autore per l'edizione italiana", in Gilles Deleuze, *Logica del senso*, Milão, Feltrinelli, pp. 293-5. Tradução italiana, Armando Verdiglione. [Texto 5]

"Avenir de linguistique", in Henri Gobard, *L'Aliénation linguistique*, Paris, Flammarion, pp. 9-14. [Texto 6]

"Trois questions sur *Six fois deux*", *Cahiers du Cinéma*, n° 271, pp. 5-12. Retomado em *Pourparlers [Conversações]*, Paris, Éditions de Minuit, 1990.

"Gilles Deleuze fasciné par *Le Misogyne*", *La Quinzaine Littéraire*, n° 229, 16-31 de março, pp. 8-9. [Texto 7]

1977

"Quatre propositions sur la psychanalyse", in Gilles Deleuze e Félix Guattari, *Politique et psychanalyse*, Alençon, Bibliothèque des Mots Perdus, pp. 12-7. [Texto 8]

"Interprétation des énoncés" (com Félix Guattari, Claire Parnet e André Scala), in Gilles Deleuze e Félix Guattari, *Politique et psychanalyse*, Alençon, Bibliothèque des Mots Perdus, pp. 18-33. [Texto 9]

"Ascension du social", posfácio a Jacques Donzelot, *La Police des familles*, Paris, Éditions de Minuit, pp. 213-20. [Texto 10]

"Le juif riche", *Le Monde*, 18 de fevereiro, p. 26. [Texto 12]

"À propos des nouveaux philosophes et d'un problème plus général", suplemento a *Minuit*, n° 24, 5 de junho. [Texto 13]

"Le pire moyen de faire l'Europe" (com Félix Guattari), *Le Monde*, 2 de novembro, p. 6. [Texto 14]

1978

"Deux questions", in François Châtelet, Gilles Deleuze, Erik Genevois, Félix Guattari, Rudolf Ingold, Numa Musard e Claude Olievenstein, ... *Où il est question de la toxicomanie*, Alençon, Bibliothèque des Mots Perdus. [Texto 15]

"Nietzsche et Saint Paul, Lawrence et Jean de Patmos" (com Fanny Deleuze), in D. H. Lawrence, *Apocalypse*, Paris, Balland-France Adel, pp. 7-37. Retomado, modificado, em *Critique et clinique*, Paris, Éditions de Minuit, 1993.

"Spinoza et nous", *Revue de Synthèse*, III, n° 89-91, janeiro-setembro, pp. 271-8. Retomado, modificado, em *Spinoza, philosophie pratique*, reed., Paris, Éditions de Minuit, 1981.

"Philosophie et minorité", *Critique*, n° 369, fevereiro, pp. 154-5. Retomado, modificado, em *Mille plateaux*, Paris, Éditions de Minuit, 1980.

"Rendre audibles des forces non-audibles par elles-mêmes", documento do *Institut de Recherche et de Coordination Acoustique/Musique* (IRCAM). [Texto 16]

416   Dois regimes de loucos

"Les gêneurs", *Le Monde*, 7 de abril, p. 2. [Texto 17]

"La plainte et le corps", *Le Monde*, 13 de outubro, p. 19. [Texto 18]

1979

"En quoi la philosophie peut servir à des mathématiciens, ou même à des musiciens — même et surtout quand elle ne parle pas de musique ou de mathématiques", in Jacqueline Brunet, Bernard Cassen, François Châtelet, Pierre Merlin e Madeleine Rebérioux (orgs.), *Vincennes ou le désir d'apprendre*, Paris, Éditions Alain Moreau, pp. 120-1. [Texto 19]

"Lettera aperta ai giudice di Negri", *La Repubblica*, 10 de maio, pp. 1-4. [Texto 20]

"Ce livre est littéralement une preuve d'innocence", *Le Matin de Paris*, 13 de dezembro, p. 32. [Texto 21]

1980

"8 ans après: entretien 1980", por Catherine Clément, *L'Arc n° 49 — Deleuze*, nova edição, pp. 99-102. [Texto 22]

* "Porquoi en être arrivé là?" (com François Châtelet), conversa registrada por Jean-Pierre Géné, *Libération*, 17 de março, p. 4.

* "Pour une commission d'enquête" (com François Châtelet e Jean-François Lyotard), *Libération*, 17 de março, p. 4.

"*Mille plateaux* ne font pas une montagne, ils ouvrent mille chemins philosophiques" (entrevista com Christian Deschamps, Didier Eribon e Robert Maggiori), *Libération*, 23 de outubro, pp. 16-7. Retomado com o título "Sur *Mille plateaux*" em *Pourparlers* [*Conversações*], Paris, Éditions de Minuit, 1990.

1981

"Peindre le cri", *Critique*, n° 408, maio, pp. 506-11. Retomado, modificado, em *Francis Bacon. Logique de la sensation*, Paris, Éditions de la Différence, 1981.

"La peinture enflamme l'écriture" (conversa registrada por Hervé Guibert), *Le Monde*, 3 de dezembro, p. 15. [Texto 23]

"A proposito del *Manfred* alla Scala (1 ottobre 1980)", in Carmelo Bene, *Otello, o la deficienza della donna*, Milão, Feltrinelli, pp. 7-9. Tradução italiana, Jean-Paul Manganaro. [Texto 24]

1982

"Préface", in Antonio Negri, *L'Anomalie sauvage: puissance et pouvoir chez Spinoza*, Paris, PUF, pp. 9-12. [Texto 25]

* "Lettera italiana", *Alfabeta*, Milão, nº 33, fevereiro.

"Les indiens de Palestine" (entrevista com Elias Sanbar), *Libération*, 8-9 de maio, pp. 20-1. [Texto 26]

"Lettre à Uno sur le langage", *Gendai Shiso* (A Revista do Pensamento de Hoje), Tóquio, dezembro, pp. 50-8. Tradução japonesa, Kuniichi Uno. [Texto 27]

"Exposé d'une poétique rizomatique" (com Kuniichi Uno), *Gendai Shiso* (A Revista do Pensamento de Hoje), Tóquio, dezembro, pp. 94-102. Tradução japonesa, Kuniichi Uno. Retomado de passagens de *Mille plateaux*, Paris, Éditions de Minuit, 1980.

1983

"L'abstraction lyrique", *Change International*, nº 1, p. 82. Retomado em *Cinéma 1: L'image-mouvement*, Paris, Éditions de Minuit, 1983.

"Preface to the English Translation", in Gilles Deleuze, *Nietzsche and Philosophy*, Nova York, Columbia University Press, pp. ix-xiv. Tradução inglesa, Hugh Tomlinson. [Texto 28]

"'La photographie est déjà tirée dans les choses'" (conversa registrada por Pascal Bonitzer e Jean Narboni), *Cahiers du Cinéma*, nº 352, outubro, pp. 35-40. Retomado com o título "Sur *L'image-mouvement*" em *Pourparlers*, Paris, Éditions de Minuit, 1990.

"Cinéma 1, première" (conversa registrada por Serge Daney), *Libération*, 3 de outubro, p. 30. [Texto 29]

* "Le philosophe 'menuisier'" (conversa registrada por Didier Eribon), *Libération*, 3 de outubro, p. 30.

"Portrait du philosophe en spectateur" (conversa registrada por Hervé Guibert), *Le Monde*, 6 de outubro, pp. 1-7. [Texto 30]

"Godard et Rivette", *La Quinzaine Littéraire*, nº 404, 1º de novembro, pp. 6-7. Retomado, modificado, em *Cinéma 2: L'image-temps*, Paris, Éditions de Minuit, 1985.

"Le pacifisme aujourd'hui" (com Jean-Pierre Bamberger. Conversa registrada por Claire Parnet), *Les Nouvelles Littéraires*, 15-21 de dezembro, pp. 60-4. [Texto 31]

1984

"Mai 68 n'a pas eu lieu" (com Félix Guattari), *Les Nouvelles Littéraires*, 3-10 de maio, pp. 75-6. [Texto 32]

"Lettre à Uno: Comment nous avons travaillé à deux", *Gendai Shiso* (A Revista do Pensamento de Hoje), Tóquio, n° 9, pp. 8-11. Tradução japonesa, Kuniichi Uno. [Texto 33]

"Grandeur de Yasser Arafat", *Révue d'Études Palestiniennes*, n° 10, pp. 41-3. [Texto 34]

* "Pour un droit d'asile politique un et indivisible" (com François Châtelet e Félix Guattari), *Le Nouvel Observateur*, n° 1.041, 19 de outubro, p. 18.

["Sur les principaux concepts de Michel Foucault", inédito.] [Texto 35]

1985

"Les plages d'immanence", in Annie Cazenave e Jean-François Lyotard (orgs.), *L'Art des confins: mélanges offerts à Maurice de Gandillac*, Paris, PUF, pp. 79-81. [Texto 36]

"Les intercesseurs" (conversa registrada por Antoine Dulaure e Claire Parnet), *L'Autre Journal*, n° 8, outubro, pp. 10-22. Retomado em *Pourparlers*, Paris, Éditions de Minuit, 1990.

"Le philosophe et le cinéma" (conversa registrada por Gilbert Callasso e Fabrice Revault d'Allonnes), *Cinéma*, n° 334, dezembro, pp. 2-3. Retomado com o título "Sur *L'Image-temps*", em *Pourparlers*, Paris, Éditions de Minuit, 1990.

"Il était une étoile de groupe", *Libération*, 27 de dezembro, pp. 21-2. [Texto 37]

* "La philosophie perd une voix", *Libération*, 8-9 de junho, p. 34.

1986

"Preface to the English Edition", in Gilles Deleuze, *Cinema 1: The Movement-Image*, Minneapolis, University of Minnesota Press, pp. ix-x. Tradução inglesa, Hugh Tomlinson e Barbara Habberjam. [Texto 38]

"The Intellectual and Politics: Foucault and the Prison" (conversa registrada por Paul Rabinow e Keith Gandal), *History of the Present*, n° 2, pp. 1-2, 20-1. [Texto 39]

"Le cerveau, c'est l'écran" (entrevista com Alain Bergala, Pascal Bonitzer, Marc Chevrie, Jean Narboni, Charles Tesson e Serge Toubiana), *Cahiers du Cinéma*, n° 380, fevereiro, pp. 25-32. [Texto 40]

"Boulez, Proust et les temps: 'Occuper sans compter'", in Claude Samuel (org.), *Éclats/Boulez*, Paris, Centre Georges Pompidou, pp. 98-100. [Texto 41]

"Optimisme, pessimisme et voyage: lettre à Serge Daney", in Serge Daney, *Ciné-Journal*, Paris, Cahiers du Cinéma, pp. 5-13. Retomado em *Pourparlers*, Paris, Éditions de Minuit, 1990.

"Le plus grand film irlandais", *Révue d'Esthétique*, pp. 381-2. Retomado, modificado, em *Critique et clinique*, Paris, Éditions de Minuit, 1993.

"Sur le régime cristallin", *Hors Cadre*, n° 4, pp. 39-45. Retomado com o título "Doutes sur l'imaginaire" em *Pourparlers*, Paris, Éditions de Minuit, 1990.

"Fendre les choses, fendre les mots" (conversa registrada por Robert Maggiori), *Libération*, 2 de setembro, pp. 27-8. Retomado em *Pourparlers*, Paris, Éditions de Minuit, 1990.

"Michel Foucault dans la troisième dimension" (conversa registrada por Robert Maggiori), *Libération*, 3 de setembro, p. 38. Retomado em *Pourparlers*, Paris, Éditions de Minuit, 1990.

"La vie comme une oeuvre d'art" (conversa registrada por Didier Eribon), *Le Nouvel Observateur*, n° 1.138, 4 de setembro, pp. 66-8. Retomado, acrescido, em *Pourparlers*, Paris, Éditions de Minuit, 1990.

"Sur quatre formules poétiques qui pourraient résumer la philosophie kantienne", *Philosophie*, n° 9, pp. 29-34. Retomado em *Critique et clinique*, Paris, Éditions de Minuit, 1993.

1987

"Preface to the English-Language Edition", in Gilles Deleuze e Claire Parnet, *Dialogues*, Nova York, Columbia University Press, 1987, pp. vii-x. Tradução inglesa, Hugh Tomlinson e Barbara Habberjam. [Texto 43]

"Prefazione per l'edizione italiana" (com Félix Guattari), in Gilles Deleuze e Félix Guattari, *Mille piani: Capitalismo e schizofrenia*, Roma, Bibliotheca Biographica, pp. xi-xiv. Tradução italiana, Giorgio Passerone. [Texto 44]

"Ce que la voix apporte au texte", *Théâtre National Populaire: Alain Cuny "Lire"*, Lyon, Théâtre National Populaire, novembro. [Texto 46]

1988

"Al-hadjarat" [As pedras], *Al-Karmel*, Palestina, n° 29, pp. 27-8. Tradução árabe desconhecida. [Texto 48]

"Signes et événements" (conversa registrada por Raymond Bellour e François Ewald), *Magazine Littéraire*, n° 257, setembro, pp. 16-25. Retomado com o título "Sur la philosophie" em *Pourparlers*, Paris, Éditions de Minuit, 1990.

"Un critère pour le baroque", *Chimères*, n° 5-6, pp. 3-9. Retomado em *Le Pli — Leibniz et le baroque*, Paris, Éditions de Minuit, 1988.

"A Philosophical Concept...", *Topoï*, setembro, pp. 111-2. Tradução inglesa, Julien Deleuze. [Texto 51]

"La pensée mise en plis" (conversa registrada por Robert Maggiori), *Libération*, 22 de setembro. Retomado com o título "Sur Leibniz" em *Pourparlers*, Paris, Éditions de Minuit, 1990.

"Foucault, historien du présent", *Magazine Littéraire*, n° 257, setembro, pp. 51-2. Extraído da conferência "Qu'est-ce qu'un dispositif?", publicada integralmente no ano seguinte.

1989

"Qu'est-ce qu'un dispositif?", in *Michel Foucault philosophe, Rencontre Internationale, Paris 9, 10, 11 janvier 1988*, Paris, Seuil, pp. 185-95. (Uma versão parcial tinha sido publicada com o título "Foucault, historien du présent", *Magazine Littéraire*, n° 257, setembro, pp. 51-2. [Texto 50]

"Preface to the English Edition", in Gilles Deleuze, *Cinema 2: The Time-Image*, Minneapolis, University of Minnesota Press, pp. xi-xiii. Tradução inglesa, Hugh Tomlinson e Robert Galeta. [Texto 52]

"Postface: Bartleby ou la formule", in Herman Melville, *Bartleby, Les Îles Enchantées, Le Campanile*, Paris, Flammarion, pp. 171-208. Retomado, modificado, em *Critique et clinique*, Paris, Éditions de Minuit, 1993.

"Les trois cercles de Rivette", *Cahiers du Cinéma*, n° 416, fevereiro, pp. 18-9. [Texto 53]

"Re-présentation de Masoch", *Libération*, 18 de maio, p. 30. Retomado, modificado, em *Critique et clinique*, Paris, Éditions de Minuit, 1993.

"Gilles Deleuze craint l'engrenage", *Libération*, 26 de outubro. [Texto 54]

"Lettre à Réda Bensmaïa", *Lendemains*, XIV, n° 53, p. 9. Retomado com o título "Lettre à Réda Bensmaïa sur Spinoza", em *Pourparlers*, Paris, Éditions de Minuit, 1990.

* "Lettre à Gian Marco Montesano", in Gilles Deleuze, Achille Bonito Oliva e Toni Negri, *Gian Marco Montesano: guardando il cielo, 21 giugno 1989*, Roma, Monti.

Bibliografia geral dos artigos (1975-1998) 421

1990

"Le devenir révolutionnaire et les créations politiques" (conversa registrada por Toni Negri), *Futur Antérieur*, n° 1, pp. 100-8. Retomado com o título "Contrôle et devenir" em *Pourparlers*, Paris, Éditions de Minuit, 1990.

"Post-scriptum sur les sociétés de contrôle", *L'Autre Journal*, n° 1, maio. Retomado em *Pourparlers*, Paris, Éditions de Minuit, 1990.

"Les conditions de la question: qu'est-ce que la philosophie?", *Chimères*, n° 8, maio, pp. 123-32. Retomado, modificado, em *Qu'est-ce que la philosophie?*, Paris, Éditions de Minuit, 1991.

* "Lettre-préface", in Mireille Buydens, *Sahara: l'esthétique de Gilles Deleuze*, Paris, Vrin, p. 5.

* "Adresse au gouvernement français" (com Pierre Bourdieu, Jérôme Lindon e Pierre Vidal-Naquet), *Libération*, 5 de setembro, p. 6.

"Avoir une idée en cinéma: à propos du cinéma des Straub-Huillet", in *Jean-Marie Straub et Danièle Huillet: "Hölderlin, Cézanne"*, Aigremont, Éditions Antigone, pp. 65-77 (para a versão integral desse texto, com o título "Qu'est-ce que l'acte de création?", cf. *Trafic*, n° 27, outono de 1998). [Texto 45]

1991

"A Return to Bergson", in Gilles Deleuze, *Bergsonism*, Nova York, Zone Books, pp. 115-8. Tradução inglesa, Hugh Tomlinson. [Texto 49]

"Preface to the English-Language Edition", in Gilles Deleuze, *Empiricism and Subjectivity: An Essay on Hume's Theory of Human Nature*, Nova York, Columbia University Press, pp. ix-x. Tradução inglesa, Constantin V. Boundas. [Texto 56]

"Prefazione: Una nuova stilistica", in Giorgio Passerone, *La linea astratta: pragmatica dello stile*, Milão, Edizioni Angelo Guerini, pp. 9-13. Tradução italiana, Giorgio Passerone. [Texto 57]

"Préface", in Éric Alliez, *Les Temps capitaux. Récits de la conquête du temps*, tomo I, Paris, Éditions du Cerf, pp. 7-9. [Texto 58]

"La guerre imonde" (com René Scherer), *Libération*, 4 de março, p. 11. [Texto 59]

* "Secret de fabrication: nous deux" (com Félix Guattari. Conversa registradaa por Robert Maggiori), *Libération*, 12 de setembro, pp. 17-9.

"Nous avons inventé la ritournelle" (com Félix Guattari. Conversa registrada por Didier Eribon), *Le Nouvel Observateur*, 12-18 de setembro, pp. 109-10. [Texto 60]

1992

"Remarques", in Barbara Cassin (org.), *Nos Grecs et leurs modernes: les stratégies contemporaines d'appropriation de l'Antiquité*, Paris, Seuil, 1992, pp. 249-50. Retomado, modificado, com o título "Platon, les Grecs" em *Critique et clinique*, Paris, Éditions de Minuit, 1993.

* "L'épuisé", in Samuel Beckett, *Quad*, Paris, Éditions de Minuit, 1992.

1993

"Pour Félix", *Chimères*, nº 18, pp. 209-10. [Texto 61]

"Lettre-préface", in Jean-Clet Martin, *Variations: la philosophie de Gilles Deleuze*, Paris, Éditions Payot, pp. 7-9. [Texto 55]

1994

"Preface to the English Edition", in Gilles Deleuze, *Difference and Repetition*, Nova York, Columbia University Press, pp. xv-xvii. Tradução inglesa, Paul Patton. [Texto 42]

* "La chose en soi chez Kant", *Lettres Philosophiques*, nº 7, pp. 36-8.

"Désir et plaisir", *Magazine Littéraire*, nº 325, outubro, pp. 59-65. [Texto 11]

1995

"L'immanence: une vie...", *Philosophie*, nº 47, setembro, pp. 3-7. [Texto 62]

"Extrait du dernier texte écrit par Gilles Deleuze", *Cahiers du Cinéma*, nº 497, dezembro, p. 28. (Trechos do texto publicado no ano seguinte).

1996

"L'actuel et le virtuel", in Gilles Deleuze e Claire Parnet, *Dialogues*, reed., Paris, Flammarion, col. "Champ", pp. 177-85.

1998

"Correspondance D. Mascolo — G. Deleuze", *Lignes*, nº 33, março, pp. 222-6. [Texto 47]

ÍNDICE ONOMÁSTICO
[375-379]

[As páginas indicadas são as que constam entre colchetes ao longo do texto; elas correspondem, portanto, à paginação da edição francesa original. Quando encontradas, foram incluídas as datas de nascimento e morte dos nomes mencionados.]

Allen, Woody [1935], 203
Alliez, Éric [1957], 176, 348, 350
Althusser, Louis [1918-1990], 155
Andreotti, Giulio [1919-2013], 157
Andropov, Iuri [1914-1984], 208
Antelme, Robert [1917-1990], 305
Antonioni, Michelangelo [1912-2007], 267, 271, 330
Arafat, Yasser [1929-2004], 181, 221, 223, 224
Aristóteles [384-322 a.C.], 281
Artaud, Antonin [1896-1948], 19, 20, 25, 26, 142, 200, 346
Aubral, François [1946], 128
Baader, Andreas [1943-1977], 135, 137
Bach, Johann Sebastian [1685-1750], 301
Bachelard, Gaston [1884-1962], 320
Bacon, Francis [1909-1992], 167, 169, 170, 171, 197
Bakhtin, Mikhail [1895-1975], 344
Balthus [1908-2001], 358
Balzac, Honoré de [1799-1850], 266, 344
Bamberger, Jean-Pierre, 204, 247

Barthes, Roland [1915-1980], 29, 34, 40, 47, 49, 53
Bateson, Gregory [1904-1980], 24, 141, 165
Baudelaire, Charles [1821-1867], 309
Beckett, Samuel [1906-1989], 19, 25, 134, 168, 347
Beethoven, Ludwig van [1770-1827], 42, 273, 277
Begin, Menachem [1913-1992], 147, 221
Benda, Julien [1857-1956], 129
Bene, Carmelo [1937-2002], 173, 174
Benoist, Jean-Marie [1942-1990], 129
Berg, Alban [1885-1935], 277
Bergala, Alain [1943], 263
Bergson, Henri [1859-1941], 185, 276, 313, 314, 315, 356, 360
Berlinguer, Enrico [1922-1984], 157
Bersani, Leo [1931], 29, 33, 47
Berto, Juliet [1947-1990], 195
Bettelheim, Bruno [1903-1990], 17, 83

Binswanger, Ludwig [1881-1966], 23, 151, 315
Blanchot, Maurice [1907-2003], 54, 172, 198, 231, 237, 248, 307, 309
Bleuler, Eugen [1857-1939], 22
Bonitzer, Pascal [1946], 263
Borges, Jorge Luis [1899-1986], 266
Bórgia, César [1475-1507], 192
Boucourechliev, André [1925-1997], 42
Boulez, Pierre [1925-2016], 142, 145, 272, 273, 274, 275, 278, 279
Boundas, Constantin V., 341
Bourdieu, Pierre [1930-2002], 233
Bousquet, Joë [1897-1950], 363
Brahms, Johannes [1833-1897], 42
Bresson, Robert [1901-1999], 203, 264, 267, 269, 271, 294
Brisset, Jean-Pierre [1837-1919], 65, 318
Brunet, Jacqueline, 152
Brunhoff, Suzanne de [1929-2015], 12
Buffon, Georges-Louis Leclerc de [1707-1788], 345
Burroughs, William [1914-1997], 20, 142, 299, 323
Bush, George H. W. [1924], 351
Butor, Michel [1926], 247
Byron, George Gordon [1788-1824], 174
Canguilhem, Georges [1904-1995], 320
Carroll, Lewis [1832-1898], 58
Carter, Elliott [1908-2012], 143
Cassen, Bernard [1937], 152
Castañeda, Carlos [1925-1998], 141
Castel, Robert [1933-2013], 78, 106, 108

Cau, Jean [1925-1993], 129
Cavaillès, Jean [1903-1944], 247
Céline, Louis-Ferdinand [1894-1961], 200, 347
Cézanne, Paul [1839-1906], 169, 172
Char, René [1907-1988], 272
Châtelet, François [1925-1985], 138, 152, 247
Chauvin, Rémy [1913-2009], 38
Chéreau, Patrice [1944], 203
Chevrie, Marc [1961], 263
Chirac, Jacques [1932], 152
Chomsky, Noam [1928], 186, 343
Churchill, Winston [1874-1965], 94
Claudel, Paul [1868-1955], 346
Clausewitz, Carl von [1780-1831], 12, 116
Clavel, Maurice [1920-1979], 129
Clément, Catherine [1939], 162
Clérambault, Gaëtan Gatian de [1872-1934], 14
Cooper, David [1931-1986], 79
Coppola, Francis Ford [1939], 217
Corneille, Pierre [1606-1684], 332
Court de Gébelin, Antoine [1719-1784], 65
Croissant, Klaus [1931-2002], 135, 136, 137
Cuny, Alain [1908-1994], 303, 304
Cuvier, Georges [1769-1832], 122
Daney, Serge [1944-1992], 194
D'Ormesson, Jean [1925], 136
Dante Alighieri [1265-1321], 344
Darlan, François [1881-1942], 94
Darrieux, Danielle [1917], 201
De Witt, Cornelis [1623-1672], 176
De Witt, Jan [1625-1672], 176
Debray, Régis [1940], 250
Debussy, Claude [1862-1918], 145
Dedekind, Richard [1831-1916], 274

Defert, Daniel [1937], 226, 254, 255, 258, 261, 325
Delaunay, Robert [1885-1941], 267
Delcourt, Xavier [1950], 128
Deleuze, Julien [1960], 326
Derrida, Jacques [1930-2004], 356
Desormière, Roger [1898-1963], 276
Diabelli, Anton [1781-1858], 42
Dickens, Charles [1812-1870], 361
Dillard, Joey Lee [1924-2009], 62
Donzelot, Jacques [1943], 104, 105, 106, 107, 108, 109, 110, 111
Dostoiévski, Fiódor [1821-1881], 195, 295, 296
Doubrovsky, Serge [1928], 29, 35, 36, 37, 46, 52
Dreyer, Carl Theodor [1889-1968], 196, 264, 269
Droit, Roger-Pol [1949], 56
Ducrot, Oswald [1930], 64
Duras, Marguerite [1914-1996], 271, 297
Eckhart, Mestre [c. 1260-1327/1328], 245
Eichendorff, Joseph von [1788-1857], 307
Einstein, Albert [1879-1955], 314, 315
Eisenstein, Serguei [1898-1948], 59
Éluard, Paul [1895-1952], 257
Epstein, Jean [1897-1953], 267
Eribon, Didier [1953], 353
Espinosa, Baruch [1632-1677], 157, 175, 176, 177, 178, 280, 304, 321, 360
Evron, Boaz [1927], 184
Ewald, François [1946], 112, 325
Fabre d'Olivet, Antoine [1767-1825], 65
Fabre-Luce, Alfred [1899-1983], 129

Fabre, Saturnin [1884-1961], 201
Faulkner, William [1897-1962], 277, 347
Faure, Edgar [1908-1988], 152
Fédida, Pierre [1934-2002], 150, 151
Fichte, Johann Gottlieb [1762-1814], 361
Fields, William Claude [1880-1946], 19
Finas, Lucette [1921], 113
Fitzgerald, Francis Scott [1896-1940], 248
Flaubert, Gustave [1821-1880], 345
Ford, John [1894-1973], 267
Foucault, Michel [1926-1984], 11, 14, 35, 106, 108, 111, 112, 226, 227, 228, 229, 230, 231, 232, 233, 234, 235, 236, 237, 238, 239, 240, 242, 243, 249, 255, 256, 257, 258, 259, 260, 261, 262, 266, 299, 316, 317, 318, 319, 321, 322, 323, 324, 325, 356
Freud, Anna [1895-1982], 98
Freud, Sigmund [1856-1939], 23, 60, 73, 79, 80, 81, 82, 85, 86, 87, 89, 90, 91, 98, 109, 110, 111, 285
Fromanger, Gérard [1939], 358
Gadda, Carlo Emilio [1893-1973], 343
Galeta, Robert, 329, 331
Gallucci, Achille [1914-2003], 155
Gandal, Keith, 254
Gandillac, Geneviève de, 245
Gandillac, Maurice de [1906-2006], 244, 245, 246
Garrel, Philippe [1948], 271
Gatti, Armand [1924], 247
Genet, Jean [1910-1986], 257, 358

Índice onomástico

Genette, Gérard [1930], 29, 35, 36, 39, 40, 41, 47, 51
Genevois, Erik, 138
Ginsberg, Allen [1926-1997], 168
Giscard d'Estaing, Valéry [1926], 152
Glass, Philip [1937], 141
Glucksmann, André [1937], 129, 212
Gobard, Henri, 61, 63, 64
Godard, Jean-Luc [1930], 133, 134, 200, 202, 265, 267
Goethe, J. W. [1749-1832], 122, 267
Gramsci, Antonio [1891-1937], 157
Grémillon, Jean [1901-1959], 267
Griffith, D. W. [1875-1948], 199
Guattari, Félix [1930-1992], 11, 13, 15, 60, 72, 77, 114, 128, 135, 138, 155, 158, 163, 215, 218, 280, 283, 286, 288, 307, 348, 353, 357
Gueroult, Martial [1891-1976], 361
Guibert, Hervé [1955-1991], 167, 197
Guillaume, Gustave [1883-1960], 345
Habberjam, Barbara, 251
Habermas, Jürgen [1929], 354
Habré, Hissène [1942], 213
Haby, René [1919-2003], 127
Halevi, Ilan [1943], 182
Hardy, Oliver [1892-1957], 60
Haydn, Joseph [1732-1809], 42
Hegel, G. W. F. [1770-1831], 175, 248, 281, 290
Heidegger, Martin [1889-1976], 226, 356
Hitchcock, Alfred [1899-1980], 252

Hitler, Adolf [1889-1945], 94, 137, 222, 260, 300
Hjelmslev, Louis [1899-1965], 227
Hobbes, Thomas [1588-1679], 175, 176
Hochmann, Jacques [1934], 101
Hölderlin, Friedrich [1770-1843], 122, 309
Hugo, Victor [1802-1885], 34
Huillet, Danièle [1936-2006], 291
Hume, David [1711-1776], 280, 326, 327, 341, 342
Hussein, Saddam [1937-2006], 351
Husserl, Edmund [1859-1938], 150, 327, 363
Ingold, Rudolf, 138
Ionesco, Eugène [1909-1994], 63
Jabotinsky, Vladimir [1880-1940], 221
Jackson, George [1941-1971], 257
Jacquot, Benoît [1947], 203
Jaeger, Marcel [1949], 25
Jakobson, Roman [1896-1982], 186
Jambet, Christian [1949], 129
James, William [1842-1910], 360
Jaspers, Karl [1883-1969], 26
Jihad, Abu (Khalil al-Wazir) [1935-1988], 312
Joyce, James [1882-1941], 200, 277
Kafka, Franz [1883-1924], 15, 31, 62, 167, 168, 186, 192, 203, 301
Kant, Immanuel [1724-1804], 230, 250, 327, 329, 339, 341, 350, 354, 360
Kappler, Herbert [1907-1978], 136
Kazan, Elia [1909-2003], 200
Keaton, Buster [1895-1966], 263
Kennedy, John F. [1917-1963], 207
Kerouac, Jack [1922-1969], 168

Keynes, John Maynard [1883-1946], 110, 111

Kierkegaard, Søren [1813-1855], 192, 264, 307

Klee, Paul [1879-1940], 302

Klein, Melanie [1882-1960], 23, 60, 76, 80, 82, 92, 98, 99, 285

Kleist, Heinrich von [1777-1811], 11, 100, 122

Klossowski, Pierre [1905-2001], 165, 307

Kohl, Helmut [1930], 209, 212

Kojève, Alexandre [1902-1968], 248

Kolb, Philip [1907-1992], 34

Koyré, Alexandre [1892-1964], 320

Kraepelin, Emil [1856-1926], 22, 26

Kurosawa, Akira [1910-1998], 195, 200, 267, 295, 296

Labov, William [1927], 186

Lacan, Jacques [1901-1981], 23, 24, 56, 57

Laing, Ronald D. [1927-1989], 26, 27

Lanzmann, Jacques [1927-2006], 247

Lapoujade, David [1964], 360

Lardreau, Guy [1947-2008], 129

Laurel, Stan [1890-1965], 60

Lautmann, Albert [1908-1944], 247

Lautréaumont [1846-1870], 52

Lawrence, David Herbert [1885-1930], 120

Léaud, Jean-Pierre [1944], 195

Leclaire, Serge [1924-1994], 18

Leibniz, Gottfried Wilhelm [1646-1716], 245, 281, 338

Lênin, Vladímir [1870-1924], 260

Lernet-Holenia, Alexander [1897-1976], 362

Lévi-Strauss, Claude [1908-2009], 83

Lévy, Bernard-Henri [1948], 128, 129

Ligeti, György [1923-2006], 143

Liszt, Franz [1811-1886], 144

Livrozet, Serge [1939], 258

Lloyd, Harold [1893-1971], 263

Lorca, Federico García [1898-1936], 347

Lorenz, Konrad [1903-1989], 165

Losey, Joseph [1909-1984], 198, 200, 265, 267

Lubitsch, Ernst [1892-1947], 265

Luca, Gherasim [1913-1994], 65

Lyotard, Jean-François [1924-1998], 56, 166

MacBride, Seán [1904-1988], 206

Magritte, René [1898-1967], 318

Maine de Biran [1766-1824], 361

Maldiney, Henri [1912], 151

Mallarmé, Stéphane [1842-1898], 29, 272, 346

Malraux, André [1901-1976], 301

Mandelstam, Óssip [1891-1938], 346

Manganaro, Jean-Paul, 173

Mankiewicz, Joseph L. [1909-1993], 331

Mannoni, Maud [1923-1998], 24

Maquiavel, Nicolau [1469-1527], 176

Marivaux, Pierre de [1688-1763], 332

Márkov, Andrei [1856-1922], 237

Martin, Jean-Clet [1958], 338

Marx, Karl [1818-1883], 72, 79, 176, 177, 250

Masaniello [1620-1647], 178

Masoch, Leopold von Sacher [1836-1895], 120, 167

Mascolo, Dionys [1916-1997], 305, 306, 309, 310

Índice onomástico 429

Mauriac, Claude [1914-1996], 257
Mauron, Charles [1899-1966], 33
Melville, Herman [1819-1891], 316
Merlin, Pierre, 152
Messiaen, Olivier [1908-1992], 278, 279
Michaux, Henri [1899-1984], 141, 142, 264, 272
Michelangelo [1475-1564], 168
Miller, Henry [1891-1980], 287
Minkowski, Eugène [1885-1972], 315
Minnelli, Vincente [1903-1986], 296, 297
Mitterrand, François [1916-1996], 131, 205, 212, 213
Mizoguchi, Kenji [1898-1956], 200, 267
Montrelay, Michèle, 83
Moro, Aldo [1916-1978], 155, 156
Musard, Numa, 138
Napoleão Bonaparte [1769-1821], 299
Nadeau, Maurice [1911-2013], 66
Narboni, Jean, 263, 291
Negri, Antonio [1933], 155, 156, 160, 175, 176, 177, 178
Nerval, Gérard de [1808-1855], 335
Newton, Isaac [1642-1727], 267
Nietzsche, Friedrich [1844-1900], 129, 178, 187, 188, 189, 191, 192, 226, 234, 236, 237, 255, 280, 319, 320, 321, 323, 325, 346
Nixon, Richard [1913-1994], 209
Ogier, Bulle [1939], 195, 332
Olievenstein, Claude [1933-2008], 138
Ophüls, Max [1902-1957], 202
Owen, David [1938], 208
Ozu, Yasujiro [1903-1963], 267, 270

Padovani, Marcelle [1947], 157
Païni, Dominique [1947], 268
Palme, Olof [1927-1986], 206
Pankow, Gisela [1914-1998], 23
Papandreou, Andreas [1919-1996], 206, 210
Parnet, Claire, 204, 284, 286, 359
Pascal, Blaise [1632-1662], 211
Pasolini, Pier Paolo [1922-1975], 344
Passerone, Giorgio, 288, 343, 344, 345, 346, 347
Péguy, Charles [1873-1914], 262
Perrault, Pierre [1927-1999], 331
Petrarca [1304-1374], 245
Pinelli, Giuseppe [1928-1969], 159
Piperno, Franco [1943], 156
Platão [427-347 a.C.], 307
Plotino [204/205-270], 245, 354
Pollock, Jackson [1912-1956], 164, 285
Ponge, Francis [1899-1988], 151
Prigogine, Ilya [1917-2003], 215
Proektor, Daniel, 209
Proust, Marcel [1871-1922], 29, 30, 31, 32, 33, 34, 35, 36, 37, 38, 39, 40, 41, 42, 43, 44, 45, 46, 47, 48, 49, 50, 51, 52, 53, 54, 55, 143, 144, 167, 186, 272, 273, 275, 276, 277, 278, 279, 280, 283, 307, 343, 346, 358
Pseudo-Dionísio, o Areopagita [séc. V-séc. VI], 245
Rabinow, Paul [1944], 254
Racine, Jean [1639-1699], 332, 336
Raulet, Gérard [1949], 321
Ray, Nicholas [1911-1979], 200
Reagan, Ronald [1911-2004], 205, 208, 212
Rebérioux, Madeleine [1920-2005], 152
Rebeyrolle, Paul [1926-2005], 318
Rebmann, Kurt [1924-2005], 135

Reich, Wilhelm [1897-1957], 79, 110
Renoir, Jean [1894-1979], 202
Resnais, Alain [1922-2014], 202, 267, 271, 331
Revault d'Allones, Olivier [1923-2009], 247
Ribbentrop, Joachim von [1893-1946], 94
Ricardou, Jean [1932], 29
Richard, Jean-Pierre [1922], 29, 51, 53
Riemann, Bernhard [1826-1866], 315
Rivette, Jacques [1928], 202, 203, 267, 332, 333, 334, 335
Robbe-Grillet, Alain [1922-2008], 168, 271
Robin, Paul [1837-1912], 108
Robinet, André [1922], 132
Roboh, Caroline [1953], 203
Roger, Alain [1936], 66, 67, 68, 69, 70, 71
Rohmer, Éric [1920-2010], 264
Rorty, Richard [1931-2007], 354
Rosier, Michèle [1930], 203
Rossellini, Roberto [1906-1977], 199, 264, 329
Rourke, Mickey [1952], 217
Rousseau, Jean-Jacques [1712-1778], 175, 345
Roussel, Raymond [1877-1933], 41, 227, 230, 239, 317, 318
Rousset, Jean [1910-2002], 33
Russell, Bertrand [1872-1970], 274
Sade, Marquês de [1740-1814], 52, 119
Sanbar, Elias [1947], 179, 181, 223
Sanguinetti, Antoine [1917-2004], 207, 213
Sartre, Jean-Paul [1905-1980], 212, 259, 307, 360, 363

Saunier-Seïté, Alice [1925-2003], 152
Saussure, Ferdinand de [1857-1913], 35
Scala, André [1950], 130
Schérer, René [1922], 343, 351
Schlesinger, James [1929-2014], 209
Schleyer, Hanns-Martin [1915-1977], 137
Schmid, Daniel [1941-2006], 123, 125
Schmidt, Helmut [1918-2015], 207
Schmitt, Bernard [1929-2014], 12
Schreber, Daniel Paul [1842-1911], 20, 110
Schumann, Robert [1810-1856], 163, 174, 307
Shakespeare, William [1564-1616], 223, 295
Simon, Claude [1913-2005], 168
Sócrates [469-399 a.C.], 308
Sollers, Philippe [1936], 128, 129
Sternberg, Josef von [1894-1969], 264, 267
Stockhausen, Karlheinz [1928-2007], 42
Straub, Jean-Marie [1933], 267, 291, 297, 298, 301, 331
Stravinski, Igor [1882-1971], 275
Swift, Jonathan [1667-1745], 336
Syberberg, Hans-Jünger [1935], 297, 331
Sylvester, David [1924-2001], 170, 171
Tarkovski, Andrei [1932-1986], 270, 330
Tesson, Charles [1954], 263, 291
Thom, René [1923-2002], 265
Thompson, Edward [1924-1993], 206, 210, 212
Tökei, Ferenc [1930-2000], 319

Tolstói, Lev [1828-1910], 246, 268, 347

Tomlinson, Hugh [1954], 187, 251, 313, 329

Toubiana, Serge [1949], 263

Tournier, Michel [1924-2016], 247

Trost, Dolfi [1916-1966], 69, 70

Uno, Kuniichi [1948], 185, 218, 220

Van Gogh, Vincent [1853-1890], 169

Varèse, Edgard [1883-1965], 253

Verdiglione, Armando [1944], 11, 58, 72

Vertov, Dziga [1896-1954], 199

Virilio, Paul [1932], 217

Visconti, Luchino [1906-1976], 270, 330

Voltaire [1694-1778], 259, 336

Wagner, Richard [1813-1883], 145, 273, 276

Weber, Max [1864-1920], 320

Webern, Anton [1883-1945], 273, 277

Weil, Éric [1904-1977], 248

Welles, Orson [1915-1985], 196, 202, 252, 267, 270, 330, 331

Whitehead, Alfred North [1861-1947], 284

Wolfson, Louis [1931], 18, 65

Xenakis, Iannis [1922-2001], 133

Zamponi, Francis, 336

Zola, Émile [1840-1902], 259

Anexo
APELOS E PETIÇÕES ASSINADOS POR DELEUZE (1971-1989)

Esta lista parcial foi extraída da "Bibliographie raisonnée de Gilles Deleuze (1953-2003)", compilada por Timothy S. Murphy, reproduzida no livro *Deleuze épars*, organizado por André Bernold e Richard Pinhas, Paris, Hermann, 2005, pp. 225-6.

1971

Appel aux travailleurs du quartier contre les réseaux organisés de racistes appuyés par le pouvoir (contra a violência antiargelina). Circulou após o dia 27 de novembro de 1971. Não publicado, porém citado em Didier Eribon, *Michel Foucault* (Paris, Flammarion, 1989), p. 254.

1972

Appel contre les bombardements des digues du Vietnam par l'aviation U.S. (contra os bombardeios dos diques do Vietnã pela aeronáutica norte-americana). *Le Monde*, 9-10 de julho de 1972, p. 5.

1973

Sale race! Sale pédé! (contra a demissão de homossexuais politicamente ativos da Universidade). *Recherches 12* (*Grande encyclopédie des homosexualités: Trois milliards de pervers*), março, reverso da capa opcional.

1976

Plusieurs personnalités regrettent le silence des autorités françaises (contra violações dos direitos humanos no Irã). *Le Monde*, 4 de fevereiro, p. 4.

L'appel du 18 joint (pela legalização da maconha). *Libération*, 18 de junho, p. 16.

1977

À propos d'un procès (contra a prisão por estupro estatutário). *Le Monde*, 26 de janeiro, p. 24.

À propos de L'Ombre des anges: *des cinéastes, des critiques et des intellectuels protestent contre les atteintes à la liberté d'expression* (contra restrições à liberdade de expressão no cinema). *Le Monde*, 18 de fevereiro, p. 26.

Un appel pour la révision du code pénal à propos des relations mineurs-adultes (contra a prisão por estupro estatutário). *Le Monde*, 22-23 de maio, p. 24.

L'appel des intellectuels français contre la répression en Italie (contra a repressão de grupos de extrema esquerda pelo PCI, o Partido Comunista Internacional). *Recherches*, n° 30 (edição intitulada *Les Untorelli*), novembro, pp. 149-50.

1980

Appel à la candidature de Coluche (encorajando o comediante Coluche [Michel Colucci, 1944-1986] a concorrer pela presidência da França). *Le Monde*, 19 de novembro, p. 10.

1981

Appeal for the Formation of an International Commission to Inquire about the Italian Judiciary Situation in Italian Jails. Organizado em janeiro de 1981. Citado em Antonio Negri, *Marx beyond Marx* (Brooklyn, Autonomedia, 1991), p. 238.

Un appel d'écrivains et de scientifiques de gauche (apoio ao sindicato Solidariedade e à independência da Polônia). *Le Monde*, 23 de dezembro, p. 5. Também impresso, em forma reduzida, no *Le Matin de Paris*, 21 de dezembro de 1981, p. 9.

Appel des intellectuels européens pour la Pologne (contra a detenção de militantes na Polônia). *Libération*, 30 de dezembro, p. 36.

1982

Un million pour la résistance salvadorienne (contra a intervenção da administração Reagan em El Salvador). *Le Matin de Paris*, 5 de fevereiro, p. 1.

1983

Des intellectuels préparent un Livre blanc en faveur des inculpés (sobre o "caso Coral", a respeito de acusação sem fundamento de molestamento infantil). *Le Monde*, 22 de janeiro, p. 12.

1984

Les QHS en Italie: les familles des détenus alertent l'opinion européene (contra as "prisões especiais" italianas para terroristas acusados). *Libération*, 6 de junho, p. 10.

Pour un droit d'asile politique un et indivisible (pelo direito ao asilo político). *Le Nouvel Observateur*, nº 1.041, outubro, p. 18.

1989

La veuve d'Ali Mécili va déposer plainte contre X... pour forfaiture (contra a deportação de um suspeito de assassinato por razões de "ordem pública"). *Le Monde*, 5 de dezembro.

SOBRE ESTA TRADUÇÃO

A tradução que o leitor tem em mãos é a primeira em língua portuguesa do livro *Dois regimes de loucos*, que reúne textos diversos, entrevistas e conferências de Gilles Deleuze entre 1975 e 1995. É de se alegrar que um público maior de leitores possa agora conhecer, através destes textos, a força e a sobriedade de um filósofo atento aos criadores e acontecimentos de sua época, entretecendo com seus conceitos verdadeiras alianças, encontrando em amizades a chance de dizer algo interessante a respeito de questões politicamente urgentes, e respondendo com diligência aos ataques impingidos contra a filosofia e contra a vida que ela faz perdurar.

O trabalho de tradução precisa aguçar ao máximo uma espécie de audição que é ao mesmo tempo a mais rigorosa e a mais tresloucada, pois o tradutor deve ao seu autor monumental fidelidade no texto, ao passo que é a sua própria língua quem mais se favorecerá com o resultado. É preciso, muitas vezes, manter o rigor conceitual em detrimento de um uso mais ou menos corriqueiro da língua. Com frequência se percebe fraquezas e confusões, em traduções de filosofia, porque o tradutor não exercitou esse rigor. E, no entanto, ser apenas rigoroso não garante bons resultados, é preciso também inventar sobre o texto, forçar a barra, correndo o risco de desfigurar a língua que está recebendo um pensamento "concreto e perigoso" como o de Deleuze. Isso precisa ser feito sem que se percam os ritmos e as velocidades, tanto da língua traduzida, quanto da língua que recebe a tradução.

Por sorte, é um trabalho que encontra aliados de muitas partes. Manifesto aqui meu agradecimento à tradução americana de Ames Hodges e Mike Taormina (*Two Regimes of Madness*, Los Angeles, Semiotext(e), 2006), e à espanhola de José Luis Pardo (*Dos regímenes de locos*, Valencia, Pre-Textos, 2008), que me serviram de auxílio em muitas circunstâncias. Agradeço também a Camila Vargas Boldrini, de quem esta tradução, em sua totalidade, recebeu preciosas contribuições; a Silvia Ulpiano, caçadora de textos; a Daniela Tavares Koyama, que leu e releu os textos, sempre com vivo interesse; a Antônio Galvão dos Santos Ivo, com pequenas porém imprescindíveis soluções; a Gustavo Figueiredo (e a Juliana Johnson), que emprestaram suas vozes ao árduo e divertidíssimo trabalho de revisão do texto; e a Luiz B. L. Orlandi, sem o qual nada teria passado, seus ensinamentos e permanente dedicação à obra de Deleuze se fazem sentir ao longo de toda a tradução. Quaisquer deficiências, no entanto, que o texto final ainda possa conter, são de minha responsabilidade.

Guilherme Ivo
Campinas, 23 de janeiro de 2016

BIBLIOGRAFIA DE GILLES DELEUZE

David Hume, sa vie, son oeuvre, avec un exposé de sa philosophie (com André Cresson). Paris: PUF, 1952.

Empirisme et subjectivité: essai sur la nature humaine selon Hume. Paris: PUF, 1953 [ed. bras.: *Empirismo e subjetividade: ensaio sobre a natureza humana segundo Hume*, trad. Luiz B. L. Orlandi, São Paulo: Editora 34, 2001].

Instincts et institutions: textes et documents philosophiques (organização, prefácio e apresentações de Gilles Deleuze). Paris: Hachette, 1953 [ed. bras.: "Instintos e instituições", trad. Fernando J. Ribeiro, in Carlos Henrique Escobar (org.), *Dossier Deleuze*, Rio de Janeiro: Hólon, 1991, pp. 134-7].

Nietzsche et la philosophie. Paris: PUF, 1962 [ed. bras.: *Nietzsche e a filosofia*, trad. Ruth Joffily Dias e Edmundo Fernandes Dias, Rio de Janeiro: Editora Rio, 1976].

La Philosophie critique de Kant. Paris: PUF, 1963 [ed. bras.: *Para ler Kant*, trad. Sônia Pinto Guimarães, Rio de Janeiro: Francisco Alves, 1976].

Proust et les signes. Paris: PUF, 1964; 4ª ed. atualizada, 1976 [ed. bras.: *Proust e os signos*, trad. da 4ª ed. fr. Antonio Piquet e Roberto Machado, Rio de Janeiro: Forense Universitária, 1987].

Nietzsche. Paris: PUF, 1965 [ed. port.: *Nietzsche*, trad. Alberto Campos, Lisboa: Edições 70, 1981].

Le Bergsonisme. Paris: PUF, 1966 [ed. bras.: *Bergsonismo*, trad. Luiz B. L. Orlandi, São Paulo: Editora 34, 1999 (incluindo os textos "A concepção da diferença em Bergson", 1956, trad. Lia Guarino e Fernando Fagundes Ribeiro, e "Bergson", 1956, trad. Lia Guarino)].

Présentation de Sacher-Masoch. Paris: Minuit, 1967 [ed. bras.: *Apresentação de Sacher-Masoch*, trad. Jorge Bastos, Rio de Janeiro: Taurus, 1983; nova ed. como *Sacher-Masoch: o frio e o cruel*, Rio de Janeiro: Zahar, 2009].

Différence et répétition. Paris: PUF, 1968 [ed. bras.: *Diferença e repetição*, trad. Luiz B. L. Orlandi e Roberto Machado, Rio de Janeiro: Graal, 1988, 2ª ed., 2006].

Spinoza et le problème de l'expression. Paris: Minuit, 1968.

Logique du sens. Paris: Minuit, 1969 [ed. bras.: *Lógica do sentido*, trad. Luiz Roberto Salinas Fortes, São Paulo: Perspectiva, 1982].

Spinoza. Paris: PUF, 1970 [ed. port.: *Espinoza e os signos*, trad. Abílio Ferreira, Porto: Rés-Editora, s.d.].

L'Anti-Œdipe: capitalisme et schizophrénie 1 (com Félix Guattari). Paris: Minuit, 1972 [ed. bras.: *O anti-Édipo: capitalismo e esquizofrenia 1*, trad. Georges Lamazière. Rio de Janeiro: Imago, 1976; ed. port.: trad. Joana M. Varela e Manuel M. Carrilho, Lisboa: Assírio & Alvim, s.d.; nova ed. bras.: trad. Luiz B. L. Orlandi, São Paulo: Editora 34, 2010].

Kafka: pour une littérature mineure (com Félix Guattari). Paris: Minuit, 1975 [ed. bras.: *Kafka: por uma literatura menor*, trad. Júlio Castañon Guimarães, Rio de Janeiro: Imago, 1977].

Rhizome (com Félix Guattari). Paris: Minuit, 1976 (incorporado em *Mille plateaux*).

Dialogues (com Claire Parnet). Paris: Flammarion, 1977; nova edição, 1996, contendo, em anexo, o texto de Gilles Deleuze "L'Actuel et le virtuel" [ed. bras.: *Diálogos*, trad. Eloísa Araújo Ribeiro, São Paulo: Escuta, 1998; ed. bras. de "L'Actuel et le virtuel": "O atual e o virtual", trad. Heloisa B. S. Rocha, *in* Eric Alliez, *Deleuze: filosofia virtual*, São Paulo: Editora 34, 1996].

Superpositions (com Carmelo Bene). Paris: Minuit, 1979.

Mille plateaux: capitalisme et schizophrénie 2 (com Félix Guattari). Paris: Minuit, 1980 [ed. bras. em cinco volumes: *Mil platôs: capitalismo e esquizofrenia 2* — *Mil platôs*: vol. 1, incluindo: "Prefácio à edição italiana", 1988; "Introdução: Rizoma"; "1914: um só ou vários lobos?" e "10.000 a.C.: a geologia da moral (Quem a terra pensa que é?)", trad. Aurélio Guerra Neto e Célia Pinto Costa, Rio de Janeiro: Editora 34, 1995 — *Mil platôs*: vol. 2, incluindo: "20 de novembro de 1923: postulados da linguística" e "587 a.C.-70 d.C.: sobre alguns regimes de signos", trad. Ana Lúcia de Oliveira e Lúcia Cláudia Leão, Rio de Janeiro: Editora 34, 1995 — *Mil platôs*, vol. 3, incluindo: "28 de novembro de 1947: como criar para si um corpo sem órgãos"; "Ano zero: rostidade"; "1874: três novelas ou 'O que se passou?'" e "Micropolítica e segmentaridade", trad. Aurélio Guerra Neto, Ana Lúcia de Oliveira, Lúcia Cláudia Leão e Suely Rolnik, São Paulo: Editora 34, 1996 — *Mil platôs*, vol. 4, incluindo: "1730: devir-intenso, devir-animal, devir-imperceptível" e "1837: sobre o ritornelo", trad. Suely Rolnik, São Paulo: Editora 34, 1997 — *Mil platôs*, vol. 5, incluindo: "1227: tratado de nomadologia: a máquina de guerra"; "7.000 a.C.: aparelho de captura"; "1440: o liso e o estriado" e "Regras concretas e máquinas abstratas", trad. Peter Pál Pelbart e Janice Caiafa, São Paulo: Editora 34, 1997].

Spinoza: philosophie pratique. Paris: Minuit, 1981 [ed. bras.: *Espinosa: filosofia prática*, trad. Daniel Lins e Fabien Pascal Lins, São Paulo: Escuta, 2002].

Francis Bacon: logique de la sensation, vols. 1 e 2. Paris: Éd. de la Différence, 1981, 2ª ed. aumentada, 1984 [ed. bras.: *Francis Bacon: lógica da sensação* (vol. 1), trad. Aurélio Guerra Neto, Bruno Lara Resende, Ovídio de Abreu, Paulo Germano de Albuquerque, Tiago Seixas Themudo, coord. Roberto Machado, Rio de Janeiro: Zahar, 2007].

Cinéma 1: l'image-mouvement. Paris: Minuit, 1983 [ed. bras.: *Cinema 1: a imagem-movimento*, trad. Stella Senra, São Paulo: Brasiliense, 1985].

Cinéma 2: l'image-temps. Paris: Minuit, 1985 [ed. bras.: *Cinema 2: a imagem-tempo*, trad. Eloísa de Araújo Ribeiro, São Paulo: Brasiliense, 1990].

Foucault. Paris: Minuit, 1986 [ed. port.: *Foucault*, trad. José Carlos Rodrigues, Lisboa: Vega, 1987; ed. bras.: trad. Claudia Sant'Anna Martins, São Paulo: Brasiliense, 1988].

Le Pli: Leibniz et le baroque. Paris: Minuit, 1988 [ed. bras.: *A dobra: Leibniz e o barroco*, trad. Luiz B. L. Orlandi, Campinas: Papirus, 1991; 2ª ed. revista, 2000].

Périclès et Verdi: la philosophie de François Châtelet. Paris: Minuit, 1988 [ed. bras.: *Péricles e Verdi: a filosofia de François Châtelet*, trad. Hortência S. Lencastre, Rio de Janeiro: Pazulin, 1999].

Pourparlers (1972-1990). Paris: Minuit, 1990 [ed. bras.: *Conversações (1972-1990)*, trad. Peter Pál Pelbart, Rio de Janeiro: Editora 34, 1992].

Qu'est-ce que la philosophie? (com Félix Guattari). Paris: Minuit, 1991 [ed. bras.: *O que é a filosofia?*, trad. Bento Prado Jr. e Alberto Alonso Muñoz, Rio de Janeiro: Editora 34, 1992].

L'Épuisé, em seguida a *Quad, Trio du Fantôme, ... que nuages..., Nacht und Träume* (de Samuel Beckett). Paris: Minuit, 1992.

Critique et clinique. Paris: Minuit, 1993 [ed. bras.: *Crítica e clínica*, trad. Peter Pál Pelbart, São Paulo: Editora 34, 1997].

L'Abécédaire de Gilles Deleuze, entrevista a Claire Parnet realizada por P. A. Boutang em 1988 e transmitida em série televisiva a partir de novembro de 1995 pela TV-ART, Paris: Vídeo Edition Montparnasse, 1996. Ver também em www.youtube.com: "El abecedario de Gilles Deleuze", com legendas em espanhol.

L'Île déserte et autres textes (textes et entretiens 1953-1974) (org. David Lapoujade). Paris: Minuit, 2002 [ed. bras.: *A ilha deserta e outros textos (textos e entrevistas 1953-1974)*, trad. Cíntia Vieira da Silva (textos 7, 24, 36), Christian Pierre Kasper (textos 33, 37, 39), Daniel Lins (texto 38), Fabien Pascal Lins (textos 17, 29, 31), Francisca Maria Cabrera (textos 10, 11, 32), Guido de Almeida (texto 22), Hélio Rebello Cardoso Júnior (textos 3, 6, 8, 9, 21), Hilton F. Japiassú (texto 23), Lia de Oliveira Guarino (texto 4), Lia de Oliveira Guarino e Fernando Fagundes Ribeiro (texto 5), Luiz B. L. Orlandi (apresentação e textos 1, 2, 12, 14, 15, 19, 20, 27, 28, 35), Milton Nascimento (texto 34), Peter Pál Pelbart (texto 16), Roberto Machado (texto 26), Rogério da Costa Santos (texto 30), Tiago Seixas Themudo (textos 13, 25), Tomaz Tadeu e Sandra Corazza (texto 18), coord. Luiz B. L. Orlandi, São Paulo: Iluminuras, 2006].

Deux régimes de fous (textes et entretiens 1975-1995) (org. David Lapoujade). Paris: Minuit, 2003 [ed. bras.: *Dois regimes de loucos: textos e entrevistas (1975-1995)*, trad. Guilherme Ivo, rev. técnica de Luiz B. L. Orlandi, São Paulo: Editora 34, 2016].

SOBRE O AUTOR

Gilles Deleuze nasceu em 18 de janeiro de 1925, em Paris, numa família de classe média. Perdeu seu único irmão, mais velho do que ele, durante a luta contra a ocupação nazista. Gilles apaixonou-se por literatura, mas descobriu a filosofia nas aulas do professor Vial, no Liceu Carnot, em 1943, o que o levou à Sorbonne no ano seguinte, onde obteve o Diploma de Estudos Superiores em 1947 com um estudo sobre David Hume (publicado em 1953 como *Empirismo e subjetividade*). Entre 1948 e 1957 lecionou no Liceu de Amiens, no de Orléans e no Louis-Le-Grand, em Paris. Já casado com a tradutora Fanny Grandjouan em 1956, com quem teve dois filhos, trabalhou como assistente em História da Filosofia na Sorbonne entre 1957 e 1960. Foi pesquisador do CNRS até 1964, ano em que passou a lecionar na Faculdade de Lyon, lá permanecendo até 1969. Além de Jean-Paul Sartre, teve como professores Ferdinand Alquié, Georges Canguilhem, Maurice de Gandillac, Jean Hyppolite e Jean Wahl. Manteve-se amigo dos escritores Michel Tournier, Michel Butor, Jean-Pierre Faye, além dos irmãos Jacques e Claude Lanzmann e de Olivier Revault d'Allonnes, Jean-Pierre Bamberger e François Châtelet. Em 1962 teve seu primeiro encontro com Michel Foucault, a quem muito admirava e com quem estabeleceu trocas teóricas e colaboração política. A partir de 1969, por força dos desdobramentos de Maio de 1968, firmou sua sólida e produtiva relação com Félix Guattari, de que resultaram livros fundamentais como *O anti-Édipo* (1972), *Mil platôs* (1980) ou *O que é a filosofia?* (1991). De 1969 até sua aposentadoria em 1987 deu aulas na Universidade de Vincennes (hoje Paris VIII), um dos centros do ideario de Maio de 68. Em 1995, quando o corpo já doente não pôde sustentar a vitalidade de seus encontros, o filósofo decide conceber a própria morte: seu suicídio ocorre em Paris em 4 de novembro desse ano. O conjunto de sua obra — em que se destacam ainda os livros *Diferença e repetição* (1968), *Lógica do sentido* (1969), *Cinema 1: A imagem-movimento* (1983), *Cinema 2: A imagem-tempo* (1985), *Crítica e clínica* (1993), entre outros — deixa ver, para além da pluralidade de conexões que teceu entre a filosofia e seu "fora", a impressionante capacidade de trabalho do autor, bem como sua disposição para a escrita conjunta, e até para a coescrita, como é o caso dos livros assinados com Guattari.

SOBRE O TRADUTOR

Guilherme Ivo nasceu em Poços de Caldas, MG, em 1989, e formou-se em filosofia na Unicamp em 2013. Atualmente realiza mestrado em filosofia na mesma universidade, estudando a obra de Gilles Deleuze e a literatura anglo-americana, sob orientação do professor Luiz B. L. Orlandi.

COLEÇÃO TRANS
direção de Éric Alliez

Gilles Deleuze e Félix Guattari
O que é a filosofia?

Félix Guattari
Caosmose

Gilles Deleuze
Conversações

Barbara Cassin, Nicole Loraux,
Catherine Peschanski
Gregos, bárbaros, estrangeiros

Pierre Lévy
As tecnologias da inteligência

Paul Virilio
O espaço crítico

Antonio Negri
A anomalia selvagem

André Parente (org.)
Imagem-máquina

Bruno Latour
Jamais fomos modernos

Nicole Loraux
Invenção de Atenas

Éric Alliez
A assinatura do mundo

Maurice de Gandillac
Gêneses da modernidade

Gilles Deleuze e Félix Guattari
Mil platôs
(Vols. 1, 2, 3, 4 e 5)

Pierre Clastres
Crônica do índios Guayaki

Jacques Rancière
Políticas da escrita

Jean-Pierre Faye
A razão narrativa

Monique David-Ménard
A loucura na razão pura

Jacques Rancière
O desentendimento

Éric Alliez
*Da impossibilidade
da fenomenologia*

Michael Hardt
Gilles Deleuze

Éric Alliez
Deleuze filosofia virtual

Pierre Lévy
O que é o virtual?

François Jullien
Figuras da imanência

Gilles Deleuze
Crítica e clínica

Stanley Cavell
*Esta América nova,
ainda inabordável*

Richard Shusterman
Vivendo a arte

André de Muralt
A metafísica do fenômeno

François Jullien
Tratado da eficácia

Georges Didi-Huberman
O que vemos, o que nos olha

Pierre Lévy
Cibercultura

Gilles Deleuze
Bergsonismo

Alain de Libera
Pensar na Idade Média

Éric Alliez (org.)
Gilles Deleuze: uma vida filosófica

Gilles Deleuze
Empirismo e subjetividade

Isabelle Stengers
A invenção das ciências modernas

Barbara Cassin
O efeito sofístico

Jean-François Courtine
A tragédia e o tempo da história

Michel Senellart
As artes de governar

Gilles Deleuze e Félix Guattari
O anti-Édipo

Georges Didi-Huberman
Diante da imagem

François Zourabichvili
*Deleuze:
uma filosofia do acontecimento*

Gilles Deleuze
*Dois regimes de loucos:
textos e entrevistas (1975-1995)*

Este livro foi composto em Sabon
pela Bracher & Malta, com CTP e
impressão da Edições Loyola em
papel Pólen Soft 70 g/m² da Cia.
Suzano de Papel e Celulose para a
Editora 34, em julho de 2016.